Klaus-Jürgen Bremm

Die Türken vor Wien

Abwehrkampf auf den Mauern Wiens 1683.
Wien-Belagerung Nr. 4, Radierung von Romeyn de Hooghe
nach den Zeichnungen von Jacobus Peeters.

Klaus-Jürgen Bremm

Die Türken vor Wien

Zwei Weltmächte
im Ringen um Europa

wbg Theiss ist ein Imprint der Verlag Herder GmbH

Die 1. Auflage erschien 2021 bei der wbg (Wissenschaftliche Buchgesellschaft), Darmstadt
© Verlag Herder GmbH, Freiburg im Breisgau 2025
Hermann-Herder-Straße 4, 79104 Freiburg
Kontaktadresse für Produktsicherheitsfragen: produktsicherheit@herder.de
Alle Rechte vorbehalten
www.herder.de

Lektorat: Christina Kruschwitz, Berlin
Satz und Herstellung: Arnold & Domnick, Leipzig
Covergestaltung: Andreas Heilmann, Hamburg
Coverbild: »Türkenschlacht« von Jacques-Ignace Parrocel, 1770, KHM-Museumsverband

Printed in Germany

ISBN Print: 978-3-534-61085-3
ISBN E-Book (E-Pub) 978-3-534-61163-8
ISBN E-Book (PDF): 978-3-534-61162-1

Inhalt

Einleitung

Von der Fiktion der einigen Christenheit zum territorialen Machtstaat

»Im Mittelpunkt des Abends aber stand ein lebender Fasan, der eine schwere Kette aus Gold und Edelsteinen um den Hals trug. Der ›Riese Hans‹, der sich auch bei anderen Gelegenheiten hervorgetan hatte, stellte den Sultan dar. Eine die ›Frau Kirche‹ verkörpernde Darstellerin beklagte die Eroberung Konstantinopels und forderte die christliche Ritterschaft eindringlich auf, ihr zu Hilfe zu kommen. Daraufhin gelobten der Herzog [Philipp der Gute] und alle Herren des Goldenen Vlieses, den Kreuzzug zu unternehmen. Sie schworen dies bei Gott, Unserer Lieben Frau und seltsamerweise auch bei dem Fasan.«

Olivier de la Marche über das burgundische Fasanenfest am 17. Februar 1454 in Lille[1]

»Wenn Du Dein Reich unter den Christen ausweiten und Deinem Namen möglichst großen Ruhm verschaffen willst, brauchst Du dazu nicht Waffen, nicht Heere und nicht Flotten. Eine Kleinigkeit kann Dich zum größten, mächtigsten und berühmtesten aller heute lebenden Menschen machen. [...] Es sind ein paar Tropfen Wasser, mit denen Du getauft wirst, Dich zu den Sakramenten der Christen bekennst und an das Evangelium glaubst. Wenn Du dies tust, wird es auf Erden keinen Fürsten geben, der Dich an Ruhm übertrifft oder Dir an Macht gleichkommt.«[2]

Es war der italienische Humanist und Meisterredner Enea Silvio de Piccolomini, der diese lockenden Worte wohl im Herbst 1461 an Sultan Mehmed II. richtete, den Eroberer Konstantinopels und Schrecken der lateinischen Christenheit. Die kühne Idee, den machtbewussten Herrscher der Osmanen zu einem zweiten Konstantin zu machen, entstammte nicht etwa der überschießenden Fantasie eines Privatgelehrten oder Außenseiters in der literarischen Welt Europas. Immerhin trug der am 18. Oktober 1405 in Corsignano bei Siena geborene Piccolomini seit dem 19. August 1458 die päpstliche Tiara und nannte sich seither Pius II. Dieser Papst war alles andere als ein Appeaser gegenüber Sultan und Islam.

Ludwig Freiherr von Pastor, in seiner Zeit der bedeutendste Historiker des Papsttums, nannte ihn zu Recht einen rastlosen Protagonisten des Kreuzzuges, der sich »inmitten einer Welt von Selbstsucht« unermüdlich dafür eingesetzt habe, »die abendländische Kirche und Zivilisation« vor der Vernichtung durch das Osmanentum zu bewahren.[3] Zuletzt hatte sich Pius sogar entschlossen, trotz seines Alters und seiner körperlichen Beschwerden persönlich einen Kreuzzug gegen die »Türken« anzuführen.

Über die Motive des Oberhauptes der lateinischen Kirche, ausgerechnet dem scheinbar grimmigsten Feind der Christenheit bei der Errichtung eines zweiten christlichen Weltkaisertums assistieren zu wollen, ist viel gerätselt worden. Ungewiss ist, ob der »wahrlich irritierende Brief«, so der Florentiner Mediävist Franco Cardini,[4] überhaupt jemals den Weg nach Konstantinopel gefunden hat.[5] Dass er im Corpus der diplomatischen Schriftstücke des Kirchenstaates archiviert wurde, spricht ebenso wie die zweimonatige Bearbeitungszeit des Textes dafür, dass es sich um mehr als eine bloße Rhetorikübung gehandelt haben muss. Sollte der Brief tatsächlich nur der sarkastischen Ermahnung der hoffnungslos zerstrittenen Fürsten Europas gedient haben, wie es Cardini vermutet, wäre allerdings zu fragen, weshalb der Papst seinem fiktiven Angebot an Mehmed II. noch eine langatmige Widerlegung der islamischen Lehre hätte folgen lassen sollen.[6]

Vieles deutet darauf hin, dass sich Pius schon nach der gescheiterten Konferenz von Mantua (1459) zu seinem außergewöhnlichen Schritt entschlossen hatte. Wieder einmal war nur sechs Jahre nach dem Untergang des byzantinischen Kaisertums der päpstliche Appell an die europäischen Herrscher, sich endlich gemeinsam der Türkengefahr zu stellen, auf taube

Ohren gestoßen. »Mantua« hatte gezeigt, dass die Idee der lateinischen Christenheit als handlungsfähiger Gemeinschaft, damals die gängige Chiffre für »Europa«, nicht mehr als eine gern bemühte Fiktion war. An kaum einem Hof seien die päpstlichen Legaten, welche seine Einladungen nach Mantua überbracht hatten, ernst genommen worden, so Pius II. in seiner ernüchternd ausfallenden Bilanz an die Kardinäle.[7] Zwar mochte wohl keiner der Potentaten Europas die von den Osmanen ausgehende Gefahr bestreiten, und der Verlust Konstantinopels hatte in allen Residenzen der lateinischen Christenheit echtes Entsetzen und Trauer hervorgerufen. Kein Fürst jedoch konnte oder wollte von seinen lange verfolgten Ambitionen und Rivalitäten lassen. Selbst ein glühender Verfechter der Kreuzzugsidee wie Herzog Philipp der Gute von Burgund hatte 1454 vor allem mit Blick auf die Ambitionen König Karls VII. von Frankreich nur ein bedingtes Gelübde leisten wollen: Er würde gehen, wenn die Länder, die Gott ihm zu regieren anvertraut habe, in Sicherheit und Frieden lebten.[8] Jeder christliche Herrscher, der tatsächlich das Kreuz nahm, musste damit rechnen, dass sämtliche Rivalen seine Abwesenheit zum eigenen Vorteil nutzten. Die nicht wenigen Feinde Venedigs wiederum befürchteten, dass am Ende allein die *Serenissima* von den erhofften Gewinnen im Orient profitieren würde.

Pius' ideologischer Paradigmenwechsel, der in dem »barbarischen« Feind vom Bosporus plötzlich einen möglichen Verbündeten sah, war entgegen dem ersten Anschein keineswegs völlig weltfremd. Geschichten über Mehmeds intensives Interesse an der griechisch-römischen Antike und an den Feldzügen Alexanders und Caesars machten längst im Westen die Runde. Privat schien der Sultan ein Freigeist, der sich mit schiitischen Lehren aus dem Iran ebenso beschäftigte wie mit den Dogmen des orthodoxen Christentums. Dem griechischen Kleriker Gennadios Scholarios, dem ersten Patriarchen von Konstantinopel unter osmanischer Herrschaft, hatte Mehmed immerhin aufgetragen, einen Leitfaden des christlichen Glaubens zu verfassen, und bei den Genuesen in Pera soll er auch einmal einer Messe nach lateinischem Ritus beigewohnt haben. Der aus Konstantinopel geflohene und später zum Berater des Papstes avancierte Theodoros Spandounes berichtet in seiner Türkengeschichte, dass der Sultan sogar ein großer Verehrer christlicher Reliquien gewesen sei, vor denen er stets Kerzen habe anzünden lassen.[9]

Eine Konvertierung des Sultans zum Christentum schien somit, wenigstens aus der Ferne betrachtet, keineswegs undenkbar. In seinem Brief an Mehmed II. zählte der Papst vier historische Beispiele auf, die aus seiner Sicht belegten, dass der Religionswechsel eines Herrschers, hieß er nun Konstantin, Chlodwig, Rekkared oder Agilulf, den Übertritt jeweils des gesamten Volkes zur Folge gehabt hatte. Mehmed brauche auch keine Sorge vor einem Aufstand seiner alttürkischen Gefolgsleute zu haben, denn deren gewiss zu erwartenden Widerstand könne er mithilfe der zahllosen ehemaligen Christen in seinem Dienst, den sogenannten Renegaten, leicht überwinden. Pius zeigte sich in seinem Brief entgegen aller bisher von ihm und seinen Vorgängern eifrig verbreiteten Gräuelmeldungen über das Reich des Sultans erstaunlich gut über die wahren Verhältnisse am Bosporus informiert. Er kannte die Bruchlinie, die in der hybriden osmanischen Gesellschaft zwischen der neuen Elite aus übergelaufenen Christen und den alttürkischen Familien verlief. Es war auch allgemein bekannt, dass der damalige Großwesir Mahmud Pascha Angelović aus dem im Kosovo gelegenen Novo Brdo stammte und wohl kurz nach dem Regierungsantritt Murads II. als Opfer der berüchtigten osmanischen Knabenlese an den Hof des Sultans in Edirne gekommen war. Einer seiner Nachfolger wiederum war Hersekzade Ahmed Pascha, der Sohn eines bosnischen Fürsten aus Mostar, der als freiwillig zum Islam konvertierter Renegat unter insgesamt drei Sultanen das höchste politische Amt im Reich bekleiden sollte.[10]

So wie diese und unzählige andere ehemalige Christen im Dienste des Sultans einst aus Ehrgeiz und Eigennutz den Religionswechsel vollzogen hatten, würden sie, versprach Pius II., aus kalter Berechnung wieder zum Christentum zurückkehren, wenn nur ihr Herrscher ihnen voranschritt.

Die *Epistula ad Mahumetum* markierte gleichwohl nur eine kurze, aber umso erstaunlichere Volte im geistigen Schaffen des Papstes, der als Humanist seine literarische Karriere mit dem Verfassen anstößiger Liebeskomödien begonnen hatte. Erst 1446 war Enea Piccolomini Kleriker geworden, und sein Leben wollte er damit beschließen, die Christenheit auf einem von ihm ausgerufenen Kreuzzug gegen die Türken selbst anzuführen. Doch als endlich am 12. August 1464 die venezianische Flotte im Hafen von Ancona eintraf, dem Versammlungsort der Kreuzfahrer, lag Pius II. bereits im Sterben und eine pestartige Seuche hatte das in der Stadt wartende Heer zerstreut.[11]

Wie schon bei der erfolgreichen Verteidigung Belgrads im Jahre 1456, bei der ein zusammengelaufener Haufe aus Bauern, niederen Klerikern und Studenten unter Führung des charismatischen Kreuzzugspredigers Johannes von Capestrano die sieggewohnte Armee des Sultans völlig in die Flucht geschlagen hatte, so war auch der Kreuzzugsappell von Ancona nur bei Unterschichten und Abenteurern auf Interesse gestoßen. Selbst aus der fernen norddeutschen Stadt Lübeck hatte sich eine stattliche Anzahl von Männern auf den beschwerlichen Weg über die Alpen nach Italien gemacht. Dagegen waren die Eliten der lateinischen Christenheit trotz der Katastrophe von 1453 kaum bereit, ihren wohlfeilen Absichtserklärungen endlich Taten folgen zu lassen. Die italienische Staatenwelt lag seit Jahrzehnten miteinander im Krieg und traditionelle Feinde wie Genuesen und Venezier suchten sogar die Unterstützung des Sultans für ihre bewaffneten Händel im östlichen Mittelmeer. Der erst 1454 in Lodi von Papst Calixtus III. unter den Mächten Italiens vermittelte Friede hatte nicht lange gehalten. Selbst die Herzöge von Burgund, lange Zeit glühende Protagonisten der Kreuzzugsidee, zogen es inzwischen vor, fallweise mit Eidgenossen oder Franzosen Krieg zu führen, während Kaiser Friedrich III., den Piccolomini vormals als Sekretär auf etlichen Reichstagen vertreten hatte, sogar mit dem eigenen Bruder die Klingen um den Besitz der Stadt Wien kreuzen musste.

Noch heute ist man schnell geneigt, den spätmittelalterlichen Eliten sträfliche Kurzsichtigkeit angesichts der scheinbar ungestillten Eroberungssucht der Sultane vorzuwerfen, die seit der Mitte des 15. Jahrhunderts im östlichen Mittelmeerraum eine christliche Enklave nach der anderen mit atemberaubender Schnelligkeit überrannten. Das meiste, was die päpstliche und später auch die habsburgische Propaganda über die Gefahren und Gräuel verbreitete, die Europa von den angeblich nach der Weltherrschaft strebenden Sultanen drohten, erwies sich im Rückblick als weit überzogen. Obwohl die osmanischen Herrscher von Mehmed II. dem »Eroberer« bis zu Süleyman dem »Prächtigen« über die größte und zugleich effektivste Armee der damaligen Welt verfügten, reichten die Kräfte ihres Reiches nicht aus, ihre gefürchteten Rossschweife weit über die Donau hinaus nach Mitteleuropa hineinzutragen. Allein der nach Belgrad führende Anmarsch des osmanischen Heeres, das sich traditionell im thrakischen Edirne sammelte, nahm je nach Witterung fast drei Monate in Anspruch. Die Eroberung Ungarns betrieb Süleyman trotz seines leichten Sieges bei Mohács (1526), ob aus Ungeschick oder Desinteresse, nur sehr zögerlich. Erst nach drei weiteren Feldzügen sollte er sich 1541 entschließen, wenigstens einen Teil des längst wehrlosen Landes als osmanische Provinz einzurichten. Sein wohl bekanntestes militärisches Unternehmen, der Angriff auf Wien im Jahre 1529, erfolgte erst in der letzten Septemberhälfte und damit viel zu spät. Die nur dreiwöchige Belagerung ließ der allmächtige »Großherr« auch keineswegs mit letzter Konsequenz betreiben. Es ist nicht auszuschließen, dass Süleyman seinen spektakulären Zug ins Reich überhaupt nur unternahm, um die Beuteansprüche seiner schon murrenden Truppen zu befriedigen, was sich natürlich wunderbar mit einer Einschüchterung des »unbotmäßigen« Habsburgers Ferdinand verbinden ließ. Eine dauerhafte Eroberung von Reichsgebieten stand dagegen, trotz der stimulierenden Reden von Wien als dem von allen Rechtgläubigen ersehnten »Goldenen Apfel«, nie auf der Agenda der Sultane. Zu seinem letzten Feldzug nach Ungarn im Sommer 1566 war Süleyman nach 23-jähriger Abwesenheit erst nach der Niederlage gegen die Malteser Johanniter zu bewegen, als er das angeschlagene Ansehen seines Reiches durch einen leichten Sieg über die schwächlichen Habsburger wiederherstellen musste.[12]

Auch war die Kriegführung der Osmanen nicht brutaler als die der europäischen Fürsten untereinander. Zwar begingen die Sultane und ihre Großwesire gelegentlich »barbarische« Grausamkeiten, nutzten sie aber bewusst als Instrument der Einschüchterung, um unter ihren Gegnern Angst und Schrecken zu verbreiten. Selbst die seit 1469 jahrelang wiederholten Raubzüge der berüchtigten *Akıncı* in den habsburgischen Erblanden gingen nicht über die rauen Kriegsbräuche der Zeit hinaus, die eine grundsätzliche Schonung von Zivilisten gar nicht vorsahen. Mutwillige Zerstörungen von Hab und Gut der Hintersassen eines Gegners galten im Rahmen des alten Rechtsmittels der Fehde auch im Heiligen Römischen Reich bis zu ihrem Verbot (1495) und tatsächlich noch lange darüber hinaus als reguläre Kriegsmaßnahme unter gesellschaftlich Gleichrangigen.[13]

Kriegsgreuel der Türken. Radierung von Romeyn de Hooghe, 1673.

Süleyman und seine Nachfolger unternahmen auch nie den Versuch, die mit der Reformation aufgerissene Kluft zwischen Kaiser und protestantischen Ständen zu ihren Gunsten zu nutzen und Teile des Reichs in Besitz zu nehmen. Sogar den Dreißigjährigen Krieg konnten die Habsburger ein Jahrhundert später führen, ohne von den Osmanen ernsthaft gestört zu werden. Gleichwohl hat sich fast bis in die Gegenwart das dramatische Bild einer epochalen Dauerkonfrontation zwischen Kaiser und Kalifen, zwischen Kreuz und Halbmond, erhalten. So sprach Winfried Schulze in seiner 1978 erschienenen Studie über das Reich und die Türkengefahr noch von einem »Aufeinanderprall zweier völlig divergierender Kulturen«[14] und Klaus Peter Matschke drei Dekaden später sogar von einem »säkularen Vorstoß der osmanischen Türken bis nach Mitteleuropa«, der »die christliche Welt des lateinischen Westens zeitweise existenziell in Frage gestellt« habe.[15] Allenfalls die Dauerfeindschaft mit den schiitischen Safawiden im Iran habe, so Pamela Brunnett, den notorischen Drang der Osmanen nach Mitteleuropa gebremst.[16] Nicht kühle Staatsräson, sondern der stete Imperativ des Heiligen Krieges (Djihad) habe demnach das Handeln der Sultane bestimmt. Derartig schematische Sichtweisen sind inzwischen einer differenzierteren Analyse des osmanischen Staatswesens gewichen, die nach seiner inneren Logik, den militärischen Ressourcen und den dominierenden Strategien der Herrscher am Bosporus fragt.

Kulturhistorische Betrachtungen wiederum versuchen, die damals in Europa vorherrschenden »Türkenbilder« zu hinterfragen, und betonen gegenüber dem lange vorherrschenden Topos eines dauerhaften Antagonismus inzwischen auch den fraglos praktizierten Kulturaustausch.[17] Gleichwohl war es zu keiner Zeit ein Geben und Nehmen auf Augenhöhe. Den Franzosen, Schweden und schließlich auch Friedrich von Preußen waren die Sultane als Bundesgenossen gegen Habsburg und Russland zwar hochwillkommen, doch zu echten Mitgliedern der »europäischen Streitgemeinschaft« wurden die Herrscher am Bosporus deshalb nie. Gemeinsame Lebensgewohnheiten, Kleidung und Habitus innerhalb der europäischen Adelskultur standen einer solchen Einbeziehung der Fremden aus dem Osmanischen Reich entgegen.[18] Noch im frühen 17. Jahrhundert mussten Habsburgs Gesandte an der »Hohen Pforte« wahre Drahtseilakte vollziehen, um nicht den Zorn des Großherrn herauszufordern, der sie jederzeit unter Hausarrest stellen oder sogar unter Todesdrohungen in den Kerker werfen lassen konnte. Es war daher nicht verwunderlich, wenn etwa der Freiherr Hans Ludwig von Kuefstein, der im Jahre 1628 eine Großbotschaft Kaiser Ferdinands II. an den Hof des Sultans angeführt hatte, als Erstes in der Wiener Minoritenkirche seinem Herrgott für seine glückliche Rückkehr dankte.[19]

Nicht übersehen werden darf auch, dass es trotz der zunächst verheerenden Niederlagen der christlichen Armeen zu einem beträchtlichen Transfer zumindest technischer Innovationen aus Europa in den Herrschaftsbereich der Sultane kam. Er kenne keine andere Nation auf der Welt, die sich so unermüdlich fremde Erfindungen aneigne wie die Türken, schrieb während der Herrschaft Süleymans der habsburgische Gesandte in Konstantinopel, Ogier Ghislain de Busbecq.[20] Der aus Lille stammende Diplomat im Dienste Kaiser Ferdinands I. war nur einer der zahllosen Europäer, die ausführliche Berichte über ihre Reisen im Osmanischen Reich verfassten und dabei nicht selten wenig schmeichelhafte

Vergleiche mit den heimischen Gepflogenheiten anstellten. So betonte Busbecq etwa die Disziplin, Loyalität und vor allem die Genügsamkeit der osmanischen Truppen im Gegensatz zu den Soldaten des Kaisers, die, wie der Flame zu wissen glaubte, den größten Teil des Tages mit üppigen Mahlzeiten im Lager vertrödelten und ständig irgendwelche Ansprüche stellten. Er erschrecke vor der Zukunft, wenn er die Eintracht, Ordnung, Ausdauer und die vollendete Waffenkunst der Türken mit den traurigen Zuständen auf christlicher Seite vergleiche, klagte Busbecq. »Sie sind gewohnt zu siegen, wir besiegt zu werden.«[21]

Der deprimierende Zustand militärischer Unterlegenheit sollte noch gut ein Jahrhundert Bestand haben, ehe es dem kaiserlichen Feldherrn Raimondo Montecuccoli im Jahre 1664 gelang, bei St. Gotthard-Mogersdorf im Burgenland zum ersten Mal ein osmanisches Heer zu schlagen. Der Sieg des vereinigten christlichen Heeres, dem auch ein kleines französisches Korps angehört hatte, war freilich kein Zufall. Hinter den Europäern lag ein schwer erkämpfter Modernisierungsprozess, in dem es den Landesherren gegen den Widerstand ihrer Stände gelungen war, Territorialstaaten mit einer effektiven Finanz- und Militärbürokratie aufzubauen. Erstmals war nun auch der Unterhalt einer bedeutenden stehenden Heeresmacht möglich. Waren habsburgische Feldtruppen schon während des sogenannten Langen Türkenkrieges (1593–1606) entgegen der bisherigen Praxis auch während der Winterpause unter den Fahnen gehalten worden, so ordnete ein Dekret Kaiser Ferdinands III. im Jahre 1649 an, dass trotz der Westfälischen Friedensschlüsse zukünftig etwa ein Drittel der kaiserlichen Kriegsvölker auch im Frieden einsatzbereit gehalten werden sollte.[22] Schon ein halbes Jahrhundert zuvor hatten Niederländer und Schweden damit angefangen, ihre Truppenkörper mit massivem Drill zu militärischen Maschinerien abzurichten. Den Impuls zu diesen Anstrengungen lieferten allerdings nicht etwa die Osmanen, damals immer noch die größte Militärmacht in Europa, sondern die wiederentdeckten antiken Militärschriftsteller und der römische Stoizismus.[23] Starke Ansätze einer militärischen Professionalisierung sieht Ronald G. Asch allerdings auch schon in den Armeen Spaniens, die unter Ambrosio Spinola jahrzehntelang gegen die niederländischen Generalstaaten kämpften.[24] Einer der Protagonisten des neuen *miles perpetuus* in den österreichischen Erblanden war der aus dem Herzogtum

Modena stammende Feldmarschall und spätere Hofkriegsrat Raimondo Montecuccoli. Die ständig bewaffnete Macht unter der vollen Kontrolle des Kaisers war eine der wichtigsten Voraussetzungen für den Aufstieg des habsburgischen Länderkonglomerats zum österreichischen Kaiserstaat. Seit den 1680er-Jahren sollte es Wien mit wechselnden Alliierten glücken, sich in einem Zweifrontenkrieg gegen Frankreich und das Osmanische Reich zu behaupten. Aus den ungestümen Söldner- und Landsknechtshaufen waren inzwischen fest gefügte Regimenter geworden, deren Angehörige mit Steinschlossflinten und Bajonett kämpften und die mit ihrem disziplinierten Salvenfeuer jeden Janitscharenverband niederkämpfen konnten.[25] Zwischen 1683 und 1718 ließen die kaiserlichen Kriegsvölker unter einer Reihe von Ausnahmeheerführern und unterstützt von bayerischen, sächsischen oder brandenburgischen Kontingenten die osmanische Herrschaft über Ungarn nach anderthalb Jahrhunderten zusammenbrechen.

An die Stelle der anfänglichen lähmenden Türkenfurcht trat schon nach den spektakulären Siegen des Prinzen Eugen von Savoyen zunächst in Frankreich und den Niederlanden ein verklärendes kulturelles Interesse der europäischen Eliten an sogenannten Turquerien, in denen die Welt der Sultane, Wesire und Haremsdamen zu einem neuen Arkadien am Bosporus mutierte.[26] Die jahrzehntelang betriebenen Sklavenjagden osmanischer Heere in Ungarn und den südöstlichen Gebieten des Reiches, denen Zehntausende von Europäern zum Opfer gefallen waren, schienen da schon längst vergessen.

Nicht eine im Kreuzzugsideal vereinigte europäische Christenheit, sondern allein mächtige Territorialstaaten als frühe Vorstufen der späteren Nationalstaaten hatten diese noch zu Luthers Zeiten kaum für möglich gehaltene Wende der Kräfteverhältnisse herbeigeführt. Europa als Summe seiner sich formierenden Staaten erwies sich trotz aller Rivalitäten untereinander als eine kaum besiegbare Macht. Wissenschaft und technischer Fortschritt, von den im ständigen Wettbewerb stehenden Fürsten Europas eifersüchtig gefördert, sorgten damals dafür, dass der einstige Schrecken der europäischen Christenheit im Verlauf des 19. Jahrhunderts zum weithin bemitleideten »kranken Mann am Bosporus« mutierte.[27] Nach der Neuordnung Europas im Jahre 1815 trat endgültig das Zarenreich als Hauptgegner der Osmanen an die Stelle Österreichs und zwang die Sultane hinter die Donaulinie zurück. Die Armeen Russlands führten seit Peter dem Großen in zwei Jahrhunderten insgesamt acht Kriege gegen die »Hohe Pforte« und standen im Winter 1877 vor den Toren Konstantinopels.[28] Bereits im Krimkrieg von 1853–1856 hatten Frankreich und Großbritannien dem Sultan militärisch beispringen müssen, um Russlands alten Traum von einer christlichen Messe in der Hagia Sophia zu vereiteln. Im Kampf um das osmanische Erbe auf dem Balkan waren aus den ehemaligen Verbündeten Österreich und Russland längst erbitterte Rivalen geworden, die im Sommer 1914 auch vor der letzten Eskalation nicht zurückschreckten. Beide Imperien wie auch das längst zum Torso geschrumpfte Osmanische Reich sollten am Ende des vierjährigen Ringens endgültig aus der Geschichte verschwinden. Dies alles war freilich zu Zeiten Ogier Ghislain de Busbecqs kaum vorhersehbar gewesen, wohl aber ließ sich der Aufstieg des Westens damals durchaus schon erahnen, wenn etwa der aufmerksame Beobachter im Dienste Habsburgs verblüfft notierte, dass sich die Türken bisher noch nicht zum Druck von Büchern hatten entschließen können.[29]

Teil I
Ein Weltreich des Schreckens

1 Prolog an Save, Drau und Mur
Die Türkeneinfälle in Krain, Kärnten und der Steiermark 1469–1494

»Die türkischen Jäger [Akıncı] sind Freiwillige, und sie nehmen an den Feldzügen freiwillig und zu ihrem eigenen Nutzen teil. Die anderen Türken nennen sie çoban, das heisst Schafhirten, denn sie leben von Schafen oder anderem Vieh. Sie züchten ihre Pferde und warten darauf, dass man sie zu einem Feldzug einberufe. Dann sind sie auf der Stelle bereit und man braucht ihnen weder Befehle zu erteilen, Sold zu zahlen, noch für ihre Verluste einzutreten. Wenn einer einmal nicht einrücken will, dann leiht er einem anderen sein Pferd für die Hälfte der Beute.«

Memoiren eines Janitscharen oder Türkische Chronik[1]

Im Jahre 1476 erschien in der freien Reichsstadt Augsburg die erste gedruckte Ausgabe der *Reisen des Johannes Schiltberger aus München in Europa, Asien und Afrika*. Der damals längst verstorbene Verfasser hatte sich 1396 im Alter von 16 Jahren als Schildknappe des bayerischen Ritters Linhart Reichartinger dem Kreuzzug gegen die osmanischen Türken zur Rettung Konstantinopels angeschlossen. Schiltberger konnte nicht ahnen, dass es der Aufbruch zu einer jahrzehntelangen gefährlichen Odyssee unter den »Heiden« Asiens war.

Die Ursprünge der neuen islamischen Großmacht, mit der sich die damals donauabwärts ziehenden Kreuzfahrer messen wollten, lagen im nordwestlichen Anatolien. Dort, in der ehemals byzantinischen Stadt Bursa, befinden sich bis heute in einem erst 1863 errichteten Mausoleum die Gräber des legendären Staatsgründers Osman und seiner Nachfolger.[2] Kaum zwei Dekaden nach Osmans Tod, der auf das Jahr 1324 oder 1326 fiel, hatten seine Nachfolger mit Kallipolis (Gallipoli) an der Südspitze der Dardanellen die erste Stadt auf europäischem Boden in ihre Hand gebracht. Nur rund 40 Jahre später, als der junge Schiltberger den

Entschluss fasste, sich dem Kreuzzug anzuschließen, waren die Osmanen bereits zur beherrschenden Macht der Ägäis und des Balkans aufgestiegen. Konstantinopel, die alte griechische Kaiserstadt am Bosporus, war vollkommen eingekreist, und die stolzen Erben Justinians fristeten ihr Dasein als bettelarme Vasallen der Türken.

Immer wieder hatten die Sultane und Nachfolger Osmans auf ihren beispiellosen Siegeszügen in Europa und Asien von der Uneinigkeit ihrer christlichen oder turkmenischen Rivalen profitiert. Den besiegten Völkern bot der osmanische Staat bei rechtzeitiger Unterwerfung nach Jahrzehnten zermürbender Kleinkriege erstmals wieder politische Stabilität und sogar ungestörte Religionsausübung.[3] Besonders der stolze Klerus der griechisch-orthodoxen Kirche zog diesen Zustand einer von den Päpsten im Tausch gegen militärischen Beistand geforderten Kirchenunion vor. Zwischen Lateinern und Griechen herrschten seit den Tagen des Vierten Kreuzzuges (1204) und dem Sturm auf die Kaiserstadt Misstrauen und sogar unversöhnlicher Hass.[4]

Selbst wenn die Zwecktoleranz der neuen osmanischen Herren nur den Bestand und die Einheit der orthodoxen Kirche garantierte, nicht aber die Anerkennung des Christentums als gleichrangiger Religion einschloss, hob sie sich gleichwohl deutlich von der intoleranten Religionspolitik in der lateinischen Staatenwelt ab. Neben dem religiösen Pragmatismus bildete das osmanische Heer die zweite Säule der stetig wachsenden Großmacht. Seine beachtliche Schlagkraft verdankte es einer hochbeweglichen Truppe von leicht gepanzerten Reitern, die als *Sipahis* bezeichnet wurden und ihre Kriegseinsätze aus den Einkünften ihrer nicht erblichen Pfründen *(timare)* bestritten. Besonders aber die unter dem Namen Janitscharen (*yeniçeri* = neue Truppe) zusammengefasste Elite-Infanterie bildete jahrhundertelang als fest besoldete und dauernd unter Waffen gehaltene Truppe das Rückgrat der Armee des Sultans. Die Rekrutierung dieser nach dem Vorbild der ägyptischen Mameluken aufgestellten Streitmacht erfolgte fast ausschließlich durch die erstmals um 1395 belegte *devşirme*, der unter den unterworfenen Balkanvölkern gefürchteten und zutiefst verhassten Knabenlese. Etlichen der aus christlichen Familien entführten Knaben glückte es allerdings, entweder auf direktem Wege oder als Seiteneinsteiger nach ihrer Zwangskonvertierung in hohe Positionen des multiethnischen islamischen Staates aufzusteigen. Anders als in den Feudalstaaten des lateinischen Westens war die niedere soziale Herkunft eines geeigneten Kandidaten keine unüberwindbare Barriere auf dem Weg zu machtvollen Positionen im Dienst des Sultans. Selbst die alten Eliten des Balkans zeigten wenig Scheu, sich den neuen Herren anzudienen. Ein hochrangiger Befehlshaber (*Beylerbey*) der Sipahis, der an der Spitze seiner Truppen in einer Schlacht gegen die Perser fiel, war sogar ein Angehöriger des byzantinischen Kaiserhauses der Palaiologen.[5] Ohne die zahllosen Überläufer aus Griechenland, Italien oder Spanien wäre den Osmanen der Aufbau einer schlagkräftigen Kriegsflotte, die sogar den Venezianern Paroli bieten konnte, kaum möglich gewesen, und es waren schließlich Fachleute aus Deutschland, die den Sultanen beim Aufbau einer modernen Artillerie halfen.

Über diesen mächtigen Gegner wussten die Kreuzritter aus Frankreich und Deutschland so gut wie nichts. Siegesgewiss zogen sie im Sommer 1396 unter der Führung des Erbprinzen von Burgund, Graf Johann von Nevers, nach Ungarn, um sich dort mit den Truppen des ungarischen Königs Sigismunds zu vereinigen. Die unerfahrenen französischen Ritter glaubten es gar nur mit anatolischen Wegelagerern zu tun zu haben, die man auf dem Weg nach Konstantinopel und Jerusalem wie lästige Mücken einfach verscheuchen würde. So war der Untergang des christlichen Heeres vor der Donaufestung Nikopolis am 25. September 1396 im Rückblick kaum überraschend. Der junge Schiltberger war an diesem Unglückstag zunächst in die Gefangenschaft des siegreichen Sultans Bayezid I. geraten und hatte tags darauf ansehen müssen, wie mehrere Tausend seiner gefangenen Kameraden vor den Augen des Osmanenherrschers ermordet wurden. Schiltberger selbst war wohl nur wegen seiner Jugend von den Türken verschont worden.[6] Sechs Jahre später befand sich der Bayer, der inzwischen als Reitknecht in der Armee des Sultans dienen musste, in der Schlacht bei Ankara (Angora) erneut auf der Seite der Verlierer und geriet dieses Mal in die Hände des siegreichen Turkmenenführers Timur Lenk (Timur der Lahme). In dessen Gefolge musste der unglückselige Schiltberger noch einmal an etlichen Kämpfen und Feldzügen in Zentralasien teilnehmen, ehe ihm schließlich 30 Jahre nach der Katastrophe von Nikopolis die Flucht über das Schwarze Meer nach Konstantinopel glückte. Aus der damals noch von den Griechen gehaltenen Hauptstadt des byzantinischen Restreiches gelangte er über Bulgarien und Siebenbürgen schließlich wieder in seine bayerische Heimat. Schon bald nach seiner Rückkehr dürfte sich Schiltberger an die Niederschrift seiner abenteuerlichen Erlebnisse gemacht haben. Ein erstes fertiges Manuskript erschien wohl schon im Jahre 1440, fand aber offenbar unter seinen Landsleuten zunächst keine besondere Resonanz. Noch zu fern schienen den meisten Zeitgenossen die darin geschilderten Erlebnisse in den von »türkischen Heiden« bevölkerten Gebieten des Balkans und Anatoliens.

Kaum eine Generation später hatte sich die politische Lage jedoch dramatisch verschärft, und Schiltbergers Darstellungen erlebten nach ihrem erstmaligen Druck sogleich noch mehrere Auflagen. Schon die Eroberung Konstantinopels durch die Truppen Sultan Mehmeds II. am 29. Mai 1453 hatte an vielen europäischen Höfen von Paris bis Prag einen Schock ausgelöst und nochmals alte Kreuzzugsfantasien wiederbelebt.[7] In Lille feierte Herzog Philipp der Gute mit pomphafter Inszenierung das Fasanenfest und ließ seine Ritter feierlich das Kreuzzugsgelübde leisten. Dagegen soll sich Kaiser Friedrich III. nach Erhalt der Unglücksbotschaft tagelang trauernd und betend in die Gemächer seines Grazer Schlosses zurückgezogen haben.[8] Zu einer militärischen Reaktion fühlte sich der Habsburger allein zu schwach. Ein wohl in seinem Auftrag verfasstes Lied wider die Türken aus der Feder von Balthasar Mendelreiss, eines der ersten seiner Gattung, fand allerdings unter den deutschen Fürsten kaum Gehör. Trotz einer beschwörenden Rede des kaiserlichen Sekretärs und späteren Papstes (Pius II.), Enea Silvio Piccolomini, vertagte sich der im Oktober 1454 wegen der Türkengefahr in Frankfurt zusammengetretene Reichstag ohne Beschluss auf das nächste Jahr.[9] Vor allem im Westen und Norden des Reiches glaubten nur wenige Reichsstände, dass der Türke, wie es in Mendelreiss' »Türkenschrei« hieß, bald auch *zu uns gar nehent kommen*«.[10] Selbst der Appell des über die Alpen gereisten päpstlichen Legaten, Kardinal St. Angelo, an die »Ehre der deutschen Nation« schien da wenig zu fruchten.

Dass die ermutigende Vorhersage in Mendelreiss' Lied, *»die Türken werden alle zerstreut, in kurzer Zeit verdrungen*«, nicht nur ein frommer

Wunsch blieb, war allein den feurigen Kreuzfahrtpredigten des Johannes von Capestrano zu verdanken, mit denen der redegewaltige Minorit im Auftrag des Papstes überall in Europa seine Zuhörer zu fesseln verstand. Tatsächlich konnte der unermüdliche Italiener im Sommer 1456 sogar unter den Ungarn, deren Landessprache er gar nicht mächtig war, eine beachtliche Menge aus Bauern, Handwerkern, niederen Klerikern und Studenten, darunter auch viele Deutsche, unter seiner Fahne versammeln. Capestranos bunte Truppe gelangte Mitte Juli gerade noch rechtzeitig in das belagerte Belgrad, um die Erstürmung des ungarischen Bollwerks am Zusammenfluss von Donau und Save durch die Armee Sultan Mehmeds II. zu verhindern. Schon hatten sich die wenigen Ritter unter dem legendären Türkenbekämpfer und ungarischen Reichsverweser János Hunyadi, der angesichts der sturmreif geschossenen Mauern die Stadt als verloren ansah, wieder über die Donau zurückgezogen. Da gelang es Capestranos in Belgrad zurückgebliebenen »Volkskreuzern« in der Nacht zum 22. Juli 1456, die bereits durch die Breschen in die Festung eingedrungenen Gegner im Straßenkampf zurückzuwerfen und etliche der sich erschöpft im Stadtgraben sammelnden Türken mit Pech und Reisigbündeln zu verbrennen. Von ihrem nächtlichen Erfolg berauscht, schritt die Bürger- und Bauernarmee unter ihrem schon 70-jährigen Anführer am Mittag des nächsten Tages sogar zum Gegenangriff auf das Lager des Sultans und bereitete dem Eroberer Konstantinopels nur drei Jahre nach seinem größten Triumph eine vollständige und schmerzliche Niederlage. Nicht zum letzten Mal hatte der überraschende Erfolg einer Armee aus Unterprivilegierten die militärische Schwäche der spätmittelalterlichen europäischen Eliten schlagend erwiesen. Bescheiden erklärte jedoch der Sieger Capestrano in seinem Bericht an Papst Calixt III. die wunderbare Wendung durch seine »Volkskreuzer« ganz im Stile der alten Kreuzzugsrhetorik *(deus lo vult)* als das alleinige Werk Gottes.[11]

Der in ganz Europa bejubelte Erfolg verschaffte dem Kreuzzugsgedanken eine allerletzte Renaissance. Noch jahrelang erinnerte das von Calixt in der lateinischen Christenheit angeordnete Mittagsläuten an die glückliche Verteidigung von Belgrad. Als allerdings im Sommer 1464 Tausende von Deutschen dem Ruf seines Nachfolgers, Papst Pius II., gefolgt waren und sich in der Adriastadt Ancona zur Einschiffung eingefunden hatten, mussten sie ernüchtert feststellen, dass weder Geld, Ausrüstung noch überhaupt Schiffe vorhanden waren. Die Fürsten und Herren hätten nicht gewollt, hieß es resignierend in einer Chronik der Hansestadt Lübeck, aus der sich angeblich 2000 Freiwillige auf den weiten und beschwerlichen Weg nach Italien gemacht hatten.[12] Tatsächlich waren die um Unterstützung entsandten Legaten des Papstes an den europäischen Fürstenhöfen nur belächelt worden. Als schließlich die Kriegsflotte der Venezianer am 12. August 1464 doch noch in Ancona eintraf, war in der Stadt die Pest ausgebrochen und Pius II. lag bereits im Sterben.[13]

Ob sein Kreuzzug überhaupt eine Wende der Geschehnisse hätte bewirken können, ist mehr als fraglich. Die über schier unerschöpfliche Kräfte verfügende osmanische Militärmacht schien auf ihrem Weg ins Zentrum Europas kaum noch aufzuhalten. Im Kampf gegen den Rivalen Venedig hatten Mehmeds Armeen zwischen 1459 und 1463 die Königreiche der Serben und Bosnier unterworfen und ihre Hand nach dem venezianischen Dalmatien ausgestreckt. Nur sechs Jahre später stand der »Türke« schließlich an der südöstlichen Reichsgrenze und bedrohte erstmals die habsburgischen Erblande.

Zu Pfingsten 1469 drang ein starkes Streifkorps irregulärer bosnischer Reiterei entlang der Save in das damals noch mehrheitlich von einer deutschsprachigen Bevölkerung bewohnte Herzogtum Krain ein. Diese sogenannten Stürmer (*Akıncı*) sollten von den Bewohnern der heimgesuchten Gebiete noch jahrhundertelang als »Senger und Brenner« wie der Teufel gefürchtet werden. Die beutegierige Horde schlug bei Möttling, dem heutigen Metlika in Slowenien, etwa zwei Wochen lang ihr Basislager auf und zog von dort, in zwei Gruppen aufgeteilt, plündernd durch das Umland bis hinauf nach Laibach. Mehr als 20 000 Menschen sollen die »possen Hundt« nach der zeitgenössischen Chronik des Techelsberger Pfarrers Jakob Unrest entweder getötet oder als Sklaven verschleppt haben.[14] Der fleißige Kärntner Chronist lieferte dabei auch schon die Blaupause für alle späteren Schilderungen türkischer Grausamkeiten. Frauen seien in ihren Kindbetten ermordet und Säuglinge auf Zäune gespießt worden. Der unter Klerikern gerne bemühte Topos des Kindermordes von Bethlehem lebte wieder auf, wenn es galt, die »Türken« als besonders grausame Teufel anzuprangern. Zum Glück für die übrigen Bewohner Krains hatten die Eindringlinge bald in Erfahrung gebracht, dass Kaiser Friedrich III. um Graz beträchtliche Truppen versammelte. Dass der Habsburger diese Kräfte freilich nicht zum Kampf gegen die äußeren Feinde verwenden wollte, sondern für seine Fehde gegen den Grafen Andreas Baumkirchen, der im Auftrag des Ungarnkönigs Matthias Corvinus ebenfalls die österreichischen Erblande verheerte, konnten die Invasoren nicht wissen. Die erbitterte Rivalität des Kaisers mit dem ältesten Sohn János Hunyadis, der als Kriegsherr, Kunstmäzen und Volkstribun wohl zu den bedeutendsten Herrschergestalten der Renaissance zählte, sollte für zwei Dekaden die Türkenabwehr des Reiches erheblich belasten. Es ist sogar nicht ausgeschlossen, dass Corvinus selbst den Osmanen den Durchzug durch Kroatien gestattet hatte.

Fürs Erste allerdings brachen die »Senger und Brenner« vorsichtshalber ihren Mordzug ab, um sich mit ihrer Beute über den Grenzfluss Kolpa wieder nach Bosnien zurückzuziehen. An einem Kampf gegen ein reguläres militärisches Aufgebot waren die *Akıncı* nicht interessiert. Selten bestürmten sie verteidigte Wehranlagen und erlitten, wenn sie doch den Versuch unternahmen, erhebliche Verluste. Als unbezahlte Kämpfer im Heer des osmanischen Sultans waren die großteils aus zweifelhaften Existenzen bestehenden Streifscharen, die wegen ihrer von jedem Mann mitgeführten Stricke und Beutesäcke auch häufig als »Sackleute« oder »Sackmannen« bezeichnet wurden, auf regelmäßige Beute angewiesen. Unbemerkt von ihren Nachbarn, pflegten sie bei Dunkelheit in aller Stille zu ihren Raubzügen aufzubrechen und ritten dabei nach dem Zeugnis des Klerikers Georg von Ungarn mit solchem Ungestüm, dass sie in einer einzigen Nacht, nur mit dem Allernotwendigsten belastet, gleich drei oder gar vier Märsche auf einmal bewältigten.[15] Die meisten dieser außergewöhnlichen Reiter stammten aus dem erst kürzlich unterworfenen Bosnien, dessen katholische Bewohner sich, anders als die orthodoxen Serben, Griechen oder Bulgaren, in erstaunlich kurzer Zeit und sogar meist freiwillig dem Islam angeschlossen hatten.[16] Den wiederholten Raubzügen dieser Grenzer lag nicht einmal ein grundsätzlicher Kriegsbeschluss des Sultans zugrunde. Nach islamischer Lehre gehörte dem Großherrn das Land der »Ungläubigen« ohnehin, und das Plündern und Zerstören von

Dörfern und Kirchen mochte vielleicht den christlichen Kaiser gegenüber seinen Forderungen gefügiger machen. Auf dieselbe grausame Logik des Verwüstens von Untertanenbesitz stützte sich ja auch seit alters her in der lateinischen Christenheit das feudale Rechtsmittel der Fehde, das erst durch den Ewigen Landfrieden von 1495 allgemein geächtet wurde.[17]

Der kurze Einfall der *Akıncı* in das Herzogtum Krain war nur der Auftakt einer nicht abreißenden Kette weiterer Raubzüge, die sich zwei Jahre später auch auf die benachbarten Herzogtümer Kärnten und Steiermark ausdehnten und schonungslos das militärische Unvermögen der lokalen Reichsstände offenlegten. Ehe sich die in den größeren Orten residierenden Hauptleute mit ihren jeweils wenigen Dutzend Berittenen und Fußknechten an den bezeichneten Stellen sammeln konnten, waren im Savetal zwei Mönchsklöster, zwei Dutzend Pfarrkirchen und rund 200 Dörfer oder Marktflecken in Flammen aufgegangen. 5000 Menschen sollen damals in die Sklaverei verschleppt worden sein.

Ende 1471 führte die allen deutlich gewordene Türkengefahr ein weiteres Mal zu einer Beratung des in Regensburg zusammengetretenen Reichstages. Die Ergebnisse der als »großer Christentag« bekannt gewordenen Versammlung fielen allerdings trotz etlicher Brandbriefe aus den verwüsteten Regionen nur bescheiden aus. Weitausgreifende Pläne zu einem neuen großen Türkenkrieg aller christlichen Mächte, wie sie zuletzt noch 1459 auf Betreiben Papst Pius' II. auf dem Kongress von Mantua geschmiedet worden waren, fanden inzwischen kaum noch Befürworter, doch ebenso fehlte die pragmatische Bereitschaft zur kraftvollen Verteidigung des bedrohten Reichsgebietes. Die hohe Regensburger Versammlung aus 48 Bischöfen, 28 Fürsten, darunter die Herzöge von Sachsen und Bayern, sowie 65 Grafen und 80 anderen Reichsständen debattierte zwar lange und ausführlich. Am Ende vermochte sie sich jedoch nur darauf zu verständigen, zur Verteidigung der südöstlichen Reichsgrenze ein bescheidenes Heer von 10 000 Mann ins Feld zu stellen, dessen Erhaltung durch die Einführung eines »Türkenzehnten« sichergestellt werden sollte.[18] Selbst wenn diese Streitmacht jemals versammelt worden wäre, hätte sie angesichts der von den argwöhnischen Reichsständen erzwungenen Auflage, keine Gegenstöße auf türkisches Gebiet zu führen, die bedrohten Grenzregionen kaum wirksam schützen können.

So blieb die Bevölkerung der habsburgischen Erblande auf sich selbst angewiesen, als die Horden der *Akıncı* schon im darauffolgenden Sommer in einer Stärke von 12 000 Reitern zurückkehrten und rasch entlang der Drau zwischen Marburg, Pettau und Windischgraz in die Steiermark vordrangen. Nach bekanntem Muster ermordeten sie die Alten und Kleinkinder und verschleppten etwa 2000 Menschen im besten Alter in die Sklaverei. Im September 1473 erschienen die *Akıncı* erneut vor Windischgraz, zersprengten sogar ein Aufgebot lokaler Waffenträger und zogen sich schließlich mit reicher Beute über Krain und Kroatien nach Bosnien zurück.[19] Selbst die unwegsamsten Gebirge schienen für die räuberischen Eindringlinge kein Hindernis. Die *Akıncı* scheuten sich nicht, ihre Pferde an Stricken von Fels zu Fels in die Täler hinunterzulassen. Im Juli 1478 umgingen sie das Kommando, das den Loibl-Pass mit der einzigen Straße aus dem Herzogtum Krain nach Kärnten sperrte, indem sie in halsbrecherischer Weise die flankierenden Felswände hinaufkletterten und die konsternierten Verteidiger im Rücken fassten.

Vereinzelte mutige Aktionen wie die des Hauptmanns von Radkersburg, Sigmund von Polheim, der am 24. August 1475 mit nur 450 Mann die Türken auf dem Kaisersberg an der Sottla angegriffen hatte, vermochten den wachsenden Unmut der Bevölkerung über die wiederholte Untätigkeit des lokalen Adels kaum zu besänftigen. Da die meisten Grundherren und selbst die Ritter des von Kaiser Friedrich III. zur Türkenabwehr gegründeten St.-Georgs-Ordens unter ihrem Hochmeister Johannes Siebenhirter es vorzogen, sich unter dem Hohngelächter der türkischen Streifscharen in ihren Burgen zu verschanzen,[20] schlossen sich im Frühjahr 1478 die Bauern entlang der Drau zum sogenannten Kärntner Bauernbund zusammen. Von der Obrigkeit im Stich gelassen, die für ihre »armen Bauern und Bürger« nicht mehr als ein »getreues christliches Mitleiden« übrig zu haben schien,[21] waren die Bündner entschlossen, nunmehr selbst die räuberischen Eindringlinge zu bekämpfen. Als sich ihr Haufe jedoch am 26. Juli 1478 bei Goggau nördlich von Klagenfurt den heranziehenden *Akıncı* zum Kampf stellen wollte, ergriffen die meisten der 3000 Bauern angesichts des furchteinflößenden Feindes die Flucht. Umgangen und schließlich von allen Seiten angegriffen, erlitt der tapfere Rest eine vernichtende Niederlage. Der Techelsberger Pfarrer Jakob Unrest, durchaus ein Kritiker der schwächlichen Türkenpolitik des Kaisers, vermochte in dem Untergang der schlecht bewaffneten Bauern, die sich ihre militärische Funktion gegen den Willen der Obrigkeit angemaßt hatten, nur ein himmlisches Strafgericht zu sehen. Dem Abzug der »Türken« folgte ein nicht minder brutales Strafgericht der weltlichen Obrigkeit an den zunächst entkommenen Bauern und ihren Anführern.[22]

Der grassierenden »Türkennoth« war mit der Wiederherstellung der hierarchischen Ordnung freilich kaum Einhalt geboten, und gegen Ende eines weiteren unheilvollen Sommers voller Zerstörung, Mord und Verschleppung wagten die Krainer Stände in deutlichen Worten eine bemerkenswerte Kritik an der anhaltenden Untätigkeit des Kaisers. Er möge sich endlich aus dem Schlafe erheben, in dem er nach Leibeslust lange genug gelegen habe, hieß es in einer auf den Martinitag 1478 datierten Eingabe an das Oberhaupt des Reiches.[23]

Die ungewöhnliche Ermahnung, die sogar mit der Drohung verknüpft war, dem Kaiser den Untertanengehorsam aufzukündigen, wenn nicht bald Besserung eintrete, blieb offensichtlich ungehört. Als Kärnten und die angrenzende Steiermark im Sommer 1480 den wohl größten Türkeneinfall erlebten und insgesamt 50 000 *Akıncı*, in drei Haufen geteilt, ein weiteres Mal die beiden Herzogtümer heimsuchten, konnten sie wieder ungestört das gesamte Gebiet östlich von Judenburg an der Mur plündern. Nicht ein einziges Mal war es in den zurückliegenden zehn Jahren den verantwortlichen Reichsständen gelungen, den hochbeweglichen Räubern wirksam entgegenzutreten. Zu behäbig erfolgten ihre Reaktionen und oft genug blieben sie auch ganz aus. Die Obrigkeit des spätmittelalterlichen Reiches erwies sich als militärisch überfordert, und erbitterte Klagen über den Hochmut, die Eitelkeit und die Prunksucht des deutschen Adels wurden vielerorts laut. Davon schienen sich die immer wieder bezeugte Sittenstrenge der islamischen Türken und der angebliche Gerechtigkeitssinn des Sultans, dem manche Kritiker sogar ein offenes Ohr für die Beschwerden seiner Untertanen nachsagten, wohltuend abzuheben.[24] Bereits um 1458 hatte das Fastnachtsspiel eines Nürnberger Autors namens Hans Rosenplüt offen von der »*Kristen unglück*« gesprochen und die »*große schant*« des Adels beklagt, der die Dinge »*nit künne wenden*«. Das bizarre Stück drehte sich um das Erscheinen des *türkisch Keiser* in Deutschland, »*dem vil großer clag für kommen sind*«, weshalb er die zerrüttete Ordnung wiederherstellen wollte, wozu ihm zwei Nürnberger Bürger auch freies Geleit in ihre Stadt anboten.[25]

In den geschundenen Grenzgebieten des Reiches weitab von der sicheren Frankenmetropole dürfte man freilich über derartige Gedankenspiele eher den Kopf geschüttelt haben. Hier hatten die Überfälle der »Senger und Brenner« beinahe jede Ordnung zerstört, und das Wüten schien auch nach einem Jahrzehnt kein Ende zu nehmen. Als die *Akıncı* nach einem weiteren einträglichen Raubzug auf ihrem Rückzug nach Bosnien am 29. Oktober 1483 an der Una schließlich doch noch eine schwere Niederlage einstecken mussten, war dies allein dem Eingreifen des *Banus* von Kroatien, Matthias Gereb, zu verdanken. Dem Vasallen des Ungarnkönigs Matthias Corvinus war es gelungen, in kurzer Zeit 12000 Mann gegen den abziehenden Gegner aufzubieten und ihm den Großteil seiner Beute wieder abzunehmen.[26] Erst jetzt nahm der Druck der Türken auf die südöstlichen Grenzregionen des Reiches nach einem albtraumhaften Jahrzehnt spürbar ab.[27]

Inzwischen war Sultan Mehmed II. am 3. Mai 1481 überraschend im Alter von nur 49 Jahren in Gebze am rechten Ufer des Bosporus verstorben, während sich sein Heer bereits zu einem Feldzug gegen die Mameluken im anatolischen Konya versammelt hatte.[28] Die anschließenden Thronkämpfe seiner beiden Söhne lenkten die Aufmerksamkeit der osmanischen Provinzgouverneure (*sancak-beys*, dt. *Sandschakbey*) zunächst von den nördlichen Grenzen des Imperiums ab. Es war zudem ungeschriebener osmanischer Brauch, dem neuen Herrscher persönlich mit Geld und Geschenken in der Hauptstadt aufzuwarten. Die Gelegenheit zu einem Gegenschlag der christlichen Staaten schien also wieder einmal günstig. Seit seiner Thronbesteigung im Jahre 1458 hatte der ehrgeizige Corvinus wiederholt von einer großen Offensive gegen die Osmanen gesprochen. Obwohl er über eine weitaus stärkere Streitmacht als sein Vater gebot, unternahm er allerdings nie den ernsthaften Versuch, in dessen Fußstapfen als glühender Bekämpfer der Türken zu treten. Abgesehen von der Rückeroberung von Jajce, der alten Hauptstadt Bosniens, blieb das Augenmerk des Ungarn stets auf Böhmen und Mähren sowie die lukrativeren Gebiete der Habsburger gerichtet.[29] Vieles spricht somit dafür, dass Corvinus' Bemühungen um Unterstützung von Kaiser und Reich für einen großen Türkenzug hauptsächlich Propagandagetöse war. Jedenfalls sah es Kaiser Friedrich III. so und verweigerte trotz päpstlicher Vermittlung den ungarischen Unterhändlern die Pässe für ihre Reise zu dem 1482 nach Nürnberg einberufenen Reichstag. Die freilich nicht unerwartete Brüskierung lieferte dem ungarischen König nur den willkommenen Vorwand, eine schärfere Gangart gegenüber dem Habsburger einzuschlagen. Seine wiederholte Behauptung, einzig ein um Böhmen und Österreich vergrößertes Ungarn wäre noch fähig, einen offensiven Krieg gegen die Türken mit Erfolg zu führen, mochte zwar seinem Biografen Jörg Hoensch zufolge nicht mit Corvinus' tatsächlichen Plänen übereinstimmen,[30] als strategisches Kalkül war sie gleichwohl überzeugender als sämtliche überkommenen Kreuzzugsfantasien von einem einträchtigen Handeln der christlichen Mächte Europas. Tatsächlich sollte die Zukunft zeigen, dass nur eine frühmoderne Großmacht mit stehendem Heer in der Lage war, die Armeen des Sultans zurückzudrängen.

Friedrich III. dagegen blieb keine andere Option, als sich durch die Zahlung eines Tributes an den Statthalter von Bosnien von den lästigen Raubzügen gegen seine Erblande vorerst freizukaufen.[31] Der unwürdige Handel verschaffte ihm einige Jahre Luft für den bevorstehenden Kampf gegen Corvinus. Den *Akıncı* wiederum dürfte der vorläufige Verzicht auf ihre gewohnten Razzien nicht allzu schwergefallen sein. Nach anderthalb Jahrzehnten fortgesetzter Plünderungen hatten die habsburgischen Gebiete für sie erheblich an Attraktivität verloren. Schon ein Bericht der Krainer Stände an den Reichstag, der zu Ostern 1474 in Augsburg zusammengetreten war, hatte von der »grausamen Verwüstung« des Herzogtums gesprochen, aus der die Türken rund 60 000 Menschen in die Sklaverei entführt hätten.[32] Da es seine beiden christlichen Gegner vorerst vorzogen, sich gegenseitig an die Gurgel zu gehen, sah Sultan Bayezid II., Mehmeds ältester Sohn und Nachfolger, nur wenig Veranlassung zu neuen Kriegszügen an seiner Nordgrenze. Selbst die erwähnte schwere Niederlage des *Beylerbeys* von Bosnien an der Una im Herbst 1483 konnte den neuen Sultan nicht zu einem Gegenschlag reizen. Noch im selben Jahr schloss er sogar einen auf fünf Jahre befristeten Waffenstillstand mit Corvinus, der dem Ungarn die Möglichkeit gab, seinem kaiserlichen Rivalen die Städte Wien und Wiener Neustadt zu entreißen und sich zum Herzog von Österreich zu erklären. Erst Corvinus' überraschender Tod am 6. April 1490 im Alter von nur 47 Jahren setzte der von Osmanen und Ungarn im Wesentlichen eingehaltenen Waffenruhe vorerst ein Ende. Dass es danach nicht zu einer erneuten Welle türkischer Plünderungszüge in den südöstlichen Reichsgebieten kam, verdankte sich auch einem erstmalig erfolgreichen Kampfeinsatz von Reichstruppen, die im Sommer 1492 unter Führung von Rudolph von Khevenhüller und weiterer Kärntner Amtsträger ein osmanisches Heer in der Umgebung von Villach stellten und vollständig aufrieben. Eine wesentliche Rolle sollen dabei auch 15 000 christliche Gefangene gespielt haben, die sich während der Schlacht befreien konnten und ihren Entführern in den Rücken fielen. 10 000 Gegner seien in der Schlacht getötet werden, 7000 Osmanen gerieten in Gefangenschaft, darunter auch der berüchtigte Alibeg aus der Sippe der Michaloghlu, den Khevenhüller noch auf dem Schlachtfeld eigenhändig exekutierte.[33]

Der Sohn und Nachfolger des Kaisers, Maximilian I., zeigte im Gegensatz zu seinem Vater ein stetes und ernstes Interesse an militärischen Fragen und schien auch die Verteidigung seiner Erblande energischer zu betreiben. Zweimal noch mussten Reichsaufgebote die *Akıncı* über die Grenzen zurückdrängen und ihnen ihre Beute abjagen, ehe nach 1494 die Raubzüge für ein Vierteljahrhundert aussetzten.[34] Nur ein Jahr zuvor war Friedrich III. am 19. August 1493 im Alter von 78 Jahren in Linz verstorben. Der Habsburger hatte 53 Jahre als römischer König und 41 Jahre als Kaiser regiert und war zugleich der letzte deutsche Kaiser gewesen, der in Rom vom Papst gekrönt wurde.

Die nationalistische Historiographie des 19. Jahrhunderts verspottete ihn als »des Reiches Erzschlafmütze«, doch würdigte dabei kaum, dass Friedrich III. stets an etlichen Fronten hatte kämpfen müssen. Tatsächlich war es dem Habsburger geglückt, viele seiner politischen Ziele zu erreichen, indem er fast alle seine Gegner schlicht überlebte. So konnte er das lange umkämpfte Herzogtum Österreich durch den Tod seines Bruders Albrecht und dann endgültig durch das Ableben des Matthias Corvinus gewinnen. Noch im selben Jahr (1490) war die Grafschaft Tirol dank einer Verzichtserklärung seines Vetters, Herzog Sigismund, wieder mit den Erblanden vereinigt worden. Auch die Erbansprüche seines Hauses auf die ungarische Krone hatte er sich von Corvinus' Nachfolger vertraglich zusichern lassen. Friedrichs wohl größter Erfolg war jedoch die Heirat seines Sohnes Maximilian mit Maria von Burgund, der einzigen Tochter Karls des Kühnen, was in der folgenden Generation auch der welthistorischen Verbindung mit der spanischen Krone den Weg ebnete. So traf das Osmanische Weltreich, als es 1520 mit dem Beginn der Herrschaft Sultan Süleymans (des Prächtigen) seine Angriffe zunächst gegen Ungarn wieder aufnahm, bereits auf das sich formierende Weltreich der Habsburger.

2 Fürsten des Horizonts
Das Osmanische Reich bis zum
Regierungsantritt Süleymans

»Mein Gott, sei dem Besitzer dieser Moschee gnädig, und dieser ist der
große und gewaltige Emir, der Mudschahed auf dem Wege Allahs, der Sultan der Ghazis, ein Ghazi, der Sohn eines Ghazis, der Recke des Staates
und der korrekten Ritualpraxis, der Fürst des Horizontes, der Held des
Glaubens, Orhan, der Sohn des Osman. Möge Allah seine Lebenszeit lange
sein lassen.«

Inschrift an einer Moschee in Bursa (14. Jh.)[1]

In einem seiner vier Briefe aus der Türkei bemerkte der kaiserlich-
habsburgische Gesandte am Hofe Sultan Süleymans (1520–1566), Ogier
Ghislain de Busbecq, dass es gewiss nicht leicht sei, eine zweite Nation
zu finden, die sich so unermüdlich wie die Türken fremde Erfindungen
aneigne. Davon zeugten etwa die großen und kleinen Geschütze in der
Armee des Sultans und »vieles sonst, was die Unseren erfunden und sie
angewandt haben«.[2] Damit lieferte der aus Flandern stammende Diplomat
im Dienste Kaiser Ferdinands I. gewiss eine der erhellendsten Erklärungen
für den atemberaubenden Aufstieg eines ehemals unbedeutenden
Nomadenstammes aus dem nordwestlichen Anatolien zur Weltmacht
auf drei Kontinenten. Doch nicht nur die unvoreingenommene Nut-
zung fremder Kenntnisse und Fertigkeiten hatte den osmanischen Staat
seit seinen bescheidenen Anfängen geprägt. Auch der Dienste befähigter
Europäer und nicht selten ihrer Loyalität verstanden sich seine Sultane zu
versichern, die ihren diplomatischen Verkehr mit den christlichen Staaten
noch lange in griechischer oder slawischer Sprache führten.[3]

Noch der legendäre Staatsgründer Osman (oder Uthman) war nicht
mehr als der Anführer (*Bey*) einer unbedeutenden Gruppe von Nomaden
und Entwurzelten gewesen, die wie viele andere turkmenische Stämme

die Mongolenstürme und den Zerfall des mächtigen Seldschukensultanats von Konya im 13. Jahrhundert überlebt hatte und seither die byzantinischen Restgebiete in Anatolien infiltrierte. Je nach den Umständen übernahmen ihre Khans oder Emire die Rolle eines *Ghasi*, der nach islamischer Lehre kämpfend den rechten Glauben verbreiten sollte und sich dabei nach Kräften bereicherte, kooperierten allerdings auch mit den Christen gegen ihre eigenen Glaubensbrüder. Selbst Religionsgrenzen bildeten in diesen ethnisch durchmischten Regionen Westanatoliens keine unüberbrückbare Kluft.

Auch Osman scheint eine Zeit lang gute Beziehungen zu seinen christlichen Nachbarn gepflegt zu haben, denn er soll wiederholt einem byzantinischen Beamten aus der Stadt Belikoma (Bilecik) die gesamte Habe seines Clans anvertraut haben, wenn er nach altem Brauch mit seinen Herden die entfernten Sommerweiden aufsuchte.[4]

Über Osman ist nur wenig bekannt. Immerhin soll er in seinem stetig wachsenden Herrschaftsbereich bereits erste staatliche Strukturen aufgebaut haben. So ernannte er etwa Religionsgelehrte zu Richtern (*Kadi*), die in seinem Namen Recht sprachen und sogar Polizeibefugnisse besaßen. Außerdem soll er seine Krieger erstmals in feste Verbände (*Sandschaks*) eingeteilt und sie einem besonderen Oberbefehlshaber (*Beylerbey*) unterstellt haben. Schon unter Osmans Söhnen und Nachfolgern verwandelte sich das osmanische Heer aus einer nach Beute trachtenden Streifschar in das schlagkräftige Instrument einer ambitionierten Expansionspolitik. Selbst dem siechen griechischen Kaisertum konnten die Nachfolger Osmans schon fallweise auf dem Balkan mit Hilfstruppen aushelfen. So verhinderte im Jahre 1349 etwa eine osmanische Streitmacht aus 20 000 Soldaten unter dem Befehl von Orhans ältestem Sohn, Süleyman Pascha, auf Bitten Kaiser Johannes' V. die Einnahme von Saloniki durch die Serben.[5]

Der Kern der osmanischen Armee bestand aus einer ständig unter Waffen gehaltenen Truppe, den sogenannten Pfortenknechten (*Kapıkulu*), die sich in ein Infanterie- sowie ein Kavalleriekorps aufspalteten. Sie dienten dem Sultan als Leibwache und begleiteten ihn gewöhnlich auf seinen Jagden. Aus den Pfortenknechten ging auch das Korps der Janitscharen (*yeniçeri*), die wohl bedeutendste militärische Innovation des 14. Jahrhunderts, hervor. Die »neue Truppe« bestand anfangs ausschließlich aus jungen männlichen Gefangenen aus christlichen Familien, die der Sultan gemäß der sogenannten Beutesure des Korans (8,41) für sich beanspruchen durfte. Religiöse Umerziehung und eine harte militärische Ausbildung sollten aus den verschleppten Jungen loyale Kämpfer machen. Wohl schon unter Sultan Bayezid I., gewiss aber unter Murad II., gingen die Osmanen dazu über, den Mannschaftsersatz des Janitscharenkorps durch die berüchtigte Knabenlese (*devşirme*) sicherzustellen.[6] Je nach Bedarf erfassten dazu besondere Beamte in den unterworfenen Christengebieten des Balkans den männlichen Nachwuchs in Listen und brachten geeignete Kandidaten, die sich durch Körperkraft, Intelligenz, aber auch ein ansprechendes Äußeres auszeichneten, nach Edirne und später nach Konstantinopel. Dort nahm das Führerkorps der Janitscharen eine weitere Musterung vor, wobei die besten Kandidaten (etwa ein Zehntel) für den zukünftigen Dienst am Hof ausgewählt und zur Ausbildung auf die drei Palastschulen von Konstantinopel, Edirne und Bursa verteilt wurden. Die Mehrheit der Geraubten kam nach jahrelanger Assimilierung in türkischen Familien in Anatolien und einer Phase des Frondienstes im Straßen- oder Festungsbau schließlich zurück zu den Janitscharen, wo sich eine mehrjährige militärische Ausbildung anschloss. Ihre hohe Disziplin, ihr Korpsgeist und ihre solide militärische Schulung machte aus den Janitscharen eine überall gefürchtete Elitetruppe. Selten seien sie mit anderen Waffen als mit Musketen ausgerüstet, schrieb der kaiserliche Gesandte Ogier Ghislain de Busbecq, der im Jahre 1562 in Konstantinopel Gelegenheit hatte, die Janitscharen bei einer Parade zu beobachten. Ihre Kleidung sei von gleicher Form und Farbe, es gebe keinen ausschweifenden Kleiderprunk, nur mit ihren Federn und Rosshaaren seien sie eigen, besonders die am Ende des Zuges marschierenden Veteranen. »Mit ihren Federn, die sie als Stirnschmuck aufsteckten, glaubt man einen Wald wandeln zu sehen. Ihre Hauptleute und Obersten folgten ihnen zu Pferde, am Schluss aber schritt einzeln ihr Oberbefehlshaber, der Aga, einher.«[7] Bereits während der Herrschaft Sultan Süleymans war die Stärke der Janitscharen auf rund 15 000 Mann angestiegen. Nur ein Teil von ihnen blieb in der Hauptstadt, andere dienten als Festungsbesatzungen an den Grenzen, und starke Kontingente nahmen sogar an den großen Flottenoperationen gegen Malta und Zypern teil. Das Korps vergrößerte sich unter Süleymans Nachfolgern in rasanten Schritten. Auch gebürtige Türken durften ihm seit 1568 beitreten, und Sultan Murad III. gestattete den Janitscharen 1582 sogar, noch während ihrer Dienstzeit zu heiraten. Bis zum Beginn des »Langen Krieges« (1593–1606) hatte sich die Zahl der Janitscharen bereits auf mehr als 35000 verdoppelt.[8] Als die Truppe um die Mitte des 17. Jahrhunderts mit rund 200000 Angehörigen ihren größten Unfang erreichte, war der alte Elitestatus des Korps jedoch längst dahin.[9]

Zwar blieb das Beutemachen in Feindgebiet weiterhin eine unverzichtbare Finanzierungsquelle des Staates, doch schon früh bildete die Vergabe von erobertem Christenland als Pfründe unterschiedlichen Zuschnitts (*Timare, Ziamet- oder Has*-Güter) an verdiente Kämpfer die zweite Säule des osmanischen Heerwesens. Die Inhaber dieser Pfründen (*Timarioten*) stellten die Elitekavallerie (*Sipahis*) des Sultans. Die Kavalleristen hatten Anspruch auf einen fixen Anteil an den jährlichen Einkünften ihrer Pfründen, der hauptsächlich zur Deckung ihrer militärischen Aufwendungen diente. Anders als im Feudalsystem des lateinischen Westens übten sie aber keine absolute Macht über ihre Bauern aus. Timarioten besaßen keine Gerichtsgewalt und durften ihren Besitz auch nicht vererben. Spätestens nach ihrem Tod, gelegentlich auch schon nach schweren Pflichtverletzungen, konnte der Sultan als tatsächlicher Eigentümer die Pfründe wieder einziehen. Nach einer Aufstellung aus dem Jahre 1533 zählten Rumelien (Römerland) und Anatolien, die beiden Hauptprovinzen des Reiches, insgesamt 27868 Pfründen aller drei Kategorien. Zusammen mit den von ihren Besitzern zusätzlich zu stellenden Reitern ergab sich daraus eine theoretische Einsatzstärke von 50000 Sipahis, wovon gewöhnlich aber ein Zehntel krankheitsbedingt oder aus sonstigen Gründen nicht im Heerlager erschien.[10]

Europäische Reisende vermerkten immer wieder mit kaum verhohlenem Respekt, dass der osmanische Staat im Gegensatz zu den erstarrten Feudalgesellschaften im christlichen Europa konsequent auf Verdienst und Loyalität aufgebaut war. Nach seiner Begabung und Tugend werde jeder ausgezeichnet, vermeldete etwa Ogier Ghislain de Busbecq nach Wien. So kämen nur geeignete Männer zu den führenden Stellen, und jeder könne daher sein Schicksal selbst gestalten.[11]

Christen bildeten noch lange Zeit die Mehrheit der Bevölkerung im Machtbereich der Sultane. Für sie änderte sich unter osmanischer Herrschaft vorerst nur wenig. Wie die moslemischen Untertanen des Reiches hatten sie das Recht, sich jederzeit direkt an den Sultan oder später an dessen Großwesir zu wenden. »Ungläubige« waren zwar nicht zur Heeresfolge verpflichtet, durften aber gelegentlich als sogenannte *Martolosen* freiwillig Militärdienst leisten. Auf der Ägäisinsel Limnos fungierte im Auftrag des Sultans sogar eine aus mehreren Hundert Christen bestehende Truppe als Besatzungsmacht.[12] Gewöhnlich aber diente es dem osmanischen Staat am besten, wenn seine christlichen Untertanen ihren gewohnten Gewerben nachgingen. Gemäß islamischem Recht durften Griechen, Bulgaren, Serben und Armenier weiterhin ihre bisherige Religion praktizieren und bezahlten als sogenannte Schutzbefohlene (*Dhimmis*) nur eine anfangs noch moderate Kopfsteuer an die Staatskasse. Das Zusammenleben von Moslems, Christen und Juden im osmanischen Staat scheint lange Zeit ohne größere Reibungen funktioniert zu haben, auch wenn die gegenseitigen Vorbehalte oft fortbestanden. Schon während einer um 1350 unternommenen Reise durch Westanatolien musste der orthodoxe Erzbischof von Saloniki, Gregorios Palamas, mit Erstaunen feststellen, dass sich Griechen und Türken oft durch Heirat miteinander vermischt hatten, gemeinsam ihren Geschäften nachgingen und einander führten oder voneinander geführt wurden.[13]

Auch auf höchster politischer Ebene kam es zu Ehebündnissen zwischen Christen und Moslems. So hatte Osmans ältester Sohn Orhan eine Tochter des byzantinischen Kaisers Johannes Kantakuzenos geheiratet. Freilich konnte ihn die enge Verwandtschaft zu den Griechen nicht davon abhalten, zwischen 1326 und 1337 die byzantinischen Städte Nicaia, Nikomedia und Bursa am Mamarameer zu besetzen. Das ehemals mächtige Ostrom war nach der Erstürmung seiner Hauptstadt durch die Kreuzfahrer im Jahre 1204 praktisch zerschlagen worden, und auch die Rückgewinnung Konstantinopels durch das Kaiserhaus der Palaiologen hatte ein halbes Jahrhundert später die alte imperiale Herrlichkeit nicht zurückgebracht. Stück für Stück war in den ersten Jahrzehnten des 14. Jahrhunderts das anatolische Kerngebiet der griechischen Kaiser westlich des

Sangarios' an die Osmanen verloren gegangen, und Bursa wurde für rund 30 Jahre auch die erste Hauptstadt der neuen Herren. Sofern sie nicht geflohen waren, übernahm Orhan die griechischen Amtsträger und ließ die alte Verwaltungsstruktur vorerst bestehen.[14] Schon die Verteilung des eroberten Ackerlandes als Pfründe an verdiente Kämpfer und Gefolgsleute erforderte einen erhöhten Dokumentationsaufwand. Hunderte von Urkunden mussten erstellt und archiviert werden. Zunächst erledigten dies noch die umherreisenden Religionsgelehrten (*Ulema*) als Gelegenheitskanzlisten, später aber eine rasch wachsende Staatskanzlei mit einem *nişancı* an der Spitze.

Bereits Osman hatte seinen besonderen Herrschaftsanspruch durch die regelmäßige Erwähnung seines Namens in den Freitagsgebeten bekräftigt. Sein Sohn Orhan ging noch weiter und ließ im eigenen Namen Münzen prägen. Schließlich nahm er sogar den prestigeträchtigen Titel »Sultan« an. Der islamische Weltreisende Ibn Battuta, der sich um 1331 in Bursa aufhielt, nannte Orhan bereits den größten und reichsten König der Turkmenen.[15] Der Sohn Osmans scheint neben seiner Vorliebe für Eroberungen auch Gefallen an offenen interreligiösen Debatten gehabt zu haben. Als der in osmanische Gefangenschaft geratene Erzbischof von Saloniki, Gregorios Palamas, während einer Auseinandersetzung mit islamischen Religionsgelehrten unvorsichtigerweise den Propheten Mohammed einen Gewalttäter und Plünderer nannte, nahm ihn Orhan ausdrücklich vor den darüber erbosten Anwesenden in Schutz und bestrafte sogar persönlich einen der »frommen« Männer, der es gewagt hatte, dem orthodoxen Kleriker ins Gesicht zu schlagen.[16]

Der Sultan war in seinem Reich der unbeschränkte Herrscher. Mehmed II. hatte mit einer radikalen Bodenreform dafür gesorgt, dass ihm mit Ausnahme des Grundbesitzes der frommen Stiftungen der gesamte eroberte Boden gehörte. Sämtliche Provinzgouverneure (*Sandschakbeys*) waren ihm persönlich verpflichtet. In beratender Funktion stand seiner Regierung der sogenannte *Diwan* zur Seite, ein hohes Gremium zur Erörterung wichtiger politischer Fragen, an dessen Spitze schon seit Orhans Tagen ein Großwesir stand. Besetzten diese zentrale Funktion anfangs noch Mitglieder der Herrscherfamilie wie etwa Orhans ältester Sohn Süleyman, traten später oftmals Nichttürken an ihre Stelle. So stammte mehr als ein Viertel der 92 Großwesire des 16. und 17. Jahrhunderts aus der Knabenlese.[17]

Die rasante Expansion des neuen Staates vollzog sich in Europa und Asien im geschickten Wechselspiel zwischen befristeten Waffenstillständen und Offensiven, sodass die Sultane selten an zwei Fronten zugleich kämpfen mussten. Während die Erben Osmans seit 1354 in Europa die Restterritorien des byzantinischen Staates liquidierten und Bulgaren sowie Serben überrannten, glückte ihnen in Anatolien Schlag auf Schlag die Einverleibung der rivalisierenden türkischen Emirate entlang der Ägäisküste. Ende des 14. Jahrhunderts waren die Osmanen die Herren Westanatoliens und hatten in Europa ihre Feldzeichen (Rossschweife) bis zur Donau getragen. Ganz Bulgarien war bereits zur Provinz geworden und die Walachei ein Vasall des Sultans. Noch residierten die byzantinischen Kaiser hinter den unüberwindbar scheinenden Mauern ihrer längst verfallenden Hauptstadt, aber die Osmanen hatten inzwischen die alte Rolle des Oströmischen Reiches als östliche Vormacht zwischen Donau und Taurusgebirge übernommen. Die Entscheidung Murads I., der 1360 seinem Vater Orhan in der Herrschaft gefolgt war, den Sultanssitz von Bursa in das erst kurz zuvor besetzte thrakische Adrianopel (Edirne) zu verlegen, belegt die überragende Wichtigkeit der europäischen Front für die osmanische Politik. 1385 ernannte Murad erstmals einen besonderen Beylerbey für *Rumelien* (Römerland), wie die Osmanen das ehemalige europäische Gebiet der Byzantiner inzwischen nannten. Selbst der Untergang eines ganzen osmanischen Heeres am Wardar 1385 vermochte die Herrschaft des Sultans über den südlichen Balkan nicht mehr zu erschüttern.[18] Vier Jahre später mussten sich Serben und Bulgaren nach der am St. Veitstag (28. Juni 1389) verlorenen Schlacht auf dem Amselfeld (Kosovo Polje) erneut der Oberhoheit des Sultans unterwerfen. Murad überlebte seinen militärischen Triumph jedoch nur wenige Stunden. Noch auf dem legendären Kampffeld starb er durch den Dolch eines serbischen Attentäters. Ihm folgte sein Sohn Bayezid, der in der Schlacht als Führer des linken Flügels gekämpft hatte. Indem er sogleich seinen jüngeren Bruder Yakub erwürgen ließ, begründete Bayezid I. die brutale Tradition des Herrschaftswechsels, die Gegner der Osmanen seither gern als Zeichen ihrer besonderen Barbarei brandmarkten. Tatsächlich reduzierte der systematische Brudermord bei Thronwechseln die Gefahr von Bürgerkriegen und möglichen Reichsteilungen erheblich.[19] Unter seinem Urenkel Mehmed II. sollte die Praxis des Brudermordes sogar Gesetzeskraft erlangen.

Bayezids Heer stand bereits vor den Mauern Konstantinopels, als sein aufstrebendes Reich beinahe der Vernichtungsschlag traf. Hatte der Sultan noch im September 1396 vor der Donaufestung Nikopolis über ein ungarisch-französisches Kreuzfahrerheer triumphiert, musste er schon sechs Jahre später bei Angora (Ankara) gegen die Horden des Turkmenenführers Timur Lenk (der Lahme) selbst eine katastrophale Niederlage hinnehmen und zusammen mit zwei seiner Söhne den Weg in die Gefangenschaft antreten. Zwar wandten sich Timurs siegreiche Scharen schon im Jahr darauf wieder nach Zentralasien, um China zu erobern, hinterließen aber ein führerloses Osmanisches Reich, das in Aufständen und Bürgerkriegen unterzugehen drohte. Alle fünf Söhne des bald nach der Katastrophe in Timurs Gefangenschaft verstorbenen Bayezids beteiligten sich an den jahrelangen Kämpfen, aus denen schließlich Mehmed I. als Sieger hervorging. Während seiner nur kurzen Herrschaft (1413 – 1421) stabilisierte sich das Reich allmählich. Verlorene Territorien konnten zurückerobert werden, und bereits sein Sohn, Murad II. (1421 – 1444, 1446 – 1451), stellte die ursprüngliche Vorherrschaft der Osmanen in Westanatolien wieder her.

Das christliche Lager hatte sich derweil außerstande gezeigt, die lange Phase der osmanischen Schwäche zu einem energischen Gegenschlag auf dem Balkan zu nutzen. Ungarn und Venedig, das eine Europas größte Landmacht, das andere sein bedeutendster maritimer Staat, lagen damals wegen der dalmatinischen Hafenstadt Zadar miteinander im Streit. Ungarns König Sigismund, der seit 1410 auch gewählter deutscher König war, schreckte selbst vor einer umfassenden Wirtschaftsblockade der Markusstadt nicht zurück und versuchte sogar, den griechischen Kaiser in Konstantinopel zur Sperrung seiner Häfen für venezianische Schiffe zu bewegen.[20]

Mehr als die unbeirrt ausgetragenen Rivalitäten der Europäer sicherte jedoch die Loyalität vieler seiner christlichen Bewohner das Überleben des osmanischen Staates. Eine große Zahl von Christen sah in den Lateinern inzwischen den gemeinsamen Feind von Türken und Griechen.

Als der Beauftragte des burgundischen Herzogs Philipps des Guten, Bertrandon de Brocquière, im Jahre 1432 auf dem Rückweg aus Palästina bei Skutari (Üsküdar) den Bosporus überqueren wollte, bedrohten ihn die griechischen Schiffer sogar mit Waffen. Sie hatten herausgefunden, dass der fremde Reisende aus dem Westen kam.[21] Längst hatten sich Händler, Handwerker und Seeleute, ehemals Untertanen des Kaisers in Konstantinopel, mit den neuen Verhältnissen arrangiert und betrachteten die Europäer eher als gefährliche Störenfriede. Als unter Führung János Hunyadis, des ungarischen Reichsverwesers, schließlich doch noch eine gemeinsame Expedition der Europäer zustande kam, transportierten christliche Seeleute das Heer des aus Anatolien heranrückenden Sultans bereitwillig über den Bosporus. So kam es im November 1444 zur Schlacht von Warna am Schwarzen Meer, in der Murad II. über Hunyadi, den unermüdlichen Bekämpfer der Türken, einen recht glücklichen Sieg errang. In der kritischen Phase der Schlacht hatten seine Janitscharen den Sultan sogar an der Flucht hindern müssen, angeblich indem sie seinem Pferd Fesseln anlegten.[22] Es war ein Novum in der Geschichte des Reiches, als der Sultan wenige Wochen nach dem teuer erkauften Erfolg die Herrschaft seinem ältesten Sohn, dem erst 13-jährigen Mehmed, übertrug und sich auf einen Ruhesitz im anatolischen Magnesia zurückzog.[23] Das umstrittene Experiment scheiterte jedoch, nachdem sich an allen Grenzen die Feinde des Reiches erneut zu regen begannen und sich sogar Koalitionen zwischen Europäern und dem südanatolischen Reich der Karamanen anbahnten. Dem regierungsmüden Murad blieb keine Wahl, als schon zwei Jahre nach seiner Abdankung wieder auf den Thron zurückzukehren. In einer zweiten Schlacht auf dem Amselfeld schlug er 1448 seinen Dauerwidersacher Hunyadi, der eine neuerliche Koalition aus Ungarn, Walachen und Albanern unter seiner Fahne gegen die Osmanen vereinigt hatte. Allerdings hatte erst der Seitenwechsel der 8000 Walachen in der Endphase der Schlacht die Wende zugunsten der Osmanen bewirkt.[24] Konstantinopel war damit endgültig isoliert und Sultan Mehmed II. machte sich die Eroberung der Kaiserstadt zur ersten Aufgabe, nachdem er seinem Anfang 1451 in Edirne verstorbenen Vater endgültig auf den Thron gefolgt war. Es galt nicht nur, durch einen spektakulären Erfolg das Vertrauen der Armee zu gewinnen, sondern auch den letzten noch fehlenden Stein in das Fundament des Reiches einzufügen. Schon für Sultan Bayezid I. war klar gewesen, dass sein Imperium sich von jedem möglichen Verlust erholen konnte, wenn erst Konstantinopel in seiner Hand war.

Zwei Jahre lang bereitete sein Urenkel Mehmed II. den größten und wichtigsten Erfolg seiner Regierung akribisch vor, schloss mit den Ungarn einen dreijährigen Waffenstillstand und zwang durch einen Blitzfeldzug in Anatolien das Emirat von Karaman, seine Oberhoheit erneut anzuerkennen. Den Getreidehandel mit dem Schwarzen Meer blockierte er durch die in Rekordzeit auf dem europäischen Ufer des Bosporus errichtete Festung *Rumeli Hisarı*, ließ einen christlichen Geschützmeister aus Siebenbürgen die größte Kanone seiner Zeit gießen und verfrachtete zum Erstaunen aller Militärexperten eine Kriegsflotte von 70 Schiffen auf dem Landweg in das Goldene Horn. Am 29. Mai 1453, genau 1123 Jahre und 20 Tage nach ihrer Gründung, fiel die Stadt des Konstantin, die bis dahin unbestrittene Metropole der Christenheit, nach siebenwöchiger Belagerung in die Hände der Osmanen. Am Mittag des welthistorischen Tages, der überall im lateinischen Westen Schockwellen auslöste, ritt der 22-jährige Sultan durch das erstürmte Romanos-Tor in die Stadt und betrat zunächst die gigantische Hagia Sophia, wo er sogleich einen seiner Soldaten züchtigte, der mit einer Axt den Marmorfußboden der Kirche zerstören wollte.[25] Mehmed ließ die überlebenden Bewohner der eroberten Kaiserstadt deportieren, was ein Novum im Umgang der Osmanen mit unterworfenen Völkern darstellte. Im Gegenzug gelangten die Bewohner anderer unterworfener Städte in die Stadt, die seither die endgültige Hauptstadt des Osmanischen Reiches bis zu seiner Auflösung im Jahre 1923 war. In den folgenden sieben Jahren beseitigte der Sultan die letzten Reste der byzantinischen Staatlichkeit, die sich noch auf der Peloponnes oder im nordöstlichen Anatolien (Kaiserreich Trapezunt) gehalten hatten. Obwohl Mehmed, der später den Beinamen »Vater der Eroberung« erhielt, 1456 eine empfindliche Schlappe vor Belgrad hinnehmen musste, erschien die Macht des osmanischen Staates inzwischen so gewaltig, dass selbst Papst Pius II., wohl einer der unermüdlichsten Protagonisten der Kreuzzugsidee, in einer bemerkenswerten ideologischen Kehrtwende dem Sultan 1461 die alte römische Kaiserwürde anbot.[26] Völlig abwegig war die wohl von dem befreundeten Brixener Kardinal Nikolaus von Kues aufgebrachte

Idee freilich nicht. Glaubt man den Berichten des Venezianers Giovanni Maria Angiolello, der jahrelang am Sultanshof lebte, hat sich Mehmed, ganz im Gegensatz zu seinem frömmelnden Vater, überhaupt zu keiner Religion bekannt. Nach einem anderen Zeugnis soll der Sultan sogar ein großer Verehrer christlicher Reliquien gewesen sein.[27] Die osmanische Gesellschaft war wie schon die spätbyzantinische ein hybrides Gebilde. Christen stellten die Mehrheit der Bevölkerung im Reich des Sultans, und zum Islam übergetretene Renegaten leisteten überall in Heer und Verwaltung unverzichtbare Arbeit. Nach dem Zeugnis eines Mannes aus Siebenbürgen, der zwei Jahrzehnte als Gefangener unter den Türken leben musste und später als Memoirenschreiber unter dem Namen Georg von Ungarn große Bekanntheit erlangte, hörte man in den 1440er-Jahren in der Residenzstadt Edirne und selbst unter den hohen Würdenträgern kaum jemanden Türkisch sprechen.[28] Am Hofe des Sultans stellten die aus der Knabenlese hervorgegangen Amtsträger sogar eine eigene Fraktion, die politisch in scharfer Opposition zu den alten türkischen Eliten des Reiches stand und durch den Sturz des alten Großwesirs Candarlı Halil im Jahre 1453 weiter an Bedeutung gewonnen hatte.

Die Hoffnung des Papstes, dass der Konfessionswechsel des Sultans das Osmanische Reich in ein christliches Imperium verwandeln würde, so wie einst Kaiser Konstantin das heidnische Rom dem »wahren Glauben« geöffnet hatte, war also nicht völlig aus der Luft gegriffen. Anders als die traditionellen türkischen Eliten ließen sich die wurzellosen Renegaten gewiss für das Christentum gewinnen, wenn nur der Sultan ihnen voranschritt.

Es ist allerdings nicht gesichert, ob das päpstliche Schreiben jemals seinen hohen Adressaten erreicht hat. Eine Reaktion des Sultans ist jedenfalls nicht überliefert.[29] In gewisser Weise könnte man Mehmeds bald darauf eröffnete Kriegszüge gegen Serben und Bosnier, die nun Schlag auf Schlag ihre letzte Unabhängigkeit verloren, durchaus als eine Antwort auf die päpstliche Offerte betrachten. Der Sultan schien es nicht nötig zu haben, die Religion seiner Väter aufzugeben, um etwas zu erreichen, was er sich ohnehin nach Belieben jederzeit nehmen konnte. Tatsächlich brauchte Mehmed II. die westslawischen Regionen mit ihren ergiebigen Silberbergwerken, um nicht beständig auf das toxische Instrument der

Münzverschlechterung angewiesen zu sein. Von Albanien aus ließ sich auch leicht eine strategische Basis an der Adria zum Kampf gegen Venedig gewinnen. Die Hälfte seiner 30 Regierungsjahre führte der Sultan Krieg gegen die *Serenissima*. 1477 standen seine Streifscharen sogar bereits in Sichtweite der Lagunenstadt. Nur zwei Jahre später musste Venedig die Beendigung des kostspieligen Krieges gegen die Osmanen mit dem Verlust seiner wichtigen Insel Euböa einschließlich der lange umkämpften Festung Negroponte teuer erkaufen. Seither beherrschten die Schiffe des Sultans unangefochten die gesamte Ägäis. Zwei Flottenexpeditionen gegen Rhodos und gegen die italienische Adriaküste endeten allerdings mit Misserfolgen. Zwar konnte die zum Königreich Neapel gehörende Stadt Otranto eingenommen und einen Winter lang gehalten werden, doch Mehmeds überraschender Tod im Frühjahr 1481 zwang die Osmanen zur Aufgabe ihres italienischen Brückenkopfes. Zurück blieben die Gebeine von 800 enthaupteten männlichen Bewohnern Otrantos. Angeblich sollen sie alle als Märtyrer ihres Glaubens gestorben sein, und ihre Knochen sind daher bis heute in der Kathedrale der Stadt als makaberes Inventar in großen Vitrinen ausgestellt.

Unter Mehmeds Sohn Bayezid II., dessen Herrschaftszeit sich ebenfalls über drei Jahrzehnte erstreckte, setzte eine Phase der osmanischen Konsolidierung ein. Noch einmal musste allerdings Venedig mit Waffen niedergerungen werden, und mit Polen trat im Kampf um Moldawien erstmals ein neuer Feind des Reiches auf den Plan. Erst seinem Sohn Selim I. (1512–1520), einer derben und brutalen Soldatennatur, glückte mit der Unterwerfung des Mamelukenstaates wieder eine bedeutende Eroberung, die freilich den Charakter des Osmanischen Reiches vollkommen verändern sollte. Obwohl die Annexion von Syrien, Ägypten und der »Heiligen Stätten« in Arabien die Gefahr einer Überdehnung der osmanischen Macht heraufbeschwor, hatte sich Selim zu dem gewagten Schritt entschlossen. Möglicherweise spielte dabei auch das verstärkte Auftreten der Portugiesen in der arabischen See eine Rolle, die 1507 Socotra im Golf von Aden und ein Jahr später Hormuz besetzt hatten.[30] Gewiss aber lockte den Sultan die Möglichkeit, mit der Annahme des Kalifentitels die Führungsrolle seines Reiches in der gesamten islamischen Welt zu bekräftigen. Als Beschützer der beiden heiligen Städte Mekka und Medina hörten die Sultane auf, nur besonders erfolgreiche Eroberer zu sein. Das Osmanische Reich war zu einem sakralen Imperium geworden. Es stand nun ganz in der Tradition des Islam, so wie das untergegangene Byzantinische Reich in der Tradition der Konstantinischen Wende und des Christentums gestanden hatte. Es war Selims einziger überlebender Sohn, Süleyman, der daraus seinen Weltherrschaftsanspruch ableitete. Wie es nur einen Gott gab, konnte es auch nur einen Kaiser auf Erden geben.

3 Ungarns Untergang in Etappen
Der Fall von Belgrad 1521 und die
Katastrophe von Mohács 1526

»Wenn der Sultan wirklich kommt, dann wiederhole ich, was ich so oft gesagt habe. Euer Heiligkeit könne dies Land als verloren betrachten. Es ist hier eine grenzenlose Verwirrung. Alles, was zum Kriege notwendig ist, fehlt. Unter den Ständen herrschen Hass und Neid. Und die Untertanen würden, falls der Sultan ihnen die Freiheit verspricht, gegen den Adel einen noch grausameren Aufstand erregen als dies zur Zeit des Kreuzzuges [Kuruzzenaufstand 1514] der Fall gewesen.«

Schreiben von Antonio Giovanni da Burgio an Papst Clemens VII. vom 25. April 1526[1]

»Schild und Schutzmauer der Christenheit« sei das Königreich der Ungarn, das sie mit großem Vergießen seines eigenen Blutes gegen die Türken beschütze. So hatten es die Stände des Landes auf dem Reichstag von Rákos im Jahre 1505 verkündet, und vielleicht hatten es viele der Magnaten damals auch tatsächlich geglaubt. Taten waren dieser selbstgefälligen Beschwörung seither allerdings kaum gefolgt. Denn als 16 Jahre später, im April 1521, Girolamo Balbi, der Beauftragte des noch unmündigen ungarischen Königs Lajos II., auf dem großen Reichstag zu Worms in Anwesenheit Karls V. die versammelten Reichsstände in dramatisierenden Wendungen um militärische Unterstützung bat, stand die einstige Großmacht des Balkans bereits am Abgrund. Ungarn halte schon seit 150 Jahren die zerstörerischen Angriffe der Türken auf und habe doch, so klagte Balbi, diesen »ewigen Kampf« allein führen müssen. Nicht einmal ermutigende Blicke oder Worte, geschweige denn Hilfe, so lautete der Vorwurf des aus Venedig stammenden Klerikers und Diplomaten, seien seinem Land bisher von den christlichen Fürsten zuteil geworden.[2]

Dies war freilich nur ein Teil der Wahrheit, denn Ungarn hatte sich seit den Tagen von Matthias Corvinus durch eine Kette von Waffenstillständen stets mit den Osmanen zu arrangieren gewusst, ohne jedoch die gewährte Atempause zur Stärkung der eigenen Widerstandskraft zu nutzen.

Hilfe war nun drei Jahrzehnte nach dem Tod des großen Corvinus dringend geboten. Bedrohliche Anzeichen sprachen inzwischen dafür, dass die osmanische Supermacht nach der Unterwerfung des syrisch-ägyptischen Mamelukenstaates den Fokus ihrer Politik wieder auf den Balkan und die Donaulinie richten würde. Erst im Vorjahr hatte in Konstantinopel ein Thronwechsel stattgefunden. Der 24-jährige Süleyman war am 30. September 1520 unangefochten seinem plötzlich verstorbenen Vater Selim I. gefolgt. Der neue Herrscher war der zehnte Nachfolger Osmans und von dem alten Sultan sorgfältig auf seine Aufgabe vorbereitet worden. Unter Selims argwöhnischen Blicken musste sich Süleyman als Statthalter von Kaffa und Magnesia bewähren, wo der 17-Jährige auch erste militärische Erfahrungen im Bandenkrieg hatte sammeln können. Der venezianische Diplomat Tommaso Contarini beschrieb Süleyman kurz nach dessen Herrschaftsantritt als groß gewachsen, aber schlank, mit einer etwas zu langen und gebogenen Nase. Ein kurz geschnittener Bart zierte Kinn und Oberlippe. Die Gesamtheit seines Erscheinungsbildes sei angenehm gewesen, obwohl das Gesicht eine gewisse Blässe aufwies.[3] Das christliche Europa sollte dem Sultan schon bald den Beinamen »der Prächtige« verleihen, erkannte dabei jedoch nicht, dass der stets in prächtigen Gewändern auftretende Herrscher den Pomp nur zur Selbstinszenierung einsetzte. Persönlich lebte der Sultan besonders in seinen späteren Jahren mäßig und bescheiden.[4] Die osmanische Historiografie dagegen verlieh Süleyman wegen der Vollendung des großen Gesetzeswerkes seines Urgroßvaters den Beinamen *Kanunî* (Gesetzgeber).[5] Anders als sein Vater, der wegen seines Jähzorns gefürchtet war, galt Süleyman als bedachtsam, großzügig und gerecht. Das schloss freilich gezielte Gewalttätigkeit zur Einschüchterung seiner Gegner nicht aus.[6]

Dass der erste Feldzug in Süleymans 46-jähriger Herrschaftszeit nach mehr als einem Vierteljahrhundert der Waffenruhe dem Königreich der Ungarn gelten sollte, war schon im Winter 1520/21 in ganz Europa ein offenes Geheimnis. Sogar 30 000 Lastkamele hatte der Sultan aus Asien zur Unterstützung seines Heeres über den Bosporus nach Edirne bringen lassen.[7]

Sultan Süleyman I. Kupferstich von Agostino Veneziano, 1535

Wenn Girolamo Balbi in Worms bittere Klage über die isolierte Lage Ungarns geführt hatte, so hatte er verständlicherweise mit keinem Wort erwähnt, dass die Ungarn an ihrer militärischen Schwäche selbst die größte Schuld trugen. In der Scheinsicherheit wiederholter Waffenstillstände mit dem Sultan hatten die ungarischen Magnaten alles unternommen, um die Autorität des Königtums zu schmälern und die Macht im Land wieder in eigene Hände zu nehmen. Schon die Wahl des Jagellonen Władisław zum Nachfolger des ohne legitimen Erben im April 1490 verstorben Corvinus hatte den neuen Kurs offenbart. In den Augen der einheimischen Barone versprach der unsicher agierende Pole auf dem ungarischen Thron vor allem ein fügsamer Monarch zu sein, dem es nicht wie seinem Vorgänger in den Sinn kommen würde, die traditionellen Rechte des Adels mithilfe ergebener Beamter zu unterdrücken. Widerspruch gegen Władisławs Wahl erhob sich allein vonseiten der Habsburger. Hatte doch Kaiser Friedrich III. einen Erbfolgevertrag mit Matthias Corvinus geschlossen, der seinem Sohn Maximilian nach dem Tod des ungarischen Herrschers die Thronnachfolge sichern sollte. Der um seine Rechte geprellte Habsburger hatte seine Ansprüche sogleich nach der Wahl Wladisław durch die gewaltsame Besetzung von Stuhlweißenburg (Székesfehérvár), der nationalen Begräbnisstätte der ungarischen Könige, bekräftigt. Die Magnaten mussten ihm damals im Frieden von Pressburg mit 100 000 Golddukaten den Rückzug versüßen und überdies dem habsburgischen Erzhaus nochmals vertraglich die Thronfolge versprechen, falls König Wladisław kinderlos versterben sollte.[8]

Die Mittel zur Verteidigung des Landes, die Matthias Corvinus gewöhnlich am ungarischen Reichstag vorbei für sich beansprucht hatte, dienten seither den Magnaten vor allem zur Vergrößerung ihrer Privatarmeen. Grundsätzlich sollten diese *Banderien* auch weiterhin der Verteidigung des Landes zur Verfügung stehen, keinesfalls aber mehr der Durchsetzung monarchischer Ambitionen außerhalb der Landesgrenzen dienen. Der drastischen Rückabwicklung der königlichen Macht fiel schließlich auch Corvinus' ständige Leibgarde, die gefürchtete »Schwarze Schar«, zum Opfer. Wegen ausbleibender Soldzahlungen hatte die hauptsächlich aus Böhmen bestehende Truppe in ihrem verschanzten Lager bei Szegedin (Szeged) gemeutert und musste schließlich gewaltsam aufgelöst werden.[9]

Der Pole Wladisław, der kaum ein Wort der Landessprache verstand, hatte der anarchischen Politik der Barone nur wenig Widerstand entgegenzusetzen gewusst. Dass die Herrschaft des bald als »König-Ja-Sager« (*Király Dobzhe*) verspotteten Monarchen nach einem Vierteljahrhundert im Chaos zu Ende ging, hatte Wladisław allerdings nicht allein zu verantworten. Die allgemeine Krise des europäischen Feudalismus betraf auch das Königreich Ungarn. Ausgelöst hatte sie eine agrarische Revolution, die in ganz Europa den Eigentümern großer Güter zwar wachsende Erträge bescherte, aber auch wachsende Ungleichheit und die fortgesetzte Beschneidung der alten bäuerlichen Freiheiten zur Folge hatte. In Ungarn hatte die Unterdrückung der Bauern durch ihre Grundherren längst das erträgliche Maß überschritten, als wieder einmal ein päpstlicher Kreuzzugsaufruf gegen die Osmanen durch das Land ging. Anlass des erneuten Griffs in die Mottenkiste päpstlicher Propaganda waren nicht etwa schockierende Nachrichten über neuerliche glänzende Erfolge der »Anhänger des Propheten«, sondern innerkirchliche Vorgänge im römischen Lateranpalast. Dort war am 11. März 1513 Tamás Bakács, der ehrgeizige Erzbischof von Gran (Esztergom), in dem Konklave dem Florentiner Giovanni de Medici unterlegen. Der Sieger der Papstwahl nannte sich fortan Leo X. und verfiel auf die unglückselige Idee, seinen Rivalen, ob als Kompensation oder Trost, zum Legaten und Schirmherrn eines neuen Kreuzzuges gegen die »Türken« zu ernennen.

Freilich fanden derartige Aufrufe der lateinischen Kirche inzwischen nur noch in den unteren Schichten den erhofften Zuspruch. Als auf dem Rákosfeld bei Pest im Frühjahr 1514 tatsächlich eine Volksarmee von rund 40 000 sozial Deklassierten zusammenströmte, um sich dem Kreuzzug anzuschließen, bestand der ungarische Adel voller Bestürzung sofort auf einer Auflösung dieser illegalen Streitmacht. Es bedurfte wirklich keiner besonderen Weitsicht, um zu erkennen, dass eine so ungeheure Menge bewaffneter Männer aus dem Bodensatz der Gesellschaft eine tödliche Gefahr für die feudale Ordnung des Landes sein musste. Als kaum weniger wichtig erwies sich jedoch die Tatsache, dass die Grundherren dringend auf die Arbeitskraft der ihnen entlaufenen Leibeigenen angewiesen waren und überdies keinerlei Interesse daran hatten, die »Türken« ohne Not zu reizen.[10] Dagegen erschien den meisten Bauern, die voller Hoffnung dem Aufruf Bakács' gefolgt waren, die Aussicht auf ansehnliche Kriegsbeute weitaus attraktiver als ein Sklavendasein auf den Gütern ihrer Barone. Obwohl sich schließlich auch Erzbischof Bakács der ablehnenden Haltung des Adels beugen musste und der König die Auflösung der Armee anordnete, widersetzten sich die enttäuschten Kreuzzügler oder Kuruzzen seinem Befehl. Unter Führung des siebenbürger Feldhauptmannes György Dózsa wandten sich ihre aufgebrachten Scharen statt gegen die Armeen des Sultans zunächst gegen die ihnen nicht minder verhassten Fronherren.[11] Im ganzen Land legten Dózsas Anhänger die Herrensitze in Schutt und Asche und machten ihre adligen Bewohner gnadenlos nieder. Erst der Reiterarmee des siebenbürger Woiwoden János Szápolya sollte es nach quälenden Wochen des allgemeinen Mordens gelingen, die Heerhaufen der Aufständischen zu zerschlagen. Das Strafgericht der überlebenden Grundherren fiel erwartungsgemäß fürchterlich aus, und als 1516 der erst zehnjährige Lajos seinem verstorbenen Vater Wladisław auf den Thron folgte, schien Ungarn gegenüber den Osmanen praktisch wehrlos. Rasche Hilfe aus dem Reich war jedoch nicht zu erwarten. Auf dem Wormser Reichstag von 1521 wurde dem ungarischen Gesandten Balbi wohl Hoffnung gemacht, dass der Kaiser schon für das nächste Jahr einen größeren Feldzug gegen den Sultan plane. Bis dahin jedoch möge Ungarn versuchen, Zeit zu gewinnen und mit dem Sultan einen Waffenstillstand abzuschließen, sofern dies ohne Schaden für den Glauben und die Christenheit geschehen könne.[12]

Doch die Zeit der Waffenstillstände schien vorbei. Der unübersehbare Verfall seiner militärischen Macht hatte Ungarn zum bevorzugten Objekt osmanischer Begierden gemacht. Ob allerdings Süleyman und sein Berater Piri Pascha, der erfahrene Großwesir seines verstorbenen Vaters, tatsächlich beabsichtigten, die »Schutzmauer der Christenheit« in Gänze einzureißen und Ungarn zur Basis weiterer Eroberungen in Mitteleuropa zu machen, ist eher zweifelhaft. Gewiss wollte der junge Sultan mit seinem ersten großen Kriegszug vor allem jene Scharte auswetzen, die schon seit 65 Jahren einen dauernden Schatten auf das Selbstbewusstsein der osmanischen Weltmacht warf. Die peinliche Schlappe wettzumachen, die sein Urgroßvater Mehmed II. damals vor den Mauern Belgrads gegen Johannes Capestranos schlecht bewaffnete Pöbelhaufen erlitten hatte, war für einen jungen Herrscher und Kriegsherrn gewiss ein verlockender Anreiz. Für diese Deutung spricht auch, dass Süleyman schon ein Jahr nach dem Wormser Reichstag mit großem Aufwand einen Angriff auf Rhodos unternahm, dem zweiten Negativposten auf der sonst eindrucksvollen militärischen Bilanz seines Urgroßvaters. Die damals noch von dem christlichen Ritterorden der Johanniter gehaltene Insel hatte im Sommer 1480 einer mehrmonatigen Belagerung des osmanischen Hauptheeres widerstehen können.

Außer Prestigeerwägungen bewogen freilich auch strategische Gesichtspunkte den jungen Sultan, seinen ersten militärischen Schlag gegen Belgrad zu führen. Immer noch behaupteten die Ungarn die auf einem markanten Felsen oberhalb des Zusammenflusses von Donau und Save errichtete Festung. Die aus weißem Kalkstein erbaute Stadt war im 12. Jahrhundert von den Byzantinern an der Stelle des alten römischen Kastells Singidunum angelegt worden und wurde von den Deutschen seither »Griechisch Weißenburg« genannt. Belgrad bildete den Ausgangspunkt der wichtigen Militärstraße nach Saloniki. Solange die Festung in den Händen der Ungarn blieb, konnte jederzeit ein entschlossen geführter Vorstoß europäischer Mächte, wie ihn János Hunyadi erst 80 Jahre zuvor tatsächlich unternommen hatte, bis vor die Tore von Konstantinopel gelangen und damit die Herrschaft der Osmanen über die christlichen Balkanvölker südlich der Donau zum Einsturz bringen. Umgekehrt erlaubte der sichere Besitz von Belgrad den Armeen des Sultans, jederzeit nach Norden durch die pannonische Ebene auf die Hauptstadt Ofen (heute Budapest) vorzustoßen, um die Ungarn zu zwingen, Süleymans Oberherrschaft vorzugsweise durch die Zahlung von Tributen anzuerkennen.

Der starke Widerwille der Magnaten gegenüber einem autoritären Königtum bildete die ideale Grundlage, um die einstige Großmacht des Balkans auf die Rolle eines abhängigen Puffers am Rande der islamischen Welt zu reduzieren und zugleich, was dem Sultan noch wichtiger erschien, dauerhaft die Thronbesteigung eines Habsburgers in Ofen zu verhindern. Andernfalls drohte über kurz oder lang eine direkte Konfrontation mit dem neuen Weltreich des Habsburgers Karls V., dem Erben Burgunds und der spanischen Gesamtmonarchie. Erst 1519 hatte sich der Habsburger und Enkel Maximilians bei der Wahl zum Kaiser des Reiches gegen seinen französischen Rivalen Franz I. aus dem Hause Valois durchsetzen können. Der gewaltige Machtzuwachs der Habsburger, begünstigt durch die inzwischen mit jedem Jahr reichlicher fließende Beute aus der »Neuen Welt«, bereitete der »Hohen Pforte« in Konstantinopel ernsthafte Sorge.[13] Erst im Jahr der Kaiserwahl hatte der Spanier Hernán Cortés den gewaltigen Goldschatz des mittelamerikanischen Aztekenherrschers Montezuma in seine Hand gebracht und dem Kaiser als Kompensation für sein eigenmächtiges Vorgehen in Mexiko zusammen mit seinem Rechtfertigungsbericht nach Spanien übersandt.[14] Wirtschaftlich bedrohte die Umleitung des europäischen Fernhandels über die atlantischen Routen die strategische Schlüsselposition des Osmanischen Reiches, das bisher aus seiner Rolle als Handelsbrücke zwischen Europa und Asien beträchtliche Einnahmen zu verzeichnen hatte.

Im Mai 1521 setzte Süleyman das im thrakischen Adrianopel (Edirne) versammelte osmanische Haupttheer nach Norden in Marsch. An die

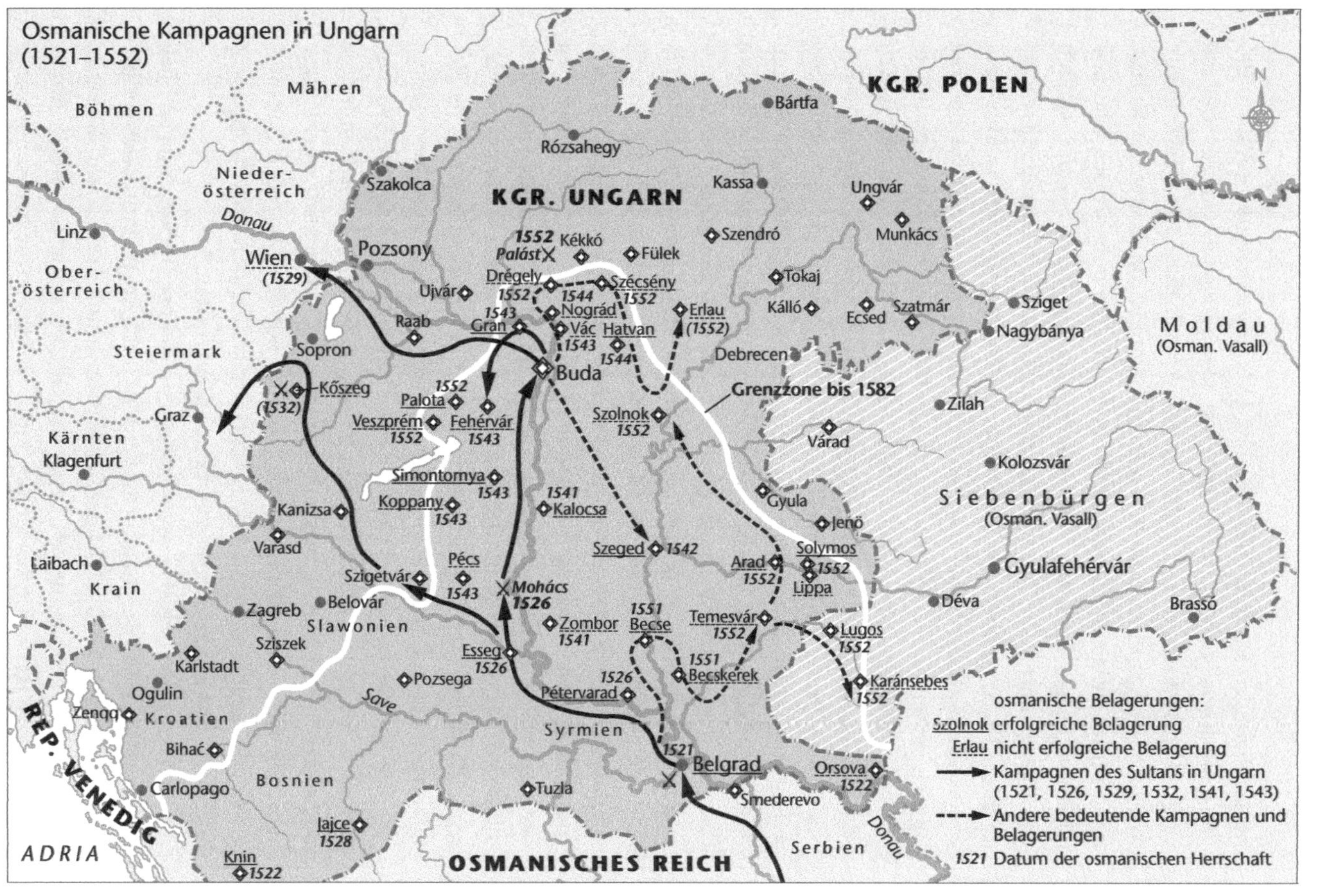

Osmanische Kampagnen in Ungarn (1521–1552)
Böhmen
Mähren
KGR. POLEN
Nieder-österreich
Ober-österreich
Steiermark
Kärnten
Krain
Linz
Donau
Szakolca
KGR. UNGARN
Rózsahegy
Bártfa
Kassa
Ungvár
Munkács
Szendró
Wien (1529)
Pozsony
1552 Kékkó
Palást
Fülek
Tokaj
Kálló
Ecsed
Szatmár
Sziget
Nagybánya
Moldau (Osman. Vasall)
Újvár 1552
Drégely 1543
Szécsény 1552
Nógrád 1544
Erlau (1552)
Gran
Vác 1543
Hatvan 1544
Debrecen
Grenzzone bis 1582
Zilah
Kolozsvár
Sopron
Raab
Buda
Steiermark
Kőszeg (1532)
Graz
Palota 1552
Szolnok 1552
Várad
Siebenbürgen (Osman. Vasall)
Veszprém 1552
Fehérvár 1543
Klagenfurt
Simontornya 1543
Koppany 1543
1541 Kalocsa
Gyula
Jenő
Gyulafehérvár
Kanizsa
Szeged 1542
Solymos 1552
Arad 1552
Lippa
Déva
Brassó
Laibach
Varasd
Pécs 1543
Szigetvár
Mohács 1526
Temesvár 1552
Lugos 1552
Krain
Zagreb
Belovár
Slawonien
Zombor 1541
Becse 1551
Becskerek 1551
Karánsebes 1552
Sziszek
Karlstadt
Esseg 1526
Pozsega
Pétervárad 1526
Save
Syrmien
osmanische Belagerungen:
Szolnok erfolgreiche Belagerung
Erlau nicht erfolgreiche Belagerung
Kampagnen des Sultans in Ungarn (1521, 1526, 1529, 1532, 1541, 1543)
Andere bedeutende Kampagnen und Belagerungen
1521 Datum der osmanischen Herrschaft
Ogulin
Zengg
Kroatien
Bihać
Bosnien
Tuzla
Belgrad 1521
Smederevo
Orsova 1522
Donau
REP. VENEDIG
Carlopago
Jajce 1528
ADRIA
Knin 1522
OSMANISCHES REICH
Serbien

tributpflichtigen Potentaten der beiden Donaufürstentümer Moldau und Walachei waren bereits die Befehle zur Heeresfolge ergangen, und die Ungarn wussten zunächst nicht, wo der Angriff der Osmanen erfolgen würde. János Szápolya, der nach seinem Sieg über die Armee der Kuruzzen zum mächtigsten aller ungarischen Magnaten aufgestiegen war, ließ die siebenbürger Kontingente in seinem Lager von Szász-Sebes, südlich von Klausenburg (Cluj-Napoca) zusammenkommen.[15] Anfang Juli war jedoch zur Überraschung der Verteidiger eine starke osmanische Abteilung vor Schabatz (Šabac), das etwa 60 Kilometer saveaufwärts von Belgrad lag, erschienen und hatte die nur durch Erdwälle und Palisaden geschützte Festung (Palanke) nach kurzer Belagerung gestürmt. Die Angreifer hatten keine Mühe, die tapfere Besatzung aus einigen Hundert Ungarn und serbischen Söldnern niederzumachen. Sodann schlugen sie in zehntägiger Arbeit eine Schiffsbrücke zum Nordufer der Save, um Belgrad im Rücken zu fassen. Als nur eine Woche später die ungarische Grenzfestung Semlin (Zemun) hart nördlich von Belgrad gleichfalls in die Hand der Osmanen fiel, konnte an der Absicht des Sultans kein Zweifel mehr bestehen. Am 1. August erschien schließlich auch Süleyman persönlich mit seinem Hauptheer vor den Mauern von Belgrad und ließ sogleich durch eine mit 500 Janitscharen bemannte Flottille die Donau nach Norden sperren. In der Stadt selbst brach nur kurz nach der Ankunft der Osmanen ein Streit unter den Verteidigern aus. Aus Hass gegen die Ungarn setzten die serbischen Bewohner von Belgrad die Unterstadt in Brand, sodass sich die Besatzung in das Belgrader Schloss zurückziehen musste. Dort vermochten sich die Verteidiger in der Hoffnung auf Entsatz noch mehrere Wochen zu halten. Sie konnten freilich nicht wissen, dass König Lajos II. mit dem ungarischen Aufgebot immer noch untätig bei Tolna, auf halbem Wege zwischen Ofen und Belgrad, verharrte und auf das Eintreffen habsburgischer Unterstützung wartete. Ferdinands bescheidene Hilfstruppe war allerdings erst am 21. August von Graz aufgebrochen.[16]

Auch Szápolya ließ sich nicht mit seinen Reitern blicken, und so blieb das erhoffte zweite Belgrader Wunder aus. Nach knapp einmonatiger Belagerung erschien am 28. August eine Abordnung der auf 400 Kämpfer geschrumpften Besatzung im Lager des Sultans, um gegen freien Abzug die Übergabe des Schlosses anzubieten. Erst tags zuvor hatte eine osmanische Mine den Hauptturm der Anlage in Trümmer gelegt. Süleyman schien gleichwohl über die Offerte der »ungläubigen Hunde« nicht unglücklich. Es war sein erster großer Kampf, und die wiederholten verlustreichen Sturmangriffe seiner Truppen hatten seine Geduld und Nerven über Gebühr strapaziert. Die erschöpften Ungarn durften daher mit Milde rechnen. Am nächsten Tag rückten die Osmanen unter den Klängen ihrer Militärmusik in das von den Kämpfen gezeichnete Schloss ein. Für die folgenden dreieinhalb Jahrhunderte wurde Belgrad – mit zwei kurzzeitigen Unterbrechungen durch die Österreicher – zu einer osmanischen Stadt. Während die überlebenden Verteidiger des Schlosses auf Schiffen des Gegners donauaufwärts nach Slamkamen gelangten, ließ Süleyman sämtliche serbischen Bewohner der Stadt nach Konstantinopel deportieren, wo sie noch lange für den Erhalt der Wasserleitungen in der Hauptstadt und des großflächigen Baumbestandes zu sorgen hatten. Der große Park in Istanbul wird bis heute als »Belgrader Wald« bezeichnet.[17]

Am 30. August 1521 verrichtete Süleyman in der rasch zur Moschee umgewidmeten Kirche der Unterstadt sein Gebet und kehrte, nachdem er Belgrad mit einer Besatzung von 3000 Janitscharen und 200 Geschützen versehen hatte, zum maßlosen Erstaunen der Ungarn nach Konstantinopel zurück. In einer offiziellen Erklärung ließ er überall in seinem Herrschaftsbereich verbreiten, dass er dem Rat seiner Beys gefolgt sei, da die Zeit nicht mehr gereicht habe, er aber gewiss seine Rache am König der Ungarn bei günstiger Gelegenheit noch verwirklichen werde.[18]

Nach dem Zeugnis des habsburgischen Diplomaten Ogier Ghislain de Busbecq soll es einer der drei größten Wünsche Süleymans gewesen sein, den Habsburgern den »goldenen Apfel von Wien« zu entreißen.[19] Seit jeher hatten die Türken den goldenen Apfel als Symbol für eine große christliche Stadt angesehen, deren Eroberung nicht nur Reichtum und Prestige versprach, sondern auch als religiöse Pflicht aller Rechtgläubigen galt. Hatte zunächst Konstantinopel über Jahrhunderte ihre Fantasie beschäftigt, so übertrugen die Osmanen das Symbol später auf Rom und schließlich auf Wien.

Wäre Busbecqs Einschätzung zutreffend gewesen, so hätte der Sultan nach dem Fall Belgrads tatsächlich ganz Ungarn zu einer osmanischen Provinz machen müssen, um sich eine sichere Basis für den Vormarsch ins Reich zu verschaffen. Völlig überraschend für die noch unter Schock stehenden Ungarn überließ Süleyman jedoch das Land vorerst sich selbst und unternahm im Folgejahr mit seiner gesamten Armee einen Feldzug gegen den Johanniterstaat auf Rhodos. Nach dem Fall der Feste Akkon und dem Ende des Kreuzfahrerstaates im Jahre 1291 hatte sich der Ritterorden auf der Ägäisinsel festgesetzt und sich dort jahrzehntelang durch seine fortgesetzten Angriffe auf osmanische Pilgerschiffe und Getreidetransporter aus Ägypten als höchst unangenehmer Nachbar erwiesen. Nach sechsmonatiger Belagerung der Hauptfeste mussten der 57-jährige Großmeister Philippe de Villiers de l'Isle-Adam und seine 180 überlebenden Ordensritter im Dezember 1522 vor der osmanischen Hauptarmee kapitulieren.[20] Sämtliche Munition war verschossen und trotz der üblichen Lippenbekenntnisse der europäischen Höfe hatten die Johanniter keine nennenswerte Hilfe erhalten. Ihre längst aussichtslose Lage ignorierend, gewährte der Sultan den hartnäckigen Verteidigern großmütig freien Abzug.

Auch die durch wiederholte Aufstände erzwungene Neuordnung Ägyptens, die der Sultan 1522 seinem langjährigen Vertrauten und späteren Großwesir İbrahim Pascha übertrug, wäre für Süleyman kaum ein Hinderungsgrund gewesen, Ungarn den allseits erwarteten Todesstoß spätestens im Folgejahr zu versetzen, wenn er es tatsächlich gewollt hätte.

Seine vorläufige Zurückhaltung gegenüber den Ungarn sollte sich indes als kluge Entscheidung erweisen. Selbst auf den Verlust seiner wichtigsten Festung wusste das zerstrittene Land keine überzeugende Antwort. Zwar hatte ein noch Ende 1521 von König Lajos II. einberufener Reichstag den einmütigen und begeistert gefeierten Beschluss gefasst, schon im kommenden Frühjahr einen Feldzug zur Rückeroberung von Belgrad zu unternehmen. Selbst die Stände hatten den notwendigen Steuererhöhungen einhellig zugestimmt und dem König sogar die Hälfte ihrer Einkünfte versprochen. Doch der momentanen patriotischen Aufwallung waren keine vergleichbaren Taten gefolgt. Als schließlich nur ein Bruchteil der erwarteten Einnahmen in die königlichen Kassen gelangte, verflog unter gegenseitigen Vorwürfen der Unterschlagung die ursprüngliche Begeisterung und der Feldzugsplan wurde bald *ad acta* gelegt.[21] Unfähig, die Ressourcen des Landes zur Türkenabwehr zu bündeln, verfielen König und Magnaten wieder einmal auf den Gedanken, ihre Gesandtschaften auf den Reichstagen der Deutschen um Hilfe betteln zu lassen. Selbst Ferdinand spottete gegenüber seinem kaiserlichen Bruder, dass die weinerlichen Reden der Ungarn sogar Steine hätten erweichen können.[22] Unbegründet waren die Erwartungen der Gesandtschaft aus Ofen allerdings nicht. Immerhin war Lajos II. 1515 in einer aufwendigen Doppelzeremonie im Wiener Stephansdom mit Maria, der älteren Schwester des Kaisers, verheiratet worden. Zugleich hatte Karls jüngerer Bruder Ferdinand im Gegenzug Anna, die Schwester des ungarischen Königs, geehelicht. Schwester und Schwager konnte man unmöglich ohne Hilfe lassen. So drängte also das habsburgische Brüderpaar nach dem Fall von Belgrad, der wieder einmal Schockwellen in der Christenheit ausgelöst hatte, die Reichsstände, den Ungarn nunmehr großzügige militärische Unterstützung zu gewähren. Die Hilfe sollte auf der Basis der im Vorjahr in Worms bewilligten, aber jetzt nicht mehr benötigten Romzughilfe erfolgen. Damals hatte der Reichstag dem Kaiser zur Rückeroberung von Mailand ein Heer von 20 000 Mann Infanterie und 4000 Reisigen (Reiter) auf sechs Monate bewilligt. Von diesem Maximum sollte Lajos zumindest einen Teil erhalten, sofern er glaubhafte Garantien geben konnte, das Hilfskorps mit Artillerie, Pulver und Kavallerie zu unterstützen und überdies die zollfreie Einfuhr von Verpflegung zu erlauben. Die Verhandlungen über diese Punkte zogen sich jedoch in die Länge, da nun auch die ungarischen Stände einbezogen werden sollten, und verloren bald an Dringlichkeit, als der befürchtete zweite große Heereszug des Sultans nach Ungarn zunächst ausblieb.

Gleichwohl kehrte nach dem Abzug der Osmanen an der ungarischen Südgrenze keine völlige Ruhe ein. Süleyman erwartete von seinen Grenzbefehlshabern, dass sie mit ihren örtlichen Aufgeboten bei günstiger Gelegenheit nach Kroatien oder in die Walachei eindrangen und nach Möglichkeit auch das zum Königreich Ungarn gehörende Siebenbürgen bedrohten. Nach der Auffassung der Zeit blieben ihre wiederholten Angriffe allerdings ebenso unterhalb der Schwelle des Krieges wie die nun erstmals seit 30 Jahren wieder einsetzenden Streifzüge der *Akıncı* in die habsburgischen Erblande. Diese von jeher exponierten Gebiete unterstanden seit dem Wormser Teilungsbeschluss von 1521 dem Statthalter des Kaisers im Reich, Erzherzog Ferdinand.

Der in Spanien geborene Bruder Karls V. zeigte sich entschlossen, allen zukünftigen Einfällen islamischer Streifscharen energischer als bisher entgegenzutreten und nach dem alten Vorbild der Ungarn auch in Kroatien eine befestigte Grenzlinie aus Forts und Wehrbauernsiedlungen einzurichten. Nennenswerte Kräfte konnte der Habsburger dafür vorerst jedoch nicht aufbieten. Als Ferdinand im Juni 1522 seinen wohl erfahrensten Feldhauptmann, den 63-jährigen Niklas von Salm, mit 3000 aus der sogenannten Türkenhilfe finanzierten Söldnern zur Una entsandte, ahnte gewiss niemand, dass dieser bescheidene Zug der Auftakt zu der 300-jährigen Geschichte der österreichisch-kroatischen Militärgrenze sein würde.[23] Der Graf von Salm stand schon seit 40 Jahren in habsburgischen Diensten und sollte sieben Jahre später als Kommandant die Stadt Wien erfolgreich gegen Süleymans gesamte Heeresmacht verteidigen. Aus seiner im Grunde unlösbaren Aufgabe versuchte der ergraute Haudegen das Beste zu machen. Zwar musste Salm mehrere kleinere Raids der *Akıncı* zulassen, konnte aber 1524 einen größeren Angriff der Osmanen gegen die Stadt Kruppa abwehren.[24] Im selben Jahr festigte auch ein kleiner Erfolg des Banus von Kroatien, Graf Christoph von Frangipani, erfochten vor der bosnischen Festung Jajce, den erschütterten Widerstandswillen der Ungarn.[25] Zahlreiche Pferde, 60 Fahnen, mit Gold und Silber eingelegte Waffen sowie den Kopf des osmanischen Anführers entsandte der stolze Sieger nach Ofen, wo König Lajos ein Freudenfest veranstalten ließ.[26] Ähnlich beruhigend auf die Stimmung im Lande wirkte ein freilich überbewerteter Erfolg des Erzbischofs von Kollotschau (Kalocsa), Pál Tomori, über einige Tausend *Akıncı*, die der Kleriker, ein bewährter Soldat, der auf seine alten Tage die Priesterlaufbahn eingeschlagen hatte, auf ihrem Rückzug durch Syrmien zersprengen konnte.

Vieles war somit zur Jahreswende 1525/26 zusammengekommen, um Süleyman endlich zu dem lange befürchteten zweiten Feldzug gegen die Ungarn zu veranlassen. Die Unbotmäßigkeiten eines Gegners, den der Sultan inzwischen als seinen Vasallen betrachtete, schienen überhandzunehmen. König Lajos II. hatte sich sogar zu der Dummheit verleiten lassen, einen Tribut einfordernden Gesandten der »Hohen Pforte« einfach einsperren zu lassen.[27] Nicht zuletzt aber hatte eine blutige Revolte der in Konstantinopel stationierten Janitscharen im März 1525 den Sultan

davon überzeugt, dass nur ein neuerlicher großer Kriegszug gegen die
»Ungläubigen« der wachsenden Unzufriedenheit in seinem Elitekorps
wirksam Abhilfe schaffen könnte.

Nicht ohne Sorge hatten Süleyman und der inzwischen zum Großwesir aufgestiegene Makbul İbrahim Pascha außerdem den Verlauf des
Krieges der Habsburger gegen Frankreich verfolgt. Bei Pavia hatte Anfang 1525 Franz I. eine vernichtende Niederlage gegen die Landsknechte
Karls V. erlitten. Die Macht des jungen Kaisers schien nach der Gefangennahme seines französischen Rivalen in dieser Schlacht kaum noch Grenzen zu haben. Das Eingreifen spanischer und italienischer Truppen auf
der Seite der Ungarn drohte seither immer wahrscheinlicher zu werden.
Mit Erleichterung wird Süleyman zur Kenntnis genommen haben, dass
König Franz I. sich nach seiner Freilassung entschlossen zeigte, den Krieg
gegen die Habsburger, die sein Königreich inzwischen von drei Seiten
umklammert hielten, fortzusetzen. Die verzweifelten Versuche des allerchristlichsten Monarchen, mit den glaubensfremden Osmanen eine formale Allianz gegen seine erzkatholischen Gegner zu schmieden, blieben
zwar zunächst ohne konkretes Ergebnis. Als Antwort erhielt Franz immerhin ein von Sultan und Großwesir unterzeichnetes Schreiben, das beider
Wohlgefallen über die vorgetragene Bitte zum Ausdruck brachte.[28] Aus
osmanischer Sicht konnte es keinesfalls schaden, nunmehr die Verhältnisse in Ungarn durch einen zweiten Feldzug günstiger zu gestalten und
damit auch erhebliche Kräfte des Kaisers zu binden. Er würde Frankreich
die dringend benötigte Entlastung bringen und die französische Karte im
europäischen Spiel halten, zu dessen vollwertigen Akteur das Reich des
Sultans spätestens jetzt geworden war.

Am 23. April 1526, dem 11. Tag des Monats Rağab im Jahre 932 der islamischen Zeitrechnung, verließ der Sultan mit Großwesir İbrahim und dem
Wesir Ajas Pascha seine Hauptstadt, um »in das unselige Ungarn einzu-
fallen«.[29] Am selben Tag, es war das Fest des heiligen St. Georg, kamen die
Stände Ungarns zu einem Reichstag in Ofen zusammen. Wenn es noch
eines weiteren Beweises bedurft hätte, dass die Großen des Landes in
einer Parallelwelt lebten, so wurde er hier erbracht. Gewiss verabschiedete
die hohe Versammlung im Ofener Schloss auch einige militärische Maß-

nahmen. So wurde Pál Tomori, der im Vorjahr siegreiche Erzbischof von Kalocsa, zum militärischen Beistand des erst 20-jährigen Königs ernannt. Außerdem sollten sich alle Bauern und *Banderien* des Landes zum 1. Juli auf dem großen Feld von Tolna einfinden, während an den siebenbürger Woiwoden János Szápolya der Befehl erging, mit seinen Truppen einen Ablenkungsangriff in die Walachei zu führen.

In der Hauptsache aber beschäftigte die in Ofen versammelten Magnaten wieder einmal die Frage, ob nicht etwa die Zahl der verhassten Deutschen im Gefolge der Königin Maria, der Schwester Karls V., endlich zu vermindern sei. Die Ungarn vermuteten unter den Ausländern zahlreiche Anhänger der neuen lutherischen Bewegung. Den König wiederum traf der Vorwurf, die wenigen Reichseinkünfte, die man ihm noch überlassen hatte, für ein lasterhaftes Luxusleben zu verausgaben. Lajos pflegte in der Tat nach durchfeierten Nächten erst sehr spät aufzustehen und seine Herrscherpflichten nur nachlässig zu erfüllen. Als die hohe Versammlung endlich nach zwei Wochen auseinanderging, meldete der päpstliche Gesandte am ungarischen Hof, Antonio da Burgio, ernüchtert nach Rom, dass Ungarn nun wohl auch zu den verlorenen christlichen Ländern zu rechnen sei.[30]

Unter diesen Auspizien war kaum zu erwarten, dass der ungarische Adelsstaat aus der dem miserablen Wetter zu verdankenden Verlangsamung des osmanischen Vormarsches noch einen greifbaren Vorteil schlagen konnte. Der Frühsommer des Entscheidungsjahres 1526 war ungewöhnlich regenreich, und die Armee des Sultans kam mit ihren 300 Geschützen auf den hoffnungslos verschlammten Wegen nur mühsam voran. Mit den Aufgeboten aus Rumelien und Anatolien gebot Süleyman über eine Kampfstärke von 40 000 Sipahis und 15 000 Janitscharen, dazu stießen unterwegs noch eine unbekannte Anzahl an *Akıncı* sowie sonstige Grenztruppen, sodass die osmanische Truppenzahl den gewöhnlich genannten 100 000 Mann wohl sehr nahegekommen sein dürfte.[31] Erst am 29. Mai erreichte der gewaltige Heereszug Sofia, wo Bäche zu reißenden Gewässern angeschwollen waren und Dutzende von Zelten mit sich rissen. Es gab etliche Todesopfer. Die Disziplin musste mit drakonischen Mitteln aufrechterhalten werden. Wessen Pferd, ob versehentlich oder mit Absicht, auf ein eingesätes Feld geriet, verlor den Kopf.[32] Als man am 10. Juni die serbische Morava erreichte, einen linken Nebenarm der Donau, hatte der starke Regen immer noch nicht nachgelassen. Der reißende Fluss erwies sich an der vorgesehenen Übergangsstelle als unpassierbar, und im Heer wuchsen laut Süleymans Feldzugstagebuch »Mut- und Ratlosigkeit«.[33]

Noch deprimierender war freilich die Lage auf ungarischer Seite. Dem König fehlten Truppen und Geld. Trotz beachtlicher päpstlicher Subsidien und der besonderen Erlaubnis Roms an den ungarischen Klerus, sogar das Kirchensilber zu veräußern, hatte sich bis Ende des Monats Juni auf dem Tolnarer Feld nur ein verzweifeltes Häuflein von wenigen Tausend Streitern eingefunden. Der König selbst musste sich das Geld für eine eigene *Banderie* vom päpstlichen Nuntius da Burgio erbetteln. Die meisten Adligen hatten sich dagegen auf ihre befestigten Herrensitze zurückgezogen, um dort die weiteren Ereignisse abzuwarten. Der ursprüngliche Plan, das Land schon an der Save zu verteidigen, erwies sich unter diesen Umständen als Fantasiegebilde.

Mitte Juli hatten die Osmanen unter der persönlichen Führung von Großwesir İbrahim Pascha endlich die Festung Peterwardein erreicht, die sich etwa 40 Kilometer nördlich von Belgrad auf einem von der Donau eng umflossenen Felsen erhob. Erzbischof Pál Tomori, der die Savelinie mit seinen nur 10 000 Mann nicht hatte halten können, ließ ein Zehntel seiner Streitmacht als Besatzung in der Festung zurück und zog sich mit dem Rest entlang des rechten Donauufers zunächst auf Bács zurück. Dort hoffte er, sich mit der in Tolna versammelten Hauptarmee des Königs vereinigen zu können, um einen Entsatz von Peterwardein zu wagen. Doch Lajos verharrte immer noch in Ofen, wo er auf weiteren Zuzug hoffte. Da viele Magnaten sich jedoch nur dann dem Heer anschließen wollten, wenn es vom König persönlich geführt würde, begab sich Lajos endlich am 20. Juli nach Tolna, wo er allerdings vorerst nicht mehr als 4000 Bewaffnete vorfand. Für die Rettung der bedrängten Festung war es ohnehin längst zu spät. Am 28. Juli, dem zwölften Tag der Belagerung von Peterwardein, erteilte İbrahim Pascha den Befehl zum entscheidenden Sturm, dem fast alle noch verbliebenen Verteidiger in kürzester Frist zum Opfer fielen. Nur 90 Ungarn, die sich in den Hauptturm der Anlage gerettet hatten, um dort ihren Widerstand fortzusetzen, gewährte der Großwesir nach kurzer Verhandlung freien Abzug.[34] Die abgetrennten Köpfe von 500 gefallenen Verteidigern flankierten, auf

Stangen genagelt, zwei Tage später den triumphalen Einzug des Sultans in die in Trümmer gelegte Stadt.

Die Nachricht vom Fall von Peterwardein versetzte ganz Ungarn erneut in Angst und Schrecken, ein Umdenken unter den Magnaten bewirkte der Rückschlag freilich nicht. Die Hoffnung des Monarchen, dass sich der Adel nun ohne Säumen mit seinen Aufgeboten dem königlichen Heerzug anschließen würde, blieb unerfüllt. Einzig zwei kleinere Abteilungen von je 1500 Mann, die unter Vermittlung des rührigen Nuntius Antonio da Burgio mit päpstlichen Geldern in Böhmen und Mähren angeworben worden waren, trafen noch in den ersten Augusttagen in Tolna ein. Alle Befehle an János Szápolya, sich mit seinem bei Szegedin an der Theiß versammelten Aufgebot entgegen seiner ursprünglichen Bestimmung mit den Truppen des Königs in Tolna zu vereinigen, waren bisher auf taube Ohren gestoßen. Seine Weigerung ließ im königlichen Lager rasch den Verdacht aufkommen, der mächtige Woiwode von Siebenbürgen könnte insgeheim in Absprache mit dem Sultan agieren. Dass Szápolya selbst auf die Königswürde spekulierte, war im ganzen Land längst ein offenes Geheimnis.[35]

Gleichwohl zeigten Süleyman und İbrahim Pascha nach der Erstürmung von Peterwardein keine besondere Eile, nach Norden auf Ofen und Pest vorzustoßen. Solange noch das 40 000 Mann starke Kontingent des siebenbürger Woiwoden in Szegedin stand, war ihre Flanke ernsthaft bedroht. Auch die Truppen des sich ebenfalls noch abseits haltenden Banus von Kroatien, Graf Christoph von Frangipani, blieben eine Gefahr. Erst am 22. August überschritt das osmanische Heer die Drau bei Essegg. Der Sultan ließ die Brücke, deren Bau immerhin fünf Tage gedauert hatte, sogleich hinter sich abbrennen, um keinen Gegner in seinem Rücken fürchten zu müssen.[36] Vier Tage später erreichten die Spitzen seiner Armee die 30 Kilometer nördlich der Drau liegende Siedlung Baranyavár, wo erneut eine Rast eingelegt werden musste. Weiterhin setzte der Regen den osmanischen Truppen erheblich zu. Zur Erleichterung des Sultans meldeten seine Kundschafter nun aber, dass der Feind nur noch einen Tagesmarsch entfernt bei Mohács stand und offenbar entschlossen schien, sich auf der Ebene südlich der Stadt zum Entscheidungskampf zu stellen.

Auch wenn die Armee des Königs durch den Zuzug weiterer Truppen und durch die Vereinigung mit Erzbischof Tomoris Kontingent inzwischen auf vielleicht 28 000 Mann angewachsen war, erreichte die Stärke der Ungarn damit kaum ein Drittel der osmanischen Heeresmacht. Rechtzeitige Hilfe aus dem Reich war nicht zu erwarten. Zwar hatte der Speyerer Reichstag noch am 27. August eine neue Türkenhilfe beschlossen und sie dieses Mal sogar an erheblich gemilderte Bedingungen geknüpft. Die erforderlichen Geldmittel sollten allerdings erst im November an den vier dazu bestimmten Depotplätzen eintreffen.[37]

Obwohl im königlichen Feldlager davon noch nichts bekannt sein konnte, wäre es gleichwohl ratsam gewesen, sich wieder nach Norden zurückzuziehen, die Osmanen tiefer ins Land zu locken und zugleich ihre rückwärtigen Verbindungen zu attackieren. Dies hätten die kroatischen Truppen des Grafen von Frangipani und auch Szápolyas beträchtliche Streitmacht leicht besorgen können. Im königlichen Kriegsrat, der am 25. August im Feldlager von Mohács stattfand, verwarf man jedoch diese Lösung, da der Feind bereits zu nah sei. Ein jetzt noch eingeleiteter Rückzug konnte jederzeit in Flucht ausarten, was fraglos ein Auseinanderbrechen der ganzen Armee zur Folge haben würde. Wollte man aber hier und jetzt eine Schlacht gegen den Sultan schlagen, musste sie unbedingt offensiv geführt werden, andernfalls drohte dem kleineren ungarischen Heer die Überflügelung und Einkreisung. Wenn Erzbischof Tomori, der sich von allen am meisten für die Angriffslösung eingesetzt hatte, nun allerdings verkündete, dass die Armee des Sultans in Wahrheit nur aus »feigem Gesindel« bestehe, war dies wohl mehr ein Pfeifen im dunklen Wald.[38] Der alte Kriegsmann wird es kaum selbst geglaubt haben.

Der 29. August 1526 versprach nach Wochen des deprimierenden Regens endlich ein schöner Tag zu werden. Zum letzten Mal für lange Zeit ging die Sonne über einem freien Ungarn auf. Erst dreieinhalb Jahrhunderte später sollte es durch den großen Ausgleich mit dem Habsburger Kaiserhaus als gleichberechtigter Teil der Doppelmonarchie wiedererstehen.

Das Schlachtfeld von Mohács, Schauplatz der wohl größten Katastrophe in der Geschichte Ungarns (bis zum Volksaufstand von 1956), dehnte sich auf dem linken Donauufer von der gleichnamigen Siedlung in Form eines Dreiecks etwa 10 000 Schritte nach Südwesten aus. Mohács bildete die obere Spitze dieses Dreiecks, die Ortschaften Kölked im Südosten sowie Groß-Nyárád im Südwesten waren seine unteren Eckpunkte. Im Nordwesten begrenzte das zukünftige Schlachtfeld ein ausgedehntes Waldgelände, das als Jagdgelände oder Tiergarten des Bischofs von Fünfkirchen diente. Das königliche Heer hatte sich etwa in der Mitte der Ebene platziert. Sein linker Flügel stand an die Ortschaft Kölked angelehnt, zum Waldgelände im Nordwesten klaffte dagegen eine große Lücke. Der aus Dutzenden von Fahrzeugen bestehende Tross der Ungarn hatte sich einige Hundert Meter südlich von Mohács zu einer großen Wagenburg formiert. 2000 Söldner waren zu ihrer Verteidigung zurückgelassen worden, was angesichts des ungünstigen Kräfteverhältnisses als Verschwendung gewertet werden muss.

Die Armee des Sultans hatte den Südrand der Ebene nach einem halben Tagesmarsch gegen Mittag erreicht und formierte sich, sobald sie das vor ihnen aufmarschierte ungarische Aufgebot erkannt hatte, ihrerseits in zwei Treffen zu einer Schlachtordnung von etwa 10 000 Schritt Aus-

Schlacht bei Mohács, 1526. Zeitgenössische Darstellung aus der osmanischen Bilderhandschrift Hünername.

dehnung. Links angelehnt an Groß-Nyárád bildete die Reiterei der Sipahis den starken westlichen (oder linken) Flügel der Osmanen, der die ungarische Streitmacht weit überragte. In seinem Zentrum platzierte Süleyman seine gesamte Artillerie, direkt dahinter marschierte als zweites Treffen die Masse des Janitscharenkorps in einer Stärke von etwa 10 000 Mann auf.

Die Ungarn hatten ebenfalls zwei Treffen gebildet. Hinter der durch 80 Kanonen geschützten Infanterie in der ersten Linie befand sich in tiefer Staffelung das ebenso starke Aufgebot, das der König von Tolna herangeführt hatte. Die im königlichen Kriegsrat aufgekommene Idee, den Angriff der Osmanen in einer großen Wagenburg nach dem Vorbild der tschechischen Hussiten abzuwarten, war von dem siegesgewissen Erzbischof Tomori mit großen Worten zugunsten einer sofortigen Offensive verworfen worden. Eile war in der Tat geboten, denn schon hatten die bosnischen Reiter des Sultans den als bischöflichen Tierpark bezeichneten Wald in der rechten Flanke der Ungarn besetzt. Alle teuer bezahlten Erfahrungen, welche die Ungarn seit dem Desaster von Nikopolis mit den Osmanen hatten sammeln müssen, schienen mit einem Mal vergessen, als Erzbischof Tomori mit der Masse der ungarischen Reiterei frontal in die rumelischen Deckungstruppen des Sultans hineinsprengte. Die zunächst noch mit ihrem Gepäck beschäftigten Gegner wichen geschickt nach beiden Seiten aus und ließen die Ungarn plötzlich direkt in die Rohre der verdeckt aufgefahrenen großen Batterie aus 300 Geschützen blicken. Einzelnen Reitergruppen glückte gleichwohl noch der Durchbruch, und manche der gepanzerten Angreifer drangen sogar tollkühn bis in die Nähe des Sultans vor. Die Masse der ungarischen Reiterei aber wurde durch das Feuer der osmanischen Geschütze und der jetzt vorrückenden Janitscharen zum Stehen gebracht. Rasch machte sich die gewaltige Übermacht der Osmanen bemerkbar, deren Schlachtaufstellung die der Ungarn weit überragte und die nun zügig an beiden Flügeln vorrückten. In ihrem Rücken bedroht, wandten sich die hinteren Reihen der Ungarn sofort zur Flucht, der umzingelte Rest leistete dagegen noch eine Zeit lang Widerstand. Nach zwei Stunden Kampf war das Heer des Königs zerschlagen. Lajos selbst ertrank, als er versuchte, nach Norden zu entkommen, in dem zum reißenden Gewässer mutierten Csele-Bach, einem linken Zufluss der Donau. Sein Pferd hatte sich beim Versuch, das steile und glitschige Bachufer zu ersteigen, überschlagen und den König unter sich begraben. Obwohl sich die Besatzung der Wagenburg sofort den Siegern ergab, ließ der Sultan alle Gefangenen, für die kein Lösegeld zu erwarten war, auf der Stelle töten. Nach der freilich übertriebenen osmanischen Zählung soll das Schachtfeld mit 24 000 Gefallenen bedeckt gewesen sein, darunter 4000 gepanzerte Reiter.[39] Unter den Toten befand sich auch der den Osmanen besonders verhasste Erzbischof Tomori, dessen Kopf am Abend auf einer neben dem Zelt des Sultans aufgepflanzten Stange steckte. An einem einzigen Nachmittag hatte Ungarn sein Heer und seinen König verloren. Auch der Sieger hatte empfindliche Verluste erlitten. Wohl ein Fünftel des Janitscharenkorps fehlte am Ende des Feldzuges.[40] Zwölf Tage später rückten das Heer des Sultans, von den noch intakten Aufgeboten Szápolyas und Frangipanis nicht weiter gestört, in die unverteidigte Hauptstadt des Reiches ein. Die Königinwitwe hatte Zeit genug gehabt, mit ihrem Hofstaat zunächst nach Pressburg zu fliehen. Obwohl der Sultan den Bewohnern Ofens Schonung zugesagt hatte, begannen seine rasch außer Kontrolle geratenen Truppen die Stadt zu brandschatzen, und ließen in ihrem Wüten nur das Schloss unversehrt. Die darin befindliche Bibliothek mitsamt der einst von Matthias Corvinus zusammengetragenen Kunstsammlung, eine der größten außerhalb Italiens, ließ Süleyman auf Kähnen nach Konstantinopel bringen.[41] Nicht besser als Ofen erging es der Nachbarstadt Pest sowie dem gesamten Umland. Bis an die Grenzen der Steiermark drangen die Streifkorps vor, ehe Süleyman am 25. September seiner Armee den Befehl zum Rückzug erteilte und das weithin verwüstete Land vorerst sich selbst überließ. Sollte der Sultan je erwogen haben, eine Besatzung in Ofen zurückzulassen, hatte seine undisziplinierte Soldateska diese Pläne durchkreuzt. In der mutwillig zerstörten Stadt hätte sie den Winter kaum überstehen können. Einzig die Festung Peterwardein ließ der Sultan als nördlichsten Punkt osmanischer Präsenz in Ungarn von Soldaten seines Janitscharenkorps besetzen. Am 13. November 1526 kehrte Süleyman »glücklich«, wie es im Feldzugstagebuch prahlerisch hieß, in seine Hauptstadt zurück. Wohl 200 000 Ungarn hatten seinen Feldzug mit ihrem Leben bezahlt.[42]

4 Ein Spanier in Wien und die vergiftete ungarische Erbschaft

»Von dort (Bruck a. d. Leitha) erhoben wir uns und am zweiundzwanzigsten des Monats Moharrem (26. September) kamen wir zur Stadt, die Wien heißt, und wie der erwähnte König (Ferdinand) dies hörte, erhob er sich und floh und ging in das Königreich Böhmen, in die Stadt, die Prag genannt wird, und verbarg sich dort und wir erfuhren nicht, ob er lebend sei oder todt.«

Schreiben Sultan Süleymans vom 13. November 1529 an
Andrea Gritti, den Dogen von Venedig [1]

Die Nachricht vom Untergang der Ungarn erreichte Erzherzog Ferdinand von Österreich am 4. September 1526 in Innsbruck.[2] Zwei Tage später besaß der Habsburger auch die traurige Gewissheit, dass sein königlicher Schwager auf der Flucht vom Schlachtfeld umgekommen war.[3] Ferdinands Gram dürfte sich freilich in Grenzen gehalten haben. Gemäß dem Vertrag von 1515 konnte der jüngere Bruder Kaiser Karls V. nach dem Tode Lajos' II. endlich Anspruch auf die Kronen Ungarns und Böhmens erheben. Beide Erbschaften bedeuteten eine ungemeine Aufwertung seiner bisher marginalen Stellung im Reich.

Der 23-jährige Spanier, Sohn des früh verstorbenen Burgunderherzogs Philipp des Schönen und seiner Ehefrau Johanna von Kastilien, hatte als Ausländer ohne Kenntnis der Landessprache in den österreichischen Erblanden, die ihm nach dem Wormser Teilungsbeschluss von 1521 zur Regierung überlassen worden waren, von Anfang an mit vielen Widerständen zu kämpfen. Schon im ersten Jahr seiner Herrschaft musste Ferdinand die ständische Opposition in Innerösterreich mit aller Härte in ihre Grenzen weisen. Acht führende Repräsentanten Wiens, darunter der Bürgermeister Martin Siebenbürger, verloren nach einem öffentlichen Prozess auf dem Marktplatz von Wiener Neustadt am 11. August 1522 ihren Kopf.[4] Drei Jahre später ließ Ferdinand die Bauernaufgebote im Salzburger Land durch seinen Feldhauptmann Niklas von Salm zerschlagen. Als getreuer Enkel und Erbe der spanischen *Reyes católicos* (Isabella von Kastilien und Ferdinand II. von Aragón) war der junge Habsburger zudem nach Kräften bemüht, die »lutherische Ketzerei« und mehr noch die zersetzende Widertäuferei zu bekämpfen, die sich längst auch in seinen Erblanden auszubreiten drohte.[5] Vor allem aber drückte Ferdinand sein Anteil an dem riesigen Schuldenberg von sechs Million Gulden, immerhin sechs Jahresetats, den der 1519 verstorbene Kaiser Maximilian I. seinen beiden Enkeln hinterlassen hatte und dessen Tilgung eine Reihe höchst unpopulärer Maßnahmen erforderte.[6]

Ferdinand war ursprünglich als Erbe der spanischen Krone vorgesehen gewesen, doch sein älterer Bruder Karl hatte ihn mithilfe des einflussreichen Kardinals Jiménez de Cisneros in seinem Heimatland geschickt ausgebootet. Zwar winkte ihm nach der Katastrophe von Mohács und König Lajos' Tod ein stattliches Ersatzkönigreich, doch das von den Osmanen fast zur Gänze überrannte Land schien jetzt noch ungreifbarer und ferner als seine alte spanische Heimat.

Schon in den ersten Oktobertagen 1526 nahm jedoch der politische Horizont für Ferdinand hellere Konturen an. Entgegen aller Befürchtungen hatte die siegreiche Armee des Sultans ihren Vormarsch zur Reichsgrenze nicht fortgesetzt, auch schien Süleyman keine Anstalten zu treffen, seine jüngste Eroberung dauerhaft in Besitz zu nehmen. Die Osmanen räumten nicht nur Ofen und Pest, sondern fast das gesamte Land. Als die kaum glaubliche Nachricht von Süleymans Rückzug in Innsbruck eintraf, war der stets loyale Ferdinand noch vollauf damit beschäftigt, Truppen für den Krieg seines Bruders in Italien aufzustellen. Nun würde er diese Streitkräfte selbst benötigen, denn noch ehe der Sultan mit allem Pomp am 13. November nach Konstantinopel zurückgekehrt war, hatte der ehrgeizige Woiwode Siebenbürgens, János Szápolya, die vakante Krone des legendären Staatsgründers Stephan für sich reklamiert und sich in Stuhlweißenburg von den ungarischen Magnaten zum König ausrufen lassen. Ferdinand musste auf diesen Affront reagieren. Mit tatkräftiger Unterstützung seiner Schwester Maria, der verwitweten Königin, und dem Einsatz beträchtlicher Bestechungsgelder ließ sich der Habsburger in Pressburg von den westungarischen Ständen am 16. Dezember 1526 gleichfalls zum König von Ungarn wählen. Vor allem das unbedingte Hilfsversprechen des Kaisers, der sein ganzes politisches und militärisches Gewicht gegen die Osmanen in die Waagschale werfen wollte, dürfte viele Magnaten zunächst auf die Seite Ferdinands gezogen haben.[7] Mit ihrer Hilfe gelang es dem Habsburger, seinen Rivalen fürs Erste zu besiegen und Szápolya bis Ende des Winters ganz aus Ungarn zu vertreiben. Damit war jedoch für Ferdinand nur wenig gewonnen, denn nach wie vor betrachtete der Sultan das besiegte Land als seinen Besitz und empfand die Forderungen der von Ferdinand im Mai 1528 nach Konstantinopel geschickten Gesandten als inakzeptable Anmaßung. Als die habsburgischen Diplomaten im Namen ihres Herrn die Rückgabe aller seit 1521 verlorenen ungarischen Festungen verlangten, quittierte Großwesir İbrahim Pascha dies mit der höhnischen Frage, ob man denn nicht gleich auch Konstantinopel zurückhaben wolle.[8]

Dass Ferdinand nach dem Tod Lajos' II. seine vertraglichen Rechte auf Ungarn reklamieren würde, war für den stets gut unterrichteten Süleyman keine echte Überraschung. Die überzogenen Ansprüche des Habsburgers machten ihm jedoch klar, dass er wohl einen gefügigeren Vasallen in Ungarn benötigte. Umso willkommener war ihm da der zur selben Zeit am Bosporus erschienene Vertreter des vertriebenen János Szápolya. Ferdinands nach Polen geflohener Rivale ließ bei der »Hohen Pforte« um Hilfe gegen die Habsburger ersuchen und erklärte sich im Gegenzug bereit, das Land zukünftig nach den Befehlen des Sultans zu regieren. Mit polnischen Hilfstruppen und dem Segen des Sultans wagte Szápolya im Sommer 1528 die Rückkehr nach Ungarn, wo im September ein kleiner Erfolg seiner Armee über Ferdinands Truppen seiner Sache weiteren Auftrieb verschaffte. Viele Magnaten wechselten jetzt wieder die Seiten oder spielten wenigstens mit dem Gedanken, nachdem ihnen inzwischen klar geworden war, über wie wenig Hilfsmittel der Habsburger tatsächlich gebot.[9]

Während Ferdinand im Laufe des Frühjahrs 1529 in seinen Erblanden unverzagt von Landtag zu Landtag reiste, um von den meist skeptischen Landesvertretungen zusätzliche Geldmittel als Türkenhilfe zu erwirken, bereitete sich in Konstantinopel der Sultan darauf vor, drei Jahre nach seinem Triumph von Mohács, in denen er nach den Worten des rumänischen Historikers Nicolae Jorga das Schicksal des Landes vergessen zu haben schien,[10] seinen dritten großen Heereszug nach Ungarn zu unternehmen. Der unbotmäßige Habsburger, von Süleyman geringschätzig nur der »König von Wien« genannt, sollte aus seiner angemaßten Erbschaft wieder vertrieben werden.

Die verzögerte Rückkehr seiner lange in Konstantinopel festgehaltenen Gesandten hatte sogleich Ferdinands Befürchtung geweckt, dass seine wenig geliebte Residenzstadt Wien das nächste Angriffsziel der osmanischen Heeresmacht sein würde. Im April 1529 warnte der Habsburger eindringlich den in Speyer zusammengekommenen Reichstag, dass der Sultan, falls ihm die Eroberung von Wien glücken sollte, daselbst überwintern könnte, um im nächsten Frühjahr zur Unterwerfung Deutschlands zu schreiten.[11] Unter den Reichsständen, allen voran bei Herzog Ludwig von Bayern, erzielte Ferdinands Schreckensszenario einer osmanischen Invasion des Reiches freilich kaum die gewünschte Wirkung. Falls der »Großtürke« tatsächlich mit seinem Heer vor Wien erscheinen sollte, dann allein, um den habsburgischen Ansprüchen auf den ungarischen Thron eine Abfuhr zu erteilen, so der Tenor der zahlreichen Skeptiker. Weshalb also Gut und Blut gegen die »Turken« einsetzen? Nur um dem Habsburger Ferdinand zusätzlich zur böhmischen Krone auch noch die Ungarns zu verschaffen? Wer konnte schließlich garantieren, dass der erzkatholische Spanier die Truppen, nachdem man sie ihm erst einmal bewilligt hatte, am Ende nicht gegen die Reformation im Reich einsetzen würde? Immerhin bewilligte die hohe Versammlung am 22. April dem Habsburger wenigstens einen Teil seiner Forderungen. Die beschlossenen 20 000 Fußsoldaten sowie 4000 Reiter unter dem Befehl des Pfalzgrafen Friedrich von Bayern reichten freilich kaum aus, um sich den Osmanen in offener Schlacht stellen zu können. Erfahrungsgemäß würden die Truppen auch nicht rechtzeitig zur Verfügung stehen.

Ferdinand hatte nicht nur die althabsburgische Ländermasse geerbt, sondern auch die bewährte Findigkeit seiner Ahnen, jede nur erdenkliche Finanzquelle zu erschließen. Ausgestattet mit päpstlichem Dispens, forderte er jetzt sogar von dem in seinen Erbländern ansässigen Klerus den vierten Teil der Einkünfte, den sogenannten Quart. Ob er sein feierliches

Rückzahlungsversprechen jemals würde einhalten können, erschien mehr als zweifelhaft in diesen spannungsgeladenen Wochen, da bereits ein gewaltiger osmanischer Heerbann unaufhaltsam donauaufwärts nach Nordungarn vorrückte. Als Ferdinand klar wurde, dass die erhofften Verstärkungen aus Italien nicht mehr rechtzeitig vor Wien eintreffen würden, da der Friede zwischen Karl V. und Papst Clemens VII. erst am 29. Juni 1529 zustande gekommen war, fasste er einen für ihn gewiss bitteren Entschluss. Spät, und wie sich bald herausstellte, viel zu spät, schickte der Erzherzog einen weiteren Gesandten mit dem praktisch unlösbaren Auftrag zu Süleyman, einen zehnjährigen Waffenstillstand in Ungarn zu erwirken. 10 000 Dukaten wolle Ferdinand dem Sultan jährlich zahlen. Seinem Großwesir İbrahim Pascha wurden noch einmal 6000 Dukaten in Aussicht gestellt. Mit derart bescheidenen Summen konnte jedoch ein Sultan an der Spitze seiner Hauptarmee kaum noch umgestimmt werden. Ferdinands Bevollmächtigter, Freiherr Niklas Jurischitsch, der bis Möttling gereist war, wartete dort vergeblich auf die Zusage freien Geleits.[12]

Immerhin verschaffte die wieder einmal widrige Witterung mit Dauerregen und Hochwasser dem Habsburger ein willkommenes Zeitfenster. Das Kriegstagebuch des Sultans notierte für Anfang Juni tagelangen Regen und über die Ufer tretende Wasserläufe. Viele Soldaten konnten sich vor den reißenden Fluten der Maritza nur noch auf die Bäume retten.[13] Erst am 10. August, genau drei Monate nach seinem Abmarsch aus Edirne, erreichte das Heer des Sultans das alte Schlachtfeld von Mohács. Auf der Stätte seines bisher größten Triumphes empfing Süleyman den mit seinen Truppen herbeigeeilten János Szápolya mit ausgesuchter Höflichkeit. Der Sultan erhob sich sogar von seinem Thron und kam dem Ankömmling mehrere Schritte entgegen, doch zugleich machte er Mohács durch die Szenerie endgültig zum Symbol der ungarischen Unterwerfung. Mit der Einforderung des obligaten Handkusses bekräftigte Süleyman unmissverständlich vor aller Welt den Vasallenstatus des Ungarn. Der feierlichen Begegnung folgten zehn Ruhetage, ausgefüllt mit Jagden und Banketten, ehe sich die beiden Heere, getrennt durch die Donau, endlich auf den Weg nach Ofen machten, wo Szápolya in der Residenzstadt der ungarischen Könige offiziell inthronisiert werden sollte. Allerdings musste zuvor noch die bescheidene habsburgische Besatzung aus der Stadt vertrieben werden. Die gerade einmal 2000 Söldner, die Ferdinand unter dem Kommando von Thomas Nádasdy, einem loyalen ungarischen Magnaten, in Ofen zurückgelassen hatte, schien für die Heeresmacht des Sultans kein wirkliches Problem. Dass die Stadt gleichwohl schon am 8. September nach nur fünftägiger Belagerung in die Hände der Osmanen fiel, war einer Meuterei der habsburgischen Söldner zu verdanken. Die inzwischen auf das Stadtschloss zurückgedrängte Besatzung, bestehend aus zwei Fähnlein österreichischer Landsknechte, hatte die Fortsetzung des Kampfes verweigert, ihre Anführer, darunter Nádasdy, kurzerhand gefangen gesetzt und eigenmächtig mit den Belagerern Verhandlungen aufgenommen. Durchaus erfreut über die überraschende Wende, gewährte Großwesir İbrahim Pascha den Meuterern den gewünschten freien Abzug, ließ aber auch den ihm in Ketten übergebenen Nádasdy bald wieder frei. Freilich löste die unerwartete Verkürzung des Kampfes nicht überall Begeisterung aus. Die sich so jäh um den erhofften Sturmsold geprellt fühlenden Janitscharen begannen zu meutern, schrien den Großwesir nieder, warfen Steine auf seine Offiziere und sprachen, wie es im Feldzugstagebuch des Sultans heißt, »viele unvernünftige Worte«.[14] Die Lage drohte außer Kontrolle zu geraten. Ein Teil der Janitscharen machte sich sogleich befehlswidrig an die Verfolgung der abrückenden Söldner, holte sie noch in den Weinbergen vor der Stadt ein und hieb sie fast alle nieder. Nur wenige Reiter konnten entkommen und verbreiteten die Nachricht von dem Massaker und dem scheinbaren Wortbruch des Sultans bis nach Wien.[15]

Auch wenn die günstige Jahreszeit für einen Feldzug schon fast verstrichen war, entschloss sich Süleyman nach kurzer Beratung mit İbrahim Pascha, die Stadt Wien anzugreifen. Der Aufruhr seines Elitekorps hatte ihm klar gemacht, dass er die Ansprüche seiner Truppen auf Beute nicht länger ignorieren konnte. In Ungarn war den osmanischen Soldaten das Plündern strikt untersagt gewesen, jetzt aber lag ein reiches Land und vor allem die legendäre Stadt Wien in Reichweite. Das militärische Risiko erschien Süleyman nicht zu groß.

Als das Heer des Sultans am 14. September 1529 gegen Wien aufbrach, traf es vorerst kaum auf habsburgischen Widerstand. Die Festungen Raab (Győr) und Komorn waren von ihren Verteidigern bereits geräumt worden, und die Tore von Gran (Esztergom) wurden Süleyman von Erzbischof Pál Várdai sogar freiwillig geöffnet. Zuvor hatte der katholische Kleriker den abziehenden Österreichern den Zutritt verwehrt. Einzig Pressburg verweigerte die Übergabe, wurde aber von den Osmanen selbst dann nicht angegriffen, als die Besatzung mit ihren schweren Geschützen mehrere osmanische Schiffe auf der Donau beschädigte oder gar versenkte.[16] Vor dem Überschreiten des Grenzflusses Leitha hielt Süleyman am 23. September noch einmal eine große Heerschau ab, während wohl 30 000 *Akıncı* bereits plündernd und mordend durch das Wiener Umland zogen.

Ferdinand hatte lange gehofft, genügend Truppen zusammenzubringen, um über Kroatien den heranmarschierenden Gegner in seiner Flanke anzugreifen. Sein pathetisches Manifest an die ganze Christenheit vom 28. August, in dem er die tödliche Gefahr für das gesamte Reich noch einmal hervorgehoben hatte,[17] war jedoch ohne die gewünschte Resonanz geblieben. Das von den Reichsständen als »eilende Türkenhilfe« bewilligte Heer unter dem Befehl des Pfalzgrafen war im Raum Krems erst in der Sammlung begriffen. Die wenigen sofort verfügbaren Truppen reichten bestenfalls, um Wien eine Zeit lang zu verteidigen. Schon im Mai hatte Ferdinand seinen bewährten Feldhauptmann Niklas von Salm mit der Abwehr der Osmanen betraut, was nun auch die Verteidigung der Stadt einbegriff. Der Habsburger selbst war nach seiner Rückkehr aus Speyer mit seiner Familie im vorerst sicheren Linz verblieben.

Auch die meisten Wiener zeigten kein großes Vertrauen in die Verteidigungsfähigkeit ihrer Stadt. Von den mit jedem Tag bedrohlicher klingenden Nachrichten in Panik versetzt, drängten sie in Massen aus den Toren Wiens, nicht ahnend, dass sie auf dem offenen Land erst recht in ihr Verderben rannten. Gegen die wie ein Gewitter über sie hereinbrechenden Streifkorps der *Akıncı* sollten sie völlig schutzlos sein.

Eine noch am 17. September durchgeführte Musterung ergab, dass von vormals 3500 wehrfähigen Bürgern kaum 400 in Wien zurückgeblieben waren.[18] Im Gegenzug füllte sich die Stadt, die in normalen Zeiten von etwa 25 000 Menschen bevölkert wurde, mit Flüchtigen aus dem gesamten Umland. Noch beunruhigender war freilich der traurige Zustand der Festungswerke. Einer ernsthaften Beschießung durch die gefürchtete Artillerie des Sultans schienen die veralteten und zum Teil brüchigen Mauern Wiens kaum widerstehen zu können. Bastionen nach dem neuartigen italienischen Muster, die flankierend vor die Mauern wirken konnten, fehlten noch völlig. Die Wiener Vorstädte waren aus Mangel an Zeit und Arbeitskräften erst gar nicht in die Verteidigung einbezogen worden. Da man die massiv gebauten Häuser im Vorfeld der Befestigung jedoch nicht völlig hatte zerstören können, würden ihre Ruinen den Angreifern später willkommene Deckung sogar bis an den Stadtgraben heran bieten. Die Lage schien fast aussichtslos. Bereits seit dem 19. September verrieten aus der Ferne die überall in den Nachthimmel aufsteigenden Feuersäulen das mörderische Treiben der *Akıncı*.

Ein an Ferdinand adressiertes Schreiben vom folgenden Tag brachte deutlich zum Ausdruck, wie sehr sich die Verteidiger Wiens von den Ereignissen überrollt fühlten. So meldete der unter Salms Leitung stehende Kriegsrat an Ferdinand, dass man in der Stadt zurzeit nicht mehr als 12 000 Bewaffnete, darunter 1500 Spanier, zur Verfügung habe, und man daher gegen die so »übertreffliche Gewalt des Türken« weder allein noch mit des Reiches Hilfe, auch wenn sie noch rechtzeitig einträfe, »Widerstand zu thun nit vermöchte«. Ferdinand möge daher »eylends berichten«, ob ihm an »dem Kriegsvolk, so vorhanden, mehr als an dieser Stadt und was darinnen ist, gelegen sein will«.[19]

Die Osmanen nahmen dem Habsburger allerdings die geforderte schwere Entscheidung ab. Nur fünf Tage später, am 25. September, erschien bereits der Großwesir und Oberbefehlshaber (*Serasker*) İbrahim Pascha mit dem Hauptteil der osmanischen Armee vor der Stadt. Den Wienern blieb damit keine andere Wahl, als sich jetzt so gut es ging zur Wehr zu setzen. Wenigstens vermochte die Ankunft von zwölf Fähnlein Reichstruppen mit insgesamt 5000 Mann den schwindenden Mut der Verteidiger etwas anzuheben.[20] Denselben Effekt hatte auch eine zur selben Zeit eintreffende Hundertschaft gepanzerter Reiter unter dem Befehl des Pfalzgrafen Philipp bei Rhein. Zwei letzten verspäteten Fähnlein, eines davon aus der freien Reichsstadt Nürnberg, glückte sogar noch am Tag der Ankunft der Osmanen der Zugang zur Stadt.[21] Am 26. September bezog der Sultan bei strömendem Regen seine prächtige Zeltburg bei Ebersdorf, etwa an der Stelle, wo später Kaiser Maximilian II. das Schloss Neugebäude erbauen lassen sollte. Dem Beobachter vom Turm des Stephansdoms bot sich ein

ebenso imposanter wie furchterregender Anblick. In einem weiten Halb-
kreis umstanden Tausende osmanischer Zelte die Stadt, die damit auf ihrer
Landseite eingeschlossen war. Als es am 27. September der Donauflottille
des Sultans auch noch glückte, die drei nach Norden führenden Donaubrücken samt ihrer Bollwerke in Brand zu setzen, war die Stadt völlig von
äußerer Hilfe abgeschnitten.[22] Die eigenen Boote hatten die Wiener zuvor
verbrennen müssen, nachdem ihre Besatzungen geflohen waren. Durch
drei österreichische Gefangene ließ Süleyman ein Angebot überbringen,
das bei sofortiger Übergabe der Stadt Schonung und den freien Abzug der
Besatzung versprach. Die Verteidiger ließen es ohne Antwort. Nicht erst
seit dem Fall von Ofen glaubte man auf christlicher Seite allen Grund zu
haben, den Zusicherungen der Osmanen zu misstrauen.

Mit nur 17 000 Mann und 74 Geschützen waren die Verteidiger Wiens
den Belagerern numerisch zwar hoffnungslos unterlegen, doch Niklas
von Salm setzte darauf, dass die gewöhnlich im Oktober einsetzende
schlechte Witterung, mehr noch aber die bald zu erwartende Lebens-
mittelknappheit, die Osmanen zu einem frühzeitigen Abbruch der Belagerung zwingen könnten. Um wertvolle Zeit zu gewinnen, ließ er noch
in den letzten Septembertagen gegen die in den Vorstädten eifrig schan-
zenden Janitscharen mehrere Ausfälle unternehmen, die auf osmanischer
Seite empfindliche Verluste verursachten. Als sich zudem herausstellte,
dass die von Süleyman mitgeführten 300 Geschütze zu schwach waren,
um Breschen in die Befestigungsanlagen zu schießen, änderten die Belagerer ihre Taktik. Ein am 1. Oktober unter Leitung des Sultans tagender
Diwan beschloss, die neuartige Methode des Minierens anzuwenden.
Mehrere parallele Minengänge sollten unbemerkt von den Verteidigern
bis unter die Stadtmauern getrieben und ihre Enden mit Pulver gefüllt
werden. Die anschließende Explosion würde die Befestigungen zum
Einsturz bringen und sturmreif machen. Gute Erfahrungen mit dem
Minieren hatten die Osmanen schon während der zweiten Belagerung
der Johanniterfestung von Rhodos gemacht. Als Angriffsziel wählten die
Belagerer das Kärntnertor an der Südspitze der Stadtbefestigung aus.
Für die Verteidiger Wiens rächte es sich nun, dass die Einwohner jahrelang ihren Müll einfach in den Stadtgraben geschüttet hatten, sodass er
jetzt nicht mehr geflutet werden konnte. Über die neuen Beschlüsse der

Osmanen wurden die Wiener allerdings schon frühzeitig durch einen Überläufer informiert, der aus einer christlichen Familie stammte. Der Mann wurde später durch eine lebenslange Rente belohnt. Osmanische Gefangene, die man allerdings »peinlich befragen« musste, bestätigten seine Aussage. Die Osmanen arbeiteten bereits an insgesamt fünf Minengängen. Zur Abwehr der drohenden Gefahr befahl Salm zunächst besondere Alarmplätze im Bereich des Kärntnertors einzurichten, die durch 700 spanische Hakenbüchsenschützen besetzt werden sollten. Darüber hinaus ließ er weitere Ausfälle in die Vorstädte durchführen, um die Stolleneingänge zu zerstören. Der größte dieser Angriffe, zu dem fast die Hälfte der Besatzung vor die Tore rückte, scheiterte jedoch am 6. Oktober. Durch den langen Anmarsch von der Nordseite der Stadt war das Überraschungsmoment verloren gegangen. Ein beherzter Gegenangriff der Osmanen brachte die Ausfalltruppe in Unordnung, und mehr als 500 Kämpfer wurden niedergemacht, als aus Panik ein Stadttor zu früh geschlossen wurde.[23] Ähnliche Unternehmungen unterblieben danach. Stattdessen konzentrierten sich die Verteidiger nunmehr darauf, die osmanischen Minengänge durch Gegengrabungen zu neutralisieren und möglichst die Pulverladungen auszuräumen oder ihre Verdämmung zu schwächen. Beide Seiten mussten im Minenkampf improvisieren und setzten jeweils Soldaten mit Bergmannserfahrung ein.

Am Nachmittag des 9. Oktober explodierten die ersten beiden Minen und rissen westlich des Kärntnertors zwei Breschen von je 25 Metern in die Befestigung. Zwei weitere Minenladungen hatten die Verteidiger zuvor zerstören können. Der sofort vorgetragene Angriff der Janitscharen konnte jedoch abgewiesen werden, da beide Breschen zu schmal waren und die Belagerer es versäumt hatten, die Mauer auch an anderen Stellen anzugreifen, um dort Kräfte der Verteidiger zu binden.[24]

In den nächsten Tagen wiederholten sich die Abläufe. Die Osmanen konnten weitere Minenkammern zur Explosion bringen, scheiterten jedoch jedes Mal mit ihren anschließenden Angriffen. Gleichwohl verschlechterte sich die Lage der Wiener mit jedem weiteren Tag, da die Belagerer mittlerweile durch das gezielte Feuer ihrer Artillerie die Schutzwehren für die Abwehrgeschütze zerstört hatten. Eine Botschaft des Wiener Kriegsrates an den bei Krems stehenden Pfalzgrafen Friedrich vom 11. Oktober fasste die dramatische Lage der Verteidiger, »die von einer Stund zu der anderen weniger und schwächer werden«, zusammen und beschwor den Adressaten, »eilend und eilend zu hilff, trost und rettung [zu] komen und dasselb kain augenblick in lengern verzug [zu] stellen«.[25]

Allerdings gestaltete sich auch die Lage der Osmanen vor der Stadt mit jedem Tag schwieriger. Außer den herben Sturmverlusten machte dem Heer des Sultans inzwischen, wie von Salm erhofft, der Mangel an Verpflegung zu schaffen. Mit jedem Tag mussten die Streifkorps weiter in das verwüstete und längst entvölkerte Umland ausschwärmen, um noch das Nötigste an Nahrung zu beschaffen. Zudem fürchteten der Sultan und sein *Serasker* İbrahim Pascha das Eintreffen des Reichsheeres in ihrem Rücken. Deshalb fiel am 12. Oktober der Beschluss, einen letzten Sturm zu wagen und sodann, die Festung möge genommen werden oder nicht, den Rückweg anzutreten, ehe der Winter einsetzte.[26] Der folgende Tag verstrich im osmanischen Lager mit letzten Vorbereitungen. Süleymans Herolde gingen durch das Lager und versprachen den Janitscharen großzügige Geschenke. Der Sultan selbst begab sich vor die Stadtmauern, um die geschlagenen Breschen zu inspizieren, und äußerte seine Zufriedenheit mit dem Erreichten.

Am 14. Oktober formierten sich bei Tagesanbruch drei osmanische Angriffskolonnen gegenüber dem Kärntnertor, die so groß gewesen sein sollen, dass die entsetzten Verteidiger ihre Zahl nicht hätten schätzen können. Doch die ersten Angriffe im Verlauf des Vormittags konnten alle wider Erwarten ohne besondere Mühe abgewehrt werden. Die Elitesoldaten des Sultans ließen an diesem Tag trotz der in Aussicht gestellten Belohnungen den gewohnten Elan vermissen. Berittene Offiziere mussten sie sogar mit Peitschen und Säbeln vorantreiben. »Aber ihr kainer [habe] daran wellen«, so der zeitgenössische Augenzeuge und Chronist der Belagerung, Peter Stern von Labach. Kritisch für die Verteidiger schien es erst am frühen Nachmittag zu werden, als eine neuerliche Minensprengung die ursprüngliche Bresche westlich des Kärntnertors auf nunmehr 80 Meter erweiterte. Unter Einsatz aller Reserven – auch die Panzerreiter waren zum Kampf abgesessen – konnte auch dieser letzte Sturm der Osmanen abgewehrt werden. Gegen 3 Uhr nachmittags ebbten die Kämpfe überall rasch ab. Etwa 350 getötete Angreifer füllten den Stadtgraben. Dass auf der Gegenseite nur ein »Hyspanier und etlich Knecht beschedigt worden« seien, wie es der Peter Stern vermeldet, ist wohl eine Untertreibung, doch die Verluste der Verteidiger scheinen längst nicht so hoch wie die der Osmanen gewesen zu sein. Süleyman nahm das peinliche Versagen seiner Elitetruppe mit erstaunlichem Gleichmut auf, zahlte sogar jedem seiner Janitscharen den versprochenen

Berittener Türke mit gefangenem Bauernpaar während der ersten, vergeblichen Belagerung Wiens. Holzschnitt von Hans Guldenmundt.

Sturmsold von 1000 Aspern aus und beschenkte alle seine Befehlshaber mit kostbaren Ehrenkleidern. Seine Verlautbarung an das Heer, er werde den Leuten in der Festung Gnade gewähren, da er erfahren habe, dass König Ferdinand nicht in der Burg sei, war eine echte Meisterleistung der Tatsachenverschleierung.[27]

Süleyman hatte vor Wien die mit Abstand größte Schlappe seiner langen Herrschaft hinnehmen müssen, und es hatte sich dabei gezeigt, dass Offiziere und Truppe den gestellten Anforderungen nicht gerecht geworden waren. Nach einem letzten Diwan brach der Sultan am 16. Oktober mit seinem Heer nach Ungarn auf. Zuvor wurde noch ein Großteil der Gefangenen im osmanischen Lager massakriert. Offenbar gingen Süleymans Krieger dabei völlig wahllos vor, wie ein entsetzter Peter Stern notierte. Die Verteidiger fanden später »allenthalb Kinder, Jungfrawen, Mann und Weib ellendiglich niedergehawen«, der Rest in »ewige Gefangnhus gefürt«.[28]

Zwei Tage später zog auch die noch auf dem Wienerberg lagernde Nachhut der Osmanen im ersten Schneetreiben ab. An den Dogen von Venedig, das damals in freundschaftlichen Beziehungen zur »Hohen Pforte« stand, richtete Süleyman nach seiner Ankunft in Belgrad ein Schreiben, das wohl in erster Linie der Verbreitung an den Höfen Europas dienen sollte und mit prahlerischem Tenor den militärischen Fehlschlag überspielte. Man habe viel Land verwüstet und 20 Tage vor Wien gestanden, schrieb der Sultan. Ob der nach Prag geflohene Ferdinand noch lebe oder schon tot sei, wisse er nicht. Erst am 20. Oktober, zwei Tage nach dem Abzug der osmanischen Nachhut, waren die Reichstruppen unter dem Befehl des Pfalzgrafen Friedrich vor der Stadt eingetroffen. Die Aufnahme dieser bisher so passiv agierenden Verstärkung war erwartungsgemäß sehr kühl ausgefallen, zumal Friedrich auch jetzt keine Anstalten machte, den Gegner energisch zu verfolgen. Stattdessen fasste der höchste Militär des Reiches den Entschluss, das angeworbene Kriegsvolk unmittelbar auszubezahlen und auszumustern, was sofort endlose Streitigkeiten über die Höhe der Sturmprämie auslöste.[29] Die Chance, einen erheblichen Teil der feindlichen Streitmacht noch vor Ofen abzufangen und zu vernichten, war damit vertan. In den folgenden Jahrzehnten sollte das Reich dafür einen hohen Preis bezahlen müssen.

5 »Mit Freuden getrost dreinschlagen« Luther und die Türken

»Und jetzt, weil eben der Turck uns nahe kommt, zwingen mich solchs auch meine Freunde zu vollenden, sonderlich weil etliche ungeschickte Prediger bey uns Deutschen sind, die dem Pöbel einreden, man solle und müsse nicht widder die Turken kriegen, etliche aber auch so toll sind, dass sie lehren, es zieme auch keinem Christen, das weltlich Schwert zu führen oder zu regieren. Dazu, wie unser deutsch Volck ein wüst, wild Volck ist, ja schier halb Teuffel halb Mensch sind, begehren etliche der Turcken Zukunft und Regiment. Und solches Irrthums und Bosheit im Volk wird dem Luther alle Schuld gegeben.«

Martin Luther, *Vom Kriege widder die Türcken*[1]

Mit Freuden sollen die christlichen Soldaten »die Faust regen und getrost dreinschlagen, morden, rauben und Schaden tun, so viel immer sie vermögen«. So verkündete es der Wittenberger Theologe Martin Luther in seiner schon wenige Wochen nach der Belagerung Wiens erschienenen *Heerpredigt wider die Türcken*. Denn der Tuerck ist ein Feind und Tyrann nicht allein widder Christus, sondern auch widder den Keiser und die Oeberkeit.[2] Zu seinem eindeutigen Bekenntnis zu einer christlichen Wehrhaftigkeit hatte der umstrittene Reformator allerdings lange gebraucht. Die Auslöschung Ungarns und zuletzt die Belagerung Wiens durch die Armee des Sultans hatten Luther seelisch so sehr zugesetzt, dass er seiner ersten großen Predigt *Vom Kriege widder die Türcken* sogleich nach dem Abzug der Osmanen aus Österreich einen zweiten großen Traktat gegen den »Erzfeind der Christenheit« folgen ließ. Die Gewissen wolle er unterrichten und danach die Faust ermahnen.

Lange war Luther vom Papst und etlichen Reichsfürsten besonders für die *Resolutiones* zu seinen Wittenberger Thesen gegen den Ablass heftig kritisiert worden. Darin hatte der Reformator im Mai 1518 zum Entsetzen vieler Zeitgenossen die Behauptung aufgestellt, dass der Türke nichts anderes als die »Zuchtrute Gottes« sei, mit der dieser die Christenheit wegen ihres verwerflichen Lebenswandels in den Staub werfe und gegen die sich Christenmenschen folglich nicht wehren dürften. Gegen den »Türcken« Krieg zu führen hieße also, gegen Gottes Willen zu kämpfen.[3]

Angesichts der dramatischen Zuspitzung der Lage auf dem nördlichen Balkan hatte Luther jedoch bald einsehen müssen, dass er sich mit seiner umstrittenen Erklärung auch im eigenen Lager angreifbar gemacht hatte. Von seinen Freunden und Mitstreitern gedrängt, entschloss er sich endlich, den lauter werdenden Vorwürfen seiner Feinde entgegenzutreten. Einen ersten Schritt hatte er bereits in seiner 1523 erschienenen Schrift *Von weltlicher Obrigkeit, wie weit man ihr Gehorsam schuldig sei* getan. Gemäß der paulinisch-augustinischen Zwei-Reiche-Lehre bestritt Luther darin der Kirche als geistlicher Macht entschieden ein militärisches Widerstandsrecht. Ihre Aufgabe sei es allein, Seelsorge zu betreiben und das Wort Gottes zu verbreiten. Dagegen sprach Luther der weltlichen Macht, dem Kaiser und seinen Kriegsvölkern, nicht nur das Recht zu, den Staat und alle Untertanen gegen die Türken zu verteidigen. Es sei sogar ihre von Gott auferlegte Pflicht.

Besonders getroffen hatte Luther der von Papst Leo X. schon früh erhobene Vorwurf, dass seine Lehren die Christenheit zu spalten drohten und somit nur der Sache des Sultans nutzten. Entkräften konnte er diese Anklagen im Grunde nicht, und seine wiederholte Mahnung an die christlichen Fürsten, endlich einig gegen den äußeren Feind zu stehen, wirkte eher hilflos. Am Ende blieben ihm in seiner »Heerpredigt« nur erbitterte Tiraden gegen die fortgesetzte Eitelkeit und Genusssucht des deutschen Adels. »Denn unsere Jungker vom Adel haben bisher genug geprasst, geschlemmt, gerennt, gestolziert, geprangt, mit allzu überflüssiger Kost und Kleidung, da durch sie alles Geld aus dem deutschen Lande geschüttelt, und sich (ohne was der Sünden wider Gott ist) an Leib und Gut verderbet: es ist Zeit, dass sie auch ihren Stand und Amt beweisen, und einmal mit Ernst sehen lassen, dass sie vom Adel sind.«[4]

Obwohl Luther dem Staat eine politische Eigenrechtlichkeit zugestand, konnte der damals berühmteste Prediger Deutschlands, darin auch ein

Kind seiner Zeit, nicht anders, als in seiner »Heerpredigt« den profanen Streit um Ungarn zwischen Ferdinand und Süleyman in ausschließlich endzeitlichen Bildern zu deuten.[5] Der Kaiser, der nach seiner Überzeugung zwar Kriege zur Verteidigung führen dürfe, jedoch keine Religionskriege, wurde von Luther jetzt sogar in einen endzeitlichen Kampf gegen den »Antichristen« gestellt. Damit hob der Reformator seine kluge Unterscheidung zwischen geistlicher Macht und weltlichem Schwert praktisch wieder auf. Zurückgreifend auf die alte Vision des Propheten Daniel, dessen vier dem Meer entstiegene Ungeheuer nach gängiger Interpretation den vier großen aufeinanderfolgenden Reichen der Antike entsprachen, von denen das mächtigste und letzte gemeinhin als das Römische Reich gedeutet wurde, sah Luther jetzt der unmittelbaren Ankunft des »Antichristen« entgegen. Nachdem diesem bereits Ägypten, Syrien und Griechenland zum Opfer gefallen waren, würde er nunmehr die von Rom verbliebenen Königreiche im Westen verschlingen. Luther verwendete im ersten Teil seiner »Heerpredigt« seine ganze Beredsamkeit darauf, nachzuweisen, dass dieser prophezeite letzte Feind der Christenheit tatsächlich im Reich der Türken verkörpert sei. Als »Handlanger Satans« blase der »Turck« inzwischen, so warnte er, mit aller Macht zum letzten Angriff auf die geschrumpfte Bastion der Christenheit. Danach folgten schon göttliches Gericht und Hölle. Luther war außerdem davon überzeugt, dass der Papst eine zweite und noch gefährlichere Verkörperung des Antichristen sei, da er bereits innerhalb der eigenen Mauern stehe und die Seelen der Christen korrumpiere. Während der eine, so Luther, geistig und mit List wüte, würde der andere, der Türke, mit dem Schwert die Christenheit leiblich bedrängen.[6] Der eine schaffe Märtyrer im Himmel, der andere aber (der Papst) werfe Christen in die Hölle. In seiner Radikalität scheute sich Luther nicht, beide Gegner fortan »Turck« zu nennen, womit er aus der ursprünglich ethnischen Bezeichnung eine Chiffre für das Universalböse machte. Als »Turcken« galten nach damaligem Verständnis auch alle Christen, die zum Islam konvertiert waren oder sich auch ohne Religionswechsel in den Dienst der Sultane gestellt hatten.

Luthers Kunstgriff – heute könnte man es getrost als »Hetze« bezeichnen – trug gewiss zur Dramatisierung seiner Eschatologie bei, ließ seine Argumentationen aber nicht schlüssiger erscheinen. Dass immerhin die Päpste mit ihren Kreuzzugspredigten, mit Diplomatie und Hilfszahlungen seit Jahrzehnten wiederholt namhafte Anstrengungen unternommen hatten, die ja auch von Luther angemahnte Allianz der christlichen Fürsten gegen die Osmanen zustande zu bringen, mochte der Urvater aller deutschen Gesinnungsethiker nicht einsehen. Ohne Johannes Capestranos Kreuzzügler wäre Belgrad schon 70 Jahre früher in die Hände der Osmanen gefallen, und ohne die vielfältigen Bemühungen des päpstlichen Nuntius Antonio da Burgio etwa um Anwerbung zusätzlicher böhmischer Kriegsknechte hätte der König von Ungarn bei Mohács mit einem noch viel schwächeren Heer dem Sultan entgegentreten müssen.

Angesichts eines bald drohenden zweiten Angriffs der Osmanen auf das Reich konnte Luther die satte Gleichgültigkeit seiner Landsleute nicht fassen. Er kenne recht seine »lieben Deutschen, die vollen Säue«, schrieb er, ohne ein Blatt vor den Mund zu nehmen, in seiner »Heerpredigt«. Sogleich nach der glücklichen Errettung Wiens seien sie in aller Undankbarkeit für die ihnen zuteilgewordene Gnade Gottes wieder in ihre alten Gewohnheiten des Zechens, Fluchens und Wohllebens zurückgefallen.[7]

Allein jedoch durch einen grundsätzlichen Wandel der Lebensführung, durch ernste Buße gegen Gott und aufrichtige Läuterung könne das Vaterland gegen die fortdauernde Türkengefahr bestehen. Vor dem Krieg gegen den äußeren Türken müsse daher erst der innere [Türke] bekämpft werden, also der eigene liederliche Hochmut. Ohne aber Gottes Gnade wiedererlangt zu haben, könne der Krieg gegen die satanischen Heerscharen des Sultans überhaupt nicht gewonnen werden. Dies zeige schon, so Luther, die nicht abreißende Kette türkischer Siege, die er als militärischer Laie sich nur mit der Macht des Teufels und fehlender göttlicher Unterstützung erklären konnte.

Luthers Predigten gegen die Osmanen gingen somit noch weit über die traditionelle Kreuzzugsrhetorik der Päpste hinaus. In seiner Verteufelung des Gegners scheute er sich auch nicht, die durch Berichte etlicher Reisender oder geflohener Gefangener bezeugte Lebensweise der Türken, die offenbar bescheidener, frömmer und sittenstrenger lebten als seine »wüsten« Landsleute, als List des Teufels ohne jeden moralischen Wert darzustellen. Der Islam sei nämlich wegen der äußerlichen Frömmigkeit seiner Anhänger noch keineswegs dem Christentum gleichwertig. Luther befasste sich in den dramatischen Monaten vor dem zweiten Einfall der Osmanen in das Reich erstmals auch mit der von dem spanischen Dominikaner Ricoldo da Monte di Croce stammenden lateinischen Übersetzung des Korans. In den Lehren des Propheten sah er dann auch nur perfide Entstellungen der biblischen Überlieferung. Neues sei darin nicht enthalten. Vor allem das gängige Argument, das »heilige Buch« des Islam erwähne ja auch Jesus Christus und verehre ihn sogar als heiligen Mann, wollte der Reformator nicht gelten lassen. Für Luther war der Islam (wie übrigens auch das Judentum) nur eine Gesetzesreligion, der die Erlösungsmöglichkeit (Soteriologie) vollkommen fehle, die durch den Kreuzestod Christi bewirkt wurde.

Es war typisch für den streitbaren Luther, dass er sich in seinen letzten Lebensjahren um die Herausgabe einer deutschen Ausgabe des Korans bemühte, nachdem der Papst bereits im Jahre 1530 die Verbrennung einer in Venedig gedruckten lateinischen Übersetzung befohlen hatte.[8] Seiner festen Überzeugung nach würden dieses Buch und seine »lästerlichen Irrtümer« noch am ehesten entlarvt, wenn es jedermann selbst lesen könnte. Nur jemand, der seiner Vernunft vollkommen beraubt sei, so Luther, könne die Lehren Mohammeds annehmen, es sei denn, er verbinde sich wissentlich und willentlich mit dem Teufel.[9] Den Gedanken einer Bekehrung der »Türken«, wie sie etwa Luthers Zeitgenossen Erasmus von Rotterdam oder Ulrich von Hutten ins Spiel gebracht hatten, betrachtete Luther angesichts der ja schon unmittelbar bevorstehenden Endzeit als sinnlos: Gleichwohl wollte er nicht ausschließen, dass »das Evangelium unter den Türken käme, wie denn wohl geschehen kan(n)«. Es wäre dann aber ein »Wunderwerk Gottes«.[10]

Dass gerade ein vom Papst und seiner Kurie befreites und reformiertes Christentum bessere Aussichten hätte, die »türkischen Heiden« zu bekehren, kam ihm nie in den Sinn. Zu stark war Luther vom dem Bild eines unmittelbar bevorstehenden letzten und totalen Kampfes gegen die beiden Verkörperungen des Antichristen in Rom und in Konstantinopel gefangen. Selbst vor einem denkbar radikalen Rat an seine Landsleute in den fernen habsburgischen Erblanden schreckte er nicht zurück. Sie sollten doch beim Herannahen des Türken lieber ihre Kinder opfern (die sie ohnehin nicht retten könnten), ihre Häuser niederbrennen, das Vieh töten und sämtliche Vorräte zerstören, um dem Feind ein wüstes Land zu hinterlassen. Wie schwankend und inkonsistent Luthers politische Empfehlungen auf seine Landsleute wirken mussten, bewies schließlich auch seine Ermahnung an jene unglücklichen Christen, die in osmanische Gefangenschaft geraten waren, unbedingt ihren Glauben zu bewahren. Ansonsten sollten sie aber ihr Sklavendasein auch unter den neuen Herren geduldig ertragen. Selbst in einer Epoche, in der die Aussagen der Bibel als absolute Wahrheiten von kaum jemandem bezweifelt wurden, musste es vielen als reichlich bizarre Schlussfolgerung Luthers erscheinen, dass er seinen von den Türken versklavten Glaubensbrüdern die Flucht im Namen seiner Obrigkeitslehre verbieten wollte. Sah er nicht, dass er damit christlicher und heidnischer Obrigkeit tatsächlich den gleichen Rang zuwies? In seinem letzten Lebensjahrzehnt scheint Luther immerhin von seiner panischen Eschatologie abgekommen zu sein. Den Kampf gegen den »Turcken« sah er nun als eine langwierige Auseinandersetzung, glaubte aber, dass der »Türke« im Jahre 1600 schließlich doch noch ganz Deutschland verwüsten werde.[11]

6 1532!
Das Duell der kaiserlichen Giganten findet nicht statt

»Es geht hier (in Freiburg) das Gerücht um, in Wirklichkeit ist es kein Gerücht, dass der Türke mit seiner gesamten Streitmacht in Deutschland einfallen und um den großen Preis kämpfen wird, nämlich ob Karl oder der Türke der Herrscher des Globus sein soll. Denn die Welt kann es nicht länger ertragen, dass zwei Sonnen am Himmel stehen.«

Erasmus von Rotterdam an Lorenzo Campeggi am 11. April 1531[1]

Wenn Sultan Süleyman geglaubt haben sollte, dass sich sein »Vasall Ferdinand« nach der Strafexpedition gegen Wien zukünftig von den ungarischen Angelegenheiten fernhalten würde, sah er sich schon bald eines Anderen belehrt. Der Habsburger zeigte sich keineswegs eingeschüchtert, zumal der unrühmliche Abzug der Osmanen mit Recht als Zeichen gedeutet werden konnte, dass dieser Gegner durchaus nicht unbesiegbar war. Trotz der Meutereien unter den habsburgischen Landsknechten und trotz der Weigerung des Pfalzgrafen Friedrich, mit seinen Reichstruppen dem dezimierten Heer des Sultans energisch über die Grenze nachzusetzen, zeigte sich Ferdinands Feldhauptmann Niklas von Salm entschlossen, mit seinen noch zuverlässigen Truppen sämtliche im September 1529 verlorenen Positionen wieder zu besetzen. Verstärkt durch drei soeben in Wien eingetroffene Fähnlein Tiroler Kriegsknechte, gelang es ihm, wenigstens die Grenzfestungen Altenburg, Hainburg und sogar Raab wieder in die eigene Hand zu bekommen.[2]

Gran, Ungarns alte Hauptstadt, konnte dagegen von den Anhängern János Szápolyas gehalten werden, worauf Salm seine erschöpften Streiter Winterquartiere in Pressburg und Tyrnau beziehen ließ. Für den schon 70-jährigen Retter Wiens sollte es der letzte in einer beeindruckend langen Liste von Kriegszügen im Dienste Habsburgs gewesen sein. Salm hatte sich zuletzt nicht geschont und trotz seiner auf den Mauern Wiens erlittenen Verwundung den Platz an der Spitze seiner Truppen nicht verlassen. Im April 1530 musste er allerdings um seinen Abschied einkommen und verstarb nur drei Wochen später in seinem Schloss zu Maschegg. Sein von Ferdinand später errichtetes Denkmal befindet sich heute in der 1879 geweihten Votivkirche auf dem Wiener Maximiliansplatz.

Die glückliche Verteidigung Wiens und der Zerfall der von Papst Clemens VII. mit Frankreich, Mailand und Venedig geschmiedeten Allianz (Liga von Cognac) schienen die Position der beiden Enkel Maximilians I. im Reich entscheidend verbessert zu haben. Im Februar 1530 erhielt der siegreiche Karl in Bologna endlich die Kaiserkrone aus den Händen des Papstes. Es sollte das letzte Mal sein, dass sie einem römisch-deutschen Monarchen nach mittelalterlichem Brauch vom römischen Kirchenoberhaupt verliehen wurde. Kaum ein Jahr später setzte Karl gegen den Widerstand eines Teils der Reichsstände die Wahl seines Bruders Ferdinand zum *Rex Romanorum* durch. Die Macht der beiden Habsburger schien damit ihren Höhepunkt erreicht zu haben. Karl herrschte in Spanien, den Niederlanden, in Mailand und Süditalien, sein Bruder Ferdinand in den Erblanden, in Böhmen und zeitweise auch in Württemberg. An dieser beispiellosen Machtfülle änderte auch der nur sechs Wochen später im thüringischen Schmalkalden geschlossene gleichnamige Bund etlicher protestantischer Reichsstände unter Führung des Kurfürsten Johann von Sachsen sowie des Landgrafen Philipp I. von Hessen nur wenig. Gleichwohl hatten das habsburgische Brüderpaar die aufreibenden Verhandlungen mit Papst und Reichsständen viel Geld gekostet, sodass vorerst nur begrenzte militärische Maßnahmen in Ungarn möglich waren.

Auf der Gegenseite erwies sich allerdings auch die Herrschaft des Rivalen Szápolya nicht als unangefochten. Seine feierliche Inthronisation durch den Sultan im Oktober 1529 konnte seine ungarischen Landsleute kaum darüber hinwegtäuschen, dass die Macht des neuen »Königs János« ohne die abgezogenen osmanischen Truppen nur sehr beschränkt blieb. Im Gegenteil hatte die prunkvolle Ofener Zeremonie vielen seiner Anhänger überhaupt erst drastisch vor Augen geführt, dass Szápolya doch nicht mehr als ein Herrscher von Süleymans Gnaden war. Auch der Kirchenbann, den Papst Clemens VII. gegen den Ungarn wegen dessen

Paktierens mit einem heidnischen Fürsten ausgesprochen hatte, schädigte Szápolyas Position in seinem Land nachhaltig. Der strenge Bannspruch aus Rom bewirkte zu Ferdinands großem Missvergnügen allerdings auch, dass sich die Bevölkerung Ungarns danach in Scharen dem Protestantismus zuwandte.

Der finanziell notorisch klamme Habsburger versuchte, gegenüber den Osmanen Zeit zu gewinnen, um zunächst eine Einigung mit den protestantischen Reichsständen zu bewirken. Die Lutheraner drängten seit dem Speyerer Reichstag von 1529 auf eine Legalisierung des *Status quo* ohne Einschaltung des Reichskammergerichts und der damit drohenden Reichsexekution gegen ihre Länder. Im Einverständnis mit seinem Bruder bot Ferdinand dem Sultan neue Verhandlungen über Ungarn auf der Grundlage der bereits bestehenden Teilung des Landes an. Im Herbst 1530 machten sich seine beiden Gesandten, Joseph von Lamberg und Niklas Jurischitsch, ausgestattet mit weitreichenden finanziellen Befugnissen, auf den Weg nach Konstantinopel. Ihre Mission war keineswegs ungefährlich, denn zur selben Zeit hatte Ferdinand auch ein Heer von 10 000 österreichischen Kriegsknechten donauabwärts nach Ofen geschickt, um durch eine rasche Einnahme der Stadt seine Verhandlungsposition in Konstantinopel zu verbessern. Ungeachtet dieses dreisten Affronts wurden die habsburgischen Gesandten am Bosporus mit allen Ehren empfangen. Weder Süleyman noch sein Großwesir İbrahim Pascha waren jedoch momentan an ernsthaften Verhandlungen mit den Österreichern interessiert. Aufgebracht durch Ferdinands Kriegszug nach Ofen, der allerdings an Pulvermangel und an der unterschätzten Gegenwehr der Besatzung scheiterte, überschütteten sie die beiden Vertreter Habsburgs mit höhnischen Reden und stellten kaum annehmbare Forderungen. Da sich Süleyman trotz seiner jüngsten Schlappe vor Wien als der neue Alexander und einzige Weltenherrscher betrachtete, sollte sich Karl, so ließ man die beiden Gesandten wissen, wieder aus Deutschland zurückziehen, seine angemaßte Kaiserwürde niederlegen und sich zukünftig auf seine spanische Herrschaft beschränken. Ferdinand wiederum müsse endlich sämtliche Ansprüche auf Ungarn aufgeben. Obwohl die Abschiedsaudienz beim Sultan schon am 15. November 1530 in keineswegs unfreundlicher Atmosphäre stattgefunden hatte, erhielten

Ferdinands Emissäre erst zu Beginn des neuen Jahres die Erlaubnis zur Rückreise. Dass er mit Niklas Jurischitsch schon bald wieder zu tun haben würde, dürfte Süleyman an diesem Tag wohl kaum geahnt haben.

Ihrem auftrumpfenden Gebaren vermochten Sultan und Großwesir freilich nicht sogleich Taten folgen zu lassen. Sollte ihr nächster Feldzug ins Reich doch eine endgültige Klärung der Machtfrage zwischen Habsburg und dem Hause Osmans herbeiführen. Das erforderte sehr aufwendige Vorbereitungen. Ein zweiter Fehlschlag vor Wien würde sich nicht mehr so leicht durch Feiern und Feuerwerk umdeuten lassen. Süleyman war auch klar, dass sein neuerlicher Feldzug nach Deutschland unter politisch ungünstigeren Bedingungen stattfinden würde. Hatte doch Kaiser Karl V. inzwischen seinen Frieden mit dem Papst, den Italienern und sogar mit den Franzosen gemacht und konnte im Falle eines neuen osmanischen Angriffs auf das Reich jetzt auch auf die Unterstützung aller Fürsten rechnen. Nur wenigen Reichsständen war der Schrecken von Wien nicht in die Knochen gefahren, und als sich im Sommer 1532 die ersten Nachrichten von einem erneuten Heranrücken der Osmanen in den deutschen Ländern verbreiteten, war von allen bisher vorgebrachten Bedenken plötzlich keine Rede mehr. Besonders die protestantischen Fürsten wollten sich jetzt nicht dem Vorwurf aussetzen, den »Türken« ins Land gelassen zu haben.

Auf dem im Sommer 1532 in Regensburg einberufenen Reichstag war Karl V. endlich wieder persönlich anwesend und erwirkte ohne nennenswerte Opposition die Verabschiedung einer zusätzlichen »eilenden Türkenhilfe«. Außer der bereits zwei Jahre zuvor in Augsburg grundsätzlich bewilligten »beharrenden Türkenhilfe« von 24 000 Mann sollte jetzt noch einmal die doppelte Truppenzahl in den Reichskreisen angeworben werden und sich bis zum 15. August vor den Toren Wiens versammeln. Gemäß dem 1521 in Worms erneuerten Matrikelsystem hatte jeder Reichsstand eine genau festgelegte Anzahl von Truppen oder als Äquivalent eine gewisse Geldsumme zu entrichten. Auch wenn die sich daraus ergebende theoretische Truppenzahl deutlich verfehlt wurde,[3] da manche Stände entweder gar nicht mehr existierten oder schlicht keine Folge leisteten, bildeten die schließlich 60 000 Angeworbenen das bis dahin stärkste vom

Reich je finanzierte Kriegsaufgebot. Mit den von Karl und seinem Bruder Ferdinand zusätzlich mobilisierten Truppen aus Italien, Spanien und Böhmen hoffte man, die vereinigte Streitmacht sogar auf eine Gesamtstärke von rund 120 000 Mann zu bringen.[4] Nie zuvor war von christlicher Seite ein derart gewaltiges Heer gegen die Osmanen ins Feld gestellt worden, und das Jahr 1532 wäre wohl zu einem Wendepunkt in der Geschichte Europas geworden, wenn es der Sultan tatsächlich auf eine militärische Entscheidung vor Wien hätte ankommen lassen.

Bereits am 25. April 1532 war Süleyman mit seinen Truppen von Edirne zur Donau aufgebrochen. Es war innerhalb von nur elf Jahren sein vierter Feldzug gegen Ungarn und das Reich. Seine reguläre Armee setzte sich wieder aus den Aufgeboten Rumeliens und Anatoliens sowie den Pfortentruppen zusammen und erreichte wohl eine Stärke von 60 000 Mann. Hinzu trafen sich wie gewohnt einige Zehntausend Grenztruppen und die *Akıncı* unter dem Bosnier Kasim Bey. Erstmals beteiligten sich auch 15 000 Reiter aus dem Khanat der Krim, die der Bruder des Tatarenkhans Sahib I. Giray nach Belgrad geführt hatte.[5]

Während seines Anmarsches hatte sich der Sultan freilich viel Zeit genommen und sich in den Straßen von Nisch vor den Augen der zwangsweise mitgereisten habsburgischen und französischen Gesandten mit allem erdenklichen Pomp als neuer Weltkaiser inszeniert. Nach antikem Vorbild waren in der Stadt sogar etliche Triumphbögen errichtet worden, und zwölf Pagen des Sultans folgten ihrem Herrn in einer feierlichen Prozession, wobei sie reich verzierte Paradehelme auf Sänften trugen. Das von allen auffälligste und prächtigste Schaustück war jedoch eine mit 50 Perlen und 120 Edelsteinen verzierte Helmkrone, die Großwesir İbrahim Pascha von venezianischen Goldschmieden hatte anfertigen lassen und die eine auffallende Ähnlichkeit mit der päpstlichen Tiara aufwies. Dass ihre Spitze wiederum der Krone Karls V. nachempfunden war, sollte den Gesandten Ferdinands verdeutlichen, dass Süleyman die Macht des Papstes wie auch des Kaisers offen infrage stellte.[6] Der gewaltige Preis von 115 000 Dukaten, den der Großwesir für die beeindruckende Arbeit an Venedig entrichtet hatte,[7] um sich die Gunst des Sultans zu erhalten, sollte ihn nur vier Jahre später allerdings nicht vor der Erdrosselungsschnur von Süleymans Henkern bewahren.

Am 21. Juni in Belgrad angekommen, wiederholte sich der Triumphzug und der Sultan ließ sich nun auch endlich dazu herbei, den habsburgischen Diplomaten eine Botschaft an Karl V. mitzugeben. Er wolle jetzt gegen den »König von Spanien« ziehen, der sich so oft gebrüstet habe, er werde gegen die Türken marschieren. Wenn Karl also Mut habe, so möge er ihn im Felde erwarten, sonst aber Tribut schicken.[8]

Zu diesem Zeitpunkt hatte das Reichsheer, das sich im Raum von Wien sammelte, noch längst nicht seine volle Stärke erreicht. Wieder einmal klaffte zwischen Beschlusslage und Umsetzung eine unüberwindliche Lücke. Ohne einen reichsweiten Fiskus und eine effektive Organisation zum raschen Transfer großer Geldsummen kamen die bewilligten Mittel nur mühsam zusammen. So war bis Mitte August anstelle der erwarteten 60 000 Mann erst ein Viertel der zugesagten Reichstruppen zur Armee des Kaisers gestoßen. Auch Karls italienische Truppen waren noch nicht über Brixen hinausgekommen. Ob der Sultan diese Schwierigkeiten im Detail kannte, ist ungewiss. Jedenfalls musste er damit rechnen, im Herbst vor Wien eine bedeutende feindliche Streitmacht anzutreffen, die mit dem verlorenen Haufen der Ungarn bei Mohács nur wenig gemein hatte. Ein zweiter Vorstoß auf die habsburgische Residenzstadt hätte also die Konfrontation mit einem mindestens gleich starken kaiserlichen Heer weitab von seiner Machtbasis zur Folge gehabt. Dieses Risiko schien dem Sultan trotz aller vollmundigen Ankündigungen wohl doch zu groß, und so entschloss er sich zu einem Ausweichmanöver. Süleyman ließ sein Heer die Save überqueren und rückte auf den Spuren der *Akıncı* über die Una gegen die Steiermark vor. Einige kleinere Festungen auf dem Weg konnten seine Truppen rasch besetzen oder niederzwingen. Nur die Bewohner der westungarischen Stadt Güns (Kőszeg), benannt nach dem gleichnamigen Fluss, einem rechten Nebenlauf der Raab, wagten es, dem herannahenden osmanischen Heerbann Widerstand zu leisten. Der wahrhaft verwegene Mut der wohl kaum 1000 Verteidiger dürfte Süleyman, der am 9. August bei strömendem Regen selbst vor der befestigten Stadt eintraf, überrascht haben. Noch mehr Verwunderung dürfte beim Sultan die Meldung verursacht haben, dass ein alter Bekannter hinter den Mauern der Festung als Seele des Widerstands wirkte. Denn nur wenige Tage vor dem Eintreffen der Osmanen hatte sich Niklas Jurischitsch, Ferdinands erst im Vorjahr vom Sultan aus Konstantinopel verabschiedeter Gesandter, mit nur wenigen Gefolgsleuten in die kleine Festung geworfen und ihre Einwohner sowie einige Hundert aus dem Umland Geflohene zu einer halbwegs widerstandsfähigen Besatzung formiert. Obwohl Süleymans Heer die bescheidene Festung, deren Verteidiger nicht einmal Geschütze besaßen, leicht hätte umgehen können, ließ sich der Sultan auf eine dreiwöchige Scheinbelagerung der Stadt ein. Offenbar hoffte er, dass ihm Karls Armee bis vor Güns entgegenziehen würde. Als der Monat jedoch zu Ende ging, ohne dass sich auch nur ein einziger kaiserlicher Soldat hatte blicken lassen, entschloss sich Süleyman, die Posse zu beenden. Nach kurzer Verhandlung ließ er Jurischitsch samt seiner ihm verbliebenen Truppe abziehen. Die Stadt selbst blieb gemäß der getroffenen Vereinbarung von den Osmanen verschont, nur die Feldzeichen des Sultans wurden am 29. August kurzzeitig auf dem höchsten Turm der Befestigung aufgestellt.

Wenn die Rettung von Güns dem Kaiser keine Schlacht wert war, so konnte vielleicht ein Raubzug in die angrenzende Steiermark den Habsburger zu energischeren Maßnahmen provozieren. In jedem Fall bot das zuletzt vom Krieg verschonte Herzogtum zwischen Drau und Mur seinen Truppen ausreichend Gelegenheit, Beute und christliche Gefangene einzubringen. Ohne auf nennenswerte Gegenwehr zu stoßen, durchstreiften die Horden des Sultans das unglückselige Land über Pichelsdorf und Gleisdorf bis nach Graz, vor dessen Tore die Eindringlinge am 11. September gelangten. Da jedoch für eine aufwendige Belagerung der Stadt die Zeit fehlte, zog das Heer weiter auf Marburg (Maribor), wo Süleyman die Brücke über die Drau in die Hand zu bekommen hoffte. Die mehrheitlich deutschen Bewohner der Stadt wiesen jedoch sämtliche Angriffe der Osmanen beherzt ab, sodass sich der Sultan gezwungen sah, oberhalb der Stadt bei Lembach eine Schiffbrücke errichten zu lassen. Währenddessen setzten seine Horden im gesamten Umland ihre Verheerungen fort, ließen Schlösser und Dörfer in Flammen aufgehen und verbrannten, nachdem schließlich das gesamte Heer das Nordufer der Drau gewonnen hatte, am 26. September den Übergang. Süleymans Sorge vor einer Verfolgung durch Reichstruppen sollte sich freilich als unbegründet herausstellen. Die Masse des Reichsheeres verharrte weiterhin im Raum von

Wien und unternahm selbst dann nur wenig, als endlich auch der Kaiser am 23. September in der Stadt eingetroffen war. So hatte Süleyman doch noch seinen erhofften propagandistischen Triumph. Vor den Augen des größten jemals zusammengetretenen Reichsaufgebotes durften die Osmanen ungehindert ein halbes Herzogtum verwüsten und dabei 30 000 Reichsbewohner als Sklaven wegschleppen. Nur die wenigen befestigten Städte und Ortschaften der Steiermark waren von den Truppen des Sultans verschont geblieben.

Die Blamage der militärischen Elite des Reiches einschließlich des Kaisers konnte auch durch einen Achtungserfolg kaum wettgemacht werden. Am 19. September war es den Reichstruppen immerhin geglückt, eine rund 10 000 Mann starke Horde von *Akıncı* zwei Tagesmärsche südlich von Wien zwischen Pottenstein und Leobersdorf einzukreisen und vollkommen zu zerschlagen.[9] Nur wenigen »Sackleuten« glückte die Flucht auf osmanisches Gebiet, wo sie dem Sultan, der am 12. Oktober 1532 mit seinem Heer unangefochten wieder nach Belgrad zurückgekehrt war, vom Tod ihres Anführers Kasim Bey berichten konnten.

In seinem an den Dogen von Venedig gerichteten Siegesschreiben erwähnte Süleyman diese peinliche Fußnote seiner Kriegstaten allerdings nicht. Stattdessen strotzte die Botschaft von Schmähungen über den »König von Spanien«, der sich vor einer großen Schlacht gedrückt habe. Es war nicht einmal die Unwahrheit. Tatsächlich war der Kaiser, nachdem er sich ausgiebig als Retter Wiens hatte feiern lassen, bereits am 4. Oktober nach Italien abgereist. Von Genua aus wollte Karl V. noch vor dem Winter Spanien erreichen, das er vier Jahre nicht gesehen hatte. Entsetzt musste Ferdinand mit ansehen, wie sich das so mühsam versammelte Reichsaufgebot nach dem Abgang seines Bruders in kürzester Zeit wieder auflöste. Einzig 8000 Mann aus Italien und deren Sold für anderthalb Monate hatte ihm der Kaiser zurückgelassen. Damit glückte immerhin noch der Entsatz der Festung Gran.[10] Die lang ersehnte Abrechnung mit Süleymans Armee war jedoch ebenso wie die Rückeroberung Ungarns in weite Ferne gerückt.

Keiner der beiden »Weltkaiser« hatte es auf einen direkten Schlagabtausch vor den Toren von Wien ankommen lassen wollen. Ob das nur lose zusammengefügte Reichsaufgebot allerdings einer unmittelbaren Konfrontation mit der damals professionellsten Armee der Welt hätte standhalten können, darf bezweifelt werden. Zu schwankend war die Moral der deutschen Truppen und zu uneinig ihre Anführer. Wie wenig Soldtruppen in kritischen Lagen taugten, zeigte sich nur fünf Jahre später, als unter dem Kommando von Hans Katzianer, einem hoch angesehenen Veteranen der Wiener Türkenbelagerung, rund 10 000 Landsknechte aus Deutschland und der Schweiz den Versuch unternahmen, die Festung Essegg an der Drau zu erobern. Als Katzianer im Spätherbst das Geld ausging, löste sich die Truppe vor dem Feind auf und wurde auf dem Rückmarsch von einem osmanischen Provinzaufgebot mühelos vernichtet. Katzianer fiel in Ungnade, musste aus Wien fliehen und wurde 1539 von Nikolaus Graf Zríny ermordet, auf dessen Burg in Kroatien er sich versteckt hatte.[11]

Die Auseinandersetzung zwischen den beiden Weltreichen hatte mit der von beiden Kaisern vermiedenen großen Schlacht keineswegs ihr Ende gefunden. Sie mutierte nun allerdings zu einem Kampf um die Seeherrschaft im westlichen Mittelmeer. Ungarn dagegen wurde für die folgenden anderthalb Jahrhunderte zu einem Nebenkriegsschauplatz, auf dem Ferdinand und seine Nachfolger versuchten, mit einer Mischung aus Diplomatie und begrenzten militärischen Aktionen ihre verbliebenen Positionen im Norden des Landes zu halten. Dass Süleyman nach dem Tod János Szápolyas die Gelegenheit nutzte und 15 Jahre nach seinem Triumph von Mohács den zentralen Teil Ungarns mit der Hauptstadt Ofen zur osmanischen Provinz (*Vilâyet*) machte, konnte der Habsburger nicht verhindern. Ein Gegenangriff seiner Truppen scheiterte 1542 bereits vor der Nachbarstadt Pest. Eine Dekade später wurde auch das Gebiet zwischen Donau und Theiß zu einer osmanischen Provinz mit der Hauptfestung Temesvár. Nordungarn mit Kaschau sowie Teile Westungarns mit Pressburg, Raab und Kanisza verblieben zusammen mit der neuen Militärgrenze in Kroatien im habsburgischen Besitz. Einzig der östliche Teil des alten Ungarns, der 1570 zum Fürstentum Siebenbürgen zusammengefasst wurde, durfte unter den Nachfolgern Szápolyas seine formale Unabhängigkeit bewahren. Bis zum Frieden von Karlowitz, der 1699 den »Großen Türkenkrieg« beendete, sollte das alte Ungarn in diese drei Teile gespalten bleiben.

Teil II
Seekrieg

1 Triumph in Tunis (1535) – Scheitern vor Algier (1541)
Kaiser und Kalif kämpfen um das Mittelmeer

»Barbarossa vereinbarte mit denen, die sich heimlich für eine solche Nacht bewaffnet hatten, dass er mit dem König [von Algier] allein sprechen würde, wie er es früher schon getan habe. Dabei wolle er ihn umarmen und erdolchen, während seine bewaffneten Begleiter alle niedermachen sollten, die vom Lärm alarmiert würden. Gesagt, getan. Als Barbarossa den König aufsuchte, fand er ihn allein und völlig arglos, tötete ihn rasch und schlug seinen Kopf ab. Die herbeieilenden Wächter wurden alle niedergemacht und der Rest der Bewaffneten bemächtigte sich der ganzen Stadt. Auf diese Art also beseitigte er den unglückseligen König von Algier, der wegen seiner Treue zu König Ferdinand durch Verrat den Tod fand. Als neuer Tyrann von Algier ließ Barbarossa sogleich die Wappen und Hoheitszeichen des Königs von Spanien zerstören, die sich auf sämtlichen wichtigen Plätzen der Stadt befunden hatten.«

Francisco López de Gómara, Los Corsarios Barbarroja[1]

Am 4. Oktober 1532 verließ Karl V. nach nur zehntägigem Aufenthalt die Stadt Wien und reiste über Tirol nach Italien. Der Kaiser hatte es eilig, das ungeliebte Land der Häretiker hinter sich zu lassen und nach vier Jahren endlich in seine spanische Heimat zurückkehren zu können. Die vielfach erwartete finale Schlacht mit dem islamischen Gegenkaiser hatte nicht stattgefunden. Offiziell durften sich am Ende beide Kontrahenten als Sieger fühlen, und wenigstens Süleyman feierte nach der Rückkehr in seine Hauptstadt den vorgeblichen Erfolg über die »Ungläubigen« mit einem fünftägigen, durch Feuerwerke illuminierten Fest.[2]

Der Kaiser konnte immerhin gewiss sein, dass sein großer moslemischer Rivale vorerst keinen weiteren militärischen Kraftakt gegen das Reich unternehmen würde. Auch Süleyman hatte seine Last mit Glaubensdissidenten, die er in seinem Reich nicht tolerieren wollte. Immer deutlicher zeichnete sich inzwischen für die »Hohe Pforte« eine neuerliche Konfrontation mit den iranischen Safawiden ab, deren fortgesetzte Unterstützung schiitischer »Häretiker« in Anatolien für den Sultan und Führer aller Rechtgläubigen nicht mehr länger hinnehmbar war.

Karl konnte mit dem vor Wien Erreichten nicht zufrieden sein. Als höchster Fürst der Christenheit, der fast die Hälfte Europas und einen riesigen Teil der Neuen Welt beherrschte, der als Erbe der Burgunderherzöge und Großmeister des Ordens vom Goldenen Vlies einst ein feierliches Kreuzzugsgelübde abgelegt hatte, war er vor dem hohen Wagnis einer großen Schlacht zurückgeschreckt. Ein wirklicher Kreuzzug gegen den »Türken« war mit den Franzosen und Protestanten im Rücken freilich auf absehbare Zeit kaum denkbar, zumal dem Kaiser die Kontrolle nun auch an einer anderen Front zu entgleiten drohte.

Seit Jahrhunderten war das Mittelmeer, selbst nach dem Ende der Kreuzfahrerstaaten in der Levante, das *Mare nostrum* der lateinischen Christenheit gewesen. Noch lange nach dem Fall von Akkon (1291) hatten Venedig und der Johanniter-Orden die Inseln Rhodos, Zypern und Kreta behaupten können und mit ihren Flotten die Expansionspläne der Sultane mehr als einmal durchkreuzt. Inzwischen aber drohte die traditionelle Dominanz der Lateiner im Mittelmeer, ohne die auch ein großer Kreuzzug kaum möglich war, verloren zu gehen. Der Verlust von Rhodos war bereits eine Katastrophe gewesen, aber zu einem noch größeren Problem hatten sich inzwischen die ständigen Kaperfahrten moslemischer Piraten im westlichen Mittelmeer entwickelt. Seit der Vertreibung der Mauren aus Spanien terrorisierten Piratenflotten aus Algier, Tunis und anderen Schlupfwinkeln der nordafrikanischen Küste, oft angeleitet von maurischen Exilspaniern, die christliche Seefahrt. Die moslemischen Piraten plünderten die unbefestigten Hafenstädte Andalusiens, Siziliens und der Balearen, zerstörten Kirchen und verschleppten jedes Jahr Tausende von Menschen auf die Sklavenmärkte des Orients. Vor allem der Name Chaireddin Barbarossa verbreitete unter den christlichen Küstenbewohnern des westlichen Mittelmeers Angst und Schrecken. Seit seinem ersten Auftreten in den Gewässern Nordwestafrikas hatte der aus Lesbos stammende Renegat mit dem markanten roten Bart und einem wilden Hass auf alle

Christen sich einen Namen als mordgieriger Unhold gemacht. Der Sohn eines Sipahis und einer Griechin besaß taktisches Geschick und außergewöhnliches nautisches Talent, was seine Schiffe zu einem ebenbürtigen Gegner der spanischen Kriegsflotte machte.

Sein spektakulärer Sieg über ein spanisches Geschwader unter Admiral Rodrigo de Portuondo vor der Küste der Baleareninsel Formentera hatte im Herbst 1529 abermals die chronische Unterlegenheit der christlichen Seefahrer gegenüber den geschickt und verwegen agierenden Piraten offengelegt. Es war ausgerechnet jenes Geschwader, das zuvor Karl V. zu seiner Kaiserkrönung nach Italien gebracht hatte.

Portuondos demütigendes Desaster sollte der Auftakt zu einer völlig neuen Phase des habsburgisch-osmanischen Seekrieges zwischen Gibraltar und der Straße von Messina werden. Jahrelang hatte Barbarossa als erfolgreicher Freibeuter sein Unwesen entlang der Küsten des westlichen Mittelmeeres auf eigene Rechnung getrieben und Gesetzlose aus ganz Europa unter seinen Segeln versammelt. Er wusste jedoch, dass seine wenigen Schiffe im Kampf gegen ein maritimes Weltreich wie Spanien, das inzwischen auch über die Goldschätze Perus verfügen konnte, auf Dauer unterliegen mussten. Zudem musste der Pirat künftig in seinen Gewässern mit einem taktisch gleichrangigen Widersacher rechnen. Denn dem Kaiser war es inzwischen gelungen, sich der Dienste des wohl renommiertesten Admirals seiner Zeit, des Genuesen Andrea Doria, zu versichern. Der damals schon in seinen Sechzigern stehende Italiener war ein *Condottiere* zur See, der seine Galeeren auf eigene Rechnung unterhielt und bemannte, um sie in den Dienst zahlungskräftiger Potentaten zu stellen. Loyalität zählte bei diesem Geschäft wenig, einzig die Gegnerschaft zu Venedig schien noch eine Konstante im Handeln des Genuesen. Für den französischen König zu kämpfen, bereitete Doria daher ebenso wenig Kopfzerbrechen wie sein Wechsel auf die Seite des Rivalen Ferdinand von Aragón. Zuletzt hatte er sogar gegen Karl V. gekämpft, als er im Sommer 1528 wieder einmal im Auftrag der Franzosen den Hafen von Neapel blockierte. Einzig Dorias überraschender Übertritt ins habsburgische Lager hatte damals die Stadt und das Königreich Sizilien für den Kaiser gerettet.

Unter den veränderten Umständen lag es für Chaireddin Barbarossa nahe, sich ebenfalls der Unterstützung eines mächtigen Herrn zu versichern und sich voll und ganz in den Dienst des Sultans zu stellen. Beide Männer wurden sich schnell einig, denn Süleyman erkannte sofort das Potenzial des Piraten, namhafte Kräfte der Habsburger im westlichen Mittelmeer zu binden. Barbarossa durfte also aus der Hand des Großherrn die algerische Statthalterschaft sowie den Titel eines Admirals der Mittelmeerflotte (*Kaputani/doryā*) entgegennehmen. Mit den gewaltigen Ressourcen der zweiten Weltmacht hatte er fortan alle Chancen, gegen die Flotten des christlichen Kaisers zu bestehen.

Als Barbarossa im Sommer 1533 mit 14 Galeeren in das Goldene Horn einlief, empfing der Sultan seinen neuen Verbündeten mit einem ausgiebigen Ehrensalut. Für große Feierlichkeiten blieb jedoch nicht viel Zeit. Erst im Vorjahr war es Admiral Doria geglückt, im Auftrag des Kaisers den Hafen von Coron an der Südspitze der Peloponnes zu besetzen. Die Nachricht von dieser handstreichartigen Aktion hatte Süleyman noch während seines Feldzuges in Deutschland erreicht. Ein ähnlich energischer Vorstoß des Genuesen, so musste der Sultan inzwischen befürchten, könnte auch seine Hauptsstadt bedrohen. Eine noch im Herbst 1532 von Süleyman entsandte Flotte aus 60 Galeeren hatte das »Unglück« vorerst nicht rückgängig machen können. Die Festung Coron sollte noch ein weiteres Jahr in christlicher Hand bleiben, ehe sich ihre Besatzung endlich – ohne Aussicht auf Verstärkung – einer überlegenen osmanischen Landstreitmacht ergeben musste. Noch während der Blockade von Coron war unter Barbarossas persönlicher Anleitung im Winter 1533/34 in den Werften von Konstantinopel eine gewaltige Kriegsflotte aus 70 Galeeren entstanden. Jedes der neuen Schiffe wurde von rund 160 meist christlichen Rudersklaven angetrieben und konnte mit 120 Janitscharen bemannt werden.

Die Galeere war während der habsburgisch-osmanischen Seekriege des 16. und 17. Jahrhunderts der von beiden Parteien am häufigsten eingesetzte Schiffstyp. Ihr Ursprung reicht bis in die Antike zurück. Im Gefecht zeichnete sie sich durch eine hohe Beweglichkeit gegenüber den stets von günstigen Winden abhängigen Vollseglern aus, besaß aber nur auf ihrem Bug Platz für ein größeres Geschütz (Kolumbrine) sowie mehrere kleinere Falcones. Sein flacher Kiel erlaubte es dem etwa 40 Meter langen Schiff, mit hoher Fahrt bis dicht an das Ufer zu gelangen. Gerade deshalb war die Galeere für die grassierende Piraterie der ideale Schiffstyp, erforderte jedoch ständig eine hohe Zahl von Ruderern. Anfangs fanden sich für diese in jeder Hinsicht strapaziöse Tätigkeit unter extrem beengten Verhältnissen noch Freiwillige, deren Zahl durch Häftlinge ergänzt werden musste. Später aber gelangten bei allen Kriegsparteien immer häufiger Gefangene auf die sich mit fürchterlicher Geschwindigkeit durch Seuchen jeder Art leerenden Ruderbänke, was christliche wie moslemische Flotten zu ausgedehnten Menschenjagden entlang der feindlichen Küsten zwang.

Der neue Admiral des Sultans hatte den Winter am Bosporus gut genutzt. Mit großzügigen Vollmachten und neuer Armada verließ Barbarossa im Mai 1534 das festlich beflaggte Konstantinopel und nahm Kurs nach Westen zu einer ausgedehnten Raubfahrt entlang der kalabrischen und neapolitanischen Küsten. Bis hinauf nach Ostia gelangten seine Schiffe, und die verängstigten Bewohner Roms stellten sich bereits auf das Schlimmste ein. Andrea Doria verblieb mit seinem unterlegenen Geschwader nur die wenig ehrenvolle Rolle des Beobachters. So schnell, wie der verwegene Pirat vor den Küsten Italiens erschienen war, so schnell verschwand Barbarossa auch wieder von der Bildfläche, stahl sich unbemerkt mit seiner Armada an Sizilien vorbei, um sich sodann seinem tatsächlichen Ziel zu nähern. Am 16. August 1534 durchbrach Barbarossa mit seinen Schiffen den Kanal von La Golleta und ließ sie im See von Tunis ankern. Die gewaltige Flotte vor seinen Toren nahm dem lokalen arabischen Potentaten jede Wahl. Mitsamt dem wichtigen Binnenhafen übergab er seine Stadt kampflos an die gefährlichen Ankömmlinge. Für die christliche Seefahrt war es ein Paukenschlag.

Mit seinem Coup hatte der erste Admiral des Sultans eine Schlüsselposition am Ausgang zum westlichen Mittelmeer in seine Hand bekommen. Von Tunis aus bedrohte die osmanische Flotte unmittelbar das nur 160 Kilometer entfernte Sizilien. Eine zweite moslemische Invasion der Insel, die sich schon einmal für Jahrhunderte im Besitz der Araber befunden hatte, war mit einem Mal wieder möglich geworden.

Barbarossas kühner Handstreich gegen Tunis drohte auch einen anderen Schachzug des Kaisers wettzumachen. Bereits im Jahre 1530 hatte Karl V. den sieben Jahre zuvor aus Rhodos vertriebenen Johannitern die maltesische Inselgruppe als neuen Stützpunkt überlassen. Kaum ein Platz hätte für die Ambitionen des Ritterordens und für des Kaisers maritime Ziele geeigneter sein können. Die Felseninseln südlich von Sizilien blockierten den Zugang zum westlichen Mittelmeer und schienen wie geschaffen als Flottenbasis für eine lukrative Jagd auf die osmanische Seefahrt zwischen Griechenland und der Küste Ägyptens. Dass sich die christlichen Ritter dabei derselben brutalen Methoden wie ihre moslemischen Erzfeinde bedienten und rücksichtslos Jagd auf Menschen und Beute machten, störte den allerkatholischsten Kaiser nicht im Geringsten.

Mit Barbarossas Coup in Tunis drohte die bislang ausgeglichene Lage im westlichen Mittelmeer zu kippen. Als der Pirat sogar einen Unterhändler des Kaisers, der ihm im Falle einer Konvertierung zum Katholizismus dieselben Privilegien wie Süleyman anbieten sollte, einfach hatte umbringen lassen, schien Karl die Zeit reif für einen großen Gegenschlag.[3] Schon rührte sich mit Franz I. von Frankreich ein nur mühsam befriedeter Rivale im Rücken des Kaisers. Der Valois wollte seine Ansprüche auf das umstrittene Herzogtum Mailand, das er schon einmal als junger Herrscher erobert und wieder verloren hatte, nicht aufgegeben.

Karl V. musste Tunis unter allen Umständen zurückerobern, ehe der Franzose erneut die Waffen gegen ihn erheben konnte. Zum Entsetzen des Erzbischofs von Toledo, Juan de Tavera, war der Kaiser sogar entschlossen, seine Truppen beim Sturm auf die Stadt persönlich anzuführen.

In allen Häfen von Barcelona bis Neapel sammelten sich seit dem Winter 1534/35 in großer Zahl Truppen und Schiffe. Außer Spanien stellten der Vizekönig von Neapel und Sizilien, Admiral Doria, der Papst sowie die maltesischen Ritter Kontingente. Die gewaltige Summe von mehr als einer Million Golddukaten, die Karl für seinen Feldzug aufbringen musste, stammte größtenteils aus dem Lösegeld, dass Francisco Pizarro, der Eroberer Perus, dem gefangenen Inkakönig Atahualpa abgepresst hatte. Skrupel hinsichtlich der anrüchigen Herkunft des Geldes bestanden nicht. Patriotische Spanier wie Gaspar de Espinosa, ein ehemaliger Kampfgefährte Pizarros, betrachteten die unverhoffte Summe aus Südamerika als Gottesgeschenk für die heilige Sache im Kampf gegen Türken, Luther und andere Feinde des wahren Glaubens.[4]

Mit 74 Galeeren, 300 Segelschiffen und insgesamt 30 000 Mann machte sich die kaiserliche Flotte am 14. Juni 1535 von Sardinien aus auf ihren Weg. Auch für seinen politischen Nachruhm hatte Karl besondere Vorsorge getroffen. An Bord seines beeindruckenden Geschwaders befanden sich der spanische Dichter Garcilaso de la Vega und der niederländische Maler Jan Cornelisz Vermeyen. Nach dessen Entwürfen wurden die heute im Wiener Stadtmuseum gezeigten Gobelins angefertigt, die den Tunisfeldzug des Kaisers illustrieren.[5]

Innerhalb nur eines Tages erreichte das Expeditionskorps die nordafrikanische Küste. Vor den Seeleuten, Kanonieren und Soldaten lagen die Ruinen des antiken Karthago, und mancher der Ankömmlinge dürfte sich gefragt haben, ob man sich tatsächlich auf den Spuren der beiden Scipionen befand. Nicht weit entfernt lag die Festung von La Golleta, die den von zwei Landzungen gebildeten Kanal zum See von Tunis beherrschte. Hier musste ein Durchbruch erfolgen, ehe man sich dem Hauptziel überhaupt nähern konnte. In den folgenden vier Wochen schufteten die Sappeure und die Geschützmeister des Kaisers in brütender Hitze, um sich an die Mauern des Bollwerks Meter für Meter heranzuarbeiten. Der massive Beschuss aller Schiffsgeschütze hielt währenddessen die gegnerische Artillerie nieder. Am 14. Juli glaubten sich die Belagerer endlich am Ziel. Nach nochmaliger zehnstündiger Beschießung war kurz nach Mittag eine Bresche in die Mauer gerissen und Karls Truppen konnten die Festung mit nur geringen Verlusten stürmen. Der Kaiser hielt sich mit einer Lanze in der Hand mitten unter seinen Soldaten auf und wich an diesem Tag keiner Gefahr aus.[6] Der Widerstand war freilich nicht mehr groß. Den Angreifern gelang der Einbruch in die Festung schon beim ersten Sturm, während die aus 5000 Osmanen bestehende Besatzung sich größtenteils nach Tunis zurückziehen konnte. Barbarossa saß nun mit seiner gesamten im See von Tunis ankernden Flotte in der Falle.

In der Euphorie über seinen Erfolg schloss sich der Kaiser während eines Kriegsrates nicht der Empfehlung seiner militärischen Ratgeber an, sich mit dem Erreichten zufriedenzugeben und Tunis nur unter ständiger Blockade zu halten. Karl hingegen entschied sich dafür, jetzt den Angriff auf die Stadt selbst zu wagen, und fand mit diesem Plan auch den Beifall seiner Truppen. Während seine Soldaten die Aussicht auf eine Plünderung der Stadt animierte, fürchtete der Kaiser, dass er einen nur halben Sieg der Bevölkerung in Spanien und Sizilien kaum als den lang ersehnten Triumph über den gefährlichsten Piraten des Sultans würde darstellen können. Auf keinen Fall durfte der Unhold Barbarossa auf freiem Fuß bleiben. Viel Zeit blieb Karl jedoch nicht. Extremer Wassermangel hatte seinen Truppen seit Beginn der Landung zu schaffen gemacht und Krankheiten begannen bereits, die Reihen des christlichen Heeres zu lichten. Als sich in dieser Not ortskundige Einheimische bereit erklärten, Karls Truppen zu einer Süßwasserquelle in der Nähe der Stadt zu führen, trat die Operation in ihre entscheidende Phase. Barbarossa hatte die rettende Quelle bereits mit seinen Truppen besetzt, als sich die Kaiserlichen gegen Mittag ihrem Ziel näherten. Angeblich hatte der Admiral des Sultans 12 000 Reiter und 14 000 Bogenschützen gegen die Ankömmlinge versammelt, wie Karl in einem Brief an seine Schwester (Maria von Ungarn) behauptete. »Wir starben vor Hitze und hätten uns auch für weniger Wichtiges geschlagen«, berichtete der Kaiser weiter. Nach kurzer Umgruppierung griffen die Kaiserlichen den Gegner mit allem Furor an und eroberten nicht nur den Brunnen, sondern auch einen Teil der gegnerischen Artillerie. Barbarossa versuchte noch einmal, Karls Nachhut anzugreifen, konnte aber nichts mehr ausrichten und zog sich daraufhin endgültig zurück. Der Kaiser räumte gegenüber seiner Schwester ein, dass der Sieg durchaus nicht hart erkämpft werden musste, denn der Gegner hatte die Schlacht keineswegs mit äußerster Entschlossenheit geführt, während seine Leute alle halb tot vor Durst und Hitze waren und er nur wenige Reiterabteilungen mit sich geführt hatte.[7]

Nach der verlorenen Schlacht am Brunnen entglitten Barbarossa die Dinge vollends. Während seiner Abwesenheit war in der Burg von Tunis überraschend eine Sklavenrevolte ausgebrochen. Etwa 100 Mameluken der Bewachungsmannschaft hatten inzwischen den Entschluss gefasst, die in der Burg eingekerkerten Europäer, angeblich 15 000 Menschen, zu befreien, wenn ihnen der Kaiser dafür freien Abzug mit all ihren Besitztümern gewährte. Das wurde zugesagt und das Versprechen später von Karl offenbar auch gehalten. Unter den Sklaven herrschte der Mut der Verzweiflung, denn der für seine Grausamkeit berüchtigte Barbarossa hatte ihnen allen für den Fall seiner Niederlage mit dem Tod gedroht. Innerhalb kürzester Zeit war die gesamte Burg in ihrer Hand und der nicht eingeweihte Rest der Besatzung niedergemacht. Als der besiegte Pirat mit dem Rest seiner Truppen vor den Toren erschien, gerieten sie in das Feuer ihrer eigenen Geschütze und flohen. Noch ehe die rasch heranrückenden

Kaiserlichen durch die Tore in die Stadt gelangen konnten, hatten die befreiten Europäer schon mit der Plünderung der Hinterlassenschaften der Osmanen begonnen.[8] Barbarossa hingegen glückte es, mit einigen Hundert Getreuen zur Küste bei Bona zu gelangen. Dass er von dort mit einigen in Reserve gehaltenen Schiffen nach Algier entweichen konnte, war gewiss ein Wermutstropfen in der stolzen kaiserlichen Erfolgsbilanz.

Eroberung der Festung Goleta am 14. Juli 1535. Kupferstich von Matthäus Merian d. Ä.

Immerhin waren alle mithilfe des Sultans soeben erst gebauten Galeeren verloren. Karls Triumph schien vollständig und wurde nach den Maßstäben seiner Zeit auch nicht durch die Plünderungsexzesse seiner Soldaten überschattet, denen angeblich 30 000 Bewohner von Tunis zum Opfer gefallen sein sollen. Der Kaiser hatte jene Stadt erobert, vor der zweieinhalb Jahrhunderte zuvor Frankreichs bedeutenster mittelalterlicher Herrscher und zweimaliger Kreuzfahrer, König Ludwig IX., genannt der »Heilige«, den Tod gefunden hatte. Jetzt zeigten eiserne Kanonenkugeln mit dem Signum Franz I., die man in den Trümmern von

La Golleta gefunden hatte, wie weit sich Frankreich und dessen Herrscher inzwischen vom alten europäischen Kreuzzugsgedanken entfernt hatten.

Am 22. August 1535 landete der siegreiche Kaiser im sizilianischen Trapani und ließ sich in den Städten der Insel als »Vorkämpfer Europas über Afrika und Asien« feiern.[9] Die Huldigungen, Salutschüsse und feierlichen Prozessionen setzten sich mit unverminderter Begeisterung auch auf dem italienischen Festland fort und erreichten ihren Höhepunkt in Neapel, das Karl am 25. November durch die *Porta Capuana* zum ersten Mal betrat. Die gesamte Götterwelt der heidnischen Antike hatten die Stadtväter in überlebensgroßen Figuren aufgeboten, um den Sieg des allerkatholischsten Kaisers über den damals schlimmsten Feind der Christenheit zu feiern.[10]

Die gern geglaubten Gerüchte, dass der Geschlagene von Tunis auf seiner Flucht umgekommen sei, widerlegte Barbarossa allerdings auf seine Art. Voller Rachedurst war er schon Anfang Oktober 1535 mit 15 Galeeren in den Hafen von Mahón auf Menorca eingelaufen, hatte unter Täuschung der an den Kais versammelten Menge eine vor Anker liegende portugiesische Karavelle gekapert und im Anschluss die völlig überraschte Stadt geplündert. 1800 Inselbewohner mussten den Weg in die Sklaverei antreten.[11] Gegen Ende des Jahres machte sich der Totgeglaubte wieder auf den Weg nach Konstantinopel, wo der Empfang durch den Sultan zwar gedämpfter als im Vorjahr ausfiel. Doch Süleyman verzieh seinem besten Admiral großmütig den Verlust seiner Flotte und befahl, eine neue zu bauen.

Karls Triumphzug durch die Städte seines sizilianisch-süditalienischen Königreiches hatte sich als verfrüht erwiesen. Schon im Frühjahr 1536 kehrte Barbarossa mit neuen Schiffen nach Italien zurück und verheerte die Küstenregionen Apuliens. Schlimmer noch war für Karl, dass die politische Annäherung zwischen Frankreich und der »Hohen Pforte« nunmehr konkrete Formen annahm. Noch im selben Jahr schlossen Süleyman und Franz I. ein Abkommen, das dem französischen Handel in der Levante dieselben Vergünstigungen bot, die den Franzosen zuvor auch die Mameluken eingeräumt hatten und das Frankreichs Kaufleute sogar mit den Venezianern gleichstellte. Franzosen im Reich des Sultans genossen fortan mitsamt ihrem Eigentum den diplomatischen Schutz der damals erstmals in Konstantinopel eingerichteten ständigen Vertretung einer christlichen Macht.[12] In militärischer Hinsicht war sogar von einer

gemeinsamen Zangenoperation beider Mächte gegen Italien und Rom die
Rede. Papst Paul III. war auf das Höchste alarmiert und bemühte sich,
eine antiosmanische Koalition (»Heilige Liga«) mit Genua und den Ländern der spanischen Krone zusammenzubringen. Ihr sollte auch Venedig beitreten, das als Handelsmacht mit vitalen Interessen in der Levante
einer militärischen Konfrontation mit dem Sultan bisher aus dem Weg
gegangen war. Seit dem nachteiligen Frieden von 1504 hatte die Lagunenstadt mit großem Geschick, üppigen Bestechungen und ihrer Bereitwillig-
keit, gelegentliche Demütigungen lächelnd hinzunehmen, ihre Neutralität
zwischen den verfeindeten Blöcken bewahren können. Mit der auf Befehl des Sultans erfolgten Hinrichtung des Großwesirs İbrahim Pascha
im März 1536 hatte Venedig jedoch einen wichtigen Fürsprecher an der
»Hohen Pforte« verloren. Sogleich nach seiner Untat hatte der Sultan den
politischen Druck auf die Lagunenstadt erhöht und schließlich gefordert,
dass die Markusrepublik in dem bevorstehenden Krieg gegen Karl und
den Papst auf seine Seite treten sollte. Um seiner Forderung Nachdruck zu
verleihen, führte Süleyman im folgenden Jahr persönlich ein großes Heer
zur albanischen Küste bei Valona. Von dort ließ er 25 000 Mann zum nahe
gelegenen Korfu übersetzen, um die auf der Insel erbaute Festung der Venezianer zu stürmen. Zu seinem Verdruss konnte die Besatzung jedoch
dem Ansturm widerstehen, und das Heer des Sultans musste nach drei
Wochen unverrichteter Dinge wieder von der Insel abziehen.

Venedig blieb nun keine andere Wahl, als sich dem antiosmanischen
Bündnis des Papstes anzuschließen. Aus Rache ließ Süleyman die Flotte seines Admirals Zug um Zug die letzten der *Serenissma* in der Ägäis
verbliebenen Inseln besetzten. Als Barbarossa im Juni 1538 während einer
Kaperfahrt entlang der Südküste Kretas die Nachricht erhielt, dass sich am
Ausgang der Adria eine starke christliche Flotte versammelte, nahm er sogleich Kurs nach Norden. Die Aussicht auf einen Kampf mit einem gleichwertigen Gegner war nicht ohne Reiz. Zu spät wurde Barbarossa jedoch
klar, dass er es tatsächlich mit einem weit überlegenen Feind zu tun hatte.
Vorsichtshalber zog er sich mit seiner Flotte aus 90 Galeeren in den Hafen
von Preveza an der Westküste Griechenlands zurück. In der Hafenstadt am
Eingang des Ambrakischen Golfes fühlte er sich im Schutze der beiderseits
der Einfahrt zur Bucht in Stellung gebrachten schweren Kanonen vor einem

Überraschungsangriff der Verbündeten sicher. Barbarossa kalkulierte, dass die Flotte der »Heiligen Liga«, die immerhin fast 140 Galeeren gegen ihn aufgeboten hatte, ihre Blockade nicht über das Ende des Sommers hinaus fortsetzen konnte. So wartete der erste Admiral des Sultans geduldig darauf, dass die gegnerischen Geschwader sich wieder trennten, und knüpfte inzwischen Kontakte zu Admiral Doria. Offen bleibt, ob Barbarossa dabei die Sorge umtrieb, im Dienste des Sultans am Ende dasselbe Schicksal wie Großwesir İbrahim Pascha zu erleiden, der Süleyman zu mächtig geworden war, oder ob er einfach nur den Gegner in die Irre führen wollte. Der Genuese zeigte sich jedenfalls Verhandlungen nicht abgeneigt und offerierte dem fanatischen Christenfeind im Auftrag des Kaisers erneut eine Besitzstandsgarantie für den Fall eines Seitenwechsels. Die Verhandlungen kamen jedoch nicht weiter, da Barbarossa auch die Überlassung von Tunis forderte, was freilich für Karl eine rote Linie war.[13]

So ging die ergebnislose Blockade vorerst weiter. Ende September entschloss sich Doria, der als Genuese den verbündeten Venezianern seit jeher misstraute, auf eigene Faust mit seinen 49 Schiffen wieder abzusegeln. Sein Argument gegenüber den empörten Alliierten, er wolle den gefährlichen Herbststürmen aus dem Weg gehen, war mehr als dürftig. Genau in diesem kritischen Moment schlug Barbarossa zu. Die vor Preveza verbliebenen Schiffe der Venezianer und des Papstes waren weit auseinandergezogen und ohne energische Führung zu keinem koordinierten Widerstand gegen Barbarossas plötzlich vorstoßende Geschwader fähig. Zwar machte Doria, als er den Geschützlärm in seinem Rücken hörte, sofort kehrt, konnte aber dem Geschehen keine Wende mehr geben.

Die »Heilige Liga« verlor in der Schlacht vom 27. September zwölf Schiffe, von denen die meisten zur Flotte der Venezianer gehört hatten. Die Niederlage vor Preveza verursachte bittere Klagen der *Serenissima* gegen den angeblich verräterischen Doria. Der Sultan und Barbarossa durften den Tag jedoch als großen Erfolg feiern. Beide hatten die Psychologie auf ihrer Seite, denn die glücklose Allianz der »Heiligen Liga« zerfiel schon kurz nach dem deprimierenden Rückschlag. Venedig schloss im folgenden Jahr einen weiteren ungünstigen Frieden mit der »Hohen Pforte« ab, während der Kaiser sich wieder seinen alten Problemen mit Frankreich und den deutschen Reichsständen zuwenden musste. Schon nach dem Tod Francesco Sforzas im November 1535 hatte König Franz I. seine Ansprüche auf das zum Reich gehörende Herzogtum Mailand erneuert und seine Truppen zur Bekräftigung seiner Forderungen das benachbarte Savoyen mit Turin besetzen lassen. Karl bemühte sich um einen Kompromiss und bot sogar die Übertragung des umstrittenen lombardischen Herzogtums auf einen der jüngeren Söhne des Valois an, wodurch eine spätere Vereinigung Mailands mit der französischen Krone ausgeschlossen werden sollte. Franz lehnte jedoch ab und versuchte abermals, die protestantischen Reichsstände auf seine Seite zu ziehen. Die Verhandlungen der beiden christlichen Machthaber zogen sich, unterbrochen durch einen ergebnislosen Feldzug des Kaisers in Südfrankreich, ohne Einigung dahin. Obwohl Karl einsehen musste, dass ein wirklicher Friede mit Frankreich zu akzeptablen Bedingungen vorerst nicht erzielt werden konnte, war er unbedingt entschlossen, die Suprematie der osmanischen Flotte im westlichen Mittelmeer durch einen baldigen Gegenschlag zu brechen. Längst hatte Karl eingesehen, dass es ein schweres Versäumnis gewesen war, nach seinem großen Erfolg in Tunis nicht sogleich gegen Barbarossas Hauptquartier gezogen zu sein. Ein erfolgreicher Angriff auf die Piratenhochburg Algier versprach, die Sicherheit der spanischen Küsten wiederherzustellen, und durfte deshalb gewiss auf die Zustimmung der Cortes rechnen. Inzwischen aber war es bereits September und erfahrene Seeleute wie Andrea Doria rieten Karl dringend von einer Flottenoperation in der späten Jahreszeit ab. Ein Vorteil schien allerdings, dass im Herbst nicht mehr mit einer Entsatzflotte des Sultans gerechnet werden musste. Zudem war Algier bei Weitem nicht so stark befestigt wie Tunis, was die Belagerungszeit verkürzen musste. Der Bedarf an Fußtruppen sei daher erheblich geringer, argumentierten die Befürworter, und die Kosten der gesamten Operation ließen sich so in Grenzen halten.[14]

Von Genua, wo ihn noch die Hiobsbotschaft erreichte, dass sein Bruder Ferdinand die Stadt Ofen endgültig an den Sultan verloren hatte, brach der Kaiser am 27. September 1541 mit 12 000 in Deutschland und Italien angeworbenen Söldnern nach Korsika auf, dem Sammelpunkt seiner Expeditionsstreitmacht. Einschließlich der Truppen aus Spanien gebot Karl über 26 000 Fußsoldaten und 1800 Reiter, als seine Flotte am 20. Oktober vor Algier eintraf. Eine unruhige See verhinderte jedoch zwei

Tage lang die Ausschiffung der Truppen. Erst am 23. Oktober besserte sich das Wetter. Immerhin gelangte jetzt die gesamte Infanterie an Land, die sich sogleich gegen heftige Ausfälle aus Algier zur Wehr setzen musste. Die Stadt stand unter dem Befehl des Renegaten Hassan Aga, einem aus Italien stammenden Abenteurer im Dienst Barbarossas. Mit ihrer unzureichenden Befestigung ohne Aussicht auf Verstärkung wäre Algier kaum gegen einen Großangriff zu verteidigen gewesen.

Es kam daher zu ersten Verhandlungen mit den Kaiserlichen und Hassan Aga schien anfangs durchaus zum Seitenwechsel und zur Übergabe der Stadt bereit, überlegte es sich jedoch anders, als am 24. Oktober abends ein ungewöhnlich heftiger Sturm aufzog, der im Laufe der Nacht einen Großteil der Landungsflotte beschädigte oder gar zerstörte.[15] Obwohl damit ein erheblicher Teil seiner Artillerie, der Munition und der Vorräte verloren war, zeigte sich Karl zunächst weiter entschlossen, den Angriff auf Algier fortzusetzen. Immer noch waren seine Truppen dem Gegner stark überlegen, und tatsächlich konnten sich am 26. Oktober die Truppen der Johanniter unter Führung von Georg Schilling von Cannstatt am Haupttor festsetzen, wo sie dann aber vergeblich auf das Unterstützungsfeuer der Schiffsgeschütze warteten.[16] Als das Unwetter in der folgenden Nacht erneut einsetzte, verlor Karl den Mut und brach das Unternehmen endgültig ab. Mit dem Rest seiner Truppen marschierte er unter Deckung der Johanniter etwa 30 Kilometer die Küste entlang nach Westen zu einer Stelle, wo ihn Admiral Dorias noch intakte Galeeren aufnehmen konnten. Aus Platzmangel mussten jedoch einige Tausend Soldaten an Land zurückbleiben, denen das traurige Los der Sklaverei bevorstand. Ihre wütenden und verzweifelten Rufe dürften Karl noch lange in den Ohren geklungen haben. Es war nach seinem Triumph von Tunis eine unerwartete Demütigung, die der Kaiser gleichwohl gelassen akzeptierte. Man müsse Gott für alles danken, schrieb er eine Woche nach dem Desaster seinem Bruder, und von der göttlichen Güte in Zukunft größeres Glück erhoffen.[17] Doch allzu viel schien von seinem Gottvertrauen nach dem Desaster von Algier nicht übrig geblieben zu sein. Jedenfalls sollte Karl nie wieder einen Kriegszug über See wagen.

2 Der »Skandal von Toulon«
Frankreichs König übergibt den Osmanen
eine christliche Stadt

»Nach ihrer Landung in Frankreich durften die Türken in voller Freiheit ihre frevlerischen Praktiken ausüben, während unsere Freunde, die nach wahrer Frömmigkeit und Christi Ruhm streben, nicht allein an seiner Verehrung gehindert, sondern sogar auf die schrecklichste und grausamste Weise verfolgt werden und dies alles geschieht in einem Königreich unter der Autorität eines Mannes, den man den allerchristlichsten König nennt.«

Brief des Schweizer Reformators Guillaume Farel vom 30. Mai 1544 an Jean Calvin[1]

Als Förderer der Künste, galanter Charmeur, glänzender Turnierkämpfer und Erbauer etlicher prächtiger Schlösser an der Loire schien König Franz I. von Frankreich der Prototyp eines Renaissancefürsten und zugleich das strahlende Gegenbild zu seinem verschlossenen kaiserlichen Schwager und Dauerrivalen Karl V. zu sein. Als junger Monarch hatte Franz 1515 in der Schlacht von Marignano erstmals die militärische Dominanz der Schweizer Landsknechte in Europa gebrochen. Das Herzogtum Mailand, auf das er als Enkel der Visconti Anspruch zu haben glaubte, war seine erste Kriegsbeute. Seit dem Aufstieg Spaniens zur Weltmacht hatten die Könige Frankreichs in der Eroberung Italiens den Schlüssel gesehen, um die auf Dauer unerträgliche Umklammerung ihres Landes durch das Haus Habsburg zu durchbrechen. Die Niederlage von Pavia und seine Gefangennahme waren jedoch Rückschläge, von denen sich Franz nie mehr erholen sollte.

Die spektakulären Erfolge seiner Anfangszeit waren schon längst Geschichte, als der »allerchristlichste König« von Frankreich ein Militärbündnis mit dem Osmanischen Reich schloss und am 20. Juli 1543 die von Chaireddin Barbarossa befehligte Flotte des Sultans mit großem Zeremoniell und Geschützsalut vor dem Hafen von Marseille empfing.[2]

Gemeinsam wollte man das christliche Nizza angreifen, das zum Herrschaftsbereich Karls III., des mit dem Kaiser verbündeten Herzogs von Savoyen, gehörte. Der Besitz der Stadt sollte den vereinigten französisch-osmanischen Geschwadern den Weg nach Genua öffnen. Die rasche Übergabe der Stadt am 22. August bewahrte ihre Bewohner zunächst davor, wie bereits das gesamte Umland von den Angreifern gründlich geplündert zu werden.[3] Allein die Besatzung der auf einem unangreifbar hohen Felsen über der Stadt thronenden Zitadelle hielt sich bis zum Eintreffen einer Entsatzflotte unter dem alten Andrea Doria.[4] Auf einen Kampf mit diesem gefährlichen Widersacher wollte sich jedoch Barbarossa nicht einlassen und gab am 8. September den Befehl zum Abbruch des Unternehmens, nicht ohne noch zuvor die unglückseligen Einwohner Nizzas trotz der zugesagten Verschonung gründlich ausplündern zu lassen.

Die Stimmung unter den verbündeten Angreifern sank angesichts dieser ernüchternden Bilanz mit jedem Tag. Barbarossa warf den Franzosen wiederholt mangelnden Elan vor und beschwerte sich bei den Beauftragten des Königs heftig über ausbleibende Versorgungslieferungen. Sogar Schießpulver hätte er den Verbündeten, die lieber Wein in ihren Galeeren transportierten, leihen müssen. Ohne feste Zusage könne er daher nicht bleiben. Franz musste handeln, wollte er auch im kommenden Frühjahr die Flotte des Sultans auf seiner Seite haben.[5]

Es darf getrost als Tiefpunkt seiner 32-jährigen Herrschaft betrachtet werden, dass der König im Anschluss an das gescheiterte Unternehmen gegen Nizza sämtliche Bewohner von Toulon kurzerhand deportieren ließ, um die gesamte Hafenstadt der osmanischen Flotte als Winterquartier zu überlassen. So ergriff Barbarossa, die verhasste Geißel der westlichen Mittelmeerküsten, mit seinen 30 000 Spießgesellen, darunter 6000 Janitscharen, in vollem Umfang Besitz von der geräumten französischen Stadt. Aus der Kathedrale *Sainte-Marie* wurde eine Moschee, die darin befindlichen christlichen Gräber beseitigte man, und statt der Kirchenglocken erscholl nun jeden Tag fünfmal der Gebetsruf der Anhänger des Propheten über den verwaisten Häusern von Toulon. Konsterniert berichtete ein Augenzeuge, dass man sich in diesen Tagen in der Stadt angesichts der zahllosen fremdartigen Kostümierungen wie in Konstantinopel gefühlt habe.[6]

Die Nachricht über die freiwillige Aushändigung einer christlichen Stadt an den berüchtigsten Piraten des Sultans verbreitete sich wie ein Lauffeuer in ganz Europa und spielte der habsburgischen Propaganda alle Karten in die Hand. Der französische Monarch musste bald einsehen, dass er mit seinem außergewöhnlichen Entgegenkommen einen unverzeihlichen Fehler begangen hatte. Die monatelange Beherbergung seiner osmanischen Alliierten drohte nicht nur seine Kassen bis auf den Grund zu leeren, sondern sollte auch außerhalb Frankreichs nicht so bald vergessen werden. Vor allem in protestantischen Ländern wurde harsche Kritik an Franz I. geäußert. Die Türken dürften in einer französischen Stadt ihre »frevlerischen Praktiken« ungestört ausüben, klagte im Frühjahr 1544 der Schweizer Reformator Guillaume Farel in einem Brief an Jean Calvin, während überall sonst in Frankreich die Protestanten auf die schrecklichste und grausamste Art vom König verfolgt würden.[7] Nicht weniger entrüstet schrieb aus Wittenberg Johannes Bugenhagen an Herzog Albrecht von Preußen, dass der »Christianissimus Rex Galliae« nun ein »Türke« geworden sei, der sich mit dem Sultan gegen »unseren lieben keiser Carolum« verbunden habe,[8] und der Speyerer Reichstag verweigerte im selben Frühjahr dem Gesandten König Franz', Kardinal Jean du Bellay, sogar die Pässe. Als Begründung erklärten die Stände dem erstaunten Franzosen, dass sein Herrscher nunmehr ganz wie der Türke zum Feind der Christenheit geworden sei.[9] In ungewohnter Einmütigkeit beschloss man in Speyer noch im April 1544, dem Kaiser und seinem Bruder Ferdinand ein Heer von insgesamt 24 000 Mann für den Krieg gegen Franzosen und Türken auf volle sechs Monate zu bezahlen.[10]

Nach Ablauf des Winters hatte sich Barbarossa mit seiner Flotte auf den Rückweg nach Konstantinopel gemacht. Franz I. hatte schließlich tief in die Staatskasse greifen müssen, um Toulon wieder freizukaufen. Auch 400 moslemische Sklaven, die als Ruderer auf französischen Galeeren verwendet worden waren, übergab der König als Zeichen seines guten Willens an den Admiral des Sultans.

Zu besonderen Kriegshandlungen gegen die spanische Flotte kam es freilich nicht mehr, wohl aber ließen es sich die Osmanen nicht nehmen, auf ihrem Kurs nach Süden nach Belieben unbefestigte italienische Küstenstädte zu überfallen und damit dem feindlichen Kaiser in Madrid abermals zu zeigen, wer die wirklichen Herren im Mittelmeer waren. Begrüßt von zahllosen Salutschüssen und einem prächtigen Feuerwerk lief Barbarossas Flotte bunt beflaggt im Juni 1544 mit 6000 christlichen Gefangenen an Bord in Konstantinopel ein. Wieder einmal wurde mit viel Aufwand überspielt, dass die Flottenexpedition weit hinter den anfänglichen Erwartungen zurückgeblieben war. Es sollte zugleich Barbarossas letzte Rückkehr von einer großen Kaperfahrt sein. Nur zwei Jahre später verstarb der Admiral des Sultans und Schrecken der christlichen Seefahrt hochbetagt in seinem Palast an einem Fieber. Der Sultan ließ ihm am Bosporus ein Mausoleum erbauen, das bald zur obligatorischen Pilgerstätte für die Kapitäne aller noch folgenden Seeunternehmungen werden sollte.[11]

Barbarossas Nachfolger, darunter ein begabter Renegat namens Turgut Reis, der selbst vier Jahre als Rudersklave auf einer von Admiral Dorias Galeeren hatte verbringen müssen, sorgten dafür, dass es für die Christen der westlichen Mittelmeerküsten kein Aufatmen gab. Die Jagd nach weißen Sklaven setzte sich unvermindert fort, und vor allem Algier entwickelte sich zu einer Stadt im Goldrausch, wo jeder einfache Seemann davon träumen konnte, so reich wie das große Vorbild Barbarossa zu werden.[12]

Das »unfromme« Bündnis zwischen Frankreich und der »Hohen Pforte« wurde auch dann am Leben erhalten, als sich im September 1544 Kaiser und König im Frieden von Crépy wieder einmal auf den politischen *Status quo* einigten und Franz I. sogar versprach, seinen ehemaligen Gegner im Kampf gegen die Osmanen zu unterstützen. Obwohl dies alles geheim bleiben sollte, war man in Konstantinopel zeitig über das Wesentliche orientiert, und der französische Monarch musste sich beeilen, den Sultan wegen seines einseitigen Vorgehens zu beschwichtigen. Seinem mit zahllosen üppigen Geschenken versehenen Sonderbotschafter Gabriel de Luetz d'Aramon sollte es tatsächlich glücken, Süleyman wieder milde zu stimmen. Die Antwort des Sultans an seinen französischen Alliierten sprach dann auch von Freundschaft und Vertrauen, die auch zukünftig gültig sein sollten. Sodann brach Süleyman zu einem neuerlichen Feldzug gegen die iranischen Safawiden auf. Als sein Schreiben im April 1547 in Schloss Rambouillet bei Paris eintraf, war König Franz I. bereits an einem Unterleibstumor verstorben.[13]

Karl V. überlebte seinen ewigen Rivalen und ungeliebten Schwager zwar um mehr als ein Jahrzehnt, doch die Lage im westlichen Mittelmeer konnte er nicht mehr wenden. Ein im Sommer 1550 vorgetragener Angriff Andrea Dorias auf die kleine Festung Mahdia an der tunesischen Küste, dem Schlupfwinkel des berüchtigten Turguts, war immerhin ein halber Erfolg. Nach dreimonatiger Belagerung stürmten Spanier, Italiener und Malteserritter das Bollwerk und machten die aus 500 Osmanen bestehende Besatzung nieder, doch der umtriebige Turgut war wieder einmal dem Zugriff der Verbündeten entkommen.[14]

Keine zwölf Monate später versetzte die Flotte des Sultans den Kaiserlichen mit der Wegnahme von Tripolis einen weitaus heftigeren Schlag. Am 18. Juli 1551 tauchte Admiral Sinan Pascha, ein weiterer Zögling des verstorbenen Barbarossas, vor Malta auf, versuchte eine Landung und segelte dann weiter zur Nachbarinsel Gozo, von wo seine Schergen mehr als 5000 Menschen in die Sklaverei entführten. Während man am Hof von Neapel noch fürchtete, dass Sinan Paschas Flotte, auf der auch der Botschafter Frankreichs, Luetz d'Aramon, mitreiste, wieder in einem französischen Hafen überwintern würde, nahmen die Osmanen überraschend Kurs auf die libysche Küste und begannen trotz der schon fortgeschrittenen Jahreszeit mit der Belagerung von Tripolis. Es sei der besondere Wunsch des Sultans, diese ständige Bedrohung der osmanischen Schifffahrt im östlichen Mittelmeer ein für alle Mal auszuschalten, ließ Sinan Pascha den französischen Gesandten während der Beschießung wissen.[15] Seit die Spanier ein halbes Jahrhundert zuvor die Siedlung am Ende einer langen durch die Sahara führenden Karawanenstraße besetzt hatten, war Tripolis zu einem Dorf herabgesunken. Nur die viertürmige Festung am Hafeneingang erinnerte noch an bessere Tage. An ihrem elenden Zustand hatten freilich auch die 30 Johanniterritter, die Tripolis inzwischen zusammen mit 600 Söldnern im Auftrag des Kaisers besetzt hielten, nur wenig geändert. Da schon kurz nach der Landung der Osmanen eine Meuterei unter den Miettruppen ausbrach, blieb den Johannitern keine andere Wahl, als Festung und Hafen gegen freien Abzug an die Belagerer zu übergeben.[16] Die in ihrer Mehrheit aus Frankreich stammenden Ritter wurden auf der Galeere des französischen Gesandten nach Malta zurückgebracht, wo sie sich einem Militärgericht unter Vorsitz des

Großmeisters Juan de Homedes stellen mussten. Das Urteil über die meuternden Söldner von Tripolis hatte man bereits dem Admiral des Sultans überlassen.

Auf der europäischen Bühne eskalierte 1552 der habsburgisch-französische Dauerkonflikt wieder zum offenen Krieg. König Heinrich II. von Frankreich hoffte auf einen Schulterschluss mit den protestantischen Reichsständen, die Karl bereits zum Rückzug aus Deutschland gezwungen hatten. Erstmals erreichte im selben Jahr eine französische Armee den Rhein und nahm dauerhaft die Bistümer Metz, Toul und Verdun in Besitz. Auf Korsika vertrieb ein französisches Expeditionskorps, obwohl nur halbherzig von einer osmanischen Flotte unter Sinan Pascha unterstützt, die Genuesen von der Insel, was zugleich ein herber Schlag gegen Spaniens Seeverbindung mit der ligurischen Küste war. Obgleich von den Franzosen gewünscht, unterblieben weitere gemeinsame Operationen.

Die nach Barbarossas Tod in das westliche Mittelmeer entsandten osmanischen Geschwader erreichten vorerst auch nicht mehr die Stärke früherer Expeditionen und beschränkten sich zum Verdruss ihres christlichen Alliierten darauf, die Laderäume ihrer Schiffe mit Beute und Sklaven zu füllen. Auch dürften, wie Fernand Braudel vermutete, genuesische Bestechungsgelder Sinan Pascha und seinen Nachfolger Turgut von ambitionierteren Unternehmen abgehalten haben. In Süleymans Gesamtstrategie ging es nur darum, möglichst viele habsburgische Ressourcen im Mittelmeer zu binden, die somit an der ungarischen Front fehlten.[17] Immerhin glückte den im Auftrag des Sultans kämpfenden Piraten 1556 die Einnahme von Oran, und im Jahr darauf fiel das bei Tunis gelegene Bizerte in ihre Hand.[18]

Seit mehr als einem Jahrzehnt galt jedoch das Augenmerk des Sultans seiner Ostgrenze und dem Kampf gegen die schiitischen Häretiker im Iran, deren Prediger für ständige Unruhe in Anatolien sorgten. Süleymans großer Feldzug von 1548 hatte den Kampf gegen Schah Tahmasp trotz aller Siegesmeldungen, die er mit der Geste eines Triumphators an die europäischen Höfe gesandt hatte, nicht entschieden. So passierte im Sommer 1553 das osmanische Hauptheer die syrische Stadt Aleppo zu einer weiteren Offensive gegen den safawidischen Dauerfeind. Freilich sollte auch dieser Kraftakt keine Entscheidung bringen, da der Gegner nach seiner vernichtenden Niederlage von Çaldıranim August 1514 offene Schlachten konsequent vermied und dem überlegenen Gegner nur verbrannte Erde hinterließ. Der schließlich im Sommer 1555 im anatolischen Amasya zustande gekommene Waffenstillstand erlaubte es beiden Mächten, das Gesicht zu wahren.[19]

Dass die osmanische Seeherrschaft im westlichen Mittelmeer gleichwohl am Ende einer Dekade ihren Höhepunkt erreichte, in der Süleyman ganz im Osten beansprucht und Philipp II. seinem Vater Karl auf den spanischen Thron gefolgt war,verdankte sich allein dem Ungeschick der Spanier und der mit ihnen verbündeten Italiener. Der für Philipp günstige Friede von Cateau-Cambrésis mit Frankreich hatte 1559 dem jungen Erben Karls erstmals die Gelegenheit eröffnet, mit allen Kräften gegen die Osmanen vorzugehen. Das Haus Osman war inzwischen in einen Bürgerkrieg verstrickt, der mit der von Süleymans befohlenen Ermordung des allseits beliebten Prinzen Mustafa begonnen hatte. Als nur wenige Monate später ein Pseudo-Mustafa die Unzufriedenen im ganzen Reich um sich scharrte und sogar versuchte, Edirne zu besetzen, erschien es plötzlich möglich, das in einem Moment der Unachtsamkeit verlorene Tripolis zurückzuerobern. Eile war geboten. Unter Turguts Ägide, der inzwischen schon »König von Tripolis« genannt wurde, hatte sich die Stadt in nur wenigen Jahren zu einem gefährlichen Piratennest und einer ständigen Bedrohung der christlichen Seefahrt um Sizilien entwickelt.

Mit der Führung seiner ersten großen Flottenoperation im Mittelmeer beauftragte Philipp den Vizekönig von Neapel und Sizilien, Don Juan de la Cerda, Herzog von Medinaceli, der sich als der stärkste Befürworter des Unternehmens hervorgetan hatte. Die Wahl des Königs war durchaus nicht glücklich. Sein Kandidat war zwar ein bewährter Truppenführer, von maritimen Operationen verstand Medina jedoch nur wenig und hatte daher auch seinen Geschwaderführern gegenüber kaum Autorität. Der von Philipp noch für den frühen Herbst vorgesehene Angriff hätte gleichwohl Erfolg haben können, wenn er schnell und entschlossen ausgeführt worden wäre.[20] Medinaceli glaubte im Gegensatz zu Philipp nicht, dass die in seinem Vizekönigreich vorhandenen Truppen zur Einnahme von Tripolis genügten, obwohl es von nur 500 Osmanen gehalten wurde und

Turgut im Hinterland mit feindlichen Stämmen beschäftigt war. Woche um Woche der günstigen Jahreszeit verstrich, während der Herzog aus ganz Italien zusätzliche Kräfte und Schiffe heranzog, die nach dem Frieden mit Frankreich entbehrlich geworden waren. So kam zwar ein beachtliches Expeditionskorps von insgesamt 54 Kriegs- und 36 Lastschiffen zusammen, das jedoch erst am 1. Dezember 1559 den Hafen von Syrakus verlassen konnte. An Bord befanden sich rund 10 000 Bewaffnete, darunter auch zahlreiche spanische Truppen aus der Lombardei, die Elite des königlichen Heeres. Die kurze Periode des günstigen Wetters hielt freilich nicht lange an, und so musste Medinaceli mit seiner kleinen Armada zunächst den Hafen von Malta anlaufen, wo er sechs lange Wochen auf einen erneuten Wetterumschwung wartete und dabei 2000 Mann durch Krankheiten verlor. Von einer Überraschung konnte jetzt wirklich keine Rede mehr sein. Als Medinas Flotte endlich im Februar 1560 wieder auslaufen konnte, hatte sich der Herzog entschieden, zunächst die Insel Djerba vor der tripolitanischen Küste anzusteuern und dort ein Fort zu errichten. Hatte man sich erst einmal auf der Insel festgesetzt, wäre Tripolis kaum noch zu halten. Turgut war inzwischen in seine Stadt zurückgekehrt und sendete dringende Hilferufe nach Konstantinopel. Während die Truppen des Herzogs Anfang März auf Djerba landeten, die Insel feierlich im Namen des Königs von Spanien in Besitz nahmen und mit dem Bau einer Befestigung begannen, beauftragte Süleyman seinen Admiral Piyale Pascha, seine Schiffe eiligst zum Auslaufen bereit zu machen. Schon im April 1560 verließ eine Flotte aus 85 Galeeren mit 2000 Janitscharen den Bosporus und traf in einer Rekordzeit von nur 20 Tagen vor Djerba ein. Schon seit Wochen hatten Gerüchte von einem Auslaufen der osmanischen Flotte in Italien die Runde gemacht und eine Debatte unter den Befehlshabern auf Djerba ausgelöst. Sollte man sich den Osmanen auf See stellen oder unter Zurücklassung einer Besatzung von der Insel absegeln? In jedem Fall aber glaubte man, noch genug Zeit bis zur Ankunft des Gegners zu haben. Als jedoch am 10. Mai ein Schiff der Johanniter aus Malta eintraf, das die Vorbeifahrt der osmanischen Flotte nur zwei Tage zuvor meldete, war die Bestürzung auf Djerba groß.[21] Wenig war zur Abwehr der gegnerischen Schiffe vorbereitet, ein Teil der königlichen Flotte überhaupt nicht mehr einsatzfähig. Etliche Kapitäne drängten auf einen sofortigen Rückzug, andere zeigten sich jedoch entschlossen, den Kampf aufnehmen. Viele Soldaten, die als Garnison für die noch längst nicht fertiggestellte Festung auf der Insel bleiben sollten, protestierten oder versuchten gar, sich heimlich auf die Schiffe zu retten.[22] Die Verwirrung war groß, und Piyales Galeeren hatten mit ihren Gegnern am nächsten Tag leichtes Spiel. Die Osmanen konnten jede Besatzung einzeln niederkämpfen. Nur 17 Schiffen der vereinigten Flotte, darunter auch die Galeere des Oberbefehlshabers, glückte nach Einbruch der Nacht die Flucht.

Kaum war die Nachricht von der Katastrophe über Malta nach Neapel und Madrid gelangt, setzte eine neuerliche Debatte ein, ob zum Entsatz der jetzt auf Djerba eingeschlossenen Festungsbesatzung eine sofortige Flottenexpedition zu unternehmen sei. Der 93-jährige Doria fürchtete eine direkte Konfrontation mit Piyale Pascha und empfahl einen Ablenkungsangriff in der Levante. Philipp wiederum hatte es zunächst für seine »heilige Pflicht« gehalten, die zu retten, die der Krone dienten, und sogleich befohlen, 64 Galeeren in Messina zusammenzuziehen. Als ihm jedoch gemeldet wurde, dass sich Vizekönig Medinaceli entgegen der ersten Nachrichten doch hatte retten können und die spanische Besatzung der Inselfestung Vorräte für immerhin acht Monate besaß, änderte er seine Meinung. Der König neigte nun jenen Beratern zu, die ihm einredeten, die osmanische Flotte müsse sich mangels Verpflegung schon viel früher wieder zurückziehen.[23]

Allerdings war in diesen klugen Kalkulationen nicht berücksichtigt, dass allein der Wassermangel die Besatzung von Djerba schon bald in eine kritische Lage versetzen würde. Die verfügbaren Zisternen trockneten im Juli schnell aus und die noch ergiebigen Brunnen in der Umgebung der Festung hatten die Osmanen besetzt. Um wenigstens einen der lebenswichtigen Brunnen in die Hand zu bekommen, unternahmen 800 Mann der Besatzung am 28. Juli 1560 unter der persönlichen Führung ihres Kommandanten, Don Alvaro de Sande, einen Ausfall. Das Unternehmen misslang gründlich und de Sande geriet dabei in Gefangenschaft. Zwei Tage später kapitulierte die führerlose Truppe in der Festung. Der Wassermangel war inzwischen akut. Wer freilich auf sein Leben gehofft hatte, musste bald seinen fürchterlichen Irrtum erkennen. Piyale Pascha verschonte nur die Adligen, der Rest der Besatzung wurde, ob aus Wassermangel oder Grausamkeit, abgeschlachtet und die Köpfe zu einer Pyramide geschichtet. Noch im 19. Jahrhundert sollte der grausige Schädelberg Ankömmlinge auf der Insel an das Massaker der Osmanen erinnern. Trotz seines großen Erfolges zeigte der Admiral des Sultans keine Eile, nach Konstantinopel zurückzukehren.

Erst am 1. Oktober 1560 fuhr Piyales Flotte, die zunächst noch zu einer neuerlichen Plünderungsfahrt entlang der Küsten Süditaliens aufgebrochen war, im Triumph in den Hafen der Hauptstadt ein. An den Ufern des Goldenen Horns bereiteten Süleyman, der gesamte Hof und Tausende Schaulustige den siegreichen Rückkehrern einen begeisterten Empfang.[24] Unter den zahllosen Beobachtern befand sich auch der Gesandte Kaiser Ferdinands I., Ogier de Busbecq, der von den ausgelassenen Türken immer wieder gefragt wurde, ob er nicht auch Angehörige oder Freunde unter den Gefangenen habe, die Piyale der jubelnden Menge auf seinem Achterdeck präsentierte. Als man die von Hunger gezeichneten Gestalten schließlich in den Palast des Sultans trieb, veranstalteten die Türken ihren Spott mit ihnen, riefen alle denkbaren Schmähungen aus und vergnügten sich damit, den Unglücklichen Rüstungsstücke auf die lächerlichste und verkehrteste Weise umzuhängen. Überall sprach man sich jetzt die Herrschaft über die ganze Welt zu und fragte voller Übermut, welcher Feind denn nach der Besiegung der Spanier noch zu fürchten sei.[25] Im fernen Genua war etwa um dieselbe Zeit der Admiral des Kaisers, Andrea Doria, verstorben, wenige Tage nachdem ihn die Unglücksbotschaft von Djerba erreicht hatte und vier Tage vor der Vollendung seines 94. Lebensjahres. Der lange Kampf um die Herrschaft im Mittelmeer schien jetzt für Habsburg endgültig verloren.

3 Todeskampf auf Malta (1565)
Die Ritter der Johanniter bremsen den Siegeszug der Osmanen

»Die Türken flohen in völliger Auflösung vom Strand, aber Don Alvaro und Ascanio sahen, dass die Unsrigen durch die Schiffsgeschütze bedroht waren, und gaben Befehl, die Verfolgung einzustellen. Wir hatten allein 2000 Feinde niedergestreckt und 4000 Wasserkrüge zerstört, die am Ufer zum Abtransport bereit standen. Wir waren außerstande, die Zahl ihrer Toten anzugeben, denn noch zwei oder drei Tage nach dem Gemetzel tauchten immer noch Leichen aus den Fluten auf. So groß war der Gestank in der Bucht, dass sich kein Mensch dem Strand nähern wollte.«

Francesco Balbi di Correggio über das Ende der osmanischen Belagerung von Malta[1]

Die militärische Katastrophe von Djerba verursachte in ganz Europa Trauer und Entsetzen. Nicht nur zu Lande, sondern auch zur See hatten sich die Osmanen als unbesiegbar erwiesen. Die Tage des kaiserlichen Triumphes von Tunis lagen lange zurück, und ganz Italien fürchtete nun, dass Malta das nächste Ziel des Sultans sein würde. Fiel auch die Hochburg des tapferen Johanniterordens, konnte Süleymans Flotte in den geräumigen Buchten der Insel überwintern und jederzeit ein Truppenkorps auf Sizilien oder in Kalabrien landen. Diese fatale Perspektive trieb Philipp II. dazu, seine vor Djerba verlorenen Galeeren baldmöglichst zu ersetzen und hastig die Küstenbefestigungen zwischen Gibraltar und Barcelona zu verstärken. Als wertvolle Entlastung erwies sich jetzt immerhin, dass in Frankreich König Heinrich II. erst im Jahr zuvor einem schweren Turnierunfall erlegen war und sein schwächlicher Sohn nicht in der Lage schien, die so unerwartet eingetretene Vakanz auszufüllen. Das Land geriet zudem unter der Regentschaft der Königinwitwe Katharina von Medici in einen religiösen Bürgerkrieg, der es auf Jahrzehnte als machtvollen Akteur auf der europäischen Bühne neutralisierte.

Die größte Erleichterung aber brachte den Habsburgern die bemerkenswerte Passivität der osmanischen Flotte in den auf »Djerba« folgenden Jahren. Zwar gelangten nur wenige Monate nach dem Desaster vor der Küste Libyens beunruhigende Nachrichten nach Venedig und Paris, dass der »Türke« intensive Rüstungen betreibe und plane, schon im nächsten Sommer mit seiner Flotte entweder Malta oder Tunis anzulaufen. Allein 80 sofort einsatzbereite Galeeren solle der Sultan zur Verfügung haben, während die Straßen Konstantinopels voll von beschäftigungslosen Seeleuten und Ruderern seien.[2] Tatsächlich verließ aber im Juni 1561 nur ein kleines Geschwader von 50 Schiffen den Bosporus, kreuzte scheinbar ziellos vor dem messenischen Modon (Methoni) und kehrte, ohne besondere Taten vollbracht zu haben, schon im August nach Konstantinopel zurück.[3] Auch das folgende Jahr verging, ohne dass sich die erneut laut gewordenen Befürchtungen erfüllten. Bereits im Juni 1563 konnten die Behörden von Neapel Entwarnung vor der osmanischen Flotte geben, und Spekulationen über den Tod Piyale Paschas machten in Venedig, Genua und Neapel die Runde. Die Bischöfe Süditaliens wagten es sogar, in diesem Sommer erstmals zum großen Trienter Konzil zu reisen.

Die wirklichen Gründe für das Ausbleiben des finalen maritimen Schlages der Osmanen lassen sich kaum fixieren. War es vielleicht schon die Altersresignation des Sultans, die Ogier de Busbecq bei der triumphalen Rückkehr der Sieger von Djerba in Süleymans Zügen glaubte ausmachen zu können? Soeben erst hatte das riesige Reich einen Bürgerkrieg überstanden, den Selim, der für die Nachfolge Süleymans bestimmte Sohn, gegen seinen rebellischen Bruder Bayezid hatte führen müssen. Ein verheerender Pestausbruch in der Hauptstadt, Missernten und anhaltende Spannungen mit dem iranischen Dauergegner jenseits des Euphrats hatten jedenfalls den Sultan bewogen, den Waffenstillstand mit Kaiser Ferdinand im November 1562 noch einmal um acht Jahre zu verlängern.[4]

Ebenso wie die anhaltende Untätigkeit der osmanischen Flotte den Europäern drei Jahre lang Rätsel aufgegeben hatte, entzog sich auch Süleymans vier Jahre nach »Djerba« plötzlich gefasster Entschluss, nun doch eine große Flottenexpedition zu wagen, einer schlüssigen Erklärung. Als Ziel hatte der Sultan die Insel Malta bestimmt. War der Auslöser etwa der erfolgreiche Angriff der Spanier auf das marokkanische Kapernest Peñón de Vélez, wie es Nicolae Jorga glaubte?[5] Die Entscheidung war tatsächlich während einer Sitzung des Diwans am 6. Oktober 1564 gefallen, nur wenige Tage, nachdem die Nachricht über den spanischen Erfolg für allgemeinen Unmut in Konstantinopel gesorgt hatte. In Wahrheit war die einen Monat zuvor geglückte Wegnahme von Peñón de Vélez ein eher bescheidener Sieg des neuen spanischen Generalkapitäns Don Garcia de Toledo, den freilich Philipps Propaganda aller Welt als entscheidenden Schlag gegen die nordafrikanische Piraterie verkündete. Vielleicht hatten auch die immer dreister werdenden Attacken der Galeeren mit dem gefürchteten achtzackigen Johanniterstern auf ihren blutroten Segeln die Geduld des alternden Sultans erschöpft? Schon 13 Jahre zuvor hatte Turgut Reis gefordert, das christliche »Vipernest« auf Malta endlich zu beseitigen. Die dreisten Störungen des osmanischen Schiffsverkehrs in der Levante durch die Johanniter seien nicht länger hinnehmbar. Wiederholt dürfte Süleyman, wenn ihn seine Tochter Mihrimah wegen der Entführung ihrer Lieblingsamme durch die Johanniter wieder einmal in den Ohren lag, seine einstige Milde gegen den umtriebigen Ritterorden bedauert haben.[6]

Nur einen Monat nach seinem Entschluss ernannte der Sultan die militärischen Befehlshaber für die Operation gegen Malta. Es war keine Überraschung, dass er den bewährten Piyale Pascha mit der Führung seiner Flotte beauftragte. Nicht recht zu dem jungen Admiral zu passen schien allerdings der schon 75-jährige Mustafa Pascha, den Süleyman am selben Tag zum Befehlshaber (*Serasker*) des insgesamt 30 000 Mann starken Landungskorps ernannte. Der alte General gehörte zu den wenigen aus türkischem Adel stammenden hohen Offizieren im Führungskorps des Sultans. Wie viele andere vornehme türkische Geschlechter beanspruchte auch Mustafa Paschas Familie, in direkter Linie vom Bannerträger des Propheten abzustammen.[7] Als junger Soldat hatte der General bereits auf den Mauern von Rhodos gegen die Johanniter gekämpft und hegte seither einen unversöhnlichen Hass auf diese notorischen Feinde der »Rechtgläubigen«. Die Aufteilung des höchsten Kommandos stieß im Umfeld des Sultans auf Kritik und sollte sich tatsächlich als keine glückliche Entscheidung erweisen.

Nach einem Winter voller Vorbereitungen in den großen Docks, deren Fortschritte Süleyman in diesen Wochen trotz seiner lähmenden Gicht fast täglich begutachtete, lief die Flotte schließlich am 30. März 1565 aus dem Goldenen Horn aus. Die Ruder von 130 Galeeren klatschen in die von der Morgensonne silbrig glitzernden Fluten des Bosporus, angeführt von der »Sultana«, dem prächtigen Flaggschiff Piyales, das der Sultan dem Admiral und Ehemann seiner Enkelin vor dem Aufbruch als persönliches Geschenk hatte zukommen lassen. Gezogen von den Galeeren, folgten der Flotte etwa 50 große Segelschiffe, die eine riesige Menge an Geschützen, Vorräten, Munition sowie die Truppen des Landungskorps transportierten, darunter auch 6300 Janitscharen.

Anders als bei der Belagerung von Rhodos vor 40 Jahren boten die drei bewohnten Inseln Malta, Gozo und Comino mit ihrer spärlichen Vegetation den osmanischen Invasoren kaum Möglichkeiten, sich aus dem Umland zu verpflegen. Ihre ungewöhnliche Kargheit hatte 35 Jahre zuvor selbst die Johanniter beinahe abgeschreckt, die beiden Hauptinseln als neuen Stützpunkt des Ordens zu akzeptieren. Doch nach langen Jahren der Heimatlosigkeit, die auf den traumatischen Verlust von Rhodos gefolgt waren, hatte der damalige Großmeister Philippe de Villiers de l'Isle-Adam kaum eine andere Wahl gehabt, als das eigennützige Angebot Karls V. anzunehmen. Malta oder das Ende des Ordens, lautete damals die nüchterne Alternative. So begruben die Ritter des Ordens schweren Herzens den Traum von der Rückeroberung ihres geliebten Rhodos und begannen, sich auf ihrer neuen Basis einzurichten.[8]

Zu der etwa 15 000 Menschen zählenden Bevölkerung der drei Inseln und ihrem misstrauischen Adel hatten die Johanniter von Anfang an Distanz gehalten. Die Einheimischen waren zwar Christen, sprachen aber seit der maurischen Besetzung im 11. Jahrhundert einen dem Arabischen verwandten Dialekt. Es sei ein Volk von geringem Mut und wenig Liebe zum Glauben, urteilte etwa Jean Parisot de La Valette, einer der höchsten Offiziere des Ordens, der seit 1557 das Amt des Großmeisters bekleidete.[9] Der Verlauf der Belagerung sollte ihn freilich völlig widerlegen.

Als Ordenssitz hatten die Johanniter nach ihrer Ankunft das Dorf Birgu gewählt, das etwa 15 Kilometer entfernt von der alten Hauptstadt Mdina in einer der vielen Buchten an der felsigen Ostküste von Malta lag.

Birgu nahm die rechte von zwei etwa 600 Meter langen Landzungen ein, die von Süden parallel in die Bucht von Marsa, die auch »Großer Hafen« genannt wurde, hineinragten. Auf der Spitze dieser Landzunge hatten die Johanniter die Festung St. Angelo als letzte Rückzugsposition errichtet. Etwa 300 Meter links davon war auf der parallelen Landzunge das ehemalige Fischerdorf Senglea zu einer zweiten Festungsanlage ausgebaut worden. Der Zwischenraum diente als sicherer Hafen für die Kaperflotte der Johanniter und konnte im Kriegsfall mit einer eisernen Kette gesperrt werden. Auf einer Pontonbrücke ließen sich zudem rasch Verstärkungen zwischen beiden Befestigungen verschieben. Den Nachteil, dass Birgu wie Senglea durch die im Süden und Osten über die Bucht ragenden Höhen von St. Margareta und Corradino beherrscht wurden, hatten die Johanniter in Kauf nehmen müssen.

Im Norden der Bucht dominierten die Sciberras-Höhen das gesamte Umfeld. Sie lagen auf einem Landrücken, der den »Großen Hafen« von der hart nördlich gelegenen Parallelbucht Marsamuscetto trennte. Zum Meer hin fielen die Höhen von Sciberras ab und verjüngten sich zu einer Landzunge, auf der die Johanniter das Fort St. Elmo errichtet hatten. Mit seinen Geschützen konnte es zwar die Einfahrten beider Buchten kontrollieren, doch seine Werke waren so schwach und unzweckmäßig erbaut, dass niemand glaubte, es könne einem energisch geführten Angriff von den dominierenden Sciberras-Höhen länger als eine Woche standhalten. Die Mauern des Forts hatten nicht einmal Schießscharten für die Arkebusiere.

Der Mangel an Geld und zuletzt auch die fehlende Zeit hatten die Johanniter davon abgehalten, den dringenden Rat italienischer Ingenieure zu beherzigen und vor allem das damals brachliegende Höhengelände von Sciberras in ihr Befestigungssystem einzubeziehen. Heute erhebt sich dort die Inselhauptstadt Valetta, mit deren Bau schon kurz nach dem Ende der Belagerung begonnen werden sollte.

Für Großmeister Jean de La Vallete bestand kein Zweifel, dass die aus Konstantinopel ausgelaufene Flotte des Sultans Malta als Ziel hatte. Die Meldungen, die ihn über sein weitverzweigtes Netz von Informanten schon im Winter erreicht hatten, ließen kaum einen anderen Schluss zu. Über das Ausmaß der drohenden Gefahr machte sich der schon 70-jäh-

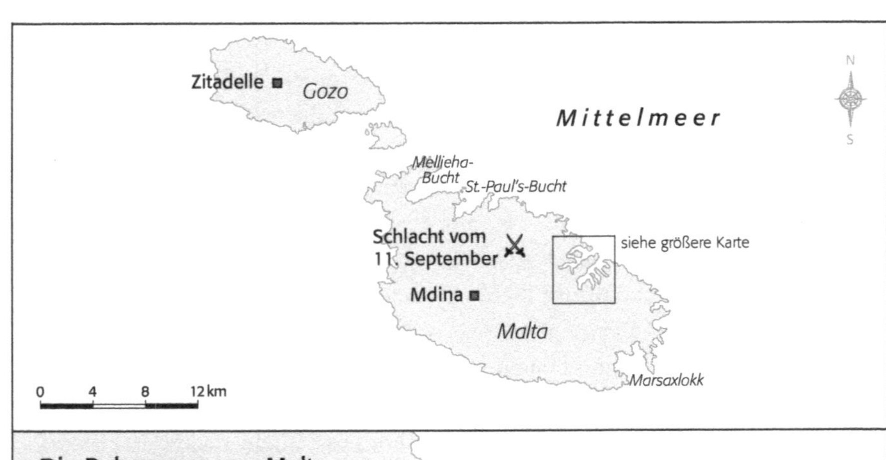

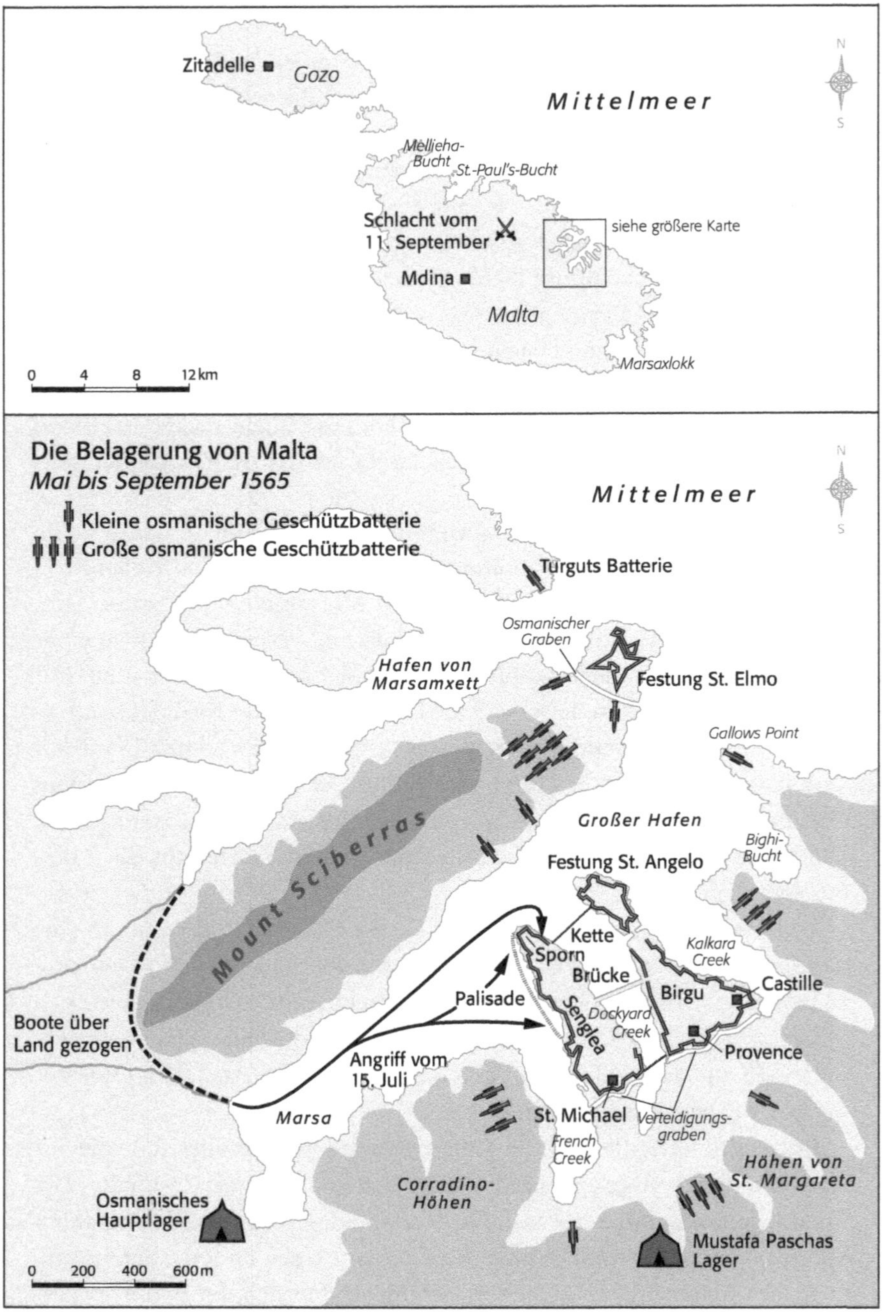

Zitadelle
Gozo
Mittelmeer
N
S
Mellieha-Bucht
St.-Paul's-Bucht
Schlacht vom 11. September
siehe größere Karte
Mdina
Malta
Marsaxlokk
0 4 8 12 km
Die Belagerung von Malta
Mai bis September 1565
Kleine osmanische Geschützbatterie
Große osmanische Geschützbatterie
Mittelmeer
N
S
Turguts Batterie
Osmanischer Graben
Hafen von Marsamxett
Festung St. Elmo
Gallows Point
Großer Hafen
Mount Sciberras
Festung St. Angelo
Bighi-Bucht
Kette
Sporn
Brücke
Kalkara Creek
Castille
Birgu
Senglea
Dockyard Creek
Palisade
Provence
Boote über Land gezogen
Angriff vom 15. Juli
St. Michael
Verteidigungsgraben
Marsa
French Creek
Höhen von St. Margareta
Corradino-Höhen
Osmanisches Hauptlager
Mustafa Paschas Lager
0 200 400 600 m

rige Ordensvorsteher keine Illusionen. Vor mehr als einem halben Jahrhundert hatte der aus der Region Okzitanien stammende Franzose den Waffenrock des Ordens angelegt und als junger Ritter das Trauma des Verlustes von Rhodos erlebt. Im Kampf mit den Berbern schwer verwundet, war La Vallete sogar ein Jahr lang als Sklave auf einer Galeere angekettet gewesen, ehe ihn sein Orden austauschen konnte. Nach Bewährung im Amt des Generalkapitäns der Galeeren und als Befehlshaber auf dem schwierigen Posten von Tripolis war der unverwüstliche Franzose 1557 einstimmig zum 49. Großmeister des Ordens gewählt worden. Noch im hohen Alter war La Vallete nach den Worten des aus Norditalien stammenden Abenteurers und Poeten Francesco Balbi »hochgewachsen und gut gebaut« und soll mehrere Sprachen beherrscht haben. Trotz seines herrischen Auftretens galt Jean de La Vallete als fromm, maßvoll und geduldig.[10] Als Verteidiger von Malta sollte sich der Großmeister als einer der fähigsten Befehlshaber seiner Epoche erweisen.

Zur Vorbereitung des Kampfes, der das Schicksal seines Ordens und vielleicht sogar das von Europa entscheiden würde, blieb ihm freilich wenig Zeit. Am 10. Februar 1565 erteilte La Valette seinen über ganz Europa verstreuten Ordensrittern den Befehl, sich unverzüglich nach Malta zu begeben. Immerhin 500 von ihnen gelang die Rückkehr noch vor der Ankunft der gegnerischen Armada. Etwa 1000 kriegserfahrene Söldner ließen sich in Sizilien und Italien anwerben und trafen noch bis Anfang Mai auf der Insel ein. Zusammen mit den 3000 bewaffneten Maltesern, 1000 weiteren Hilfssoldaten und einer stattlichen Anzahl von Abenteurern aus ganz Europa verfügte La Valette schließlich über 8000 Verteidiger. Diese Streitmacht genügte, um alle Befestigungen zu bemannen, war aber zu schwach, um sie gegen die Osmanen in offener Feldschlacht zu riskieren.

In den ersten Monaten des Jahres 1565 hatte der Großmeister auch umfangreiche Maßnahmen zur Bevorratung der Befestigungen veranlasst und dabei keinerlei Skrupel gezeigt, die Ladungen selbst christlicher Schiffe zu konfiszieren, wenn sie mit Getreide und anderen Vorräten die maltesischen Gewässer kreuzten. Als erfahrener Soldat wusste La Valette, dass der Zustand seiner Befestigungen, ihre ungünstige Lage und die geringe Zahl ihrer Verteidiger nur einen zeitlich begrenzten Widerstand erlauben würden. Misstrauen hegte er gegenüber den Hilfsversprechen, die ihm

Don Garcia de Toledo, der von König Philipp inzwischen zum Vizekönig von Sizilien ernannte Held von Peñón de Vélez, anlässlich seines Besuches auf Malta am 10. April gemacht hatte. Doch ohne das rechtzeitige Erscheinen einer großen Entsatzflotte würde Malta nach menschlichem Ermessen nur wenige Wochen nach Ankunft der Osmanen verloren gehen.

Es war fraglos ein Schock für Johanniter wie Malteser, als die osmanische Flotte bereits am 18. Mai 1565 vor der Südostküste der Insel auftauchte und mit ihren zahllosen Segeln den gesamten Horizont auszufüllen schien. Warnsignale versetzten die Bevölkerung in Panik und trieb sie in die Befestigungen von Birgu oder Mdina. Turguts Überfall auf die Nachbarinsel Gozo nur fünf Jahre zuvor war den Überlebenden noch in lebhafter Erinnerung. In der Eile blieb jedoch das meiste Vieh und auch die gesamte Ernte auf den Feldern zurück. Das sollte sich schon bald als schweres Versäumnis herausstellen, denn die Zugochsen waren später für die osmanischen Invasoren beim Transport ihrer schweren Artillerie unverzichtbar.[11]

Schon am nächsten Tag ließ Piyale Pascha seine Flotte vor der Südostspitze der Insel bei Marsaxlokk (Hafen des Südwindes) vor Anker gehen, und Mustafa Pascha konnte seine gesamte Streitmacht einschließlich aller Geschütze innerhalb von 24 Stunden an Land bringen. La Valette wagte nicht, die Landung zu stören. So waren die Osmanen bereits am folgenden Tag marschbereit und konnten von Süden gegen Birgu und Senglea vorrücken. Nach ihrer Gewohnheit brannten sie sämtliche Dörfer auf ihrem Weg nieder, um durch die Rauchsäulen den Verteidigern ihre Ankunft zu signalisieren und diese zugleich einzuschüchtern. Die Inselhauptstadt Mdina blieb jedoch wegen ihrer unzugänglichen Lage während der gesamten Belagerungszeit verschont und diente dem kleinen Kavalleriekorps der Johanniter als wichtige Operationsbasis für Streifzüge und Überfälle auf vereinzelte osmanische Abteilungen.

Am 21. Mai 1565 erschien der osmanische Heerbann oberhalb der beiden Hafenfestigungen auf den Höhen von St. Margareta und entfaltete sich vor den Augen der gebannt dem Schauspiel folgenden Verteidiger zur vollen Schlachtordnung. Der Gegner sollte durch den Aufmarsch beeindruckt werden, allerdings endete das erste Gefecht vor den Toren von Birgu mit Vorteilen für die Johanniterritter. Mehr als 100 Osmanen fielen. Trotz seiner günstigen Position verzichtete Mustafa Pascha darauf, Birgu und Senglea frontal anzugreifen. Im Einvernehmen mit Admiral Piyale sollte zunächst St. Elmo auf der gegenüberliegenden Seite des Hafens eingenommen werden, wonach die Flotte die nördlich des Forts gelegene Bucht von Marsamuscetto als sicheren Hafen nutzen könnte. Beide osmanische Befehlshaber betrachteten die Einnahme von St. Elmo als eine Frage von höchstens einigen Tagen. Das Fort war inzwischen mit 750 Spaniern besetzt, die entsetzt mit ansehen mussten, wie rasch die unermüdlich schuftenden osmanischen Sappeure ihre Laufgräben in dem felsigen Gelände vortrieben. Bereits am 28. Mai konnten 24 schwere Geschütze das Feuer auf das Fort eröffnen. Scharfschützen der Janitscharen sorgten mit ihren genau schießenden langen Arkebusen dafür, dass sich kaum noch ein Verteidiger auf der Brustwehr aufhalten konnte. Die Verluste der Spanier schnellten rasch in die Höhe, konnten aber vorerst noch ausgeglichen werden. In jeder Nacht passierten neue Freiwillige aus Birgu die Bucht auf Booten, die zugleich auch Verwundete wieder zurückbrachten.

Ein Gebirgsvorsprung auf der gegenüberliegenden Seite von St. Elmo, der Galgenhügel genannt wurde, beherrschte den Eingang des »Großen Hafens«. Hier ließ Mustafa Pascha auf den Rat des inzwischen im osmanischen Feldlager eingetroffenen Turgut eine Batterie schwerer Geschütze aufbauen, mit deren Feuer der Bootsverkehr zwischen St. Elmo und Birgu wirksam unterbrochen werden konnte. In der Nacht zum 19. Juni gelang den Johannitern die letzte Überfahrt, danach erreichten nur noch die ausdauernden maltesischen Schwimmer die Eingeschlossenen in ihrer Todesfalle, aus der sie mit deprimierenden Meldungen zurückkehrten. Kaum einer der Verteidiger von St. Elmo war noch unverletzt und Munition kaum noch vorhanden. Als Mustafa Pascha am 23. Juni seinen Truppen den Befehl zum letzten Sturmangriff erteilte, hatte er in den zurückliegenden vier Wochen fast 8000 Mann verloren. Die Wut der Osmanen kannte daher keine Grenzen, als ihnen an diesem Tag, es war der Vorabend des Festes des Heiligen Johannes des Täufers, des höchsten Ordensfeiertages, endlich der Einbruch in das Fort gelang. Nur neun Verteidiger sollen das anschließende Massaker überlebt haben. Die todesmutige Besatzung von St. Elmo hatte jedoch länger ausgehalten und den Osmanen weitaus höhere Verluste zugefügt als selbst die kühnsten Optimisten im Lager der Johanniter erhofft hatten. Ein Viertel der Invasionsarmee des

Sultans war vernichtet und vier kostbare Wochen gewonnen, von denen La Valette jeden Tag genutzt hatte, um Birgu und Senglea weiter zu verstärken. Das Übergabeangebot der Osmanen lehnte er ab. Dass Mustafa Pascha die Leichen der in St. Elmo getöteten Verteidiger verstümmeln und auf Kreuze genagelt nach Birgu treiben ließ, war nicht gerade eine Einladung zu Verhandlungen. Die Antwort des Großmeisters fiel nicht weniger barbarisch aus. La Vallette ließ sämtlichen osmanischen Gefangenen in der Festung den Kopf abschlagen und ihre Schädel mit der Artillerie nach Sciberras hinüberschießen.

Noch immer war von der für Ende Juni versprochenen Hilfe des Vizekönigs von Sizilien jedoch nichts zu hören. Nur einer kleinen Schar von 700 Kämpfern, die am 23. Juni unbemerkt auf der Nordwestseite von Malta gelandet waren, glückte es buchstäblich bei Nacht und Nebel, sich an den osmanischen Sicherungen vorbeizuschleichen und die Festung Birgu zu erreichen, wo sie mit großer Begeisterung empfangen wurden.[12] Für seine angebliche Passivität ist Don Garcia de Toledo schon von den Zeitgenossen stark kritisiert worden. Allerdings konnte der Vizekönig trotz erheblicher Mühe zunächst nicht mehr als 30 Galeeren zusammenbringen und fürchtete, dass seine geringen Kräfte, die er vielleicht selbst noch zur Verteidigung Siziliens benötigte, von den überlegenen osmanischen Geschwadern bei ihrer Landung aufgebracht werden könnten.[13]

Für La Valette war das Verhalten des Spaniers keine Überraschung, wohl aber überraschten ihn die Osmanen, als sie am 6. Juli begannen, einen Teil ihrer Schiffe aus der nördlichen Bucht von Marsamuscetto über Land in den »Großen Hafen« zu schleppen. Innerhalb nur einer Woche gelangten so 80 Boote in die südliche Bucht und erlaubten es Mustafa Pascha, die Festungen von Birgu und Senglea nunmehr auch von der schwächeren Hafenseite her zu attackieren. Inzwischen hatten die Osmanen weitere Verstärkungen erhalten. Außer den 1500 Kämpfern, die der alte Turgut aus Tripolis mitgebracht hatte, bildeten die jetzt aus Algier unter Führung Hassan Agas, des Gouverneurs der Stadt, eintreffenden 2000 Männer einen willkommenen Ersatz für die gelichteten Reihen der Glaubenskämpfer.

Am 15. Juli befahl Mustafa Pascha den ersten einer Reihe von Großangriffen, die zugleich über den »Großen Hafen« wie auch von der Landseite her gegen die Festung Senglea geführt wurden. Der ohrenbetäubende

Lärm der osmanischen Artillerie soll noch in dem 80 Kilometer entfernten Sizilien zu hören gewesen sein. In den folgenden drei Wochen entbrannte eine regelrechte Abnutzungsschlacht, während der sich Senglea und Birgu allmählich in rauchende Trümmerhaufen verwandelten. Großmeister La Valette erwies sich in dieser kritischen Phase als die Seele des Widerstandes. Er war überall zu finden, um Ausbesserungen anzuordnen, die Männer und Frauen zu motivieren und notfalls mit seinen 71 Jahren selbst in der Bresche zu stehen. Inzwischen war er fest entschlossen, bis zum Untergang zu kämpfen. Vor seinen Männern und der Bevölkerung hatte er die Parole ausgegeben, dass man kämpfend sterben werde. Keiner der Verteidiger solle auf den Gedanken kommen, es bestehe irgendeine Aussicht auf ehrenvolle Behandlung durch die Osmanen. Es sei besser, so schloss er nach dem Zeugnis Francesco Balbis, in der Schlacht zu sterben, als am Ende auf schändliche Weise von der Hand der Sieger getötet zu werden.[14]

Auf der Gegenseite saß Mustafa Pascha die Zeit im Nacken. Munition wie Vorräte gingen zur Neige, und Mitbefehlshaber Piyale Pascha vertrat in ständiger Sorge um seine Flotte die Ansicht, dass man keineswegs auf der Insel überwintern könne. Außerdem beunruhigten den General des Sultans die jeden Tag lauter werdenden Gerüchte von einer Entsatzexpedition, die in Sizilien vorbereitet würde. Ein Großangriff mit allen noch verfügbaren Truppen, gleichzeitig gegen mehrere kritische Abschnitte vorgetragen, sollte daher die bereits völlig zerschossenen Wälle der beiden Festungen in einer letzten Anstrengung endlich durchbrechen.

Am 7. August 1565 schien für die Verteidiger endgültig die letzte Stunde geschlagen zu haben. Noch in der Dunkelheit begann an diesem Morgen der befürchtete Generalangriff der Osmanen. 8000 Mann ließ Mustafa Pascha gegen Senglea stürmen, weitere 4000 gegen Birgu. Diesmal schien den Angreifern tatsächlich ein großer Erfolg zu winken. Schon wurden die ersten Feldzeichen auf den eroberten Wällen aufgepflanzt, während sich die überlebenden Verteidiger noch zu einem verzweifelten Gegenangriff zu sammeln suchten. Doch die Aussichten verringerten sich mit jeder Minute. Neue Wellen von Angreifern drängten nach. Plötzlich aber waren auf osmanischer Seite überall Rückzugssignale zu vernehmen. Freunde wie Feinde hielten erstaunt inne. Erst zögernd und schließlich verwirrt zogen sich Mustafa Paschas siegreiche Kolonnen aus den schon eroberten

Festungswerken zurück. Zunächst hieß es in den Reihen der Osmanen, dass überraschend ein christliches Entsatzheer aus Sizilien auf der Insel gelandet sei und sie bereits im Rücken angreife. Tatsächlich war das Lager der Osmanen an diesem Morgen überfallen worden, aber nicht von dem erwarteten Entsatzheer, sondern vom Kavalleriekorps der Johanniter aus Mdina. Die Reiter hatten die Unachtsamkeit der osmanischen Posten ausgenutzt, das ganze Lager angezündet und in den Lazaretten sämtliche Verwundeten massakriert. Für die Johanniter in Senglea und Birgu bedeutete dieser grausame Coup die Rettung in letzter Minute.

Auch wenn Mustafa Pascha seine Männer in den folgenden drei Wochen mit kaum verminderter Wucht gegen die zerschlagenen Wälle anrennen ließ und sogar versuchte, Minenstollen in dem felsigen Grund anlegen zu lassen, hatte der Glaube der Osmanen an ihren Sieg an diesem schwarzen 7. August einen irreversiblen Schlag erlitten. Der scheinbar ungebrochene Widerstand der Verteidiger, der Ende August einsetzende starke Regen, Krankheiten und der allmählich fühlbare Mangel an Verpflegung und Munition drückten auf die Stimmung im osmanischen Lager. Die Verteidiger schöpften dagegen neue Hoffnung, als sie

Der Abzug der Türken auf Malta. Stahlstich von Frilley
nach einem Gemälde von Charles Ph. A. de Lariviere, 1845.

feststellten, dass die Kanonade der Belagerer inzwischen deutlich an Heftigkeit verloren hatte.

Als schließlich mit Beginn des neuen Monats Mustafa Pascha sichere Nachrichten erhielt, dass eine Flotte mit Entsatzheer Sizilien verlassen hatte, gab er resignierend den Befehl, die Belagerung abzubrechen. Auch wenn die Osmanen mit nach wie vor beeindruckender Disziplin und Ordnung ihre Zeltlager abbauten und unter den anfangs noch argwöhnenden Blicken der Verteidiger ihre Geschütze an Bord der Schiffe brachten, war den Johannitern bald klar, dass nicht nur ihr Orden überlebt hatte. Fast auf sich allein gestellt, hatten sie einen der größten Siege der lateinischen Christenheit über den osmanischen Erzfeind errungen. Für Mustafa Pascha und seine gedemütigte Streitmacht sollte es jedoch noch schlimmer kommen. Als dem *Serasker* des Sultans gemeldet wurde, dass das von Don Garcia entsandte Entsatzheer bei Weitem nicht so stark war wie zunächst befürchtet, ließ er seine Truppen sogleich wieder ausladen. Ein Angriff auf diesen Gegner, der gewiss noch von den strapaziösen Tagen auf See gezeichnet war, versprach einen leichten Erfolg. So könnte der gescheiterte Feldzug doch noch ein versöhnliches Ende nehmen, was wohl auch den Sultan gnädiger stimmen würde. Allerdings hatte Mustafa Pascha die Moral der Ankömmlinge sträflich unterschätzt. Der Befehlshaber der etwa 8000 Mann war niemand anderes als Don Alvaro de Sande, der fünf Jahre zuvor auf Djerba in osmanische Gefangenschaft geraten war, aber durch den Waffenstillstand von 1562 zwischen Süleyman und Ferdinand seine Freiheit wiedererlangt hatte. Dieser Mann hatte noch eine Rechnung mit den Osmanen offen. Kaum hatte sich seine Truppe im Schutze von Mdina von den Leiden ihrer Überfahrt erholt, ging sie mit erstaunlichem Elan zur Offensive über und überrannte die zurückgekehrten Osmanen im ersten Anlauf. Die Fliehenden strömten zur Bucht von St. Paul zurück, wo sie verzweifelt versuchten, auf Booten die dort schon wartende Flotte von Piyale Pascha zu erreichen. Vielen glückte das jedoch nicht, sie ertranken entweder oder wurden von den Siegern am Strand erschlagen. Am Abend trieben Hunderte von Leichen in jener Bucht, in der anderthalb Jahrtausende zuvor der schiffbrüchige Apostel Paulus auf die Insel gekommen sein soll. Für den erschütterten Rest des osmanischen Heeres war es eine traurige Rückkehr, und Mustafa Pascha verspürte ebenso wenig wie Admiral Piyale den Drang, allzu bald unter die Augen des Sultans zu treten. Vorausgeschickte Boten sollten Süleyman zunächst die Hiobsbotschaft von der Aufgabe der Belagerung überbringen. Beide Befehlshaber waren gut beraten, den gefürchteten ersten Zorn des Großherrn aus sicherer Entfernung verrauschen zu lassen, ehe sie mit weiteren Einzelheiten des Feldzugs aufwarteten.[15] Immerhin hatte die Flotte keine nennenswerten Verluste erlitten, aber von dem stolzen Expeditionskorps kehrte kaum ein Drittel in die Hauptstadt zurück. Um den angeschlagenen Zustand seiner Streitmacht vor den Untertanen zu verbergen, hatte der Sultan ausdrücklich befohlen, dass die Schiffe erst bei Nacht in das Goldene Horn einlaufen sollten.[16] Süleyman nahm das Debakel, nach Wien das zweite in seiner langen Regierungszeit, am Ende mit erstaunlicher Gelassenheit auf und erteilte ruhig seine Befehle, die entstandenen Verluste so rasch wie möglich zu ersetzen. Anders dagegen reagierten die Bewohner Konstantinopels. Viele Familien hatten Angehörige verloren, und während man noch fünf Jahre zuvor anlässlich der Rückkehr der siegreichen Flotte von Djerba die in der Stadt lebenden Europäer verspottet hatte, bewarf man jetzt die Christen, die sich noch auf die Straße wagten, unter lauten Flüchen mit Steinen.[17]

4 Der Fall von Szigetvár (1566) Süleymans Tod und die militärische Ohnmacht der Habsburger

»Auf jener Seite stehen die unendlichen Mittel des Türkenreiches, ungebrochene Kräfte, Waffenkunst und -übung, lang gediente Soldaten, Siegesgewohnheit, Ausdauer, Eintracht, Ordnung, Disziplin, Anspruchslosigkeit und Wachsamkeit. Auf unserer Seite Armut des Staates, Verschwendung des Privatmannes, verminderte Kräfte, gebrochener Mut, mangelnde Gewöhnung an Anstrengung und Waffen, trotzige Soldaten, habgierige Offiziere, Verachtung der Disziplin, Ausschweifung, Leichtsinn, Trunkenheit, Völlerei und das Schlimmste: sie sind gewohnt zu siegen, wir, besiegt zu werden.«

Ogier Ghislain de Busbecq, Der dritte Brief aus der Türkei (um 1560)[1]

Süleyman hatte den Rückschlag auf Malta, der ihn 20 000 seiner besten Soldaten gekostet hatte, mit bemerkenswertem Gleichmut hingenommen. Seine beiden gescheiterten Befehlshaber durften ihre Köpfe behalten, Piyale Pascha sogar sein Flottenkommando, und an die überlebenden Janitscharen verteilte der Sultan großzügig Geld und Beförderungen. Allerdings half es nicht, Malta aus den Gedanken der Untertanen zu streichen und so zu tun, als habe es die unselige Belagerung nie gegeben. Als Beherrscher der Gläubigen und Mehrer des Reiches konnte Süleyman die Niederlage nicht einfach auf sich beruhen lassen. Besonders die Ermahnungen seiner Lieblingstochter Mihrimah, dass es seine religiöse Pflicht sei, die Armeen des Reiches in den Kampf gegen die Ungläubigen zu führen, dürften zum Entschluss des greisen Sultans beigetragen haben, noch einmal die Rossschweife aufzupflanzen.[2]

Wenn Malta nicht den erhofften Sieg gebracht hatte, dann ließe sich vielleicht in Ungarn, das er fast ein Vierteljahrhundert lang nicht mehr betreten hatte, der für ihn jetzt dringend nötige Erfolg erzielen.[3] Damals hatte Süleyman den Tod seines Vasallen János Szápolya genutzt, um im August 1541 die Hauptstadt Ofen handstreichartig zu besetzen und die zentralen Gebiete des Landes zur osmanischen Provinz zu machen. Dem damals unmündigen Sohn des Verstorbenen, János Zsigmond, überließ er das Fürstentum Siebenbürgen, das zunächst der Bischof von Großwardein (Nagyvárad) und ehemalige Schatzmeister Ungarns, Georg II. Martinuzzi, als Vormund verwalten sollte, bis der Landtag von Klausenburg 1556 Szápolyas Witwe Isabella zur Regentin erklärte. Nach deren Tod drei Jahre später hatte schließlich der junge Zsigmond die Herrschaft selbst angetreten.

Das einseitige Vorgehen des Sultans hatte Ferdinand damals unmöglich tatenlos hinnehmen können, wollte er weiterhin als König von Ungarn respektiert werden. Ein noch im Jahre 1542 unternommener Versuch habsburgischer Truppen unter dem Oberbefehl des brandenburgischen Kurfürsten Joachim II., die Hauptstadt Ungarns zurückzuerobern, hatte allerdings nach Anfangserfolgen wegen Geldmangels und der einsetzenden schlechten Witterung aufgegeben werden müssen.[4] Danach waren die Gefechte an der ungarischen Front, sieht man über die gelegentlichen Belagerungskämpfe lokaler osmanischer Truppen hinweg, zu einem Stillstand gekommen. Ferdinand erwies sich als militärisch zu schwach und konnte sich glücklich schätzen, dass ihm Süleyman 1547 in einem in Edirne auf fünf Jahre vereinbarten Waffenstillstand seinen bescheidenen Besitzstand in Ungarn und Kroatien gegen Zahlung eines Tributs überließ. Die jährlich an die »Hohe Pforte« zu entrichtende Summe von 30 000 Golddukaten erhöhte nicht gerade das Ansehen des Habsburgers unter den Ungarn, auch wenn die Zahlung diplomatisch als »Ehrengeschenk« verblümt wurde. [5]

Aus der Sicht des Sultans und seines Großwesirs stellte die 20 Jahre alte Vereinbarung mit dem »König von Wien«, die er nicht einmal selbst unterzeichnet hatte, nur einen Gnadenakt dar. Die damalige Milde des Großherrn hatte Ferdinand allein den wieder einmal aufflackernden Unruhen an der Ostgrenze des Osmanischen Reiches zu verdanken gehabt, kaum aber der Stärke seiner Truppen. Gerade die deutschen Söldner waren wegen ihrer sprichwörtlichen Liebe zu Wein, Müßiggang und Schlaf längst zum Gespött ihrer moslemischen Gegner geworden.[6]

Gegen diesen meuterischen Mob glaubte der altgewordene Süleyman jetzt einen leichteren Erfolg erzielen zu können als gegen die eisenharten Johanniter von Malta. Ein Vorwand für einen neuerlichen Waffengang in Ungarn war jederzeit leicht zu finden. So hatte etwa Maximilian II., der Sohn und Nachfolger des im Juli 1564 verstorbenen Kaisers Ferdinand, zunächst keine besondere Eile gezeigt, die im letzten Waffenstillstand von 1562 noch einmal bestätigten jährlichen Tributzahlungen an die »Hohe Pforte« zu entrichten. Dass die fällige Gesamtsumme dann doch noch Anfang 1565 in Konstantinopel eingetroffen war,[7] hattte den Sultan nicht befriedigen können. Nunmehr zeigte sich Süleyman verstimmt, dass sich Maximilian den Angriffen des inzwischen mündig gewordenen János Zsigmond militärisch widersetzte. Von seinen osmanischen Schutzherren gedeckt, hatte der einzige Sohn des János Szápolya und Herrscher von Siebenbürgen einige umstrittene Grenzgebiete in Nordungarn eigenmächtig besetzt. Sein habsburgischer Rivale hatte zwar akzeptiert, dass Kaiser Ferdinand I. mit dem Waffenstillstand von 1562 sämtliche früheren Ansprüche auf das Fürstentum aufgegeben hatte. Doch die inzwischen von János Zsigmond besetzten Städte Munkács, Hust und Szatmár wollte Maximilian zurück.

Es wird gewiss das Selbstbewusstsein des Habsburgers erheblich gesteigert haben, dass sein bewährter Feldhauptmann Lazarus von Schwendi im Februar 1565 die von Anhängern des jungen Szápolya in Nordungarn gehaltenen Festungen Tokay und Serence schnell einnehmen konnte.[8] Wieder einmal durfte ein junger christlicher Herrscher von einem großen Türkenkrieg träumen, als ihm der Regensburger Reichstag schon im Jahr darauf in seltener Einmütigkeit ein Heer von 22 000 Mann auf sechs Monate bewilligte. Aus Italien trafen insgesamt 6600 Mann ein, von denen Papst Pius V. und Cosimo I., der Herzog von Florenz, den größten Teil gestellt hatten. König Philipp II. wiederum hatte 6000 spanische Elitesoldaten aus Italien nach Wien in Marsch gesetzt und sich zudem verpflichtet, für ihren Unterhalt eine monatliche Summe von 10 000 Dukaten aufzubringen.[9] Der König von Polen stellte 3000 Mann und Lazarus von Schwendi stand bereits mit 12 000 Kriegsknechten beim nordungarischen Kaschau.[10] Selbst aus Frankreich hatten sich unter der Führung des Herzogs de Guise etwa 100 Bogenschützen unter dem Banner Habsburgs eingefunden.[11] Noch schien der Kreuzzugsgedanke nicht völlig erloschen. Nicht ohne Grund glaubte sich also Maximilian in diesem Jahr stark genug, die geballte Militärmacht Süleymans herausfordern zu können. Denn außer seinem 40 000 Mann zählenden Hauptheer, das im Laufe des Sommers bei Altenburg östlich von Wien zusammengekommen war, verfügte er noch über ein fast gleich starkes Korps aus Ungarn und den habsburgischen Erblanden, das unter seinen beiden Befehlshabern Egino von Salm und Stephan Dersffi bei Komorn an der Donau stand.

Gleichwohl mochte man auf der Gegenseite nicht viel auf die Bemühungen des Habsburgers geben. Der Sultan müsse gar nicht kämpfen, meldete etwa Arslan Pascha, der Beylerbey von Ofen. Allein das Erscheinen des Großherrn an der Spitze seines Heeres würde die ängstlichen Deutschen und ihre ungarischen Hilfsvölker veranlassen, sich rasch wieder zu zerstreuen. Als Arslan Pascha jedoch Anfang Juni 1566 mit der Belagerung der Festung Palota begann, musste er schon kurz darauf vor dem rasch heranrückenden Entsatzheer unter dem Grafen von Salm überstürzt abziehen. Da der Beylerbey den Habsburgern dabei auch noch sein gesamtes Lager überlassen hatte, kannte Süleyman keine Gnade und ließ dem großmäuligen Pascha nach seinem Eintreffen im Lager von Semlin sofort den Kopf abschlagen.

Süleyman hatte alles unternommen, um mit seinem Feldzug gegen den unbotmäßigen »König von Wien«, von dem der gichtgeplagte Herrscher wohl ahnte, dass es sein letzter sein würde, das angeschlagene Renommee des Reiches wiederherzustellen. Sogar eine große Donauflottille unter dem Kommando von Ali Portuc, dem Sandschakbey von Rhodos, sollte seinen Heerzug unterstützen.[12] Aus der Moldau wurden 40 000 Tataren erwartet. In Edirne eingetroffen, erließ Süleyman einen Aufruf an das »ungarische Volk«, in dem er in drei Sprachen allen, die sich freiwillig János Zsigmond unterwarfen, Leben und Besitz zusicherte.[13]

Als der Sultan am 1. Mai 1566 mit vielleicht 100 000 Mann von Edirne aus den Marsch nach Norden antrat, war wieder einmal Dauerregen der ständige Begleiter seines Heeres. Einen genauen Operationsplan scheinen weder Süleyman noch sein neuer Großwesir Sokullu Mehmed Pascha gehabt zu haben. Der gebürtige Bosnier war als junger Mann durch die

Knabenlese nach Konstantinopel verschleppt worden und wegen seiner reichen Begabungen rasch in der osmanischen Ämterhierarchie aufgestiegen. Jetzt galt er als warmer Befürworter eines großen Feldzuges gegen Maximilian, nicht zuletzt auch, um dessen Befähigung als Kriegsherr zu prüfen. Sokullu Mehmed beabsichtigte, zunächst eine größere Festung wie etwa Erlau (Eger) anzugreifen, das sich noch im Jahre 1551 unter dem ungarischen Volkshelden Stephan Dobó von Ruszka gegen eine längere Belagerung des Paschas von Ofen hatte halten können. Dann würde sich zeigen, ob der neue »König von Wien« tatsächlich die Courage zu einer Entsatzoperation aufbrächte. In Semlin bei Belgrad angekommen, ließ sich der Sultan am 29. Juni von dem herbeizitierten János Zsigmond mit dem üblichen Handkuss huldigen. Im Gegenzug wurde der Erbe Szápolyas üppig beschenkt und erhielt seinen Anspruch auf Siebenbürgen einschließlich der Städte, die er inzwischen erobern konnte, bestätigt.[14] Von Belgrad rückte das Heer des Sultans weiter gegen die reißende Drau, die bei Essegg auf einer gewaltigen Kriegsbrücke aus 118 Schiffen überschritten werden konnte. Noch einmal gelangten die Truppen auf das alte Schlachtfeld von Mohács, wo man ein Lager aufschlug.

Statt aber die Festung Erlau in Nordungarn anzugreifen, hatten sich Süleyman und sein Großwesir Sokollu Mehmed Pascha inzwischen entschieden, zunächst das näher gelegene Szigetvár zu belagern. Die Festung wurde von 2500 Ungarn und Kroaten unter Führung des Grafen Nikolaus Zrínyi, dem Banus von Kroatien, gehalten. Es war eine Bauchentscheidung. Zrínyi hatte zuvor den Zorn des Großherrn erregt, als er im Juli die osmanische Vorhut in ihrem Feldlager bei Siklós überfallen hatte, wobei der Sandschakbey von Tirhala und dessen Sohn getötet worden waren.[15] Das konnte nicht ungesühnt bleiben.

Am 2. August 1566 erreichte das Heer des Sultans sein neues Ziel, das etwa 50 Kilometer westlich von Fünfkirchen (Pécs) lag. Süleyman hatte den gesamten Feldzug in einer Kalesche begleiten müssen und traf erst drei Tage später vor der Festung ein. Mit Mühe bestieg er zum letzten Mal ein Pferd, um vor den Augen seiner Truppen die Belagerung symbolisch zu eröffnen. Als Antwort ließ Zrínyi die Zinnen seiner Festung mit roten Tüchern behängen und eine große Kanone als Willkommensgruß in Richtung des Sultans abfeuern.

Obwohl das osmanische Heer 90 000 Mann zählte und 300 Geschütze mit sich führte,[16] sollte sich die Einnahme der durch ein Sumpfgebiet geschützten Festung als keineswegs einfache Aufgabe erweisen. Zrínyi verfügte über 63 Geschütze, und die Mauern von Szigetvár befanden sich in sehr gutem Zustand. Die Burg wies fünf Bollwerke auf und war durch einen dreifachen Wassergraben geschützt. Die Neustadt von Szigetvár hatte Zrínyi zuvor niederbrennen lassen und hielt nur noch die Altstadt sowie die mit ihr durch eine Brücke verbundene Burg besetzt. An Maximilian meldete der Graf am 8. August wohl etwas zu vollmundig, er könne gewiss vier Monate in Szigetvár energischen Widerstand leisten.[17]

Doch schon nach vier Wochen hatten die Belagerer die gesamte Altstadt sowie Teile der Burg besetzt und den Rest der Verteidiger, vielleicht noch 500 Mann, im Hauptturm eingeschlossen. Als es den Osmanen am 7. September gelang, auch diese letzte Zuflucht in Brand zu schießen, war es für eine Kapitulation gegen freien Abzug, wie sie der Sultan mehrmals hatte anbieten lassen, endgültig zu spät. Zrínyi entschloss sich zu einer Verzweiflungstat. Mit seinem Prunkgewand bekleidet unternahm er einen letzten Ausfall. Lieber wollte er im Kampf fallen als verbrennen oder ersticken. Kurz darauf waren er und seine letzten Getreuen tot und Ungarns Geschichte um ein neues Heldenkapitel reicher.

Wahr ist allerdings auch, dass Zrínyis allzu optimistische Einschätzung seiner Lage einen Entsatzversuch der habsburgischen Truppen nicht gerade forciert hatte. Im Glauben, die Festung könne sich tatsächlich bis in den Spätherbst halten, hatte es Maximilian, gestützt auf den Rat der meisten seiner Befehlshaber, vorgezogen, mit seinem teuer bezahlten Heer in einer vorteilhaften Position bei Raab zu verharren. Dort glaubte der militärisch unerfahrene Habsburger, einen Angriff der Osmanen abwehren zu können, falls der Sultan tatsächlich mit seinem Heer über Ofen hinaus auf Wien marschieren sollte. Wie schon 1532 suchte keiner der beiden Kontrahenten die große Schlacht, und am Ende musste sich Maximilian mit einigen kleinen Erfolgen zufriedengeben. Die Gefangenennahme von Mahmud Pascha, des Gouverneurs von Stuhlweißenburg, war freilich kein Resultat, das die Zusammenziehung eines Heeres von 40 000 Mann rechtfertigen konnte.[18]

Zrinyis Angriff bei der Festung von Szigeth. Gemälde von Peter Krafft, 1825.

Szigetvár dagegen war in der Hand der Osmanen, doch ihr großer Sultan lebte bereits nicht mehr. In der Nacht zum 6. September 1566 war Süleyman im Beisein der Ärzte und des Großwesirs in seinem Zelt verstorben. Vermutlich hatte ein Herzversagen oder ein Schlaganfall sein Leben beendet, denn obwohl es mit der Gesundheit des Großherrn zuletzt nicht zum Besten stand, hatte niemand im Lager mit seinem plötzlichen Tod gerechnet. Noch in derselben Stunde setzte Sokollu Mehmed einen Boten mit der Todesnachricht zu Selim nach Anatolien in Marsch und ließ den letzten überlebenden Thronfolger auffordern, sich so schnell wie möglich in die Hauptstadt zu begeben. Mit kalter Umsicht traf der Großwesir alle Vorkehrungen, um den Tod des Sultans vor den Truppen vorerst zu verheimlichen.[19] Unruhen im Heer und besonders unter den Janitscharen mochte Sokollu Mehmed angesichts der Nähe eines gleich starken Feindes nicht riskieren. Süleymans Leichnam ließ er provisorisch in dessen Zelt begraben und die Totengräber sofort umbringen. Mehr als sechs Wochen glückte es dem Großwesir, die gewagte Maskerade aufrechtzuerhalten. Jeden Tag begab er sich angeblich zur Audienz

allein in das leere Sultanszelt und erklärte den bereits argwöhnisch gewordenen Truppen, der Sultan werde wegen eines schweren Gichtanfalls
das öffentliche Freitagsgebet erst wieder verrichten, wenn die Stadtkirche
von Szigetvár in eine Moschee umgewandelt worden sei. Den zwei Tage
nach Süleymans Tod einberufenen Diwan ließ er im gewohnten prahlerischen Stil des Verstorbenen den europäischen Mächten und dem iranischen Schah den Fall der umkämpften Stadt verkünden, dem »König
von Wien« schickte er dagegen den abgetrennten Kopf des Grafen Zrínyi.
Maximilians hymnischer Nachruf auf seinen loyalen Gefolgsmann[20] vermochte kaum zu überspielen, dass er mit dem größten habsburgischen
Heer seit mehr als 30 Jahren praktisch nichts unternommen hatte, um die
tapfere Besatzung von Szigetvár zu retten. Das Ansehen der Deutschen in
Ungarn sank nach diesem Feldzug auf einen neuen Tiefpunkt.

Da Maximilian sich nicht zum Kampf hatte stellen wollen und auch
Lazarus von Schwendis kleines Korps den Sommer über unbeweglich
bei Kaschau verharrte, machte sich das Heer der »Rechtgläubigen« am
20. Oktober auf den Rückweg nach Belgrad, wo inzwischen auch Sultan
Selim eingetroffen war. Erst jetzt gab Sokollu Mehmed offiziell dem Heer
den Tod Süleymans bekannt.[21]

Zur selben Zeit sah sich der junge habsburgische Kaiser gezwungen,
sein Heer auflösen. Maximilian war das Geld ausgegangen und seine
Söldner hatten bereits im Umland zu plündern begonnen. Wieder einmal
waren beträchtliche Mittel ausgegeben worden, ohne etwas Zählbares zu
erreichen. Er habe die kaiserliche Reputation nicht durch eine Niederlage
aufs Spiel setzen wollen, versuchte sich Maximilian II. vor den in Erfurt
versammelten Reichsfürsten zu verteidigen.[22] Eine neue Chance im folgenden Jahr gab es jedoch nicht, und in einem bereits 1568 mit Sultan
Selim II. geschlossenen Waffenstillstand musste sich Maximilian bei deutlich verschlechtertem Grenzverlauf sogar zu einer Fortsetzung des ehrenrührigen Tributs von jährlich 30 000 Dukaten verpflichten. Der Zustand
seiner Streitkräfte, ihre miserable Versorgung, ihr geringer Zusammenhalt und die fast völlig fehlende Loyalität von Truppe und Führern ließen
vorerst keine andere Lösung zu.

5 Venedig kämpft um sein Überleben
Der lange Weg nach »Lepanto« (1571)

»An Schiffen ist der Feind uns überlegen, nicht aber nach meiner Überzeugung in der Qualität seiner Galeeren und Besatzungen. So werde ich noch in dieser Nacht mit Gottes Hilfe zunächst nach Korfu aufbrechen und dort angekommen entsprechend der eingehenden Nachrichten handeln. Ich verfüge über 208 Galeeren, 26 000 Mann an Kampftruppen, sechs Galeassen und 24 große Segelschiffe. Ich vertraue auf Gott, dass er uns den Sieg geben wird, wenn wir auf den Feind treffen.«

Brief Don Juan d'Austrias vom 16. September 1571 an Don Garcia de Toledo[1]

Seine nur achtjährige Herrschaft gilt nach wie vor als Wendepunkt und Beginn des Abstiegs in der langen Geschichte des Osmanischen Reiches. Von allen fünf Söhnen Süleymans scheint Selim II. der am wenigsten geeignete Kandidat für die Regierung des Riesenreiches gewesen zu sein. Der Sohn der Lieblingsfrau seines Vaters, der Ruthenin Roxelane, soll weich und unkriegerisch gewesen sein, und die dauernde rötliche Färbung seines Gesichtes galt Zeitgenossen als Beleg für seine schwere Trunksucht.[2] Anders als sämtliche seiner Vorgänger führte der 1524 geborene Selim keinen Feldzug mehr persönlich an und schwächte das Heer durch seinen Geiz.[3] Ohne Sinn für die militärischen Pflichten seines Amtes verließ er die Hauptstadt höchstens zur Jagd und seinen Palast nur zum Besuch der Moschee. Leopold von Ranke ließ mit Selim II. die »Reihe jener untätigen Sultane« beginnen, in deren »misslicher Natur« er den Hauptgrund für den »Verfall der osmanischen Dinge« sah.[4]

Gleichwohl galten auch für den Nachfolger Süleymans die politischen Grundzwänge des Reiches. Heer und Flotte mussten regelmäßig eingesetzt und beschäftigt werden, wollte er nicht, dass sich die schweren Unruhen in der Hauptstadt wiederholten, die den Beginn seiner Regierung überschattet hatten. Allein ein glänzender Feldzug, der mit der Eroberung christlichen Gebietes endete, konnte die Autorität des »Beherrschers aller

Gläubigen« dauerhaft festigen und ihm überdies die finanziellen Mittel zum Bau einer prächtigen Moschee verschaffen, wie es alle seine Vorgänger bisher getan hatten.[5]

Kein anderes Ziel erschien Selim II. dafür geeigneter als die Insel Zypern. Die Venezianer hatten dieses Überbleibsel der Kreuzfahrerepoche erst 70 Jahre zuvor nach dem Aussterben der Lusignans unter ihre Kontrolle gebracht und profitierten seither von dem außergewöhnlichen Öl- und Getreidereichtum der Insel. Die neuen katholischen Kolonialherren erfreuten sich jedoch keiner besonderen Beliebtheit unter der griechisch-orthodoxen Bevölkerung Zyperns, zumal deren Abgabenlast inzwischen eine kaum noch erträgliche Höhe erreicht hatte. Ungewiss ist allerdings, wie viele Zyprioten sich tatsächlich durch jene beiden Landsleute vertreten fühlten, die sich zu Beginn der Herrschaft Selims heimlich nach Konstantinopel aufgemacht hatten, um den Sultan in einem Brief zur Besetzung der Insel aufzufordern.[6]

Lange hatten die Venezianer gehofft, ihre isolierte, kaum hundert Kilometer von der Küste des Libanons entfernte Exklave mittels einer Politik des Anbiederns und des Bestechens hoher osmanischer Würdenträger sichern zu können. Abgesehen von ihrem kurzen und unglücklichen Intermezzo als Mitglied der ersten »Heiligen Liga« von 1538 war es der *Serenissima* tatsächlich mit ihren besonderen Methoden lange geglückt, sich aus der epochalen Auseinandersetzung der Häuser Osman und Habsburg herauszuhalten.

Doch noch in den letzten Regierungsjahren Süleymans war Zypern als mögliches Angriffsziel wieder in den Fokus osmanischer Begehrlichkeiten geraten.[7] Hatte sich die Insel nicht seit der ersten Welle islamischer Eroberungen schon einmal für Jahrhunderte im Besitz der »Rechtgläubigen« befunden? Konnte sie daher nicht als legitimes Eroberungsziel eines Herrschers betrachtet werden, der nicht nur ein islamisches Weltreich regierte, sondern auch beanspruchte, der Nachfolger des Propheten zu sein? Bereits im Dezember 1564 hatte Maximilian II. den Gesandten der Markusrepublik in Wien, Leonardo Contarini, ausdrücklich gewarnt, dass nicht etwa Malta, sondern Zypern das nächste Ziel einer großen osmanischen Flottenoperation sein würde.[8] In dem demonstrativen Jubel, den wenige Monate später die Nachricht von der Einnahme St. Elmos auf den Plätzen Venedigs auslöste und der in ganz Europa tiefes Befremden verursachte, schwang vielleicht auch Erleichterung mit. Nicht ihr koloniales Juwel in der fernen Levante, sondern die Insel der Johanniter war zum Angriffsziel der Osmanen geworden. Die damals wohl von den schamlosen Senatsherren inszenierte Begeisterung dürfte allerdings den Sultan kaum beeindruckt haben, wohl aber verschärfte sie die politische Isolierung der Markusrepublik im übrigen Europa. Ihr nicht unverdienter Ruf als Verräterin, die notfalls mit den Osmanen gegen andere christliche Mächte kooperierte, musste es Venedig erheblich erschweren, Verbündete unter den Europäern zu finden, wenn einmal die sorgsam gepflegte Gemeinsamkeit der Interessen von Dogen und Sultanen ihr abruptes Ende fand. Zypern war eine Kolonie fern der in der Adria liegenden Kraftzentren der *Serenissima* und konnte ohne Unterstützung der übrigen lateinischen Seemächte kaum gehalten werden.

Genau diese politisch-strategische Gemengelage musste die Insel jetzt zu Selims bevorzugtem Angriffsziel machen. Der Sultan verfolgte in dieser Frage trotz des ihm vielfach nachgesagten politischen Desinteresses durchaus einen eigenen Kurs und hat ihn sogar gegenüber dem klugen Sokollu Mehmed mit Erfolg vertreten. Süleymans letzter Großwesir mochte zunächst wenig Nutzen darin sehen, Venedig wegen einer scheinbar leicht zu nehmenden Beute in die Arme des Papstes und der »Heiligen Liga« zu treiben. Statt Zypern anzugreifen, war der damals mächtigste Mann des Reiches dafür eingetreten, die akuten Probleme der Spanier in den nördlichen Niederlanden auszunutzen und die aufständischen Morisken in Andalusien stärker zu unterstützen. Die spanischen Behörden hatten diese moslemische Bevölkerungsgruppe, ein ethnisches Überbleibsel aus der maurischen Zeit, trotz aller Anstrengungen in Jahrzehnten nicht assimilieren können und sie zuletzt mit immer neuen Verboten drangsaliert.[9] Schließlich war es 1567 mit Unterstützung der nordafrikanischen Barbareskenstaaten zu einem großen Aufstand gekommen, der zeitweise ganz Andalusien erfasste. Die Anfangserfolge befeuerten auch die Fantasie des Großwesirs, der wohl eine Weile gehofft hatte, mithilfe der aufständischen Glaubensbrüder das untergegangene Emirat von Granada zu restituieren. War denn nicht auch ganz Spanien einmal ein Land des Islam gewesen?

Dem gebürtigen Bosnier Sokollu Mehmed mangelte es durchaus nicht an einem in die Ferne schweifenden Sinn. So ließ er im Sommer 1570 sogar das Projekt eines Kanals zwischen Don und Wolga in Angriff nehmen, um der osmanischen Flotte das Kaspische Meer zu öffnen. Russen und Perser hätte er so besser in Schach halten können, aber das ambitionierte Unternehmen scheiterte schließlich an der extremen Witterung in der Steppe.[10]

In Spanien wiederum war eine wirksame Unterstützung der Morisken ohne einen maritimen Stützpunkt im westlichen Mittelmeer gar nicht möglich. Das Scheitern auf Malta erwies sich jetzt in jeder Hinsicht als fatal und das Überwintern der osmanischen Flotte in einem französischen Hafen war für den Großwesir nicht mehr als ein Notbehelf. Eine entsprechende Anfrage bei der französischen Krone diente wohl – zumal Sokollu Mehmed aus ihr kein Geheimnis machte – eher der Verschleierung des längst gegen Venedig und Zypern gefallenen Kriegsbeschlusses.

Der bedrohliche Kurswechsel der »Hohen Pforte« war den Venezianern gleichwohl nicht lange verborgen geblieben. Dass Selim II. im August 1567 den mehr als 20 Jahre alten Waffenstillstand mit der Markusrepublik noch einmal erneuert hatte, konnte Venedigs Senatoren nicht wahrhaft beruhigen. Mit jedem Monat registrierte man im Dogenpalast besorgt die Anzeichen einer Verschärfung im Verhältnis zur islamischen Weltmacht. Mehrfach hatten die Behörden in Konstantinopel bereits willkürlich Waren und Schiffe venezianischer Kaufleute beschlagnahmt, und Truppenansammlungen vor den dalmatinischen Exklaven Venedigs signalisierten den zunehmenden Druck der »Hohen Pforte«. Besonders gegenüber Zypern registrierte der gut funktionierende Nachrichtendienst der Lagunenstadt verstärkte militärische Vorbereitungen, die auf eine große Flottenoperation gegen die Insel deuteten. So waren seit 1567 im südlichen Anatolien neue Straßen und Festungen angelegt worden und im September des Folgejahres hatte eine osmanische Flotte aus 64 Galeeren unter dem Kommando des *Kaputan Paschas* Müezzinzade Ali Pascha die Südküste der Insel umrundet. Der Kapitän eines wegen der ungewöhnlichen Aktion sogleich ausgesandten venezianischen Schiffes wurde mit der Auskunft beruhigt, dass man nur eine Ladung Holz an der anatolischen Küste aufnehmen wolle. Tatsächlich hatte Ali Pascha einen Erkundungsauftrag und kehrte schließlich ohne Holz, aber mit einer

Gruppe venezianischer Soldaten, die man vor Famagusta gefangen genommen hatte, nach Konstantinopel zurück.[11]

Schweren Herzens fasste Venedig den Beschluss, mit Rüstungen zu beginnen, die es lange genug vernachlässigt hatte. Hastig wurden neue Galeeren auf Kiel gelegt, Söldner angeworben und die brüchigen Festungswerke von Nikosia und Famagusta verstärkt. Im Frühjahr 1570 machte sich ein venezianisches Geschwader mit 2500 Mann Verstärkung auf den Weg nach Zypern.[12] Andere Truppen gingen nach Korfu und Kreta. Als am 28. März ein Gesandter des Sultans in der Lagunenstadt erschien und offiziell im Namen Selims II. die Übergabe von Zypern forderte, endete abrupt ein 30-jähriges Appeasement. Mit nur fünf Gegenstimmen votierte der empörte Senat für den Krieg gegen das Weltreich und ließ Selims Boten durch eine Hintertür hinausführen, damit er dem wütenden Mob entginge.

Kaum leichter als der Entschluss zu ihrem kostspieligen Rüstungsprogramm fiel es den stolzen Vertretern der Kaufmannsrepublik, beim Papst und dem König von Spanien zu Kreuze zu kriechen und um eine Erneuerung der »Heiligen Liga« von 1538 zu bitten.[13] Philipp II. steckte selbst wegen der Niederländer und der Morisken in großen Schwierigkeiten. Auch wenn er über den unziemlichen Jubel der Venezianer nach dem Fall von St. Elmo noch hinwegsehen mochte, bot doch die Aussicht auf eine große Flottenaktion der Osmanen gegen Zypern durchaus eine erfreuliche Perspektive. Umso sicherer wären vorerst Malta, Tunis und die spanischen Küsten.

Es war vor allem das Verdienst Papst Pius' V., der *Serenissima* den Weg zurück in den Kreis der europäischen Mächte zu bahnen. Mehr noch als alle seine Vorgänger hing der am 7. Januar 1566 zum Oberhaupt aller Katholiken gewählte Antonio Ghislieri, der als Sohn eines piemontesischen Schäfers seinen kometenhaften Aufstieg allein seiner Tatkraft, seinem religiösem Eifer und der Kirche zu verdanken hatte, an der alten Idee einer antitürkischen Entente aller lateinischen Mächte. Venedigs akute Not schien ihn seinem Ziel endlich näher zu bringen. Nur zu gerne schickte er auf Drängen der Markusrepublik im März seinen Vertrauten und Nuntius, den spanischen Kleriker Luis de Torres, nach Córdoba, wo er am 21. April 1570 eine längere Unterredung mit Philipp II. hatte.[14] Warnungen des Vizekönigs von Neapel, dass sich die Operationen der osmanischen Flotte in diesem Sommer nicht nur gegen Venedig allein richten könnten, hatten den König bereits alarmiert.[15] Man lag also gar nicht so weit auseinander, zumal Torres seinem königlichen Gesprächspartner im Namen des Papstes beträchtliche Summen in Aussicht stellen konnte und das Bild einer gewaltigen alliierten Flotte aus 250 Galeeren zeichnete. Bot nicht die Möglichkeit einer entscheidenden Offensive gegen die Osmanen gerade für Spanien eine verlockende Perspektive? Mit einem siegreichen Schlag ließe sich auf Jahre hinaus die Flotte des Sultans ausschalten, und der König hätte endlich Zeit und Mittel, mit den Morisken und den »Ketzern« in den Niederlanden gründlich abzurechnen. Dass sich der sonst so zögerlich agierende Philipp am Ende sogar dafür einsetzte, zusammen mit der venezianischen Flotte einen Versuch zur Rettung Zyperns zu wagen, dürfte niemanden mehr als Papst Pius erfreut haben.[16]

Die neue »Heilige Allianz« nahm somit Konturen an. Der überraschend schnelle Schulterschluss der christlichen Mittelmeermächte bedeutete freilich nicht, dass sogleich auch alle gegenseitig gehegten Ressentiments der Verbündeten begraben worden wären. Schon mit der Ernennung von Gianandrea Doria, eines Großneffen des ein Jahrzehnt zuvor verstorbenen Admirals Karls V., zum Befehlshaber seines Geschwaders signalisierte Philipp, dass er seine alte Zögerlichkeit im Grunde nicht überwunden hatte. Ein entschlossener Oberbefehlshaber der vereinigten Flotte hätte dieses Manko vielleicht ausgleichen können, doch Pius V. entschied sich, diese wichtige Position mit dem Diplomaten Marcantonio Colonna zu besetzen. Der Italiener war ein Kompromisskandidat, der allerdings über keinerlei seemännische Erfahrung verfügte und umgehend den beißenden Spott der Spanier auf sich zog.

Während die Venezianer darauf drängten, dass sich die christlichen Geschwader möglichst früh auf Kreta versammelten, ließen Italiener und Spanier viel Zeit verstreichen, ehe sie mit ihren insgesamt 50 Schiffen den Hafen von Otranto ansteuerten. Wieder einmal wurde so der günstigste Zeitpunkt zum Eingreifen verpasst. Denn inzwischen waren die Osmanen ungehindert auf Zypern gelandet und ein 70 000 Mann zählendes Heer, verstärkt durch 200 Geschütze, konnte Ende Juli mit der Belagerung von Nikosia beginnen. Nur einen Monat später stand die hervorragend befestigte und mit Vorräten für fast zwei Jahre versehene Stadt bereits kurz vor dem Fall. Ihre kritische Lage verdankte sie vor allem der allzu großen Vorsicht ihres Kommandanten Nicolò Dandolo, der sich beharrlich geweigert hatte, die Bemühungen der Osmanen durch regelmäßige Ausfälle zu stören. Während die Belagerung von Nikosia in ihre letzte, verzweifelte Phase ging, hatte sich Ende August die Flotte der neuen »Heiligen Allianz« in der Suda-Bucht an der Nordküste Kretas endlich vereinigt. Obwohl die Verbündeten nun mehr als 200 Schiffe zur Verfügung hatten, geschah erst einmal gar nichts. Zwei Wochen lang wurde beraten und sogar ein Ablenkungsangriff gegen die Dardanellen in Erwägung gezogen. Der venezianische Befehlshaber Girolamo Zane hatte zwar den klaren Befehl des Senats, notfalls allein nach Zypern zu segeln und die Flotte der Osmanen anzugreifen, doch eine Seuche hatte seine Besatzungen bereits erheblich dezimiert. Ersatz zu finden erwies sich als schwierig und zeitaufwendig, und so mussten auch die Schiffe der *Serenissima* vorerst im Hafen von Kandia bleiben. Schließlich rangen sich die alliierten Befehlshaber doch noch dazu durch, gemeinsam nach Zypern aufzubrechen. Die Venezianer mussten allerdings etliche ihrer Galeeren unbemannt auf Kreta zurücklassen. Nach viertägiger Fahrt erreichte die vereinigte Flotte am Abend des 21. September die anatolische Küste, wo sie zunächst vor einem Sturm Schutz suchen musste. Kurz darauf meldete ein zur Aufklärung nach Zypern vorausgeschicktes Schiff, dass Nikosia bereits zwei Wochen zuvor gefallen war. Die Nachricht löste in der ganzen Flotte tiefe Bestürzung aus, entfachte jedoch keinerlei neuen Tatendrang. Die Venezianer drängten zwar darauf, ihre sich noch behauptende Hafenstadt Famagusta an der Ostküste Zyperns wenigstens mit Vorräten und Verstärkungen zu versehen, fanden aber vor allem bei Admiral Doria keine Unterstützung.

Angesichts der fortgeschrittenen Jahreszeit hatte sich der Genuese längst entschlossen, mit dem spanisch-italienischen Geschwader, zu dem er selbst aus seiner Privatschatulle ein Dutzend Galeeren beigesteuert hatte, die Rückfahrt anzutreten. Falsch war seine Entscheidung nicht, nur Kriege gewann man auf diese Art auch nicht. Mit Geschick und Glück gelang es ihm tatsächlich, den bald einsetzenden Herbststürmen zum Trotz, mit sämtlichen seiner Schiffe unversehrt über Kreta in die sizilianischen Häfen einzulaufen. Erleichtert verlieh ihm Philipp II. dafür und wohl auch zur Kaschierung des demütigenden Misserfolges den Rang eines Generalkapitäns. Weniger erkenntlich zeigten sich die Venezianer gegenüber ihrem glücklosen Befehlshaber. Girolamo Zane wurde unter Anklage gestellt und verstarb – auf seinen Prozess wartend – nur zwei Jahre später in einer Zelle der berüchtigten Bleikammern des Dogenpalastes.

Wieder einmal schien ein gemeinsames Unternehmen der Christenheit gegen den »Türken« an fehlender Entschlossenheit, Misstrauen und unterschiedlichen Interessen kläglich gescheitert zu sein. Während sich das osmanische Heer bereits Anfang Oktober 1570 vor der Hafenstadt Famagusta versammelte, stritten die Mächte der »Heiligen Liga« noch über die Ursachen ihres Versagens. Allein den unermüdlichen Anstrengungen des Papstes und seinen finanziellen Mitteln verdankte die Allianz ihren Fortbestand. Die Venezianer waren nach dem Platzen ihrer Hoffnungen auf den Rückgewinn Zyperns anfangs sogar zu einem Friedensschluss mit dem Sultan bereit. Doch Nachrichten von dem äußerst erfolgreichen Flottenunternehmen des Marco Querini gaben der *Serenissima* neue Hoffnung. Im Januar 1571 hatte der venezianische *Provveditore* die Rückkehr der osmanischen Hauptflotte nach Konstantinopel genutzt und war von Kreta aus mit einem Dutzend Galeeren und drei Galeonen nach Zypern gefahren, hatte die osmanische Blockade von Famagusta durchbrochen und war schließlich unter dem begeisterten Jubel der Bevölkerung in den Hafen der Stadt eingedrungen. Dabei hatte die osmanischen Blockadeflotte etliche ihrer Schiffe eingebüßt. Querinis Erscheinen in der bedrängten Hafenstadt sollte sich als voller Erfolg erweisen. Fast 1000 Osmanen wurden getötet oder verwundet, als sich kurz darauf eine günstige Gelegenheit zur Einnahme der Stadt als geschickt gestellte Falle des Venezianers entpuppte.[17]

Ein anderer Vorfall zeigte, dass auch der Kommandant der Stadt, Marcantonio Bragadin, aus anderem Holz geschnitzt war als der unglückselige Dandolo. Auf eine Truppenparade der Osmanen in provokanter Nähe zur Stadt ließ Bragadin mit zwei weitreichenden Geschützen das Feuer eröffnen, was neuerliche erhebliche Verluste unter den bestürzten Belagerern verursachte. Famagusta versprach den osmanischen Invasoren länger zu widerstehen als im Vorjahr Nikosia. Gleichwohl würden seine 8000 Verteidiger die Stadt gegen eine Übermacht von 100 000 Mann nicht dauerhaft halten können. Obwohl also die Zeit zum Entsatz drängte,

einigten sich Spanien und Venedig erst im Mai 1571 auf eine Erneuerung
der »Heiligen Liga«. 200 Galeeren wollten die Vertragsparteien gemeinsam aufbieten, allerdings hatte der Entsatz von Zypern nicht mehr
die höchste Priorität. Das Bündnis sollte nach dem Willen Spaniens jetzt
auch dem Schutz seiner nordafrikanischen Stützpunkte dienen. Dafür
übernahm das Land die Hälfte der Kosten, Venedig ein Drittel und der
Papst den Rest. Philipp II. durfte auch den Oberbefehlshaber der Flotte
stellen und ernannte, nachdem sein bevorzugter Kandidat Gianandrea
Doria weder für den Papst noch für Venedig akzeptabel war, seinen ille-
gitimen Halbbruder, den 24-jährigen Juan d'Austria. Trotz seiner spanischen Erziehung galt der in Regensburg als Sohn einer Bürgerlichen geborene Offizier als das genaue Gegenbild zu Philipp II. Der hervorragend
aussehende d'Austria war ein Charmeur und Liebling der Frauen. Doch
alle seine amourösen Ambitionen übertraf sein unbändiger Drang nach
militärischem Ruhm, der ihm als Oberbefehlshaber in den guerillaartigen
Kämpfen gegen die andalusischen Morisken noch versagt geblieben war.
Auch wenn Philipp seinem Halbbruder ans Herz gelegt hatte, nichts gegen
den Rat des erfahrenen Doria zu wagen, schien mit Don Juan d'Austria
an der Spitze der Flotte eine Wiederholung der deprimierenden Ereignisse des Vorjahres fast ausgeschlossen. Dies galt freilich umso mehr,
da es auf der Gegenseite Sokollu Mehmed nicht ein zweites Mal darauf
ankommen lassen wollte, dass eine christliche Flotte dem osmanischen
Expeditionskorps auf Zypern in den Rücken fiel. Der Großwesir verfolgte
längst ehrgeizigere Pläne. Glückte es tatsächlich, die Flotte der »Heiligen
Liga« einschließlich der Venezianer bereits am Eingang zur Adria zu vernichten, würde die *Serenissma* nicht nur ganz Zypern, sondern auch Kreta
verlieren. Italien und Rom könnten dann die nächsten Schritte auf dem
Weg nach Westen sein.

Schon kreuzte ein osmanisches Geschwader in den Gewässern nördlich
von Kreta und zwang die sich bei Korfu sammelnde Flotte der Venezianer,
auf das sizilianische Messina auszuweichen. Zum neuen Generalkapitän
des venezianischen Geschwaders hatte der Senat nach dem Abgang Zanes
den schon 75-jährigen Sebastiano Venier aus einer hoch angesehenen Familie der Lagunenstadt ernannt. Als gelernter Jurist und hervorragender
Organisator konnte er auf eine beeindruckende Laufbahn im Dienste sei-

ner Republik zurückblicken. So war er Gouverneur von Kreta gewesen und bereits zum Nachfolger des unglückseligen Dandolos ernannt, als der Krieg um Zypern ausbrach. Obwohl Zivilist, präsentierte sich Venier als entschlossener Befehlshaber, der im Mai nur durch den Rat seiner Kapitäne davon abgehalten werden konnte, mit seinem Geschwader sofort zum Entsatz von Famagusta aufzubrechen.[18] Um Veniers fehlende militärische Expertise auszugleichen, hatte ihm der Senat den um 20 Jahre jüngeren Agostino Barbarigo als Stellvertreter zur Seite gestellt. Der ebenfalls aus einer prominenten venezianischen Familie stammende Offizier hatte von Jugend an auf Galeeren gedient und war mit seinen diplomatischen Erfahrungen die ideale Ergänzung zum Generalkapitän.

Als die 64 venezianischen Galeeren am 23. Juli 1571 im Hafen von Messina eintrafen, erwartete sie dort zwar bereits Marcantonio Colonna mit den 17 Galeeren des päpstlichen Geschwaders, doch immer noch fehlte Juan d'Austria mit dem Kontingent der Spanier. Es sollte noch ein ganzer weiterer Monat verstreichen, ehe der neue Oberbefehlshaber nach einer anstrengenden *Tour d' Honneur* über Barcelona, Genua und Neapel schließlich bei seiner Flotte auf Sizilien eintraf.[19] 81 gut ausgestattete Galeeren und 20 000 Mann Infanterie steuerten Spanien und Neapel zur Allianz bei. Mit den noch aus Kreta erwarteten 60 Schiffen würde die alliierte Flotte auf mehr als 200 Galeeren anwachsen. Niemals zuvor hatte die »Christenheit« eine derart gewaltige Flottenmacht gegen den »Türken« versammeln können.

Die Osmanen waren inzwischen nicht untätig geblieben und hatten in der Adria etliche feste Plätze der Venezianer in ihre Hand gebracht. Eines ihrer Geschwader unter dem Kommando des aus Italien stammenden Renegaten Uluch Ali versetzte sogar schon die Bewohner der Lagunenstadt selbst in Angst und Schrecken. Bevor überhaupt etwas zur Rettung Famagustas unternommen werden konnte, musste die Adria wieder von den Osmanen gesäubert werden. Deren Flotte stand seit dem Frühjahr unter dem Befehl von Müezzinzade Ali Pascha, einem gebürtigen Türken und Sohn eines Imans aus Edirne. In der von Renegaten und Abkömmlingen der Knabenlese geprägten Hierarchie am Hofe des Sultans war der betagte Admiral trotz seiner 40 Dienstjahre ein Außenseiter, wurde aber von Selim nach Kräften protegiert. Ali Pascha hätte sich durchaus mit seinen bisherigen Erfolgen zufriedengeben können. Seine Schiffe hatten die Belagerung von Famagusta abgeschirmt, die Nordküste von Kreta verwüstet und zuletzt in der Adria reichliche Beute gemacht. Über den jetzt herannahenden Gegner glaubte er sich bestens unterrichtet. Gewiss würde sich die zusammengewürfelte Flotte der »Christen« nach einigen belanglosen Manövern wegen ihrer notorischen Zwistigkeiten, vor allem aber wegen der schon fortgeschrittenen Jahreszeit bald wieder nach Sizilien zurückziehen müssen. Freilich lockte den »Türken« auch die Aussicht auf einen großen Sieg über einen Gegner, dem er sich numerisch und taktisch überlegen glaubte. Hatte ihn doch auch der Sultan unverhohlen zu einer Schlacht gedrängt, verknüpft allerdings mit der salvatorischen Klausel, dabei die Flotte nicht zu gefährden.

Auf der Gegenseite war die Armada der »Heiligen Liga« am 17. September endlich aus dem Hafen von Messina in Richtung Korfu ausgelaufen und zwang damit Ali Pascha, die Belagerung der Insel vorerst aufzugeben. In einem letzten Kriegsrat an Bord seines Flaggschiffes »Real« hatte sich Juan d'Austria mit seiner Absicht durchgesetzt, die osmanische Flotte um jeden Preis zum entscheidenden Kampf zu stellen. Notfalls würde er auch mit den Venezianern allein in die Schlacht ziehen, beschied er die Skeptiker um den Genuesen Gianandrea Doria. Noch klang dem jungen Befehlshaber der Jubel der Bewohner von Barcelona, Genua und Neapel in den Ohren, die ihn überall auf seiner Anreise begeistert empfangen hatten. Juan d'Austria wusste, dass die »Heilige Liga« einen zweiten ereignislosen Feldzug nicht überstehen würde. Auf den Rat des alten Don Garcia de Toledo hatte er seine Flotte in drei Geschwader geteilt, die in der kommenden Schlacht die Rolle von Zentrum und Flügel übernehmen sollten. Außerdem hatte er jede dieser Abteilungen mit spanischen, venezianischen und päpstlichen Galeeren gemischt. Eigenständige Manöver der jeweiligen Kontingente auf der Grundlage politischen Taktierens, wie sie gut drei Jahrzehnte zuvor bei Preveza zur Niederlage geführt hatten, sollten so verhindert werden. Auf der Gegenseite zog sich der *Kaputan Pascha* des Sultans mit seinen Schiffen in den Golf von Patras zurück. In dem 40 Kilometer vom Eingang des Golfs entfernten Lepanto wollte Müezzinzade Ali seine nach monatelangem Einsatz mitgenommenen Schiffe ausbessern und abwarten, was die »Ungläubigen« unternahmen.

Deren Flotte warf am 29. September vor Korfu Anker und wartete auf neue Nachrichten über den Feind. Während die Besatzungen ihre Vorräte ergänzten und die Schiffe ausbesserten, drohte wie aus dem Nichts ein plötzliches Zerwürfnis zwischen Spaniern und Venezianern die fragile Einheit der Flotte zu zerstören. Nach langem Zögern hatte Generalkapitän Venier das kameradschaftliche Angebot des jungen Oberbefehlshabers angenommen, die Lücken in den Kampfbesatzungen seiner Galeeren mit spanischen Soldaten aufzufüllen. Die durchaus zweckmäßige Maßnahme sollte allerdings an Bord einer venezianischen Galeere aus Kreta, die den eigenartigen Namen »Bewaffneter Mann von Rethymno« führte, zu einem blutigen Kampf eskalieren. Noch viel weniger als ihre Befehlshaber verstanden es Offiziere und Mannschaften, ihre Vorbehalte und alten Ressentiments gegenüber den jetzigen Alliierten unter Kontrolle zu halten. Aus einem nichtigen Anlass entstand rasch ein blutiger Streit. Die Spanier töteten die gesamte Mannschaft auf der »Bewaffneter Mann« und konnten erst von den Besatzungen der venezianischen Nachbarschiffe niedergekämpft werden. Generalkapitän Venier ließ die spanischen Rädelsführer nach kurzem Kriegsgericht an einer Rah aufknüpfen. Juan d'Austria schäumte vor Wut über die Eigenmächtigkeit des Venezianers, und mehrere Stunden lang richteten spanische und venezianische Schiffe drohend ihre Geschütze aufeinander. Nur mit Mühe konnte ein Eklat verhindert werden, doch der Riss zwischen den beiden Alliierten war nur notdürftig gekittet, als die gesamte Flotte am 3. Oktober von Korfu aus Fahrt nach Süden aufnahm. In dieser angespannten Lage erreichte die Verbündeten, als sie am nächsten Tag die Insel Kefalonia passierten, eine Hiobsbotschaft, welche die angespannte Atmosphäre noch zu verschärfen drohte. Nach verzweifeltem Widerstand hatte die Besatzung von Famagusta am 1. August 1571 kapitulieren müssen. Im ersten Augenblick wirkte die Meldung niederschmetternd, entfiel doch mit dem Fall der zypriotischen Hafenstadt jeder Grund, die laufende Operation fortzusetzen. Als dann jedoch in der Flotte die grausigen Details von der Ermordung des tapferen venezianischen Befehlshabers Marcantonio Bragadin die Runde machten, erfüllte plötzlich jeden Soldaten und Seemann, gleich welcher Nation, ein gemeinsamer Hass auf die wortbrüchigen »Türken«. Obwohl Lala Mustafa Pascha, der osmanische Befehlshaber vor Famagusta, der ge-

samten Besatzung der Stadt zunächst freien Abzug zugesichert hatte, ließ
sich der gebürtige Bosnier – entweder provoziert durch Bragadins fraglos
anmaßendes Auftreten in seinem Zelt oder bedrückt von den beispiellosen Verlusten seines Heeres – dazu hinreißen, die Begleiter des Venezianers zu massakrieren und Bragadin selbst bei lebendigem Leib die Haut
abzuziehen. Der gemeinsame Ingrimm über diese auch für osmanische
Standards beispiellose Untat schweißte die vereinigte Flotte jetzt fest zusammen. Am 6. Oktober ging sie abends im Schutz der Curzolari-Inseln,
die den Eingang des Golfes von Patras beherrschten, vor Anker.

Am selben Abend setzte sich in einem in der Burg von Lepanto einberufenen großen Rat aller osmanischen Befehlshaber Müezzinzade Ali
Pascha mit seinem Entschluss durch, am nächsten Tag die Flotte der
Christen anzugreifen. Über den jüngsten Streit unter den Verbündeten
zeigte sich der *Kaputan Pascha* bestens unterrichtet und glaubte, diesen
Vorteil nicht ungenutzt verstreichen lassen zu dürfen. So oft hätten die
Heere und Flotten des Sultans den Gegner schon vergeblich zum Kampf
herausgefordert, da könne man jetzt nicht zurückweichen, wenn seine Armada sich tatsächlich einmal zur Schlacht bereitstellte.[20]

So sah der nächste Tag endlich jenes mit Bangen und Hoffen herbei-
gesehnte finale Kräftemessen zwischen Orient und Okzident, das Karl
und Süleyman so sorgfältig zu vermeiden gewusst hatten.

In vier Gruppen gegliedert begann die Flotte der »Heiligen Liga« am
frühen Morgen in die Bucht einzudringen. Juan d'Austria befehligte das
Zentrum mit 62 Galeeren, der Venezianer Agostino Barbarigo komman-
dierte den etwas schwächeren linken Flügel, der sich an den nördlichen
Strand der Bucht anlehnte. Der rechte Flügel mit 53 Galeeren stand unter
dem Kommando von Gianandrea Doria, der bis zuletzt dafür plädiert hatte,
die große Schlacht zu vermeiden, da selbst im Falle eines Sieges der »Türke«
sich in den Schutz des befestigten Hafens von Lepanto zurückziehen konnte.
30 Galeeren bildeten die Reserve der vereinigten Flotte. Sie hatte den Befehl, einzugreifen, falls der Feind in die Lücken zwischen den drei Hauptab-
teilungen eindringen würde. Noch einmal verbreitete sich Unsicherheit auf
den christlichen Schiffen, als nach Tagesanbruch in der Ferne immer mehr
osmanische Segel sichtbar wurden, die schließlich auf einer Breite von sechs
Kilometern den gesamten Horizont auszufüllen schienen. Juan d'Austria

hielt einen letzten Kriegsrat an Bord seines Flaggschiffes ab, um noch einmal die ängstlich gewordenen Gemüter vor allem unter den spanischen Befehlshabern auf Linie zu bringen. Tatsächlich war es für einen Rückzug längst zu spät, und der alte Johanniter Mathurin Romegas, ein hochgeachteter Veteran seines Ordens im Seekrieg gegen die Osmanen, wischte die letzten Zweifel des jungen Oberbefehlshabers mit der Behauptung weg, dass sein Vater, der Kaiser, mit einer solchen Flotte hinter sich nicht aufgehört hätte, bis er Kaiser von Konstantinopel geworden wäre.[21]

Kurz vor Mittag trafen die Gegner zu der wohl größten Seeschlacht in der Geschichte des Mittelmeers aufeinander. Schon der erste Zusammenstoß brachte der »Heiligen Liga« den entscheidenden Vorteil. Juan d'Austria hatte auch den Rat des alten Don Garcias beherzigt und die Rammsporne seiner Galeeren abbauen lassen. Die Buggeschütze konnten dadurch niedriger angerichtet werden, und ihr bis zum letzten Moment des Zusammenpralls zurückgehaltenes Feuer war eine böse Überraschung für die Osmanen. Als besonders verheerend für die Osmanen erwies sich auch das Bombardement der sechs venezianischen Galeassen, die von den Galeeren in die vorderste Front gezogen worden waren und mit ihren wuchtigen Breitseiten Dutzende von Angreifern versenkten. Noch ehe die Schlacht richtig begonnen hatte, war bereits ein Drittel des von Müezzinzade geführten Zentrums vernichtet und das Meer übersät mit Schiffstrümmern und Toten. Noch aber war der Erfolg der alliierten Flotte nicht gesichert. Auf ihrem rechten Flügel entwickelte sich die Lage weniger günstig. Dort hatte Doria gegen das an Zahl weit überlegene Geschwader des Korsaren Uluch Ali einen schweren Stand. Der Renegat drohte mit seinen Schiffen Doria zu überflügeln und zog damit dessen Geschwader weit vom Zentrum der Schlacht nach Süden ab. Als auf diese Weise die erhoffte Lücke in der Phalanx der christlichen Schiffe aufriss, machte Uluch Ali blitzschnell kehrt und stieß mit seinen Galeeren in Juan d'Austrias rechte Flanke. Eine Zeit lang konnte der osmanische Admiral noch gegen das Zentrum der Verbündeten wüten, dann aber musste er vor der heranrudernden Reserve und Dorias zurückkehrenden Schiffen auf die offene See fliehen. Etwa 80 Galeeren hatte Uluch Ali damit dem Sultan retten können. Der Rest der osmanischen Flotte wurde inzwischen Schiff für Schiff übermannt. Dass Müezzinzade Ali Pascha zuvor viele

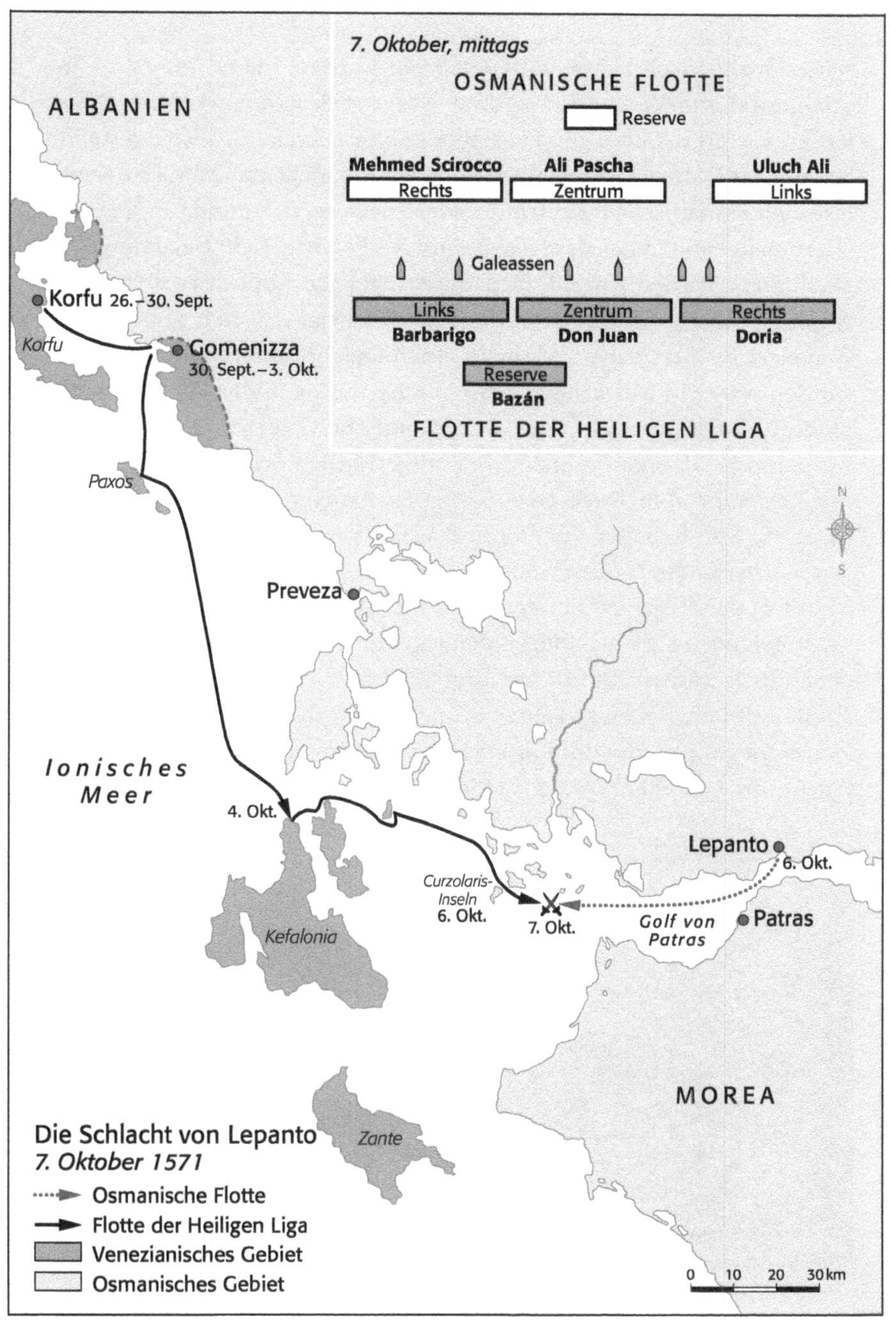

ALBANIEN
7. Oktober, mittags
OSMANISCHE FLOTTE
Reserve
Mehmed Scirocco
Rechts
Ali Pascha
Zentrum
Uluch Ali
Links
Galeassen
Links
Barbarigo
Zentrum
Don Juan
Rechts
Doria
Reserve
Bazán
FLOTTE DER HEILIGEN LIGA
Korfu 26.–30. Sept.
Korfu
Gomenizza
30. Sept.–3. Okt.
Paxos
Preveza
N
S
Ionisches
Meer
4. Okt.
Curzolaris-
Inseln
6. Okt.
7. Okt.
Lepanto
6. Okt.
Golf von
Patras
Patras
Kefalonia
MOREA
Die Schlacht von Lepanto
7. Oktober 1571
Osmanische Flotte
Flotte der Heiligen Liga
Venezianisches Gebiet
Osmanisches Gebiet
Zante
0   10   20   30 km

seiner Spahis nach Hause hatte entlassen müssen, die er nur durch unerfahrene Kämpfer ersetzen konnte, erwies sich jetzt als weiterer Nachteil für die Osmanen. Die Venezianer nahmen Rache für Famagusta, die Spanier für Djerba. Gefangene wurden vorerst nicht gemacht. Der Kampf mit dem osmanischen Zentrum endete nach zwei Stunden mit der Eroberung der »Sultana«, dem Flaggschiff Ali Paschas. Kein Besatzungsmitglied überlebte den Angriff. Den abgeschlagenen Kopf des osmanischen Admirals überbrachte man stolz Juan d'Austria, der sich selbst in das Gemetzel gestürzt hatte und durch einen Dolchstoß am Bein verwundet worden war. Mit Müezzinzade Ali Pascha war auch der Großteil seiner Flotte verloren gegangen. Fast 100 osmanische Galeeren waren versenkt worden oder trieben brennend mit aufgerissenen Seiten zusammen mit den Leichen von mehr als 20 000 ihrer ehemaligen Besatzungen auf dem Meer. 137 Schiffe hatten Spanier und Venezianer erobert und damit auch 12 000 christliche Galeerensklaven befreien können. Der erlahmenden Mordlust der Sieger verdankten am Ende 3500 Osmanen ihr Leben. Darunter befanden sich auch die beiden jugendlichen Söhne Ali Paschas, von denen Juan d'Austria auf Bitten ihrer Schwester einen später freiließ. Der zweite war inzwischen an seinen Wunden gestorben.

Der illegitime Sohn des Kaisers hatte mit Lepanto den Zenit seiner militärischen Laufbahn erreicht. Überall in Europa, selbst am fernen Hof

Die Schlacht von Lepanto. Unbekannter Künstler, spätes 16. Jh.

von Edinburgh wurde der junge Held als Retter der Christenheit mit Glockengeläut, Kanonendonner und Feuerwerk gefeiert. Dichter verfassten Elogen auf den Sieg und in Rom wurde Marcantonio Colonna, der Befehlshaber des päpstlichen Flottenkontingents, wie ein antiker Triumphator empfangen.[22] Am Tag von Lepanto sei der »ottomanische Stolz und Hochmut gebrochen« worden, ließ der Dichter Miguel de Cervantes, selbst ein Teilnehmer der Schlacht, einen seiner Romanhelden im »Don Quichotte« verkünden.[23]

Seit der Schlacht von Ankara gegen die Horden Timur Lenks 170 Jahre zuvor hatte keine osmanische Streitmacht eine so schwere Niederlage erlitten. Zwar brach das Reich nicht wie nach der Gefangennahme Sultan Bayezids zusammen, nicht einmal der Krieg gegen die »Heilige Liga« war verloren. Wohl aber war mit dem Sieg von Lepanto endlich der Fluch des Versagens gebannt, der bisher auf allen christlichen Armeen und Flotten im Kampf gegen den »Türken« gelegen zu haben schien. Eine numerisch überlegene osmanische Flotte war beinahe vernichtet worden. Selbst wenn es Uluch Ali, dem neuen *Kaputan Pascha* des Sultans, gelang, schon im darauffolgenden Winter eine neue Armada auf Kiel zu legen, so konnte doch der Verlust an erfahrenen Seeleuten, Ruderern und Kämpfern kaum noch wettgemacht werden. Die Einbuße an Menschen, den das Riesenreich seit dem Rückzug von Malta in nur sechs Jahren hatte hinnehmen müssen, überstieg alles Vergleichbare. Wohl mehr als 100 000 der besten Kämpfer waren in den Feldzügen gegen die Johanniter, gegen die Venezianer auf Zypern und gegen die »Heilige Liga« umgekommen.

Trotz aller Euphorie erwies sich für die Sieger die Fortsetzung des Krieges als schwierig. Der alte Dissens unter den Verbündeten stellte sich schon im folgenden Kriegsjahr wieder ein. Die Spanier hätten gerne Tunis zurückerobert, die Venezianer drängten dagegen auf eine gemeinsame Operation gegen die Peloponnes und hofften dabei auf die Unterstützung der dortigen christlichen Bevölkerung. Schließlich konnte die Flotte der »Heiligen Liga« die Schiffe Uluch Alis bei Modon einschließen, wagte aber nicht, – wie 255 Jahre später die Europäer bei Navarino – sofort in den Hafen einzudringen. Nach dreiwöchiger ergebnisloser Blockade musste Juan d'Austria am 8. Oktober 1572, fast genau am Jahrestag von »Lepanto«, den Befehl zum Rückzug nach Korfu erteilen.[24] Kurz darauf zerbrach die »Heilige Liga«, zumal deren wichtigster Protagonist, Papst Pius V., schon im Mai verstorben war. Als Erste verließen die Venezianer, deren Handel am Boden lag, das Bündnis und begannen insgeheim Verhandlungen mit den Osmanen. Die »Hohe Pforte«, obwohl selbst am Frieden interessiert, konnte der *Serenissima* ihre Bedingungen voll und ganz diktieren. In Europa sprach man empört vom neuerlichen Verrat der Krämermetropole, doch eine andere Wahl als mit dem Sultan Frieden zu schließen, hatten die Venezianer tatsächlich nicht. Zypern war ohnehin verloren, und der am 7. März 1573 unterzeichnete Vertrag garantierte ihnen wenigstens den Besitz von Kreta. Dass Juan d'Austria im selben Jahr noch einmal Tunis erobern konnte, war nur ein geringer Trost für die ernüchternde Einsicht, dass es den Europäern immer noch nicht möglich war, eine dauerhafte Allianz gegen den »Türken« zu schmieden.

Als die nordafrikanische Stadt jedoch schon im September 1574 wieder an eine osmanische Flotte unter Admiral Uluch Ali verloren ging, zeigten sich auch die Spanier, denen inzwischen ein Staatsbankrott drohte, entschlossen, den Kampf um das Mittelmeer aufzugeben. Selbst die Räumung der Festung Oran wurde in Madrid erwogen. Mit den aufständischen Niederländern und den Engländern waren inzwischen zwei neue Gegner auf der politischen Bühne erschienen, für deren Bekämpfung Philipp II. unbedingt einen freien Rücken benötigte. Obwohl der erhoffte Waffenstillstand mit der »Hohen Pforte« erst sieben Jahre später abgeschlossen werden konnte, sollte es nach dem Verlust von Tunis nicht mehr zu größeren Kampfhandlungen auf See kommen. Die Schlacht von Lepanto hatte somit nicht nur den blutigen Höhepunkt des Seekrieges im Mittelmeer markiert, sondern auch schon sein Ende eingeleitet.

Noch einmal hatte sich das Osmanische Reich an allen Fronten behaupten können, aber den Ruf ihrer Unbesiegbarkeit, ihr wichtigstes strategisches Kapital, hatten die Erben Osmans mit Malta und Lepanto endgültig eingebüßt.

6 Epilog in Algier
Die vergessene Sklavenjagd im Mittelmeer

»Stets wird es den Mächtigen der Christenheit, ob Katholiken oder Protestanten, zur Schande gereichen, dass sie ihre Kräfte nicht vereinen, um die Nester jener frevelhaften Korsaren zu zerschlagen, wie sie es wohl könnten. Stattdessen erbetteln sie von ihnen von Mal zu Mal mit Bitten und Geschenken ihre Freundschaft, die sich, kaum wird sie auf die Probe gestellt, oftmals zu Treuebruch verkehrt.«

Lodovico Antonio Muratori, *Annali d'Italia*[1]

Die kleine Flottille aus vier Galeeren hatte von Neapel aus Kurs auf Barcelona genommen, als sie am 21. September 1575 vor der katalanischen Küste in einen Sturm geriet. Drei Schiffe konnten später ihre Fahrt fortsetzen und erreichten sicher ihr Ziel. Das vierte Schiff, die *Sol*, wurde jedoch von algerischen Korsaren abgefangen und die Besatzung nach stundenlangem Kampf überwältigt. Unter den Gefangenen der *Sol*, die von den Siegern nach Algier verschleppt wurden, befand sich auch der spätere Dichter des »Don Quichotte«, der damals 28-jährige Miguel de Cervantes. Der Spanier war ein Veteran der Schlacht von Lepanto, in der er dreimal verwundet worden war und den Sieg der christlichen Flotte mit einer gelähmten Hand bezahlt hatte.[2]

Mit seiner Verschleppung nach Algier teilte Cervantes das traurige Schicksal von fast einer Million Menschen, die nach der immer noch gültigen Schätzung des Franzosen Pierre Dan allein zwischen 1530 und 1640 im westlichen Mittelmeer oder an seinen Küsten von nordafrikanischen Freibeutern entführt wurden, um auf den Sklavenmärkten von Algier, Tunis oder Tripolis verkauft zu werden.[3] Dabei agierten die dreisten Räuber mit dem vollen Einverständnis und entsprechenden Kaperbriefen ihrer Beys und sogar unter den Augen der in Algier und Tunis residierenden europäischen Diplomaten. Ihre räuberische Bilanz war beeindruckend. Allein 40 Überfälle auf die Küste Siziliens erwähnen lokale Chroniken zwischen

1570 und 1606. 4000 Männer, Frauen und Kinder aus Granada waren allein bei dem großen Überfall von 1566 in die Hände der moslemischen Menschenräuber gefallen.[4]

Selbst im Atlantik trieben die nordafrikanischen Korsaren ihr Unwesen und brachten im Jahre 1617 1200 Bewohner der Insel Madeira auf ihre Schiffe. 14 Jahre später wagten sie sich sogar bis nach Island vor, von wo sie 400 Menschen verschleppten.

Die Zahl der spektakulären Überfälle an Land mit mehreren Hundert Gefangenen ging zwar im Laufe des 17. Jahrhunderts allmählich zurück, dafür mehrten sich jedoch die Angriffe auf einzelne Schiffe und sogar Konvois. So kaperten Korsaren aus Algier zwischen 1628 und 1634 allein 80 französische Segler und machten dabei fast 1000 Gefangene. Eine Statistik der etwa zur selben Zeit im Mittelmeer eingetretenen englischen Schiffsverluste gelangt bis 1641 sogar auf 131 Fälle, wobei insgesamt 2555 Untertanen ihrer Majestät in die Sklaverei verschleppt wurden.[5]

Die Europäer und zuletzt sogar die Amerikaner, die in den Jahren von 1785 bis 1793 mehr als 130 Seeleute verloren, taten sich schwer, die empfindlichen Störungen ihres atlantischen Handels zu unterbinden. Isolierte Strafaktionen spanischer, britischer und sogar holländischer Flotten vor der nordafrikanischen Küste blieben bis ins 19. Jahrhundert wirkungslos. Noch in den Jahren 1783 und 1786 bombardierten spanische Geschwader tagelang die Stadt Algier, ohne damit den Bey zu irgendeinem Zugeständnis zwingen zu können.[6] Umso erstaunlicher war die Leichtigkeit, mit der schließlich im Jahre 1830 ein französisches Expeditionskorps die Stadt Algier besetzen konnte. In den Gefängnissen (*Bagnos*) der Stadt fanden sich damals noch 122 christliche Sklaven. Als sich nach diesem Schlag auch die Beys von Tunis und Tripolis mit ihrer Zusicherung beeilten, zukünftig auf die Sklavenjagd zu verzichten, war nach drei Jahrhunderten der maritimen Anarchie eine Geißel der christlichen Seefahrt endlich ausgeschaltet.[7]

Auch Cervantes war 1575 nach Algier verschleppt worden, allerdings sollte er dort nicht auf dem Sklavenmarkt landen, da ihn sein Entführer, ein griechischer Renegat namens Dali Mami, für eine hochgestellte Persönlichkeit hielt. Seine Sonderstellung unter den Gefangenen verdankte Cervantes vor allem einem Empfehlungsschreiben Juan d'Austrias. Das Kalkül seines Besitzers, ein hohes Lösegeld einstreichen zu können, sollte sich jedoch als Irrtum erweisen, denn Cervantes' Familie war zwar adlig, aber verarmt. So musste der Spanier fast fünf traumatische Jahre in Ketten im berüchtigten Gefängnis des Beys von Algier, einem von sechs *Bagnos* in der Stadt, verbringen, ehe es 1580 den Brüdern der Trinitarier schließlich gelang, den verzweifelten Spanier und 186 seiner Mitgefangenen freizukaufen. Über Jahrzehnte war der katholische Orden mit seinen Spendenaufrufen bemüht, Spanier aus der moslemischen Gefangenschaft zu erretten. Über Jahrzehnte erlangten jährlich bis zu 200 europäische Sklaven durch seine rührige Hilfe ihre Freiheit zurück. Dass es die frommen Fratres bei ihrer Spendenakquise mit der Wahrheit nicht so genau nahmen und oft die Lebensverhältnisse der ihrer Befreiung harrenden Gefangenen in den düstersten Farben schilderten, kann nicht überraschen.[8] Cervantes selbst beschrieb später in seinem »Don Quichotte« die ständige Drohung von Gewalt und Willkür gegen die Gefangenen als kaum ertragbare Belastung. »Obschon wir häufig, ja ständig unter Hunger und Blöße zu leiden hatten, so litten wir doch am meisten darunter, dass wir jeden Tag die nie erhörten und nie gesehenen Grausamkeiten hören und sehen mussten, die mein Herr gegen die Christen verübte. Er ließ jeden Tag einen Mann aufknüpfen, ließ den einen pfählen, dem anderen die Ohren abschneiden, und dies aus so geringfügigem Grunde, dass sogar die Türken einsahen, er tue es nur um des Tötens willen.«[9]

Bis zu 25 000 christliche Sklaven sollen sich gegen Ende des 16. Jahrhunderts allein in den Kerkern von Algier befunden haben, wo sie entweder als hochrangige Persönlichkeiten auf ihre Auslösung warteten oder tagsüber von ihren Besitzern zu den verschiedensten Tätigkeiten oder Baumaßnahmen herangezogen wurden. Einer der Auswege aus ihrer beklagenswerten Lage war der Freikauf, der allerdings von der Spendenbereitschaft in den Heimatländern und dem Geschick der Unterhändler abhing. Selbst in den norddeutschen Hansestädten Hamburg und Lübeck mussten sich die Behörden nach schmerzhaften Schiffsverlusten im Mittelmeer mit dem Problem des Freikaufs von gefangenen Besatzungen befassen und gründeten 1622 (bzw. 1627) zu diesem Zweck sogenannte Sklavenkassen, in die zumindest die Kapitäne und Steuerleute einen abgestuften Teil ihrer Heuer einzahlen mussten.[10] Den Schriftverkehr und die Zahlungen konnten die Norddeutschen sogar über den französischen Konsul in der Piratenstadt abwickeln.

Christlichen Gefangenen, die keine Aussicht hatten, freigekauft zu werden, oder aber nicht die Geduld aufbrachten, jahrelang auf ihre Rettung zu warten, blieben nur wenig andere Optionen. Zwar war eine Flucht schwierig, jedoch nicht unmöglich. Nur wenige brachten freilich den Mut auf, einen 400 Kilometer langen Fußmarsch durch die Wüste nach Oran zu unternehmen, das noch eine spanische Besatzung hatte. Häufiger, aber nicht minder gefährlich, waren Versuche, bei Nacht mit einem Boot aufs offene Meer zu fahren und darauf zu hoffen, dass vielleicht eines der vielen vor der Küste kreuzenden Schiffe aus Spanien oder Frankreich den Flüchtling aufnahm. Vereinzelt sollen aber von Sklaven gesteuerte Boote sogar Sizilien erreicht haben. Mit immerhin vier Fluchtversuchen bildete Cervantes fraglos eine Ausnahme unter den Sklaven von Algier. Nur durch Glück und Fürsprache überlebte er seine gewagten Aktionen. Es diente vor allem der Abschreckung, dass jeder eingefangene Sklave trotz seines wirtschaftlichen Wertes gewöhnlich zu Tode gefoltert wurde.

Der Austausch von Gefangenen war eine dritte Rettungsoption, denn auch die Ritter der Johanniter oder des 1561 in Pisa gegründeten Stephansordens machten mit großem Erfolg Jagd auf moslemische Schiffe und deren Besatzungen. Allerdings behielten die christlichen Ritterorden gewöhnlich ihre robustesten Sklaven, um sie auf ihren Galeeren einzusetzen. Der Bedarf an Ruderern war so groß, dass die 150 gefangenen »Türken«, die Kaiser Leopold I. nach der Einnahme von Buda 1686 seinem Schwager, dem Großherzog der Toskana, schickte, ein hochwillkommenes Geschenk waren.[11]

Noch im Jahre 1740 stieß Johann Caspar Goethe, der Vater des Weimarer Dichterfürsten, in der toskanischen Hafenstadt Livorno auf ein *Bagno* mit moslemischen Sklaven, die tagsüber in der Stadt ihrem Lebensunterhalt nachgingen und sich regelmäßig in einer nahe gelegenen Moschee zum Gebet versammelten.[12]

Der Königsweg aus der Gewalt der nordafrikanischen Sklavenjäger war jedoch für jeden gewöhnlichen Gefangenen der Glaubenswechsel zum Islam. Jeder Christ, der sich entschloss, »Türke« zu werden, konnte seine Lage damit erheblich verbessern und in überschaubarer Zeit sogar auf seine Freilassung rechnen. Etliche der Korsarenkapitäne aus Algier, Tunis oder Tripolis waren als Renegaten zum Islam übergetreten. Von den rund 100 000 Einwohnern Algiers sollen nach Schätzung des portugiesischen Klerikers Antonio de Sosa, der zusammen mit Cervantes in Algier gefangen gehalten wurde, aber erst ein Jahr nach ihm freikam, fast die Hälfte ehemalige Christen aus sämtlichen europäischen Ländern gewesen sein.[13] Selbst Hassan Bey, der wegen seiner Jähzornigkeit gefürchtete »König von Algier«, war in Venedig geboren und aufgewachsen. Besondere Wertschätzung von ihren moslemischen Herren erfuhr der Glaubenswechsel christlicher Sklaven freilich nicht, da der wirtschaftliche Verlust die Freude über die Bekehrung eines Fremden zum »wahren Glauben« gewöhnlich stark schmälerte.[14] Es war daher keine Überraschung, dass die Behörden in Algier, Tunis oder Tripolis eine Seelsorge durch meist katholische Missionare zuließen und sogar regelmäßige Messen für die Gefangenen in den *Bagnos* gestatteten.[15]

Nur die wenigstens Konvertiten kehrten jemals in ihre Heimat zurück, wo sie zuweilen, wie etwa der aus Marienburg stammende Balthasar Sturmer, große Mühe hatten, ihren temporären Abfall vom Christentum vor den Angehörigen oder den Behörden zu vertuschen.[16] Während jedoch der Westpreuße Sturmer nach seiner Rückkehr ein Leben als wohlhabender und geachteter Bürger von Königsberg führen konnte, ließ Cervantes das Trauma seiner Gefangenschaft nie mehr los. Es sollte sein gesamtes literarisches Werk prägen. So lässt er etwa in seinem Don Quichote einen ehemaligen Sklaven aus Algier eine Lebensgeschichte erzählen, die unverkennbar seine eigenen Erfahrungen widerspiegelt. Die tief empfundene Abscheu seines »Ritters von der traurigen Gestalt« beim Anblick eines Dutzends in Ketten marschierender Gefangener veranlasst diesen, die für die Galeeren des Königs bestimmten Unglücklichen in einer aberwitzigen Aktion aus den Händen ihrer Bewacher zu befreien.[17]

Genau zu der Zeit, als Europäer zusammen mit afrikanischen Warlords den atlantischen Dreieckshandel mit Menschen vom schwarzen Kontinent betrieben, bedrohte fast drei Jahrhunderte lang die Sklavenjagd maghrebinischer Korsaren auf Europäer massiv die christliche Seefahrt zwischen Gibraltar und der Straße von Messina. Mit vielleicht anderthalb Millionen geraubten Christen erreichte die moslemische

Sklaverei zwar bei Weitem nicht das Ausmaß der 12 Millionen von christlichen Europäern nach Amerika verschleppten Schwarzafrikanern. Doch gegenüber dem mit allen Mitteln im öffentlichen Bewusstsein gehaltenen Unrecht der schwarzen Sklaverei ist die zeitgleiche massenhafte Versklavung weißer Europäer durch Moslems und Renegaten weitgehend in Vergessenheit geraten.[18] In den Nachfolgestaaten der einstigen maghrebinischen Korsarenhochburgen erinnert heute keine Bevölkerungsgruppe mehr an diese lange und peinliche Periode, in der die aufstrebenden europäischen Staaten in Übersee gewaltige Kolonialreiche errichteten, aber nicht willens oder in der Lage waren, ihre eigenen Bürger vor dem Zugriff der tolldreisten Menschenjäger aus Algier, Tunis und Tripolis wirksam zu schützen. Selbst noch lange nachdem die letzte osmanische Flotte ihren Weg ins westliche Mittelmeer gefunden hatte und schließlich auch die Macht der Sultane als ehemalige Schutzherren der nordafrikanischen Sklavenhochburgen erkennbar erodiert war, fanden die betroffenen Seemächte Europas kein anderes Mittel gegen ihre fortgesetzte Demütigung durch rückständige und brutale Barbaren als Verträge und Schutzgeldzahlungen. Es fällt tatsächlich schwer, der vor fast 300 Jahren erhobenen Anklage des italienischen Klerikers und Geschichtsschreibers Lodovico Antonio Muratori gegen die »Mächtigen der Christenheit« nicht zuzustimmen.

Teil III
In Ungarn nichts Neues

1 Der »Lange Türkenkrieg« von 1593 bis 1606 Verspielte Chancen und ein ernüchterndes Patt

»Wir erinnern uns bestens an die Vereinbarungen, die wir im Rahmen des zwischen uns geschlossenen Friedens einzuhalten haben und die wir bis heute so gut wie möglich eingehalten haben. Auf der anderen Seite sind wir sicher, dass Eure Durchlaucht keineswegs vergessen hat, was Ihr Vater sich uns gegenüber eidlich zu garantieren verpflichtet hat.

Da aber bis heute Ihre unfriedfertigen und unruhigen Paschas und Beys unsere Festungen mit feindlichen Attacken und offener Gewalt berennen und unsere Gebiete vielfältig schädigten und verheerten, und zwar mit Mord, Raub, Entführungen und Brandstiftung, und nicht tributpflichtige Gegenden mit Gewalt heimgesucht und sich selbst unterworfen haben, so ist das, was durch Gesetze und Bestimmungen des Friedensschlusses festgelegt worden ist, auf vielerlei Art und Weise gebrochen und verletzt worden. Da wir nun – solange von Eurer Durchlaucht und Ihren Leuten der Frieden nicht dauerhaft eingehalten wird und unsere Gebiete von den zerstörerischen Invasionen nicht befreit sind, was beides keineswegs gewährleistet ist – keineswegs zur Leistung von Ehrengeschenken verpflichtet sind, ist es so gekommen, dass einige dieser Geschenke aufgrund des verletzten Friedens verspätet eingetroffen sind, worüber bereits Klage erhoben wurde.«

Schreiben Kaiser Rudolfs II. an Sultan Murad III. vom 9. November 1589[1]

Der zwölfjährige Krieg der Osmanen gegen die iranischen Safawiden hatte mehr als die Hälfte der Regierungszeit Sultan Murads III. beansprucht. Erst im Juni 1590 konnte die »Hohe Pforte« ihn mit der Besetzung großer Teile des Kaukasus zu einem Abschluss bringen. Osmanische Truppen standen jetzt erstmals an den Ufern des Kaspischen Meeres, der Schnittstelle zwischen dem Iran und dem aufstrebenden Reich der moskowiter Zaren.[2]

Auch nach diesem Kraftakt schien das militärische Potenzial des osmanischen Superreiches noch lange nicht erschöpft, und so sorgte der endlich zustande gekommene Waffenstillstand des Sultans mit seinem östlichen Rivalen unter den Mitgliedern der europäischen »Streitgemeinschaft« für erhebliche Unruhe. Das Osmanische Reich war nie eine Friedensmacht gewesen, und nichts musste Murad III. nach Einschätzung des damaligen venezianischen Geschäftsträgers (*Bailo*) in Konstantinopel, Matteo Zane, so sehr fürchten wie einen Aufruhr seiner nunmehr beschäftigungslosen Truppen.[3] Vor wessen Grenzen also würde der »Türke« als Nächstes stehen?, lautete inzwischen die bange Frage in Madrid, Rom und Prag. Nicht zum ersten Mal gab es in Europa allerdings auch Mächte, die von der latenten osmanischen Aggressivität zu profitieren hofften.

Schon im Frühjahr 1592 hatte der Botschafter Elizabeths I. von England in Konstantinopel, Sir Edward Barton, dem Großwesir Koca Sinan Pascha eine Reihe von Briefen seiner Königin übergeben. Barton war nach William Harbone bereits der zweite Geschäftsträger des fernen Inselkönigreiches bei der »Hohen Pforte« und verfügte als Beauftragter der 1581 gegründeten englischen *Turkey Company* über erheblichen Einfluss auch über die Hauptstadt hinaus.[4]

Der freundliche Rat seiner Herrscherin, Friede mit Kaiser und Reich zu halten und stattdessen ihr militärisches Potenzial gegen König Philipp II. von Spanien in die Waagschale zu werfen, dürfte Sultan und Großwesir kaum überrascht haben. Schließlich stand die »jungfräuliche« Königin schon seit Jahren in einem erbitterten Kampf mit dem Sohn Karls V., den sie einmal sogar hatte heiraten sollen. Ihre beiden Gesandten bei der »Hohen Pforte« hatten es bisher auch verstanden, mit großem Geschick sämtliche Versuche Spaniens zu hintertreiben, einen Waffenstillstand mit den Osmanen zu schließen.[5]

Das iberische Königreich stand inzwischen allerdings nicht mehr im Fokus des Großwesirs Sinan, und der leicht durchschaubare Rat der »sehr alten Königin« schien den ersten Minister des Sultans sogar in Rage zu bringen. Das Heer der Rechtgläubigen sei so zahlreich, dass es mit der ganzen Welt kämpfen könne, gab er dem Engländer hochmütig zur Antwort, und es werde sich gewiss nicht lange in Ungarn aufhalten lassen.

Nicht nur Wien würde endlich fallen, sondern auch die Mauern von Rom wolle er einreißen.[6]

Sinans Aufschneiderei diente vor allem dem Zweck, das Scheitern seines großen Flottenbauprogramms vor den Europäern zu kaschieren. Nach dem Tod Heinrichs III. von Frankreich (1589) hatte der greise Großwesir tatsächlich zunächst den Plan verfolgt, den traditionellen Alliierten im Westen durch eine gewaltige Flottenexpedition gegen die Spanier zu unterstützen. Geldmangel und mehr noch die notorische Untreue der mit den Rüstungen beauftragten osmanischen Amtsträger hatten jedoch dazu geführt, dass von den ursprünglich geplanten 300 zusätzlichen Galeeren bis zum Frühjahr 1592 nicht mehr als ein Sechstel auf Kiel gelegt werden konnte.[7]

Ernüchtert von seinem Fehlschlag hatte der Großwesir verstärkt das habsburgische Ungarn, ursprünglich nur seine zweite Wahl, ins Visier genommen. Sinans Kalkül offenbarte die gespaltene Logik der osmanischen Politik in ihrer gesamten Tiefe. Bei jeder Entscheidung stand über allem der archaische Zwang, in kurzen Abständen einen Krieg zu führen, um die Truppen zu beschäftigen und mit Beute zu versorgen. Davon abgesehen erfolgte die Auswahl des Gegners durchaus nach strategisch-rationalen Gesichtspunkten. So hatte der Großwesir außer den Spaniern inzwischen auch die Polen von seiner Liste der potenziellen Kriegsgegner gestrichen, da deren Könige unversöhnliche Rivalen der Russen wie auch der Habsburger waren. Eine Mobilisierung des osmanischen Heeres gegen die Kaiserlichen in Ungarn würde gewiss weniger Probleme als der kostspielige Bau einer großen Flotte verursachen, zumal der zukünftige Gegner wegen des Aufstandes in den nördlichen Niederlanden kaum auf spanische Hilfe zählen konnte.

Sinan Paschas vollmundige Ankündigung, die Armee des Sultans zum ersten Mal seit Süleyman wieder vor die Tore Wiens zu führen, spielte allerdings nur der kaiserlichen Propaganda in die Hände. Rudolfs Agenten würden keine Probleme haben, einen osmanischen Großangriff in Ungarn als existenzielle Bedrohung des gesamten Reiches darzustellen. Tatsächlich wusste der Großwesir nur zu genau, dass seine Truppen in Ungarn Gefahr liefen, sich in der Kette habsburgischer fester Plätze zu verfangen. Insgesamt säumten damals 171 Festungen, befestigte Plätze oder sonstige Bollwerke, bemannt von insgesamt 22700 Verteidigern, die habsburgisch-osmanische Demarkationslinie von Kroatien bis nach Oberungarn.[8] Allein das Bezwingen einer einzigen größeren Festung aus dieser eindrucksvollen Linie würde einen ganzen Feldzug erfordern.

Mit den Kaiserlichen gab es zudem einen Waffenstillstand, der trotz wiederholter Übergriffe der Grenztruppen beider Seiten über 20 Jahre gehalten hatte. Erst 1592 war er auf acht Jahre erneuert worden. Auch hatte der seit 1576 als Kaiser regierende Rudolf II. die Zahlung des jährlichen »Ehrengeschenkes« an den Sultan, zu dem sich seine beiden Vorgänger wiederholt verpflichtet hatten, anstandslos fortgesetzt. Der in Spanien erzogene Sohn Kaiser Maximilians II. war alles andere als ein kriegerischer Geist und verspürte keinerlei militärischen Ehrgeiz. So hatte er seit seinem Regierungsantritt penibel vermieden, die gewohnheitsmäßigen Provokationen und Überfälle osmanischer Truppen, die von der »Hohen Pforte« durchaus nicht als Verletzung des Waffenstillstandes aufgefasst wurden, mit gleicher Münze heimzuzahlen.

Rudolf zog Astrologie und Alchemie der Kriegswissenschaft bei Weitem vor, und seine besondere Passion galt der Kunst. In seiner Prager Residenz hatte er sämtliche Maler und Musiker, die in Europa Rang

Kaiser Rudolf II. um 1592,
Gemälde von Joseph Heintz d. Ä.

und Namen besaßen, um sich versammelt. Ansonsten war der Kaiser im Gegensatz zu seinem stets wortreichen Großvater ein verschlossener Mensch. Am Prager Hof galt er als notorischer Eigenbrötler, der sich gern in den Kammern des Hradschin einschloss und selbst hochrangige Gesandte brüskierte, indem er sie tagelang auf eine Audienz warten ließ. Keinem seiner Berater vertraute Rudolf wirklich, und im letzten Jahrzehnt seiner Herrschaft schien seine Misanthropie sogar pathologische Formen angenommen zu haben. Entgegen den Gepflogenheiten seines hohen Standes hatte sich Rudolf auch nie zu einer Eheschließung durchringen können. Allerdings existierten etliche unehelicher Kinder. Den im Reich immer wieder aufflammenden Religionsstreitigkeiten stand der Kaiser trotz seiner spanisch-katholischen Erziehung eher indifferent gegenüber. Im Grundsatz akzeptierte er aber die etwa vier Dekaden zuvor im Augsburger Religionsfrieden (1555) besiegelte konfessionelle Spaltung des Reiches. Die Zurückdrängung des sich mit jedem Jahr in den habsburgischen Erblanden weiter ausbreitenden Protestantismus überließ er seinem jüngeren Bruder Matthias sowie seinem Vetter Ferdinand, die beide noch nach ihm die Kaiserwürde erlangen sollten. Wann bei Rudolf der Wahnsinn zur vollen Ausprägung gelangte, ist bis heute strittig. Zu Beginn des »Langen Türkenkrieges« dürfte er jedoch noch regierungsfähig gewesen sein.

Mit Sorge hatte der Kaiser auf die schon seit dem Sommer 1591 sich verschärfende Lage in Ungarn reagiert. Als in diesem Jahr osmanische Grenztruppen, verstärkt durch reguläre Regimenter, mit einer bedeutenden Zahl von Geschützen erstmals vor der kroatischen Festung Kanizsa aufmarschierten, zeigte sich rasch, wie brüchig die Militärgrenze durch jahrzehntelange Vernachlässigung geworden war. Die vom Augsburger Reichstag im Jahre 1582 bewilligten 40 Römermonate waren schon seit fünf Jahren aufgebraucht, und eine neue Versammlung der Reichsfürsten einzuberufen, hatte Rudolf bisher vermieden. Auf keinen Fall wollte er neue Gelder durch politische Konzessionen an die Protestanten erkaufen müssen.[9]

Doch das Ende der kaiserlichen Hinhaltepolitik in Ungarn war nun absehbar. Die Osmanen meinten es ernst. Zwar konnte die tapfer kämpfende Besatzung von Kanizsa die wichtige Festung südwestlich des Plattensees vorerst halten, aber im benachbarten Slawonien gelang einer zweiten osmanischen Streitmacht zur selben Zeit die Einnahme von Repitsch und Golubić. Damit war die mühevoll aufgebaute kroatische Militärgrenze im Abschnitt der Una praktisch schon durchbrochen. Auch im nächsten Jahr wollte der Druck des Gegners nicht nachlassen. Die Osmanen setzten ihre Angriffe unbeirrt fort und drängten die Kaiserlichen bis zur Kupa zurück. Wihitsch (Bihać), die wichtigste Festung in Zentralkroatien, fiel nach nur kurzem Beschuss. Ein zum Entsatz herbeigeeiltes Aufgebot aus steirischem und kroatischem Landsturm musste eine blutige Schlappe hinnehmen und wurde fast aufgerieben.[10] Zum ersten Mal seit einem halben Jahrhundert schien jetzt sogar die Reichsgrenze wieder bedroht zu sein, und Rudolf ordnete im gesamten Reich das Läuten der »Türkenglocken« an.[11] Die eindringliche Aufforderung zu Gebet und Buße sollte vor allem eine neue Welle der Türkenangst erzeugen und helfen, bisher verschlossene Geldbeutel zu öffnen.

Angesichts der sich verschärfenden Lage in Ungarn wählte der Kaiser zunächst eine Doppelstrategie. Während er mit allen Mitteln die Einberufung eines neuen Reichstages diplomatisch und propagandistisch vorbereitete, setzte er zugleich seine Bemühungen um eine Bewahrung des Waffenstillstandes mit den Osmanen fort. Sein in Konstantinopel weilender Gesandter, der böhmische Adlige Friedrich von Kreckwitz, sollte den immer wahrscheinlicher werdenden Waffengang mit dem Hauptaufgebot des Sultans mit zusätzlichen Geschenken verhindern. Doch jede noch so großzügige Ehrengabe des Kaisers wurde jetzt als Zeichen der Schwäche ausgelegt. Im Frühjahr 1593 führte Telli Hassan Pascha, der Beylerbey von Bosnien, mit voller Billigung durch Sinan Pascha ein starkes Aufgebot nach Sisak, das mit seiner Burg den Zusammenfluss von Kupa und Save kontrollierte und damit ein Eckpunkt der kroatischen Militärgrenze war. Hier gelang den Kaiserlichen der erste große Erfolg seit der glücklichen Behauptung von Wien. Am 22. Juni überraschte ein etwa 8000 Mann starkes Entsatzheer unter Führung von Ruprecht von Eggenberg die Osmanen in ihrem Feldlager vor der Stadt und rieb ihr Heer vollkommen auf. Telli Hassan Pascha und die ihn begleitenden hohen Offiziere wurden erschlagen oder ertranken in der Kupa, als eine Brücke unter der Last der Fliehenden zusammenbrach. Ihre abgeschnittenen Köpfe spießten die

Kaiserlichen nach osmanischem Brauch auf Stangen und ließen sie ihrem siegreichen Heer vorantragen.[12]

Der greise Sinan Pascha tobte vor Wut, und da der getötete Beylerbey von Bosnien der Enkel einer Sultanin war, konnte sich auch Sultan Murad III. dem allgemeinen Wunsch nach strenger Bestrafung der »unbotmäßigen Christenhunde« nicht verschließen. Der Großwesir erhielt den gewünschten Befehl, sofort ein großes Heer zusammenzuziehen. Rudolfs böhmischen Gesandten ließ Sinan mitsamt seinen Begleitern zunächst in den berüchtigten Kerker der »Sieben Türme« werfen, führte die Gefangenen dann aber in Ketten mit sich, als sein Heer am 29. Juli 1593 zum Strafzug gegen die Kaiserlichen aufbrach. Offenbar war Friedrich von Kreckwitz zuvor in seinem Verließ gefoltert worden, denn nur wenige Wochen später erlag er in Sinans Belgrader Feldlager den Folgen dieser brutalen Behandlung.

Ungeachtet der schon fortgeschrittenen Jahreszeit überschritt das osmanische Heer im September die Save und eroberte außer Sisak noch zwei weitere Festungen. Im Glauben, damit die Kaiserlichen hinreichend beeindruckt zu haben, kehrte Sinan Pascha im Oktober über Ofen und Peterwardein, wo er jeweils einen Teil seines Heeres in Winterquartieren zurückließ, nach Belgrad zurück. Dort allerdings überraschte den Großwesir die Nachricht, dass nach seinem Abzug eine kaiserliche Streitmacht mit der Belagerung von Stuhlweißenburg begonnen hatte. Schlimmer noch: Ein osmanisches Heer, das zum Entsatz der Festung herangerückt war, wurde am 3. November 1593 sogar völlig aufgerieben. 6000 tote Glaubensstreiter und 44 Geschütze blieben auf dem Schlachtfeld zurück.[13] Wie zuvor schon in der Schlacht von Sisak hatten sich die Kaiserlichen mit ihren Panzerreitern und Arkebusieren waffentechnisch dem Gegner als überlegen erwiesen.

Ungewöhnlich war auch, dass beide Parteien jetzt erstmals ihre Operationen über den Herbst hinaus fortsetzen und sogar im Kriegsgebiet überwinterten. Während Sinan Pascha in Belgrad auf das kommende Frühjahr wartete, glückte den verbündeten Deutschen und Ungarn noch die Einnahme einiger kleiner Festungen in Nordungarn. Die Belagerung von Stuhlweißenburg mussten die Kaiserlichen freilich trotz ihres Abwehrerfolges vorerst aufgeben.[14]

Das erste Jahr des Krieges hatte somit keiner Partei einen eindeutigen Vorteil gebracht, aber doch gezeigt, dass sich die Kaiserlichen inzwischen im offenen Feld gegen ihre osmanischen Widersacher behaupten konnten. Längst schon bedauerte es Sinan Pascha, diesen Krieg vom Zaun gebrochen zu haben, denn inzwischen schienen sich auch die siebenbürger Vasallen unter ihrem Fürsten Zsigmond Báthory auf die Seite des Kaisers stellen zu wollen. Am 27. August 1594 stimmte der siebenbürger Landtag dem Abschluss einer Allianz mit Habsburg zu, die durch Báthorys Ehe mit einer Erzherzogin besiegelt wurde. Erste Siege des jungen Fürsten gegen kleinere osmanische Kontingente lösten in ganz Europa Euphorie aus. Der Papst ließ Báthory einen geweihten Degen überbringen, und König Philipp II. nahm ihn sogar in den Orden vom Goldenen Vlies auf.[15] Ein großer Teil des Balkans nördlich der unteren Donau drohte den Osmanen zu entgleiten, nachdem im September 1593 der Woiwode der Walachei, Michael, eine der großen Feldherrnpersönlichkeiten seiner Zeit, an die Herrschaft gelangt war und seither gleichfalls mit den Kaiserlichen sympathisierte. Seine Gefolgsleute überrannten etliche osmanische Garnisonen und machten bald im ganzen Land blutige Jagd auf die »Türken«.[16]

Sinan Pascha wusste jedoch um die Unbeständigkeit dieser Allianzen. Dauernde Loyalität zu einer Partei konnten sich weder Báthory noch der Walache Michael leisten, die beide deshalb ihre Kanäle zu den Osmanen offenhielten. Mehr Sorge bereitete dem Großwesir allerdings der Unternehmungsgeist der kaiserlichen Befehlshaber. Schon im Februar 1594 hatten sie den Krieg wieder aufgenommen und die Festungen Nógrád, Berzence und andere Burgen an der Drau nach nur kurzer Belagerung in ihre Hand gebracht. Zwar widerstand vorerst noch das nordöstlich von Pest gelegene Hatvan dem Angriff der Kaiserlichen, doch ein osmanisches Entsatzheer mit dem Aga von Temesvár an der Spitze musste in offener Feldschlacht besiegt mit dem Verlust von 4000 Mann den Rückzug antreten.[17]

Beflügelt von ihren Anfangserfolgen, begannen die Kaiserlichen unter Führung des Erzherzogs Matthias im Mai mit der Belagerung der wichtigen Donaufestung Gran, während es Erzherzog Ferdinand im Süden gelang, die im Vorjahr verlorene Festung Sisak zurückzuerobern. Von einem Verteidigungskrieg war jetzt keine Rede mehr. Das strategische Ziel der

Kaiserlichen war nunmehr die Besetzung von Ofen und Pest. Die Einnahme beider Festungen musste zum Zusammenbruch der osmanischen Front in Ungarn führen und würde vielleicht sogar das ganze Land endlich in habsburgische Hand bringen.

Sinan Pascha hatte nun wirklich keine Zeit mehr zu verlieren. Mit den endlich aus Konstantinopel eingetroffenen Verstärkungen brach er im Juli 1594 aus Belgrad auf und zog über Ofen zunächst gegen Tata (Totis). Der Besitz dieser Festung einige Kilometer südlich von Komorn war die Voraussetzung zum Angriff auf Raab, der strategischen Schlüsselposition der Kaiserlichen in Ungarn. Erwartungsgemäß gab die kleine Besatzung von Tata schon nach wenigen Tagen unter der Zusicherung freien Abzugs auf. Verstärkt durch ein Hilfskorps aus 40 000 Tataren, konnte sich Sinan Pascha nunmehr seinem eigentlichen Ziel zuwenden. Die Festung Raab am gleichnamigen Nebenlauf der Donau zählte zu den bedeutendsten kaiserlichen Bollwerken in Nordungarn. Sie schützte den Zugang zur Hainburger Pforte und zum Reich. Ihre 8000 Verteidiger unterstanden dem Kommando des Grafen Ferdinand zu Hardegg, einem bisher bewährten General des Kaisers. Hardegg hoffte zunächst auf den Entsatz durch ein starkes kaiserliches Heer, das sich bereits in der Nähe der Festung unter dem Befehl des Erzherzogs Matthias in einem befestigten Lager versammelt hatte. Als er jedoch die Nachricht erhielt, dass sich diese Truppen, durch den plötzlichen Abzug der ungarischen Kontingente geschwächt, zurückgezogen hatten, verließ ihn der Mut. Am 29. September 1594 übergab Hardegg Raab nach nur dreiwöchiger Belagerung gegen freien Abzug an den Großwesir.[18] Die Kapitulation einer gut verproviantierten Festung mit noch kampffähiger Besatzung und zahlreichem Geschütz nach so kurzer Zeit widersprach eindeutig den Gepflogenheiten der damaligen Kriegführung. Auch wenn, wie Hardegg es in einem Rechtfertigungsschreiben an die übrigen Befehlshaber (Commilitones) behauptete, bereits irreparable Schäden an den Befestigungen entstanden waren und der Gegner sogar zwei Bastionen hatte einnehmen können,[19] kam auf kaiserlicher Seite sofort der Verdacht des Verrats auf. Graf Hardegg wurde nach seiner Rückkehr in Ketten gelegt und musste sich im Jahr darauf in Wien vor einem kaiserlichen Kriegsgericht verantworten, das schließlich ein Todesurteil gegen ihn fällte und sein gesamtes Vermögen einzog. Der Verurteilte musste den bitteren Preis für die Versäumnisse und den Kleinmut des Erzherzogs Matthias bezahlen. Immer noch wagte kein kaiserlicher Kommandeur, sich der Hauptstreitmacht der Osmanen in offener Feldschlacht zu stellen.

Nachdem er Raab mit einer 6000 Mann starken Besatzung versehen hatte, rückte Sinan Pascha sogleich vor die benachbarte Festung Komorn am Zusammenfluss von Donau und Waag. Die Besatzung verlor jedoch nicht die Nerven, und so musste der Großwesir bei fortschreitender schlechter Witterung die Belagerung abbrechen und nach Belgrad zurückkehren. Die Truppen aus Asien entließ er in ihre Heimat, die rumelischen Sipahis hingegen hielt er wie im Vorjahr in ungarischen Winterquartieren zurück, was für viele den wirtschaftlichen Ruin bedeutete.

Trotz der Einnahme von Raab hatte sich die militärische Lage der Osmanen in Ungarn zum Jahreswechsel dramatisch verschlechtert. Siebenbürgen, die Moldau und die Walachei befanden sich in offenem Aufstand und in Konstantinopel war Murad III. im Januar 1595 nach einem epileptischen Anfall im 21. Jahr seiner Regierung verstorben. Sinan Paschas Tage als Großwesir schienen gezählt. Als er am 6. Februar 1595 in die Hauptstadt zurückkehrte, hatte ihn der neue Sultan Mehmed III. bereits abgesetzt. Noch vor dem Frühjahr sollte Ferhad Pascha, der neue Großwesir und Todfeind seines Vorgängers, die aufständischen Fürstentümer und insbesondere die Walachei, deren Proviantlieferungen für die Truppen in Ungarn lebenswichtig waren, wieder unter Kontrolle bringen. Kaum hatte er jedoch mit seinem Heer die Donau erreicht, erhielt er die Nachricht von seiner Absetzung. Als Meister der Intrige hatte Sinan Pascha in Konstantinopel seine Wiedereinsetzung als Großwesir betrieben und durfte nun erneut das Kommando über das Heer übernehmen. Die militärischen Erfolge blieben zunächst nicht aus. In nur wenigen Wochen besetzten seine Truppen die gesamte Walachei einschließlich von Bukarest und trieben den Woiwoden Michael mit dem Rest seiner Anhänger in die Wälder. Die Lage schien damit wieder unter Kontrolle der Osmanen, doch in Ungarn hatten sich die Kaiserlichen in diesem Jahr erheblich verstärken können. Nicht nur hatte der Reichstag im Jahr zuvor mit 80 Römermonaten eine Rekordsumme für den »Türkenkrieg« bewilligt. Durch die Nachricht vom Verlust der Festung Raab alarmiert, waren auch italienische Truppen zur kaiserlichen Armee in Ungarn gestoßen, darunter ein im Auftrag des Papstes aufgestelltes Korps in Stärke von 10 000 Mann.[20]

Rudolfs Truppen standen in diesem Feldzug unter dem Befehl des Fürsten Karl von Mansfeld, der die Abwesenheit des osmanischen Hauptheeres nutzen wollte, um die Festung Gran an der Donau einzunehmen. War man erst einmal im Besitz dieses Platzes, ließe sich auch die Hauptstadt Ofen erfolgreich angreifen. Mansfelds Kalkül schien aufzugehen. Ein überlegenes osmanisches Entsatzheer mit den Kontingenten der Beylerbeys von Raab, Ofen und Temesvár musste am 4. August 1595 vor den Toren Grans eine empfindliche Niederlage einstecken. Das gesamte Lager der Osmanen und ein Teil ihrer Geschütze gingen verloren. Hunderte von Janitscharen wurden auf der Flucht erschlagen. Als einen Monat später Gran wegen Wassermangels kapitulierte, war Mansfeld jedoch schon an der Ruhr verstorben. Bis Ende September fielen noch überraschend schnell weitere osmanische Festungen in die Hände der Kaiserlichen, darunter auch Vác und Visegrád, das päpstliche Truppen am 21. September einnehmen konnten.[21] Der Widerstandswille der Osmanen schien zu erodieren. Das Blatt drohte sich sogar vollkommen gegen sie zu wenden, als Michael, verstärkt durch Báthorys Truppen, Bukarest wiederbesetzte und Sinan Paschas Armee zur Donau zurückdrängte. Der Rückzug seiner von Seuchen und Hunger geplagten Truppen geriet zur militärischen Katastrophe, als die Nachhut des Großwesirs mit der gesamten Beute noch bei Giurgiu auf dem linken Donauufer von Michaels Walachen erreicht und in den Strom getrieben wurde. Der Großwesir entging nur mit Mühe seiner Gefangennahme. Die gesamte Donaulinie zwischen Theiß und Schwarzem Meer befand sich mit Ausnahme weniger fester Plätze in den Händen der Verbündeten. Michaels Reiter konnten nun sogar gefahrlos durch Bulgarien bis in die Ebene von Edirne schweifen.[22]

Die herben und ungewohnten Rückschläge an allen Fronten weckten aufseiten der Osmanen noch einmal sämtliche verfügbaren Kräfte. Vor allem aber sollte Sultan Mehmed III. auf Betreiben Sinan Paschas ein deutliches Zeichen setzten. Zum ersten Mal seit dem Tod Süleymans würde im bevorstehenden Feldzug wieder ein Sultan das osmanische Heer nach Ungarn führen. Der Großwesir erlebte den Beginn des neuen Feldzuges jedoch nicht mehr. Im Alter von 80 Jahren verstarb Sinan Pascha im April 1596 in Konstantinopel. Dass er in den Besitz eines märchenhaften Vermögens gelangen konnte, warf ein bezeichnendes Licht auf den Zustand der osmanischen Finanzverwaltung. Erst zwei Monate nach Sinans Tod brach der Sultan mit seinem Heer von Edirne auf und traf Ende August in Belgrad ein. Zu spät, um auch nur in die Nähe von Wien zu gelangen, dessen Eroberung Mehmed III. zuvor vollmundig aller Welt angekündigt hatte. In der Zwischenzeit war es den Kaiserlichen geglückt, die Festung Hatvan im zweiten Versuch einzunehmen. Ihren Erfolg hatten sie allerdings durch ein grausames Massaker getrübt. Die gesamte osmanische Besatzung sowie die größtenteils aus Moslems bestehende Bevölkerung der Stadt hatten die Eroberung nicht überlebt. Hatvans Werke mussten sodann geschleift werden, da den Siegern die Kräfte für eine Besetzung fehlten.

Es war abzusehen, dass nach diesem Erfolg Ofen das nächste Ziel der Kaiserlichen sein würde. Im Lager der Osmanen glaubte man, dieser Bedrohung am besten durch einen Angriff auf das östlich von Hatvan gelegene Eger (Erlau) begegnen zu können. Die legendäre Behauptung dieser Festung im Jahre 1552 gehörte längst zum Kanon ungarischer Heldentaten. Dabei störte es auch nicht, dass die Stadt nur durch Süleymans Tod 14 Jahre später vor einer zweiten Belagerung verschont geblieben war. Der Angriff auf Eger erwies sich als exzellente Wahl. Er stellte die Kaiserlichen, die nach Fürst Mansfelds Tod von Erzherzog Maximilian, einem jüngeren Bruder des Kaisers, kommandiert wurden, abermals vor eine unangenehme Alternative. Entweder gab man eine prestigeträchtige Festung verloren oder wagte eine große Feldschlacht gegen die osmanische Hauptarmee. Nach dem Abzug der Italiener zu Beginn des letzten Winters waren Maximilians Truppen allerdings erheblich geschwächt, und die Kaiserlichen hofften daher auf das Eintreffen der Verbündeten aus Siebenbürgen. So lange aber ließ sich die Besatzung von Eger nicht halten. Begünstigt durch eine Revolte wallonischer Truppen konnten die Osmanen schon am 12. Oktober 1596, nur drei Wochen nach Beginn der Belagerung, durch die Festungstore in die Stadt einziehen.[23] Anders als die Kaiserlichen in Hatvan gewährten die osmanischen Sieger der christlichen Besatzung immerhin freien Abzug.

Wie recht jene Generale hatten, die stets vor einer direkten Konfrontation mit der Armee des Sultans warnten, zeigte sich nur zwei Wochen später in der Schlacht von Mezőkeresztes. Nachdem Báthorys Truppen nur wenige Tage nach dem Fall von Eger doch noch im kaiserlichen Feldlager eingetroffen waren, verfügte Maximilian über ein Heer von mehr als 40 000 Mann und 95 Geschützen. Damit fühlte er sich endlich stark genug, die Armee des Sultans anzugreifen, die sich inzwischen einige Kilometer östlich von Eger bei Mezőkeresztes in einem Lager verschanzt hatte.

Beide Heere wurden durch einen Sumpf voneinander getrennt und beschränkten sich zunächst auf Vorpostengefechte. Erst am 26. Oktober 1596, dem vierten Tag der Kämpfe, wagten die Osmanen einen größeren Angriff und stießen auf einer Furt durch den Sumpf vor das gegnerische Lager. Dabei hatten sie jedoch ihre Ordnung verloren und konnten von den Verbündeten leicht zurückgeschlagen werden. Im Gegenstoß gelang es den Kaiserlichen und Báthorys Truppen sogar, das gesamte feindliche Lager zu besetzen. Vielleicht hätte eine besser bezahlte Truppe der Versuchung widerstehen können, die vom Gegner zurückgelassenen Besitztümer zu plündern. Während aber die vermeintlichen Sieger noch »wie im Taumel« mit ihrer Beute beschäftigt waren, hatten sich etwa 20 000 Tataren heimlich dem Lager von der Seite genähert und fielen im rechten Zeitpunkt über die Plündernden her. Im Schutz dieser Attacke hatten sich auch die zunächst geflohenen Truppen des Sultans wieder sammeln können und verwandelten nun in kürzester Frist den Anfangserfolg der Kaiserlichen in ein schreckliches Desaster. Die berittenen Offiziere ergriffen als Erste die Flucht und keiner von ihnen soll eine Wunde davongetragen haben, klagte der kaiserliche General Hermann Christoph Graf von Rußwurm in einen Brief an den Herzog Maximilian von Bayern. Es sei ihm leid, dass er es schreiben müsse, wie übel sich unsere Nation an diesem Tage gehalten habe.[24] Mehr als die Hälfte der Truppen Maximilians kam in den Sümpfen oder auf der Flucht ums Leben. Fast sämtliche Feldgeschütze mussten mangels Zugtieren zurückgelassen werden. Obwohl die Armee des Erzherzogs mit Ausnahme ihrer Reiterei völlig zersprengt war,[25] unternahmen die Osmanen nichts, um ihren überraschenden Erfolg auszunutzen. Von einer Eroberung Wiens war längst keine Rede mehr. Nur mit Mühe hatten die Berater den Sultan während der Schlacht davon abhalten können, dem mörderischen Gemetzel den Rücken zu kehren. Von weiteren Waffentaten jedoch wollte Mehmed III. danach nichts mehr wissen und begab sich so rasch wie möglich in seine Hauptstadt zurück, wo er wie seine Vorgänger in ruhmvollen alten Zeiten den Sieg über die Ungläubigen mit allem erdenklichen Aufwand sieben Tage lang feiern ließ. Nach Ungarn aber kehrte der Sultan nie mehr zurück.

Dass nach der Schlacht von Mezőkeresztes nicht weniger als 30 000 anatolische Sipahis ihre Pfründe verloren, weil sie vor den Christen geflohen waren, machte allerdings deutlich, wie weit das Heer des Sultans inzwischen von seiner alten Festigkeit und Schlagkraft entfernt war.[26] Obwohl der Verlauf des dritten Kriegsjahres nachdrücklich gezeigt hatte, dass keiner der Kontrahenten in der Lage war, seinen Gegner endgültig aus Ungarn zu verdrängen, und mit dem Tod Sinan Paschas inzwischen auch der Urheber des Krieges von der Bühne abgetreten war, unterblieben vorerst ernsthafte Verhandlungen über einen Waffenstillstand. Rudolf konnte unmöglich den »Türken« die Festung Raab überlassen, solange die beträchtlichen Mittel, die ihm die Reichsstände in Regensburg bewilligt hatten, noch nicht ausgeschöpft waren.

Mezőkeresztes war gewiss ein herber Rückschlag für die Kaiserlichen gewesen, aber die Osmanen sahen sich immer noch mit einer erfolgreichen Rebellion ihrer beiden Vasallenfürstentümer Siebenbürgen und Walachei konfrontiert. Während die Siebenbürger unter Báthory im folgenden Jahr mit der Belagerung von Temesvár begannen, unternahmen die Kaiserlichen einen ersten Versuch zur Rückeroberung von Raab. Zwar konnten zunächst die Festungen Tata und Pápa gestürmt werden, aber das Eintreffen eines osmanischen Entsatzheeres mit den Beylerbeys von Ofen, Rum und Karamanien zwang Maximilian, der sich auf keine neue Schlacht einlassen wollte, zum Rückzug in sein Basislager bei Ungarisch-Altenburg.[27]

Es war geschickter, das Frühjahr abzuwarten und die Abwesenheit des osmanischen Hauptheeres zu nutzen. Die Wiedereroberung von Raab am 29. März 1598 sollte der größte Erfolg der Kaiserlichen im »Langen Türkenkrieg« sein. Der Held der Stunde war Feldmarschall Adolf von Schwarzenberg. Der nächtliche Handstreich seiner Truppen warf auch ein bezeichnendes Licht auf die erodierende Disziplin der Janitscharen.

Schwarzenberg hatte den Angriff schon während des Winters vorbereitet und dabei durch Späher und Überläufer herausgefunden, dass sich die Mehrzahl der Verteidiger von Raab während der Nacht bei ihren Ehefrauen in den umliegenden Dörfern aufhielt. Außerdem hatte der Feldmarschall in Erfahrung gebracht, dass die Besatzung gegen Ende März einen Provianttransport aus Ofen erwartete, der über die südlich von Raab gelegene Brücke durch das Stuhlweißenburger Tor in die Stadt gelangen sollte.[28] Fünf als Sipahis verkleidete Reiter gaben sich gegenüber den Wachen als Vortrab der Wagenkolonne aus und behaupteten, unterwegs von den Kaiserlichen angegriffen worden zu sein. Es gelang ihnen durch gutes Zureden, die Posten zu bewegen, das bewegliche Element, das den letzten Teil der Brücke bildete, schon einmal herunterzulassen, damit die bedrohte Kolonne, die dicht hinter ihnen sei, rasch in die Stadt gelangen könne. Anstelle des Konvois tauchte jedoch plötzlich ein kaiserliches Kommando auf der Brücke auf. Unter dem Feuer der inzwischen im Bilde befindlichen Wachen kämpften sich Schwarzenbergs Truppen an das mit Eisen beschlagene Tor heran und sprengten es mit einem Pulverfass, einer sogenannten Petarde, in die Luft. Die beiden Torflügel wirbelten Hunderte von Metern durch die Luft. Darauf stürmten etwa 2000 französische und wallonische Söldner durch das Tor in die Stadt und machten die sich nach und nach einfindende Besatzung nieder. Der osmanische Kommandant der Festung, Ali Pascha, fiel zusammen mit seiner gesamten Begleitmannschaft im Kampf. Schwarzenberg ließ den abgeschlagenen Kopf des »Türken« auf eine Stange spießen und auf der ungarischen Bastion aufpflanzen. 300 Osmanen ergaben sich schließlich und wurden geschont. Nur wenigen Janitscharen glückte die Flucht nach Ofen. 188 Geschütze fielen in die Hand der Kaiserlichen, die ihren Erfolg mit 400 Toten und 600 Verwundeten allerdings teuer bezahlen mussten. Die meisten von ihnen waren umgekommen, als einige Hundert Osmanen sich im Pulvermagazin einer Bastei in die Luft sprengten und damit auch viele der Angreifer töteten oder verletzten.[29]

Mit der Rückeroberung von Raab war die gesamte Donaulinie zwischen Pressburg und Ofen endlich in habsburgischer Hand. Der Erfolg wurde im ganzen Reich mit großer Begeisterung aufgenommen. Kaiser Rudolf erhob Schwarzenberg in den Reichsgrafenstand und befahl überall

Wegekreuze aufzustellen. Ihre fromme Inschrift lautete: »Sagt Gott dem Herrn Lob und Dank, dass Raab ist gekommen in der Christen Hand«.[30]

Zu einem Angriff auf die ungarische Hauptstadt konnten sich die Kaiserlichen jedoch erst im September 1598 entschließen. Erzherzog Matthias, der wieder an die Spitze der Armee zurückgekehrt war, ließ Ofen 40 Tage lang bestürmen, musste aber Ende Oktober die Belagerung wegen der schlechten Witterung abbrechen. Hunger, Krankheiten und Soldrückstände ließen dem jüngeren Bruder des Kaisers kaum eine andere Wahl. Immerhin mag es den Kaiserlichen ein Trost gewesen sein, dass die Osmanen aus ähnlichen Gründen genau zur selben Zeit die Belagerung von Großwardein aufgeben mussten und ihr Heer nur mit Mühe Belgrad erreichen konnte. Ausbleibende Verpflegung und ein offener Aufruhr der Janitscharen hatten die Kampffähigkeit des osmanischen Heeres bereits gefährlich in Mitleidenschaft gezogen und führten im Dezember 1598 zur Ablösung des Großwesirs Saturdschi Pascha.

Beide Seiten schienen danach zu besonderen Operationen nicht mehr in der Lage zu sein und hätten den ruinösen Krieg lieber früher als später beendet. Nachdem ein im Mai 1599 unternommener Handstreich der Kaiserlichen auf Stuhlweißenburg zu keinem Erfolg geführt hatte, entschloss sich Kaiser Rudolf, die Gesprächsbereitschaft der Gegenseite auszuloten. Tatsächlich kam es am 5. Oktober auf einer Donauinsel bei Raab zu einem Treffen der Bevollmächtigten beider Seiten. Die Kaiserlichen wurden von David Ungnad von Sonnegg vertreten, dem früheren Residenten Rudolfs in Konstantinopel, die Osmanen durch Murad Pascha, den Beylerbey von Bosnien. Allerdings wurde rasch deutlich, wie weit die Vorstellungen von Kaiser und Sultan noch auseinanderklafften. So hätte Rudolf gerne sämtliche den Osmanen abgenommenen Festungen behalten und dazu noch für sich das Recht in Anspruch genommen, die Fürsten Siebenbürgens und der Walachei zu ernennen. Erwartungsgemäß mochten sich die Osmanen nicht darauf einlassen, ihre beiden wichtigsten Vasallenstaaten der Kontrolle der Habsburger zu überlassen, und so endeten die Verhandlungen schon am ersten Tag.[31]

2 Zwischen Türkenfurcht und Obrigkeitskritik Der »Lange Türkenkrieg« in der öffentlichen Debatte

»Der Türck ist nicht nur ein Feind auff ein Jahr oder zwey, der sich aus-
matten ließ oder der den Säckel auf dem Boden scheren müsse oder seine
Kriegskunst nicht bezahlen könne. [...]
Wenn er will, kann er über die zweymal hundert tausend streitbarer Mann
ins Feld führen und damit Teutschland (wie eine Sündenflut) überrennen.«

Lukas Osiander (1595)[1]

In Luthers Wittenberger Studierstube zierte eine düstere Prophezeiung
den Balken über der Eingangstür. Im Jahre 1600 werde der Türke, so hatte
es der Reformator wenige Jahre vor seinem Tod dort einritzen lassen, ganz
Deutschland verwüsten.[2] Immerhin behielt Luther in einer Beziehung
recht, denn tatsächlich herrschte zu Beginn des neuen Jahrhunderts wieder einmal ein Krieg »widder den Türcken«. Obwohl sich Kaiser Rudolfs
»Langer Türkenkrieg« bei Anbruch des neuen Jahrhunderts bereits ins
achte Jahr schleppte, schien Deutschland von der ihm prophezeiten Verwüstung noch weit entfernt.

Dennoch herrschte im Reich kein Mangel an alarmierenden Unter-
gangsfantasien. Wie schon zu Lebzeiten Luthers, als Süleyman vor Wien
gestanden hatte, versuchten zahllose Predigten oder warnende Aufrufe,
die im Namen des Kaisers von den Kirchenkanzeln vorgetragen wurden,
die Türkenfurcht im ganzen Reich zu befeuern. Wieder einmal drohte
angeblich eine große Türkeninvasion in das Reich, gegen die alle Stände zusammenstehen müssten.[3] So hieß es etwa in einem zu Beginn des
»Langen Türkenkrieges« verfassten Gebet: »Der türck hat sich gemachet
auf, mit starker hand und großen hauf, mit mord und feur zu kämpfen [...] Er ist unser Feind in gemein, ist auch der widersacher dein.«
Selbst im westfälischen Münster wurden die Pfarrer verpflichtet, mit

187

besonderen Gebetstagen und Bittprozessionen die Gläubigen auf die Abwehr des »Türken« einzustimmen.[4]

Von Anfang an wurde Kaiser Rudolfs »Langer Türkenkrieg« nicht nur mit Piken und Arkebusen entlang der ungarischen Festungslinie ausgetragen, sondern auch mit Drucklettern an der publizistischen Front. Die beschwörenden »Türkenreden«, die Vertreter des Kaisers auf den Reichstagen zu halten pflegten, gelangten jetzt auch als Flugschriften in die Öffentlichkeit und stießen dort auf großes Interesse.[5] Vor allem das von den Kaiserlichen immer wieder vorgebrachte Argument, dass das Gebiet des Reiches am besten in Ungarn verteidigt werden könne, akzeptierten inzwischen die meisten Zeitgenossen. Damit aber war eines der am beharrlichsten verfolgten Ziele habsburgischer Hausmachtpolitik zu einer strategischen Notwendigkeit verklärt, und die Reichstage wurden dauerhaft unter Druck gesetzt, die ungarischen Ambitionen des »Erzhauses« zu finanzieren.

Die Texte gegen den »Türken« beschworen ein Gemeinschaftsgefühl der Reichsbewohner, das angesichts der sich verhärtenden konfessionellen Gegensätze verloren zu gehen drohte oder schon verloren gegangen war. In Bezug auf die Türkengefahr zeigte sich allerdings unter Predigern beider Konfessionen eine deutliche Konvergenz. Wie schon zu Luthers Zeiten griffen sie zwar den endzeitlichen Topos vom Türken als Antichristen noch einmal auf, betonten jetzt aber auch die profane Verpflichtung aller christlichen Fürsten, ihre Länder und Staaten vor dem heidnischen Erbfeind zu schützen.

Während sich die meisten Protestanten inzwischen von Luthers provokanten Positionen verabschiedet hatten, dass der Papst der Antichrist sei und man die Gräuel der »Türken« als eine Strafe Gottes klaglos hinzunehmen habe, waren wiederum auf katholischer Seite nur noch vereinzelt Stimmen zu hören, die einen neuen Kreuzzug gegen den Sultan forderten. Beide Konfessionen stimmten jetzt pragmatisch darin überein, dass der Krieg gegen den Türken nur als ein »gerechter Krieg« oder als »Notkrieg« zu führen sei. In ihm streite man, so einer der einflussreichsten Wortführer der Katholiken, der württembergische Jurist und Erzieher des bayerischen Prinzen, Johann Baptist Fickler, »wider den erbfeind umb friden und erhaltung desz vatterlands, der christlichen Religion, vatter, mutter und kinder«.[6] Das »Kaisertum der Türken« und ihre Religion wolle man hingegen nicht mehr zerstören, wie der württembergische Prediger Lukas Osiander, Sohn des bekannten Nürnberger Reformators Andreas Osiander, in seiner 1595 herausgebrachten Schrift betonte.[7]

Die Predigten beider Konfessionen appellierten an den Gemeinsinn von Bauern und Bürgern, zu spenden und selbst Steuererhöhungen für den Türkenkrieg bereitwillig zu tragen. Nicht überall fiel die klerikal-kaiserliche Angstpropaganda freilich auf fruchtbaren Boden. Die Deutschen glichen Hühnern in einem Korb, von denen der Türke jeden Tag eines schlachte, und trotzdem seien die anderen bis auf den letzten gleich fröhlich, hatte der aus Pommern stammende Prediger Simon Wolder schon in seinem 1558 erschienenen *News Türckenbüchlein* geklagt.[8] Dies schien durchaus keine Übertreibung zu sein. Selbst den Bewohnern Wiens, die doch nur wenige Dutzend Kilometer vom Kriegsgeschehen entfernt lebten, mussten die Behörden im November 1596 nach dem Bekanntwerden der furchtbaren Niederlage von Mezőkeresztes alle »öffentlichen Lustbarkeiten« vorerst verbieten.[9]

Den Obrigkeiten müsse man aller bisher erlittenen Rückschläge zum Trotz vertrauen. Das Christentum, gleich welcher Konfession, könne niemals überwunden werden, der Reichtum des Landes und die große Zahl seiner Menschen schlössen dies aus. Keine Nation sei doch so zum Krieg zu gebrauchen wie die Eure, schmeichelte Fickler in seiner 1598 erschienenen *Treuhertzigen Warnschrift an die Stände*. »Ihr habt leut, ihr habt waffen, ihr habt pferd, ihr habt gelt, kein nation ist unter dem himmel, denen Gott näher bey der hand ist als bei uns christen.«[10]

Gleichwohl blieb die militärische Bilanz des kaiserlichen Heeres in Ungarn bescheiden. Zwar konnte im Frühjahr 1598 mit der Rückeroberung der Festung Raab ein beachtlicher Erfolg mit Flugschriften, Elogen und Münzprägungen gefeiert werden, doch er blieb ein Einzelfall, und kritische Autoren wie etwa Lukas Osiander wagten sich dann doch schon über das von der Theologie abgesteckte Feld der Argumentation, wenn sie das offensichtliche Missverhältnis zwischen eingesetzten Mitteln und den dürftigen Resultaten unverblümt ansprachen.

Wer konnte, sollte sogar selbst in den Krieg zu ziehen. Tatsächlich dürften bei vielen, die mit dem Gedanken spielten, sich freiwillig zu den Fahnen zu melden, der Zorn über die »türkischen Gräuel in Ungarn« oder die Sorge, dass der »Türcke« auch das deutsche Vaterland heimsuchen könne, eine Motivation gewesen sein. Gerade in Sachsen, dessen protestantischer Kurfürst Christian I. die kaiserliche Ungarnpolitik nachhaltig unterstützt hatte, schien Rudolfs Kriegspropaganda auf fruchtbaren Boden gefallen zu sein. Das Beispiel einiger Bürger aus dem sächsischen Städtchen Borna, die im Frühjahr 1594 in abendlicher Gasthausrunde spontan den Entschluss gefasst hatten, sich unter die Fahnen des Kaisers zu stellen, zeigte, dass bei dieser Entscheidung außer den propagandistisch vermittelten Motiven auch durchaus handfeste Gründe eine Rolle spielen konnten. Etliche der Kandidaten spekulierten wohl nur darauf, durch den Kriegsdienst ihre »Weiber und Kinder« loszuwerden.[11] Das unrühmliche Ende der Bornaer Werbeaktion zeigte allerdings auch unerbittlich die strukturellen Mängel des alten Reichskriegswesens auf. Einige der Kandidaten besaßen zwar Waffen und vielleicht auch noch Kriegserfahrung aus jüngeren Tagen, waren inzwischen aber wirtschaftlich unentbehrlich für ihre Familien. Der drohende Verlust ihrer Ernährer ließ die Frauen sogleich bei den örtlichen Behörden vorstellig werden, die ihrerseits kein Interesse daran hatten, dass Angehörige von Kriegsfreiwilligen der Armenfürsorge zur Last fielen. Den festlichen Auszug der Kriegsfreiwilligen mit Feldzeichen und Ehrensalut konnten die Bornaer Räte allerdings nicht mehr verhindern, dürften es aber wohl mit Erleichterung zur Kenntnis genommen haben, dass die meisten der Ausgezogenen sich schon einige Wochen später wieder in ihrer Heimat einfanden, nachdem ihnen in Regensburg das Geld ausgegangen war. Der zuständige Befehlshaber, ein Graf von Ettingen, hatte wider Erwarten vom Kaiser keine Bestallung für ein Regiment erhalten.[12]

Dagegen zeigten die Behörden eine erstaunliche Beweglichkeit, wenn es darum ging, entbehrliche oder gar schädliche Elemente der Gesellschaft auf dem ungarischen Kriegsschauplatz zu entsorgen. Von 14 gefangenen Straßenräubern überantwortete ein Richter im westfälischen Rheine im Jahre 1583 zehn gewöhnliche Verbrecher dem Henkerschwert. Die übrigen vier Kriminellen, die dem Adelsstand angehörten, wurden

jedoch dazu verurteilt, »dass sie drei Jear gegen den Turck fur die Christen ridderlichen uf eigene Unkosten wollten streiten und fechten«.[13] Dass
mit derartigem Personal gegen die Osmanen nicht viel auszurichten war,
lag auf der Hand. So klagte denn Lukas Osiander in seinem *Christlichen
notwendigen Bericht* über das skandalöse Treiben betrügerischer Offiziere
in Ungarn, die vom Kämpfen nichts verstünden, im trunkenen Zustand
das Leben ihrer Männer in nutzlosen Angriffen vergeudeten, sie um ihren
Sold betrogen und insgesamt sogar schlimmer seien als der Türke.[14]

Wie anders schien es dagegen aufseiten der Gegner auszusehen. Das
Wissen um die inneren Verhältnisse im Reich des Sultans hatte sich in
den zurückliegenden Dekaden explosionsartig erweitert. Zwar verhinderte
die abendländische Perspektive der Beobachter ein tieferes kulturelles Verständnis des fremdartigen Gegners. Doch aus den Schilderungen etlicher
Diplomaten und Reisender über die Lebensweise der »Türken«, über die
Gepflogenheiten bei Hofe und in den Städten und vor allem über die Streitkräfte des Sultans ergab sich immerhin ein erster nüchterner Kontrapunkt
zu den stereotypen Verteufelungen durch die Vertreter beider Kirchen.

Nachrichten über den alten »Erzfeind« fanden sich jetzt auch vermehrt
in den »Newen Zeitungen«. Oft in Briefform verfasst und gewöhnlich
auf vier Seiten beschränkt, verhinderte selbst ihr vergleichsweise hoher
Preis von vier Pfennigen nicht, dass dieses Medium gerade im Verlauf
des »Langen Türkenkrieges« neue Bevölkerungsschichten erreichte.[15]
Venedig, Nürnberg und Augsburg waren die Zentren, wo außer Waren
auch ständig neue Informationen aus dem Orient eintrafen und rasch zu
Papier gebracht ihren Weg nach Norddeutschland, nach Frankreich und
in die Niederlande fanden. Auch wenn eine sorgfältige Bearbeitung der
Texte aus Zeitgründen häufig unterblieb, bildeten die Zeitungen bald eine
willkommene Alternative zu den sonntäglichen Predigten mit ihren lästigen Ermahnungen und endzeitlichen Schreckensszenarien. Nicht selten
zeichnete das neue Medium zum Verdruss der örtlichen Amtsträger und
Kleriker ein realistischeres Bild von den Verhältnissen zwischen Ofen
und Konstantinopel. Oft zeigte sich dann, dass die von den Kirchen gebetsmühlenhaft eingeforderten Tugenden der Glaubensstärke, der Sittenstrenge und des Gehorsams gegenüber der Obrigkeit ausgerechnet bei
den »Ungläubigen« ausgeprägter waren als unter Christen.

Die Behörden im Reich sahen derartige Abweichungen vom bisher gepflegten polemischen Türkenbild nur ungern. Verleger wie der aus Heidelberg stammende Sigismund Feyerabend, der im Jahre 1577 eine *Türckische Chronika* veröffentlicht hatte, mussten sich, wie er schrieb, in diesen »letzten fehrlichen Läuften« einen einflussreichen Förderer suchen, um Schutz vor dem »Bellen, Gruntzen und Murren« zu haben, das eine solche Schrift auslösen könnte.[16]

Energisch bekämpften Geistliche wie der Wittenberger Salomon Geßner die unter Bauern und Handwerkern schon seit Langem kursierende Ansicht, dass es sich unter dem »mahumetischen Bluthund« mit weniger oder jedenfalls nicht mit größerer Beschwernis gut leben ließe.[17] Wirklich entkräften ließ sich diese immer wieder geäußerte Überzeugung kaum, bot doch für viele begabte und ehrgeizige Männer aus dem lateinischen Westen nach etlichen glaubhaften Zeugnissen der Dienst für den Sultan attraktive Aufstiegsmöglichkeiten. So schilderte der kaiserliche Gesandte David Ungnad Freiherr von Sonnegg die Begegnung mit einem osmanischen Pascha während seiner Reise nach Konstantinopel im Jahre 1572. Der hohe Offizier habe ihm stolz erklärt, dass sein christlicher Vater nur ein Sau- und Vi[e]hhirt gewesen sei, ein Bauer und Tagelöhner. Allein durch »Tugend, Tapferkeit, Redlichkeit, Fleiß und Verstand« habe er es unter den »Türken« zu hohem Amt und Ehren gebracht.[18] Hans Dernschwam wiederum, ein Beauftragter des Augsburger Handelshauses Fugger, notierte erstaunt in seinem Tagebuch die Begegnung mit einem deutschen Janitscharen, der es in Konstantinopel zu Grundbesitz gebracht hatte und sogar zwei Frauen besaß.[19]

Gerüchte, dass gerade in den südöstlichen Gebieten des Reiches rebellierende Bauern mit den Osmanen jenseits der Grenze Verbindung aufgenommen haben sollten, wurden von der Obrigkeit, auch wenn sie sich später als unwahr erwiesen, sogleich als potenzielle Bedrohung der bestehenden Ordnung wahrgenommen.[20] Die besorgte Warnung Papst Hadrians VI., dass christliche Fürsten ihre Untertanen sogar härter als der Sultan bedrückten und damit die Türkengefahr noch erhöhten, hatte kein Umdenken bewirkt.[21]

Der deutsche Adel geriet somit gleich von zwei Seiten unter Druck. Sein Hochmut, seine Verschwendungssucht und seine vielfach bewiesene militärische Unfähigkeit gelangten unverblümt an den Pranger. Der Wittenberger Geßner prophezeite dem deutschen Adel sogar den Untergang, wenn er sich weiterhin als so kampfunwillig erweisen und nicht von seiner gotteslästerlichen Lebensführung ablassen wolle. Gerade den Edelleuten würde es doch unter dem »Türcken« am schlechtesten ergehen, wie sie es unschwer am traurigen Schicksal ihrer Standesgenossen in den vom Sultan eroberten Königreichen sehen könnten. Dort sei der christliche Adel gänzlich verschwunden, klagte der Wiener Jesuit Georg Scherer 1595 in seiner *Trewhertzigen Vermahnung* an die deutschen Fürsten und schloss mit dem aufrüttelnden Appell, dass der »Türck vor allem ein geschworner, abgesagter Todtfeindt des christlichen Adels« sei.[22]

In den meisten frommen Ermahnungen und Klagen, die jahrzehntelang die Deutschen aller Stände in Atem hielten, ging es jedoch nur vordergründig um die Abwehr der Osmanen. Die unzähligen Predigten und Beschwörungen waren letztlich der verzweifelte Versuch, einer stetig heterogener werdenden Welt das alte Ideal einer einigen christlichen Gesellschaft entgegenzuhalten, in der jeder Stand auf dem ihm von Gott zugewiesenen Platz seine Pflicht zu erfüllen hatte. Der Papst lehr, der Kaiser wehr, der Bauer nähr, heißt es etwa bei Augustin Neser von Fürstenberg. Der Türke war dazu, so gefährlich er auch gelegentlich werden konnte, doch nur ein schon fast willkommenes Mittel zum höheren Zweck.[23]

3 Das lange Ende des »Langen Türkenkrieges«
Der »Bocskay-Aufstand« und der Friede von Zsitvatorok (1606)

> »Wenn ich aber das new neben dem alten bedenck, bedunckt mich, es sey kein Nation so zum krieg zu gebrauchen, hurtiger, geschwinder, stärker, erfahrener oder kecker als die ewrige. Ihr habt leut, ihr habt wehr und waffen, ihr habt pferd, ihr habt gelt, kein nation ist unter dem himmel, denen Gott näher bey der hand ist als bey uns christen. Uund wo will man mehr ansehlicher fürsten, sovil wolgeborner herren, sovil gestrenger Ritter, sovil mächtiger stätt, sovil reichthumb, sovil silber und gold, sovil eysenberckwerck, sovil volcks, sovil junger starker leut, sovil freydiger gemüter, sovil stracke finden als bey euch.«
>
> Aufruf Johann Baptist Ficklers an den Regensburger Reichstag (1598)[1]

Für kurze Zeit hatte es in den ersten Jahren des »Langen Türkenkrieges« ausgesehen, als ob die Herrschaft der Osmanen nördlich der unteren Donau zusammenbrechen könnte. Mehr noch als das militärische Patt gegen die Kaiserlichen musste die »Hohe Pforte« der politische Umsturz in Siebenbürgen und der Walachei beunruhigen. Auf Dauer konnte man den Habsburgern nicht die Kontrolle dieser wichtigen Gebiete überlassen, ohne sogar den Verlust der beiden Vilâyets (Provinzen) von Ofen und Temesvár zu riskieren. Militärisch waren die Armeen des Sultans jedoch in den beiden Vasallenfürstentümern vorerst gescheitert, und nach Großwesir Sinan Paschas Debakel am Donaubrückenkopf von Giurgiu hatten seine Nachfolger ein erneutes Kräftemessen mit den Truppen Michaels, des siegreichen Woiwoden der Walachei, tunlichst vermieden. Stattdessen hatte die »Hohe Pforte« vermehrt auf Diplomatie oder Bestechung gesetzt und auf die notorische Uneinigkeit der verschiedenen christlichen Bevölkerungsgruppen, die einander oft mehr misstrauten als den »Türken«.

Dabei kam ihr der politische Wankelmut des Zsigmond Báthory und der ungestillte Ehrgeiz des Woiwoden Michael entgegen, dem man inzwischen wegen seiner Siege den Beinamen »der Tapfere« verliehen hatte.

Allen Ehrenbezeigungen des Papstes und des Königs von Spanien zum Trotz hatte der unstete Báthory nie wirklich ein verlässlicher Alliierter der Habsburger sein wollen. Wenn es überhaupt eine Konstante im Handeln des jungen Fürsten gab, dann war es wohl das Bestreben, sein ererbtes Fürstenrecht gegen einen guten Preis einzutauschen. Von Kaiser Rudolf II. hatte er sich gegen Überlassung von Siebenbürgen sogar zwei Herzogtümer in Schlesien übereignen lassen, war dann aber auf Betreiben seines Onkels Stephan Bocskay wieder in sein ungeliebtes Stammfürstentum zurückgekehrt.

Als Zsigmond Báthory jedoch im März 1599 erneut abdankte, um den Thron dieses Mal seinem Vetter, dem Kardinal Andreas Báthory, zu überlassen, schien die Stunde für seinen alten walachischen Alliierten gekommen zu sein zu. Am 28. Oktober 1599 besiegte Michael das Aufgebot der Siebenbürger mithilfe der Szekler in der Schlacht von Hermannstadt, ließ Kardinal Báthory umbringen und besetzte mit Billigung Kaiser Rudolfs II. das ganze Land.[2] Schon im folgenden Frühjahr gelang es dem Walachen, auch die Moldau unter seine Kontrolle zu bringen. Damit waren zum ersten Mal seit Beginn der »Türkenherrschaft« alle drei Landesteile, die etwa das Staatsgebiet des heutigen Rumäniens ausmachen, in einer Hand vereint. Michael sah sich schon als neuer *Basileus*, und der Traum von der Wiedereroberung Konstantinopels schien in diesem Moment nicht einmal abwegig.[3]

Sein Höhenflug währte jedoch nicht lange. In der Moldau musste Michael schon nach wenigen Monaten wieder den Polen weichen, die sogleich auch in die Walachei einrückten, um dort mit Einverständnis der »Hohen Pforte« den jungen Radu Mihnea als neuen Woiwoden einzusetzen. Nachdem auch in Siebenbürgen die Kaiserlichen unter General Georg Basta, dem Generalfeldobristen von Nordungarn, das Kommando übernommen hatten, blieb dem kurz zuvor noch mächtigsten Mann des Balkans nur noch die undankbare Rolle eines Militärunternehmers, der für den Unterhalt seiner Truppen auf habsburgische Subsidien angewiesen war.

Trotz ihrer militärischen Dominanz war die Herrschaft der Kaiserlichen in Siebenbürgen alles andere als gefestigt. Der überwiegend protestantische Adel pochte gegenüber dem Versuch des Prager Hofes, das ganze Land in den habsburgischen Machtbereich zu integrieren, vehement auf seine Unabhängigkeit und auf den Schutz seiner Konfession. Die wiederholten Ausschreitungen der schlecht bezahlten kaiserlichen Truppen taten ein Übriges, um die Stimmung gegen den Kaiser zu drehen. Im Januar 1601 traten die empörten Magnaten in Klausenburg zusammen und beschlossen mehrheitlich, Zsigmond Báthory, ungeachtet seiner katholischen Konfession, wieder ins Land zu rufen. Zu ihrem Entschluss hatte auch beigetragen, dass der ehemalige Fürst und Verbündete des habsburgischen Kaiserhauses inzwischen für ein politisches Arrangement mit den Osmanen eintrat.

Nachdem erst im Vorjahr der neue Großwesir İbrahim Pascha den Kaiserlichen mit der Eroberung der Festung Kanizsa einen harten Schlag versetzt hatte, sprach vieles dafür, dass die »Hohe Pforte« den Krieg gegen Kaiser Rudolf II. doch noch gewinnen würde. Sich mit den Osmanen wieder auf besseren Fuß zu stellen, war somit ein Gebot der Klugheit. Mit polnischer Unterstützung und einem beachtlichen Heer von 35 000 Mann begann daher Báthory im Februar 1601 von Temesvár aus einen Feldzug gegen General Bastas Truppen zur Rückeroberung von Siebenbürgen. Sämtliche Anfangserfolge machte jedoch am 3. August 1601 Báthorys schwere Niederlage gegen die Kaiserlichen und die mit Basta verbündeten Truppen Michaels bei Guruslau (im heutigen Nordwestrumänien) zunichte. Die Eintracht unter den beiden ungleichen Siegern sollte jedoch nicht lange währen. Der General sah inzwischen in Michael einen Konkurrenten um die Herrschaft in Siebenbürgen, besonders da dieser keinerlei Anstalten traf, mit seinen marodierenden Truppen in die Walachei abzurücken, um seine alte Woiwodschaft im Namen des Kaisers zurückzuerobern. Ohne Wissen des Prager Hofes, aber mit nachträglicher Billigung des Kaisers ließ ihn der kaiserliche General nur zwei Wochen nach der siegreichen Schlacht in seinem Feldlager in der Nähe von Thorenburg umbringen.[4]

Zsigmond Báthory war nach seiner Niederlage in die Moldau entkommen, von wo aus er schon im folgenden Jahr mit polnischer Unterstützung einen zweiten Versuch zur Rückeroberung Siebenbürgens wagte. Die Kaiserlichen konnten ihn jedoch mit Zusicherungen von seinem Plan abbringen. Auf Vermittlung seines in Prag lebenden Onkels Stephan Bocskay erhielt Báthory vom Kaiser die ihm schon einmal offerierten Herzogtümer Oppeln und Ratibor einschließlich einer bedeutenden jährlichen Zahlung. Zugleich wurde er in den böhmischen Herrenstand aufgenommen. Nach Siebenbürgen kehrte er nie wieder zurück. Dort herrschten seither die Kaiserlichen, und ihre inzwischen mehrfach bewiesene militärische Überlegenheit machte sie gegenüber dem eingesessenen Adel nicht gerade kompromissbereiter.

Weniger günstig gestaltete sich zur selben Zeit für Kaiser Rudolf die Lage in Ungarn. So rebellierte im Frühjahr 1600 die größtenteils französische Besatzung von Pápa und machte die 400 Deutschen nieder, mit denen sie bisher gemeinsam die zwischen Raab und Plattensee gelegene Festung besetzt hatten. Anlass war die Weigerung der Kaiserlichen, den 1500 Franzosen, ob aus Geldnot oder absichtlich, den versprochenen Sold von insgesamt 60 000 Dukaten zu zahlen. Feldmarschall Adolf von Schwarzenberg musste die Festung mit zuverlässigen Truppen stürmen und fand dabei den Tod. Die überlebenden Franzosen retteten sich zu den Osmanen und traten in deren Dienste. Etliche der Flüchtigen konvertierten zum Islam und einer der Offiziere stieg später sogar zum Sandschakbey von Semendria auf.[5]

Schwerwiegender für die Kaiserlichen war allerdings, dass ihr bei Anbruch des Winters 1601 unternommener Versuch, mit Unterstützung päpstlicher Truppen die wichtige Festung Kanizsa zurückzuerobern, aufgegeben werden musste. Zwar glückte im Folgejahr ein Angriff der kaiserlichen Armee unter Feldmarschall Hermann Christoph von Rußwurm auf die Stadt Pest. Die im Anschluss daran begonnene Belagerung des benachbarten Ofens musste im Herbst 1602 jedoch zum zweiten Mal abgebrochen werden. Schlimmer noch war, dass im August desselben Jahres auch die wichtige Festung Stuhlweißenburg wieder den Osmanen überlassen werden musste, die erst im Vorjahr hatte erobert werden können.

Obwohl İbrahim Pascha, der wohl begabteste Heerführer der Osmanen in diesem Krieg, bereits im Juli 1601 in Belgrad verstorben war, schienen die Armeen des Sultans in Ungarn ungeschwächt.[6] Alle Hoffnungen von

Kaiser und Papst richteten sich inzwischen auf die iranischen Safawiden.
Schon im April 1601 war eine Gesandtschaft Schah Abbas' I. in Rom erschienen und hatte einen Brief des Herrschers an Papst Clemens VIII.
überbracht. Der Safawide versprach darin den Kriegseintritt seines Landes gegen die Osmanen schon für das nächste Jahr und ersuchte zugleich
um eine Fortsetzung des Krieges in Ungarn.[7] Tatsächlich überschritt der
Schah im September 1603 mit seiner reorganisierten Armee die Grenze
und besetzte innerhalb weniger Tage das von seiner osmanischen Garnison verlassene Täbris. Ebenso fielen etliche der im letzten Krieg verlorenen Gebiete am Kaspischen Meer wieder in die Hände der Iraner.[8]

Es machte die Lage für die an zwei Fronten kämpfenden Osmanen
nicht besser, dass Sultan Mehmed III. am 22. Dezember 1603 in seinem
Palast verstorben war und ihm sein noch unmündiger Sohn Ahmed I. auf
den Thron folgte. Für den ungarischen Kriegsschauplatz hatten freilich
die militärischen Erfolge des Schahs vorerst kaum Auswirkungen. Dort
war es im Verlauf desselben Jahres im Kampf um die Nachbarstädte Ofen
und Pest zu einer geradezu bizarren Lage gekommen. Während Rudolfs
Truppen nun den dritten Versuch unternahmen, die ungarische Kapitale
endlich einzunehmen, belagerte in unmittelbarer Nähe ein osmanisches
Heer das von den Kaiserlichen gehaltene Pest. Beide Armeen blieben jedoch in ihren Bemühungen erfolglos und waren froh, als sie sich schließlich Ende Oktober wieder in ihre Winterquartiere zurückziehen konnten.

Mehr Erfolg hatten die Kaiserlichen in Siebenbürgen, wo sie sich im selben Jahr gegen einen weiteren Umsturzversuch behaupten konnten. Mit
Unterstützung der Osmanen und der Tataren, die ein kleines Korps von
2000 Reitern in Ungarn zurückgelassen hatten, war im April 1603 Moises
Székely, ein alter Gefolgsmann Báthorys und zuletzt Oberbefehlshaber
seiner Armee, in Siebenbürgen einmarschiert und hatte Klausenburg genommen. In Alba Iulia (Gyula) war der 53-jährige Székely, der aus einer
Heiduckenfamilie stammte und zur Glaubensrichtung der Unitarier gehörte, vom begeisterten Adel im Juni 1603 zum neuen Fürsten des Landes
ausgerufen worden. Man hatte die Herrschaft der Habsburger inzwischen
gründlich satt, die Städte wollten Bastas ständige Erpressungen nicht länger
ertragen, und das ganze Land verabscheute zutiefst die Rekatholisierungs-
maßnahmen des Kaisers. Die auf Székely ruhenden Erwartungen brachen

jedoch bald in sich zusammen. In der Schlacht von Kronstadt musste sein Heer am 17. Juli gegen Basta und dessen walachische Alliierte eine vernichtende Niederlage hinnehmen. Székely und Hunderte seiner adligen Gefolgsleute fanden auf dem Schlachtfeld den Tod. Die Herrschaft der Habsburger in Siebenbürgen erschien nun gefestigter denn je.

In Ungarn dagegen fühlten sich die Osmanen wieder stark genug, das neun Jahre zuvor verlorene Gran anzugreifen. Nachdem Friedensgespräche auf der Grundlage eines Tausches der Festungen Gran und Kanizsa zu keinem Ergebnis geführt hatten, unternahm Großwesir Lala Mehmed Pascha, inzwischen der sechste *Serasker* (Oberbefehlshaber) der »Hohen Pforte« in diesem Krieg, einen ersten Versuch zu seiner Rückeroberung. Die Besatzung von Gran verweigerte jedoch die Übergabe, und Lala Mehmeds Janitscharen zeigten bei ihren Sturmangriffen nicht den gewohnten Einsatzwillen. Das Stürmen mochten ihnen auch die Kartaunen eines gewissen Johann Tserclaes von Tilly verleidet haben. Der damals 45-jährige Feldzeugmeister aus den Niederlanden hatte das militärische Handwerkszeug in spanischen Diensten erlernt und sich unter General Basta den Ruf eines erfahrenen und zuverlässigen Befehlshabers erworben. Ein Novize des Kriegshandwerks war dagegen der junge Albrecht von Waldstein, der sich freilich anders als die meisten seiner böhmischen Standesgenossen vom Pulvergeruch angezogen fühlte. Die Kämpfe vor Gran zogen sich etwa drei Wochen hin, ehe die widrige Witterung mit Sturm, Kälte und Dauerregen einen Abbruch der Belagerung nahelegte. Am 14. Oktober 1604 erteilte Lala Mehmed seiner bereits arg dezimierten Armee den Befehl zum Rückzug nach Belgrad.[9]

Die Kaiserlichen konnten sich allerdings nicht richtig über den Abzug der Osmanen freuen, denn zur selben Zeit war überraschend in Oberungarn ein Aufstand ausgebrochen, der sich vor allem gegen die habsburgische Religionspolitik richtete und bald auch auf ganz Siebenbürgen übergriff. Wie sehr Rudolf und seine Behörden bei der Bekämpfung des Protestantismus jedes Augenmaß hatten vermissen lassen, zeigte sich schon daran, dass mit Stephan Bocskay ausgerechnet ein bisher den Habsburgern treu ergebener Gefolgsmann an die Spitze des Aufstandes getreten war. Mit nur wenigen Tausend Heiducken, die unter Führung ihrer Kapitäne von den Kaiserlichen abgefallen waren, vertrieb Bocskay nacheinander die isolierten und entmutigten kaiserlichen Garnisonen aus Siebenbürgen. Im November 1604 zog er in Kaschau ein.[10] General Basta musste sich mit den ihm verbliebenen Truppen nach Pressburg zurückziehen. Auf einem in Nyárádszereda einberufenen Landtag wählten die siebenbürger Szekler am 21. Februar 1605 Bocskay zum neuen Landesfürsten, zwei Monate später erhoben ihn die ungarischen Magnaten sogar zum Fürstprotektor des Landes. Die »Hohe Pforte« beeilte sich, ihren neuen Alliierten anzuerkennen, und erhob Stephan Bocskay sogar zum neuen ungarischen König.[11] Die osmanischen Truppen waren dem Rebellen allerdings keine wirkliche Hilfe. Auch wenn Großwesir Lala Mehmed Pascha den Fall der nordungarischen Festung Tokay als eigenen Erfolg beanspruchte, konnte dies nicht überdecken, dass sich seine Truppen von den anderen brandschatzend durchs Land ziehenden bewaffneten Horden kaum noch unterschieden. Disziplin und Versorgungslage der Osmanen waren auf einen beklagenswerten Tiefststand gesunken und wurden nur noch durch die miserablen Verhältnisse auf der Gegenseite übertroffen.

Für die Kaiserlichen entwickelte sich 1605 zum Katastrophenjahr. Nacheinander gingen die Festungen Visegrád, Palota, Großwardein und Veszprém verloren. Zu einer Gegenoffensive fehlten Erzherzog Matthias und General Basta längst die Kräfte, und so konnte Großwesir Lala Mehmed das letzte echte Kriegsjahr im August 1605 mit der Einnahme von Gran krönen. Bocskay war derweil schon mit den Kaiserlichen in Verhandlungen eingetreten und hatte, auch um die Gegenseite nicht zu verprellen, den ihm vom Großwesir verliehenen ungarischen Königstitel gar nicht erst angenommen. Schockiert und ernüchtert von der Erosion seiner Macht in Ungarn, war Rudolf längst bereit, auf sämtliche seiner Ansprüche in Siebenbürgen zu verzichten und Bocskay sogar noch Teile des von ihm schon besetzten Nordungarns mit den Komitaten Bereg und Ugocsa auf Lebenszeit zu überlassen. Strittig blieb allein die Religionsfrage, da Rudolf hier unter dem doppelten Druck des päpstlichen Nuntius und des spanischen Gesandten stand, die auf eine Rückkehr der zu Zeiten Kaiser Ferdinands I. gültigen Besitzstände drängten. Für die ungarische Delegation, die von dem Lutheraner Stephan Illésházy geführt wurde, war diese Forderung jedoch inakzeptabel. Die Verhandlungen konnten schließlich durch Erzherzog Matthias, der im März 1606 zum Gouverneur von Ungarn ernannt worden war und sich in religiösen Fragen flexibler als sein Bruder zeigte, zum Abschluss gebracht werden. Der Vertrag wurde am 23. Juni 1606 in Wien vereinbart und nach einigem Zögern auch von Kaiser Rudolf ratifiziert. Nur zwölf Jahre später sollte der böhmische Adel, der die Erfolge der Ungarn aufmerksam verfolgt hatte, ebenfalls gegen Habsburg rebellieren. Während Matthias noch in Wien mit Illésházy verhandelt hatte, war es auch zu erneuten Kontakten zwischen den Kaiserlichen und den Osmanen gekommen. Ein erstes Treffen von Adolf von Althan, dem Hauptmann von Niederösterreich und Beauftragten Kaiser Rudolfs, mit Ali Pascha, dem Beylerbey von Ofen, endete jedoch noch ohne konkrete Ergebnisse. Die Kaiserlichen wehrten sich besonders gegen die Einbeziehung der Ungarn in die bevorstehenden Verhandlungen, aber auch in dieser Frage erwies sich Erzherzog Matthias als flexibel und konnte seinen Bruder in Prag zum Einlenken bewegen. Auf Vermittlung des bereits schwer erkrankten Bocskay kamen beide Parteien am 29. Oktober 1606 an einem unbewohnten Platz nahe der Mündung der Zsitva in die Neutra, etwa 16 Kilometer nördlich der Festung von Komorn zusammen.[12] Die Kaiserlichen hatten auf dem linken Ufer des Flüsschens ihr Zeltlager errichtet, die Delegation der Osmanen unter Ali Pascha lagerte auf der anderen Seite. Die Verhandlungen erfolgten auf der Grundlage des militärischen *Status quo* und fanden nach nur zwei Wochen ihren Abschluss. Die Osmanen durften Eger und Kanizsa behalten, die Kaiserlichen die zwischen Gran und Pest gelegene Festung Vác. Außerdem sollte es jeder Partei erlaubt sein, auf eigenem Gebiet neue Verteidigungsanlagen zu errichten. Die von den Habsburgern abgetretenen Gebiete wurden nicht in das osmanische Timar-System einbezogen, sodass die darin gelegenen Adelssitze wie zu altungarischen Zeiten ihre Steuerfreiheit behalten durften. Dies galt nicht für die betroffenen Bauern, die ihre Abgaben zukünftig den Osmanen entrichten mussten, ohne jedoch deswegen vor den Nachstellungen ihrer ehemaligen Herren sicher zu sein.[13]

Dass die »Hohe Pforte« die Gleichrangigkeit des Gegners anerkannte und den Kaiser erstmals mit seiner vollen Titulatur ansprach, bedeutete fraglos einen diplomatischen Wendepunkt im Verhältnis der beiden Kontrahenten. Faktisch war damit der exklusive Anspruch der Sultane auf das Weltkaisertum aufgegeben. Bekräftigt wurde dieser Verzicht auch durch die Streichung der jährlichen Tributpflicht. Mit der Zahlung eines einmaligen »Ehrengeschenkes« in Höhe von 200 000 Gulden durften sich die Habsburger von der bisherigen demütigenden Regelung endgültig freikaufen. Das aus 15 Artikeln bestehende Vertragswerk sollte für 20 Jahre Gültigkeit haben und erstmals auch die Nachfolger der beiden ratifizierenden Herrscher binden. Auch wenn sich die Ratifikation des Vertragswerkes wegen etlicher Detailfragen und Übersetzungsfehler noch um drei Jahre verzögern sollte, konnte die »Hohe Pforte« mit dem Verhandlungsergebnis von Zsitvatorok hoch zufrieden sein. Mit schwindenden Mitteln und bei fortschreitender Erosion der Kampfkraft ihrer Armeen hatten die Osmanen ihre Position auf dem nördlichen Balkan, die nur zehn Jahre früher vor dem Zusammenbruch gestanden hatte, noch einmal bewahren können. Für die Kaiserlichen fiel die Bilanz ernüchternd aus. Trotz einmalig hoher Mittel, die drei Reichstage dem Kaiser in Form von insgesamt 226 Römermonaten bewilligt hatten, und trotz üppiger Subsidien aus Italien und Spanien,[14] stand der »Türke« nach wie vor dicht vor den Grenzen des Reiches. Wenn sich im Rückblick der Friede von Zsitvatorok als außergewöhnlich dauerhaft erwies, lag dies jedoch weniger an der Güte seiner Vereinbarungen oder an der politischen Einsichtigkeit der Vertragsparteien, sondern eher an den politischen Zwängen, mit denen sich Osmanen wie Kaiserliche in den folgenden Jahrzehnten konfrontiert sahen.

Teil IV
Die Wende

1 Ende eines 70-jährigen Waffenstillstandes Die Osmanen landen auf Kreta 1645

»Dieser Krieg wird nicht nur wegen seiner Länge oder der Vielfalt seiner Kämpfe, nicht nur wegen des Zustandes der Christenheit, der Verschiedenartigkeit der Fürsten, die an ihm beteiligt waren, erinnerungswürdig bleiben, sondern auch der ganzen Nachwelt stets höchst wundersam erscheinen.«

Andrea Valiero (Senator Venedigs), *Storia della Guerra di Candia*[1]

Venedigs trauriger Waffenstillstand mit der »Hohen Pforte« von 1573 sollte immerhin 70 Jahre halten. Als Preis für diese ungewöhnlich lange Galgenfrist hatte die stolze *Serenissima* dem Sultan damals Zypern und etliche ihrer Inseln in der Adria überlassen müssen. Seither hatten Dogen und Senatoren Jahr für Jahr mit angehaltenem Atem versucht, aus jedem ihnen überbrachten Detail der politischen Intrigen am Bosporus die tatsächlichen Absichten des »Großherrn« herauszulesen.

In allen ihren Handlungen und wohlerwogenen Unterwerfungsgesten war stets Venedigs Furcht zu spüren, dass sich die nie versiegende Begehrlichkeit der Sultane und ihrer Wesire doch wieder einmal auf Kreta richten könnte. Wie ein Riegel lag die Insel, ihr letzter bedeutender Besitz außerhalb der Adria, vor der Ägäis, die in besseren Tagen einmal ein venezianisches Meer gewesen war. Peinlich genau hatte die Markusrepublik während des »Langen Türkenkrieges« auf ihre Neutralität geachtet und mit größter Sorge etwa das provokante Treiben der uskokischen Piraten von Senj (Zengg) verfolgt. Im Dienste Habsburgs störten diese tatendurstigen Räuber immer wieder die osmanische Schifffahrt in der Adria. Kurzzeitig hatten sie sogar die osmanische Festung Klis besetzen können. Bei der raschen Rückeroberung der einst christlichen Stadt durfte die »Hohe Pforte« dann auch von der Seeblockade der Venezianer profitieren.[2]

Gewiss verdankte sich die ungewöhnlich lange Phase der Schonung auch der Schwäche des islamischen Riesenreiches, die manche Optimisten schon von seinem Zerfall träumen ließ. Die grassierende Korruption, Steuerdruck und ständige Münzverschlechterungen bedingten eine wachsende Verarmung und ließen viele Untertanen des Sultans in die Illegalität fliehen. Räuberbanden terrorisierten inzwischen ganze Provinzen, wo das Land immer häufiger unbestellt blieb. Andere Landbewohner flohen in die Städte, wo sie die Masse der Mittellosen noch vergrößerten und einen ständigen Unruhefaktor bildeten. Zu der wohl bedrohlichsten Erhebung kam es am 18. Mai 1622 in Konstantinopel, als die wieder einmal unzufriedenen Janitscharen nach einem erfolglosen Feldzug gegen die Polen sogar den Sultanspalast stürmten und Sultan Osman II. absetzten.[3]

Nur mit eiserner Hand war der schon als Knabe auf den Thron gelangte Sultan Murad IV. der gefährlichen Aufsässigkeiten in Armee und Provinzen wenigstens in den Kerngebieten Herr geworden. 25 000 Menschen sollen seiner Blutjustiz zum Opfer gefallen sein, nachdem er 1632 die tatsächliche Macht übernommen hatte.[4] Den größten Teil seiner Regierungszeit beanspruchte allerdings die Stabilisierung der Lage an der östlichen Grenze des Reiches. Dort war es schon kurz nach den hauptstädtischen Wirren zu einer Erhebung lokaler Truppen der Bagdader Garnison gekommen. Die Aufständischen hatten den vom Sultan eingesetzten Gouverneur getötet und die Stadt am 14. Januar 1624 an die ihnen nahestehenden Safawiden übergeben. Murad benötigte sieben Jahre, ehe er Bagdad Anfang 1639 endlich zurückerobern konnte. Der im Mai darauf geschlossene Frieden von Qars-e Schirin mit Schah Safi I. beendete nicht nur den 16-jährigen Krieg im Osten, sondern auch die glückliche Schonfrist für die europäischen Frontmächte von Sizilien bis Nordungarn.[5]

Nicht zuletzt die unverhoffte und dauerhafte Entlastung an ihrer Südostflanke hatte die Habsburger dazu verleitet, den Aufstand der böhmischen Stände zu einer grundsätzlichen Revision der konfessionellen Verhältnisse im Reich zu nutzen. Die glänzenden Anfangserfolge der Kaiserlichen hatten jedoch die militärische Intervention der Schweden und schließlich der Franzosen provoziert. Als Sultan Murad IV. im Februar 1639 siegreich, aber schon sichtlich von einer schweren Krankheit gezeichnet, in seine Hauptstadt zurückkehrte, befand sich der Habsburger Ferdinand III., bereits in einem verzweifelten Krieg an zwei Fronten, der nur noch durch Verhandlungen und beträchtlichen Verzicht zu einem glimpflichen Ende zu bringen war.

Der endlose Perserkrieg der »Hohen Pforte« scheint allerdings auch die Venezianer unvorsichtig gemacht zu haben. Anders lässt es sich nicht erklären, dass ihre Flotte im August 1638 bei der Verfolgung eines Barbareskengeschwaders gewaltsam in den Hafen des osmanisch besetzten Valona eindrang. Die dreisten Korsaren aus Nordafrika hatten zuvor ein Schiff der *Serenissima* in der Adria aufgebracht und im Vertrauen auf ihre osmanischen Schutzherren alle Aufforderungen der Venezianer abgelehnt, ihre Beute wieder herauszugeben. Erstaunlich erscheint hier das Missverhältnis zwischen Anlass und Härte der venezianischen Reaktion. Nach einer einmonatigen Blockade und ebenso langen fruchtlosen Verhandlungen mit den lokalen osmanischen Behörden drang schließlich ein venezianisches Geschwader unter den Augen der Besatzer in den Hafen ein und kaperte kurzerhand sämtliche Korsarenschiffe. Der Zugriff erfolgte unzweifelhaft mit Wissen und Billigung des Senats, denn der erfolgreiche venezianische Admiral Maria Antonio Capelli durfte am 7. August 1638 mit dem Flaggschiff der gegnerischen Flotte im Schlepp im Triumph in die Lagunenstadt zurückkehren. Die übrigen Schiffe der Barbaresken hatte Capelli zuvor bei Korfu versenken lassen.[6]

Schon bald jedoch wich die aufgeblasene Begeisterung über den kleinen Erfolg der Sorge vor einer scharfen Reaktion des Sultans. Der Waffenstillstand von 1573 hatte zwar beiden Vertragsparteien die Jagd auf Korsaren, gleich ob christlicher oder moslemischer Herkunft, ausdrücklich gestattet, nicht aber das gewaltsame Eindringen in die Häfen der Gegenseite. In einem ersten Wutanfall befahl Murad, sämtliche Venezianer in seinem Reich zu erschlagen, begnügte sich schließlich aber aufgrund der Einreden seines Großwesirs mit einigen Verhaftungen in Konstantinopel und Pera. Zwar glückte es dem venezianischen Bailo Giovanno Soranzo mit viel Geld und noch mehr Verhandlungsgeschick, die Wogen am Bosporus halbwegs zu glätten. Doch erst der Tod des Sultans im Februar 1640 im Alter von knapp 28 Jahren bannte vorerst die akute Kriegsgefahr mit den übermächtigen Osmanen. Wie bereits 20 Jahre zuvor schien die Ordnung der Hauptstadt in den Wirren eines Thronwechsels unterzugehen. Nur mithilfe seiner Mutter Kösem Mahpeyker war es Murads Bruder und Nachfolger İbrahim geglückt, den vom sterbenden Sultan veranlassten Nachstellungen zu entgehen und auf den Thron zu gelangen. Der neue Herrscher am Goldenen Horn, der bald schon der »verrückte İbrahim« genannt werden sollte, stand ganz unter dem Einfluss der miteinander konkurrierenden Palastdamen und seines obersten Admirals und Schwiegersohns Yusuf Pascha. Der aus Dalmatien stammende Renegat hasste die Venezianer und drängte seit Jahren auf die Eroberung Kretas.[7]

Die Chance zur Verwirklichung seines ambitionierten Planes sollte sich jedoch erst vier Jahre später ergeben. Wiederholt hatten die Beute-fahrten der Malteser Johanniter schon für Verdruss bei der »Hohen Pfor-te« gesorgt, doch zu einem zweiten Großangriff auf die seit 1565 zu einem mächtigen Bollwerk ausgebaute Heimatinsel der Ordensritter war die os-manische Flotte längst zu schwach. Gelang es jedoch, den politisch iso-lierten Venezianern Kreta zu entreißen, war den Johannitern immerhin ein unverzichtbarer Stützpunkt für ihre Operationen im östlichen Mittel-meer genommen. Yusufs Stunde war gekommen, als am 28. September 1644 sechs Galeeren der Johanniter unter dem Kommando von Gabriel de Bois-Brodant einen außergewöhnlichen Erfolg erzielten. Nordöstlich von Kreta hatten sie bei der Insel Karpathos einen osmanischen Schiffskonvoi aufgebracht, mit dem eine Hauptfrau des Sultans in Begleitung des Chefs der schwarzen Eunuchen nach Mekka unterwegs gewesen war. Nach mehrstündigem Kampf, bei dem die Mehrzahl der osmanischen Seeleute umkam, waren den Angreifern einige Hundert verängstigte Passagiere und eine beträchtliche Beute an Gold und Juwelen in die Hand gefallen. Venedig kam ins Spiel, als die Schiffe Bois-Brodants auf ihrer Heim-fahrt nach Malta mit ihrer Beute im Schlepp Zwischenstation in Kandia, dem heutigem Heraklion, machten.[8] Dass sich seine Johanniter 20 Tage im Haupthafen Kretas aufhalten durften und dort sogar einen Teil ihrer Beute zum Kauf anboten, wie es einige entkommene osmanische See-leute bald darauf in Konstantinopel versicherten, konnte in Yusufs Augen nur mit dem Einverständnis der venezianischen Behörden auf Kreta ge-schehen sein. Für die »Hohen Pforte« war dies ein klarer und durchaus willkommener Bruch des Vertrages von 1573. Es half nicht mehr, dass der venezianische Bailo in Konstantinopel, Giovanni Soranzo, Gegenzeugen aufzubieten vermochte, die überall beteuerten, dass der Aufenthalt der Johanniter auf Kreta nur sehr kurz gewesen sei und dabei auch nur einige griechische Matrosen an Land gesetzt worden seien.[9] Der Entschluss der »Hohen Pforte« zum Krieg war längst gefällt. Offiziell taten Sultan und Großwesir allerdings so, als richteten sich die im Winter begonnenen maritimen Rüstungen gegen die Malteser Johanniter.

Das osmanische Geschwader, das schließlich am 30. April 1645 unter dem Kommando von Yusuf Pascha aus dem Goldenen Horn auslief, war mit seinen 73 Galeeren und etwa 100 kleineren Begleitschiffen mit den gigantischen Flotten der Epoche von Lepanto nicht mehr zu vergleichen. Als die Schiffe unter feierlichem Zeremoniell in Richtung Dardanellen entschwanden, durfte sich der dem prächtigen Schauspiel beiwohnende Soranzo noch dem Glauben hingeben, dass sich der bevorstehende Schlag wohl gegen die auch in Venedig nicht besonders beliebten Malteser richten würde. Angespannt verfolgten die überall in der Ägäis verteilten Agenten der Markusrepublik den Kurs der osmanischen Flotte um die Peloponnes, und ihre Meldungen, dass der *Kaputan* des Sultans seine Schiffe zunächst in der Bucht von Navarino an der Westküste der Halbinsel vor Anker gehen ließ, schienen tatsächlich die Hoffnungen der Venezianer zu bestätigen, dass Malta das Angriffsziel sei.

Umso größer war allerdings das Entsetzen in der Lagunenstadt, als dort am 7. Juli die Nachricht eintraf, dass die Flotte des Sultans zwölf Tage zuvor bei Kap Spada am Westende Kretas gesichtet worden sei. Während sich zur selben Zeit im fernen Westfalen die Unterhändler Frankreichs, Schwedens, Habsburgs und der wichtigsten Reichsstände allmählich innerhalb der Mauern von Münster und Osnabrück einfanden, um einen bald 30 Jahre alten Krieg zu beenden, ahnte kaum jemand in Europa, dass die Landung der Osmanen in der Bucht von Gogna der Auftakt zu einem mehr als 20-jährigen Waffengang sein würde. Den Senatoren der *Serenissima* war klar, dass ihre Republik den bevorstehenden Konflikt um Kreta nicht ohne fremde Hilfe überstehen konnte. Doch selbst in weniger unruhigen Verhältnissen wäre es der bedrängten Markusstadt schwergefallen, unter den europäischen Mächten Verbündete zu finden. Wohl hatte man an den Höfen in Madrid, Neapel oder Wien den »Verrat von 1573« längst verschmerzt, doch Spanien war nach dem Verlust Portugals und der 1643 gegen die Franzosen bei Rocroi erlittenen vernichtenden Niederlage eine Weltmacht im Niedergang. Frankreich, England und die niederländischen Generalstaaten wiederum konnten kein Interesse daran haben, einem erbitterten Handelsrivalen in der Levante militärisch beizuspringen. Und endlich konnte der von allen Seiten bedrängte Kaiser Ferdinand III. nur dankbar sein, dass durch den entschiedenen Einspruch der »Hohen Pforte« ein schon beschlossener Zangenangriff der Schweden und der Siebenbürger unter dem Fürsten György I. Rákóczi auf Wien und Brünn im letzten Augenblick vereitelt worden war. Sultan İbrahim hatte seinem christlichen Vasallen die Teilnahme daran untersagt, um nicht auch noch in einen Krieg gegen die Kaiserlichen hineingezogen zu werden. Die Kräfte seines Imperiums reichten nur noch zum Kampf an einer Front.[10]

Unterstützung fand Venedig abermals beim Heiligen Stuhl in Rom, wenngleich sie vorerst nur widerstrebend gewährt wurde. Zu sehr schien Papst Innozenz X., dem die strategische Weitsicht seiner Vorgänger völlig abging, mit dem Krieg gegen den Herzog von Parma um die kleine Festung Castro beschäftigt, die er schließlich 1649 eroberte und schleifen ließ. Innozenz konnte jedoch nicht ignorieren, dass gerade in Italien die osmanische Aggression gegen die Markusrepublik überall Furcht, Entsetzen und sogar Solidarität mit den arroganten Venezianern ausgelöst hatte. So rang sich der Papst dazu durch, wenigstens fünf Galeeren zur Verteidigung Kretas beizusteuern. Der Großherzog der Toskana, Ferdinand II., folgte seinem Beispiel und stellte die gleiche Zahl von Schiffen.[11] Sogar die Genueser hätten ein Flottenkontingent zur Verteidigung Kretas beigetragen, wenn nicht durch einen aus heutiger Sicht lächerlichen Streit um die diplomatische Gleichrangigkeit die alte Kluft zwischen beiden Handelsrepubliken wieder aufgerissen worden wäre. Weniger pingelig zeigten sich dagegen die sonst bei den Venezianern wenig beliebten Johanniter und die Ritter des Heiligen Stephan. Beide Orden sahen durchaus realistisch, dass der drohende Verlust von Kreta den Aktionsradius ihrer Kaperschiffe in der Levante erheblich schmälern musste.

Für einen kurzen Moment schienen sogar die ruhmreichen Tage der alten »Heiligen Liga« und des Triumphes von Lepanto wiedergekehrt zu sein, als auch die Flotte des Vizekönigreiches Sizilien sich der vom Papst zusammengebrachten neuen Allianz anschloss. Ihre insgesamt 60 Galeeren sowie einige Dutzend große Segler konnten bei energischer Führung durchaus zu einer Bedrohung der osmanischen Expeditionsstreitmacht vor Kreta werden.

Derweil hatten die auf der Insel gelandeten Osmanen die Stadt Kanea, eine der vier verbliebenen Hauptorte der Insel, eingeschlossen und mit ihrer Belagerung begonnen. Kaneas Befestigungen waren zwar stark, aber nicht im besten Zustand. Außerdem fehlte es an Munition und Verpflegung. Getreide und Schiffszwieback reichten nur für zwei Monate und auf die lokale Miliz war kaum Verlass, wie es in dem besorgten Schreiben eines venezianischen Beamten aus Kandia an den Senat hieß.[12]

Noch einmal wiederholte sich das bedrückende Drama von Nikosia und Famagusta. Während die osmanischen Belagerer über See ständig Nachschub und Verstärkung erhielten, blieb die tapfere Besatzung Kaneas ohne jede Hilfe von außen und musste nach achtwöchigem Kampf am 18. August 1645 kapitulieren. Großmütig gewährte der gebürtige Dalmatiner und ehemalige Untertan der *Serenissima*, Yusuf Pascha, dem *Provveditore* der Stadt, Antonio Navagero, samt den Überlebenden seiner Besatzung freien Abzug.[13] Der osmanische Admiral konnte zufrieden sein. Nachdem sich die inzwischen vor Kreta aufgetauchte christliche Flotte nicht zu einem energischen Eingreifen hatte entschließen können, durfte er den Besitz von Kanea als gesichert ansehen. Damit besaßen die Osmanen einen festen Stützpunkt für ihre Flotte und zugleich einen Ausgangspunkt für die Eroberung der gesamten Insel. Vorerst aber sicherte Yusuf Pascha seine Eroberung mit 8000 Mann und machte sich im November auf den Weg nach Konstantinopel, um sich für seine Erfolge feiern zu lassen. Er sollte jedoch nie wieder auf die Insel zurückkehren, denn nur wenige Wochen später fiel er einem Willkürakt des wahnsinnigen Sultans zum Opfer.

Kaum Anlass zur Euphorie hatte dagegen das christliche Lager. Die Rückkehr der vereinigten Flotte in den Hafen von Messina, ohne vor Kanea das Geringste bewirkt zu haben, war weitaus schlimmer als eine Niederlage, die ihr Befehlshaber, der päpstliche Generalkapitän Niccolò Ludovisi, unbedingt hatte vermeiden wollen.[14] Obwohl das Bündnis noch im folgenden Winter zerfiel, wollte Venedig den Kampf um Kreta nicht aufgeben. Bei allen Belastungen des eigenen Handels sicherte der Besitz dieser Insel der *Serenissima* immer noch ihren Status als Großmacht. In der Notlage waren ihre herrschenden Familien jetzt sogar zu einem revolutionären Akt bereit und erlaubten wohlhabenden Bürgerlichen, sich gegen Zahlung von mindestens 60 000 Dukaten in die Patrizierlisten der Stadt aufnehmen zu lassen.[15]

Allein die wenigen Galeeren des Papstes und der beiden Ritterorden begleiteten im Sommer 1646 die venezianische Flotte bei ihrem zweiten Entsatzversuch vor Kreta. Wieder einmal hatten die Senatoren keine glückliche Hand bei der Ernennung ihres Flottenbefehlshabers bewiesen. Ihre Wahl war auf den in der Stadt zwar beliebten, aber schon 73 Jahre alten und, wie sich bald zeigen sollte, übervorsichtigen Giovanni Cappello gefallen. Seiner Zögerlichkeit verdankten es die Osmanen, dass sie Anfang Juli 1646 ungestört von den venezianischen Galeeren ein weiteres Truppenkorps in Kanea an Land setzen konnten. Zum neuen *Serasker* auf Kreta hatte der Sultan inzwischen den aus einfachen Verhältnissen kommenden Hüsseyn Pascha ernannt. Vom Kaminholzspalter im Sultanpalast war er in kurzer Frist zum Beylerbey von Ofen aufgestiegen und brachte nun die Eroberung Kretas mit Tatkraft und Geschick voran. Seinem Namen als »verrückter Hüsseyn« machte er sofort alle Ehre, indem er sein Heer an Kap Suda vorbei gegen Rethymno vorrücken ließ. Die Stadt zählte zu den drei letzten den Venezianern auf Kreta noch verbliebenen Bollwerken. Ihre aus 1500 Söldnern und einigen einheimischen Milizen bestehende Besatzung kapitulierte am 9. Oktober 1646 und trat darauf sogar mehrheitlich in osmanische Dienste. Die Zitadelle von Rethymno hielt sich zwar noch drei Wochen länger, dann aber ging ihren Verteidigern die Munition aus. Da waren Cappellos Galeeren längst wieder in die Adria zurückgekehrt. Nur sein ehrwürdiges Alter schützte den unglückseligen Flottenführer in seiner Heimatstadt vor Prozess und Hinrichtung.

Während man in Venedig noch um Schuldzuweisungen stritt, setzte Hüsseyn im Frühjahr 1647 seinen Eroberungszug fort und eroberte innerhalb weniger Wochen die gesamte Insel. Die orthodoxen Bewohner Kretas waren zu Beginn des Krieges in ihrer Haltung gegenüber den Invasoren gespalten gewesen. Zwar mochten sie die katholischen Venezianer nicht, die 430 Jahre zuvor ebenfalls als Eroberer auf die Insel gekommen waren und seither als gleichermaßen nachlässige wie ausbeuterische Grundherren das einst blühende Land heruntergewirtschaftet hatten. Die unberechenbaren »Türken« aber fürchteten sie noch mehr. Hier setzte Hüsseyn erfolgreich den Hebel an und präsentierte sich den skeptischen Einheimischen als eine erträglichere Alternative zu ihren bisherigen Herren. Aufständische Kreter gewann er durch großzügige Amnestien und sorgte auch dafür, dass die Bauern der sofort auf der Insel eingerichteten *Timare* erheblich geringere Abgaben als zu Zeiten der Venezianer zu leisten hatten. Gegen Ende 1647 hielten sich die Truppen der Markusrepuplik nur noch in Kandia, Sitia sowie in einigen unzugänglichen Felsenkastellen entlang der kretischen Nordküste.[16]

Schon am Ende des ersten ernüchternden Kriegsjahres hatte sich Venedig zu einem maritimen Strategiewechsel entschlossen, der anfangs sämtliche Erfolge der Osmanen auf Kreta zunichtezumachen drohte. Hüsseyns militärische Fortschritte beruhten vor allem auf der ungestörten Verbindung seines Expeditionskorps mit der Hauptstadt. Gelang es der venezianischen Flotte, den südlichen Ausgang der Dardanellen dauerhaft zu blockieren, musste dies auch die osmanische Position auf Kreta erschüttern und vielleicht sogar die Rückeroberung der gesamten Insel ermöglichen. Hinter der neuen Strategie stand der venezianische Patrizier Tommaso Morosini, der trotz seiner Jugend bereits gediegene seemännische Erfahrung mit humanistischer Bildung vereinte. Im März 1646 war er erstmals mit einer Flotte von 23 Galeonen vor der strategisch wichtigen Meerenge zwischen Europa und Asien erschienen und hatte mit entrollten Fahnen unter den Kanonen von Tenedos die Einfahrt in die Dardanellen erzwungen. Die Aufregung in Konstantinopel war groß. Sultan İbrahim schäumte vor Wut, drohte wieder einmal seinen ratlosen Wesiren mit Todesurteilen und befahl seiner Kriegsflotte, die am Goldenen Horn überwintert hatte, den Durchbruch nach Kreta zu erzwingen. Bei zunächst völliger Windstille verließen rund 80 osmanische Galeeren und Galeassen am 26. Mai 1646 den Hafen von Gallipoli am nördlichen Ende der Dardanellen und drangen zügig in die Meerenge ein. Als aber plötzlich ein leichter Wind Morosinis Seglern die ersehnte Manövrierfähigkeit verschaffte, erlebten die osmanischen Schiffe ein Desaster und mussten sich mit dem Verlust von zehn Schiffen wieder zurückziehen. Ein zehn Tage später unternommener zweiter Versuch der Osmanen hatte allerdings mehr Erfolg. Bei anhaltender Windstille musste Morosini die gegnerische Flotte dieses Mal passieren lassen. Auch von Cappellos vor Kreta kreuzenden Galeeren nicht weiter behindert, konnte sie wenige Wochen später den Hafen von Kanea erreichen. Trotz dieses ersten Rückschlages gab Venedig seine neue Strategie nicht auf, sondern ergänzte in den folgenden Jahren seine Flotte in der nördlichen Ägäis mit eigenen Galeonen. Gänzlich verhindern ließ sich der Zufluss von Nachschub und Verstärkungen nach Kreta auch danach nicht, aber die Operationen der venezianischen Schiffe vor den Dardanellen vermochten immerhin den Siegeslauf der Osmanen auf der Insel zu bremsen. Zwar glückte dem unermüdlichen Hüsseyn Pascha 1650 noch die Einnahme der Festung Sitia im Osten der Insel, doch die Hauptfestung Kandia widerstand weiterhin allen osmanischen Angriffen. Eine schwere Niederlage der Flotte des Sultans vor der Kykladeninsel Naxos im darauffolgenden Sommer verbesserte die Chancen der *Serenissima*, wenigstens ihren letzten wichtigen Stützpunkt auf Kreta zu behaupten. Friedenssondierungen zwischen beiden Mächten führten allerdings zu keinem Ergebnis. Venedigs Forderung nach Rückgabe der gesamten Insel erwies sich gegenüber dem osmanischen Teilungsvorschlag als realitätsfremd. Hüsseyn Pascha hatte durch die Einführung des osmanischen Pfründensystems in allen eroberten Gebieten längst irreversible Fakten geschaffen.[17]

An dem maritimen Patt hatten auch Machtwechsel und politisches Chaos in Konstantinopel vorerst nichts geändert. Der Sturz des Sultans am 8. August 1648 und seine kurz darauf erfolgte Ermordung waren schon lange abzusehen gewesen. İbrahims pathologische Grausamkeit hatte inzwischen die Grenze zum Wahnsinn überschritten, und sein Tod durch die gefürchtete Seidenschnur bedeutete auch das Ende für alle seine Höflinge und Unterstützer. Nachdem die Janitscharen ihre Obersten getötet hatten, setzten sie den erst siebenjährigen Mehmed IV. auf den Thron und forderten nicht nur das bei einem Herrscherwechsel fällige Geldgeschenk, sondern erstmals auch das Recht, die attraktiven Pagenstellen im Palast mit ihren Söhnen besetzen zu dürfen. Die Regierung versank in Anarchie, Revolte folgte auf Revolte, Großwesire wechselten wie das Wetter, und die im Palast grassierende Mordlust machte auch vor der ehrwürdigen Großmutter des neuen Sultans, der 60-jährigen Kösem Mahpeyker, nicht Halt.

Die Erosion der osmanischen Staatsmacht erreichte schließlich einen sichtbaren Höhepunkt, als es den Venezianern am 26. Juni 1656, genau elf Jahre nach Yusuf Paschas Landung auf Kreta, gelang, einen großen Teil der Flotte des Sultans vor dem Eingang der Dardanellen zu versenken. Nur 14 der osmanischen Schiffe konnten dem Desaster entkommen. Während Venedig seinen spektakulären Sieg ausgelassen mit Feuerwerk und einem dreitägigen Tedeum feierte, war in Konstantinopel eine weitreichende Entscheidung gefallen. Auf den Rat seiner Mutter Turhan Sultan hatte der 13-jährige Mehmet IV. den greisen Mehmed Köprülü zum neuen Großwesir ernannt. Aus Sicht des Hofes sprach für den Kandidaten vor allem, dass sich der schon 76-Jährige trotz einer gediegenen administrativen Karriere bisher aus allem Parteiengezänk hatte heraushalten können und wegen seines Alters wohl nur ein Mann des Übergangs sein würde.

Doch dem aus Albanien stammenden Köprülü sollte gelingen, woran seine letzten Vorgänger im Amt gescheitert waren. In kürzester Frist stabilisierte er nicht nur die politischen Verhältnisse in der Hauptstadt, sondern Köprülü gründete auch eine Dynastie von Großwesiren, welche die Geschicke des Staates bis zum Ende des Jahrhunderts bestimmen sollte. Zielgerichtet und mit oft skrupellosen Methoden schaltete Köprülü sämtliche Konkurrenten um die Macht aus, berief etwa Hüsseyn Pascha, den Eroberer Kretas, von seinem Kommando ab und stellte sich im Sommer 1657 selbst an die Spitze jener Truppen, die zur Rückeroberung der von den Venezianern besetzten Inseln Tenedos und Lemnos bestimmt waren.

Für die Markusrepublik zeigte sich nur allzu rasch, dass ihre Flotte trotz des glänzenden Sieges im Vorjahr die kriegswichtige Blockade der Dardanellen nicht dauerhaft aufrechterhalten konnte. Nachdem es dem energischen Köprülü noch im selben Jahr geglückt war, die Insel Chios zu besetzten, mussten die Venezianer ihre Hoffnungen begraben, ihren letzten Besitz auf Kreta durch die Unterbrechung der osmanischen Seewege behaupten zu können. Dass Kandia sich trotzdem noch mehr als zehn Jahre halten konnte, verdankte die *Serenissima* allein der plötzlichen Verschärfung der Lage in Ungarn, der Köprülü sich in den restlichen Jahren seiner Amtszeit widmen musste.

Sieg der Venezianer über die türkische Flotte bei den Dardanellen (26. Juni 1656), Gemälde von Pietro Liberi, 1656.

2 Prelude zum »Großen Türkenkrieg« Der lange Weg nach »Mogersdorf« 1664

»Bald erblickten wir Massen von Fußvolk, bald Wälder von Lanzen, einen Moment später Mengen von Kavallerie und so immer neue Truppenverbände, jedes mit unzähligen verschiedenen Fahnen, Standarten und Wimpeln in allen erdenklichen Farben, dazu Oboen, Flöten und Trommeln, die in recht gefälliger Harmonie ertönten, und obwohl diese Truppen ohne Ordnung und Regeln marschierten, bemerkten wir in all dieser Verwirrung doch Reize, die uns bezauberten.«

Graf Jean de Coligny-Saligny über das osmanische Heer an der Raab[1]

Als zweitältester Sohn Kaiser Ferdinands III. war Erzherzog Leopold ursprünglich für eine klerikale Karriere bestimmt gewesen. Der schüchterne und unscheinbare junge Mann hatte dazu eine umfassende Bildung erhalten, er liebte die italienische Oper und komponierte sogar selbst respektable Stücke. Leopold sprach überdies fließend etliche Sprachen, am liebsten Italienisch, und seine Verhandlungen mit den ungarischen Ständen führte er später in elegantem Latein. Der frühe Tod seines älteren Bruders Ferdinand im Jahre 1654 verhinderte jedoch, dass Leopold wie vorgesehen sein Leben als Bischof von Passau und leidenschaftlicher Kunstmäzen beschließen konnte.[2]

Die politischen Ambitionen zweier Standesgenossen sorgten wiederum dafür, dass sein ihm so unerwartet zugefallenes Kaisertum nicht zu der erhofften Friedensepoche wurde. Die in Münster und Osnabrück besiegelten Verträge hatten den habsburgischen Traum von einem katholischen Imperium zwischen Mittelmeer und Ostsee endgültig begraben und die Waffen wenigstens in den deutschen Staaten vorerst zum Schweigen gebracht. Doch der militärische Ehrgeiz Karl Gustavs aus dem Hause Pfalz-Zweibrücken, der 1654 als Karl X. Gustav die Krone Schwedens errang, sowie die imperialen Fantasien des ungarisch-siebenbürgischen Fürsten György II. Rákóczi hatten das zarte Pflänzchen des europäischen Friedens zertreten.

Beide Herrscher sahen in der von Kosackenaufständen erschütterten polnischen Adelsrepublik die ideale Arena für ihre weitgesteckten politischen Ambitionen. Vor allem Karl X. Gustav fand für seinen Plan, durch die Erwerbung der Krone Polens ein neues schwedisches Ostseeimperium zu begründen, die lebhafte Unterstützung von Kardinal Jules Mazarin, Frankreichs leitendem Minister. Obwohl der Bourbonenstaat 1648 durch den Vertrag von Münster zu einer der Garantiemächte des Reiches geworden war, sah die französische Politik in einem starken Schweden im Rücken der Habsburger die ideale Voraussetzung zur Verfolgung ihrer territorialen Ambitionen am Rhein. Der begüterte ungarische Magnat Rákóczi wiederum hoffte, durch den Besitz der polnischen Ukraine und Südpolens seinen ungeliebten Status als Vasall der Osmanen abschütteln zu können. Die jahrelange Anarchie in Konstantinopel schien seine Pläne zu begünstigen. So schloss Rákóczi eigenmächtig Ende 1656 ein Bündnis mit Schweden und setzte sein 25 000 Mann starkes Heer noch im Winter nach Podolien in Marsch.

In seltener Eintracht betrachteten Habsburg und die »Hohe Pforte« diesen ersten Versuch, das alte Polen aufzuteilen und die politischen Verhältnisse in Osteuropa auf den Kopf zu stellen, als eine nicht hinnehmbare Gefährdung des in Westfalen und früher schon in Zsitvatorok besiegelten *Status quo*.

Gedrängt von seinen Beratern, folgte der unsichere Leopold der politischen Linie seines im April 1657 verstorbenen Vaters (Ferdinand III.) und unterstützte mit einem starken Hilfskorps den polnischen König Johann II. Kasimir, der nach der verlorenen Schlacht von Warschau in Schlesien Zuflucht gefunden hatte. Zugleich mobilisierte Großwesir Mehmed Köprülü, nachdem seine wütenden Warnungen an Rákóczi auf taube Ohren gestoßen waren, die Krimtataren zu einer Strafexpedition nach Siebenbürgen. Nach einer langen Epoche des Friedens und Wohlstands in Siebenbürgen musste wieder einmal die Bevölkerung für den politischen Größenwahn ihres Potentaten bitter bezahlen. Einmal losgelassen, störte es die Tataren nicht, dass Rákóczis Zug bis vor die Tore Krakaus und Warschaus längst zu einem Desaster geworden war. Nur wenige seiner Truppen hatten das polnische Abenteuer überlebt, als der Fürst, von den verzweifelten Hilferufen seiner Magnaten gedrängt, endlich nach Siebenbürgen zurückkehrte. Obwohl György Rákóczi noch imstande war, sein in Polen verlorenes Heer aus eigenen Mitteln rasch zu ersetzen, waren seine Tage als Herrscher in Siebenbürgen nunmehr gezählt. Köprülü hatte längst entschieden, den aufsässigen Vasallen durch einen gefügigeren Kandidaten zu ersetzen. Damit endete allerdings schon die ungewohnte Einvernehmlichkeit von Hofburg und »Hoher Pforte«. Unmöglich konnte es der Kaiser zulassen, dass der Großwesir entgegen den Bestimmungen von Zsitvatorok in die Autonomie Siebenbürgens eingriff und das Fürstentum wie eine osmanische Provinz behandelte. Zur Wahrung der Rechte seines Hauses sah Leopold keine andere Möglichkeit, als sich – wenn auch zunächst in aller Vorsicht – auf die Seite Rákóczis zu stellen. Der Ungar dachte freilich nicht daran, auf die mäßigenden Ermahnungen aus Wien zu hören. Im Januar 1658 erschien Rákóczi mit seinem neuen Heer auf dem nach Mediasch einberufenen Landtag, wo ihm Siebenbürgens Barone, durch Druck und Versprechungen gefügig gemacht, noch einmal das Vertrauen aussprachen und ihn in seinem Amt bestätigten.

Auf den Affront seines Vasallen musste Köprülü reagieren und ein deutliches Zeichen der Stärke setzen. Kurzerhand entschloss er sich, den unbeendeten Krieg gegen die Venezianer zurückzustellen und noch im selben Sommer an der Spitze eines Heeres selbst nach Siebenbürgen aufzubrechen. Rákóczi hatte jedoch keineswegs die Absicht, sich den weit überlegenen Truppen des Großwesirs zum Kampf zu stellen. Er hielt es für klüger, mit seinen verbliebenen Getreuen zu den Kaiserlichen nach Kaschau zu fliehen, um von Leopold militärische Unterstützung zu erbitten. In Wien begegnete man dem notorischen Unruhestifter mit großem Misstrauen und war vorerst noch nicht gewillt, den brüchigen Frieden mit der »Hohen Pforte« zu gefährden. Dass allerdings Köprülü sein erstmaliges Erscheinen in Ungarn dazu nutzte, einige Schlüsselfestungen des Landes mit osmanischen Truppen zu belegen, erschien dem Kaiser nicht hinnehmbar.[3] Wieder einmal verfolgte die Hofburg eine Doppelstrategie. Offiziell ließ Leopold durch seinen Residenten in Konstantinopel gegen die vertragswidrigen Eingriffe des Großwesirs protestieren, insgeheim aber gewährte er Rákóczi militärische Unterstützung, als der Ungar den von den Osmanen eingesetzten Rivalen Achatius Barcsay in Hermannstadt belagerte. Ehe Köprülü ein zweites Mal persönlich in Ungarn erscheinen musste, hatte freilich Ali Pascha, der Beylerbey von Ofen, die Lage in Siebenbürgen wieder unter Kontrolle gebracht. Mehrmals im Feld geschlagen und zuletzt schwer verwundet, musste der glücklose Rákóczi im Mai 1660 die Belagerung von Hermannstadt aufgeben und sich in die Zitadelle seiner Stammfestung Großwardein zurückziehen. Dort verstarb er am 7. Juli 1660 an seinen im Kampf gegen die Osmanen erlittenen Verletzungen. Sechs Wochen nach seinem Tod fiel auch Großwardein in die Hände Ali Paschas. Gleichwohl setzte Rákóczis Vertrauter János Kemény den Kampf gegen die Osmanen fort. Als es ihm gelang, Barcsay aus dem Wege zu räumen, ernannte der Ofener Beylerbey kurzerhand Michael Apaffy, einen bis dahin wenig bekannten Adligen aus dem Szeklerland, zum neuen Fürsten und ließ ihn am 14. September 1661 von den Siebenbürger Magnaten bestätigen.[4]

Kaiser Leopold sah sich gezwungen, nun ganz offen in die Siebenbürger Verhältnisse einzugreifen. Inzwischen hatte der Tod Karl X. Gustavs von Schweden am 6. Februar 1660, dem drei Monate später der Friede von Oliva gefolgt war, die Unabhängigkeit Polens gesichert und die kaiserlichen Truppen für den kommenden Krieg in Ungarn freigemacht.

An der Spitze der knapp 15 000 Mann, die sich im Sommer 1661 in Oberungarn sammelten, stand mit dem aus dem Herzogtum Modena stammenden Raimondo de Montecuccoli der wohl renommierteste Feldherr des Habsburger Erzhauses. Der damals 52-jährige General war wie so viele seiner Landsleute als junger Mann in die Dienste des Kaisers Ferdinand II. eingetreten. Er hatte die anfänglichen Siegeszüge unter Wallenstein und Tilly erlebt, ehe er 1636 verwundet in schwedische Gefangenschaft geraten war. Mehrere Jahre im alten Stettiner Schloss der Herzöge von Pommern festgehalten, hatte sich Montecuccoli – während draußen der Krieg weitertobte – dem Studium der Kriegswissenschaften widmen können und selbst sein erstes Werk über die Kriegskunst seiner Zeit, den *Trattato della guerra*, verfasst. Auch nach seinem Austausch war er der schriftstellerischen Passion treu geblieben, erwies sich aber in der Endphase des Dreißigjährigen Krieges auch als Mann der militärischen Praxis. Beim Friedenschluss von 1648 war Montecuccoli bereits zum General der Kavallerie aufgestiegen, und Ferdinand III. betraute den loyalen Italiener sogar mit mehreren diplomatischen Missionen. So schickte ihn der Kaiser im Jahre 1653 an den Hof nach Schweden. Drei Jahre später setzte ihn Ferdinand III. während des Polnisch-Schwedischen Krieges an die Spitze seines Auxiliarkorps und übertrug ihm nach dem Friedensschluss von Oliva das Kommando über Raab, seine wichtigste Festung in Ungarn.

Montecuccolis erster ungarischer Feldzug sollte jedoch recht unspektakulär verlaufen. Eine Schlacht mit dem Aufgebot Ali Paschas wollte der General vorerst nicht riskieren, zumal der Beylerbey von Ofen mit einem geschickten Marsch eine Vereinigung der Kaiserlichen mit dem Aufgebot János Keménys verhindern konnte. Montecuccoli beschränkte sich daher darauf, Besatzungen in die Festungen von Klausenburg und Székélyhíd zu legen und mit dem Rest seiner Armee noch vor dem Winter nach Oberungarn zurückzukehren.[5] Hunger und Krankheiten machten jedoch den Rückzug zu einem Desaster, und als Montecuccoli endlich wieder in Kaschau eintraf, glich seine Armee nach den Worten des Generals einem »Spital«.

Währenddessen war in Edirne Großwesir Mehmed Köprülü nach kurzer Krankheit gestorben. Vor seinem Tod hatte er noch dafür sorgen können, dass der Sultan seinen erst 27-jährigen Sohn Ahmed zum Nachfolger bestimmte. Fâzıl Ahmed Köprülü sollte in Ungarn dieselbe Politik wie sein Vater verfolgen. Siebenbürgen ginge den Kaiser und seine »ungläubigen Hunde« nichts an, hatte der alte Köprülü noch im Vorjahr dem kaiserlichen Residenten in Konstantinopel, Simon Reniger von Renigen, wütend an den Kopf geworfen. Sein Sohn trat zwar diplomatischer auf, blieb aber in der Sache gleichfalls hart.

Für Disput zwischen den Häusern Habsburg und Osman sorgten inzwischen auch die Unternehmungen des Grafen Nikolaus Zrínyi an der Mur. Der Banus von Kroatien und Nachfahre des gleichnamigen Helden von Szigetvár hatte im Verlauf des Jahres 1661 gegenüber der von den Osmanen seit den Tagen des »Langen Krieges« behaupteten Festung Kanizsa ein eigenes Bollwerk (Neu-Zrin) errichtet. Der neue Großwesir war darüber zutiefst erbost, und als Anfang 1662 der Sondergesandte des Kaisers, Johann Freiherr von Goëss, in Temesvár von Ali Pascha die Herausgabe der Festung Großwardein verlangte, bestand dieser seinerseits auf der sofortigen Schleifung von Neu-Zrin. Dies mochte der Kaiser noch zugestehen, aber die von Montecuccolis Truppen immer noch gehaltenen Festungen in Siebenbürgen wollte er entgegen den Wünschen Ali Paschas keineswegs räumen.

Obwohl eine Einigung nicht in Sicht war, hielt Ahmed Köprülü die Kriegsfrage erst einmal offen. Selbst als er an der Spitze seiner Truppen am 8. Juni 1663 seinen pomphaften Einzug in Belgrad hielt, stand zunächst noch gar nicht fest, ob sich das osmanische Heer gegen die Venezianer in Dalmatien oder in Ungarn gegen den Kaiser wenden sollte. Immerhin empfing Köprülü, nachdem er sie zwei Tage hatte warten lassen, den Freiherrn von Goëss zusammen mit dem aus Konstantinopel mitgereisten Residenten Simon Reniger von Renigen.[6] Einen neuen Krieg gegen die Habsburger zu beginnen, während der alte Kriegszustand mit Venedig noch nicht beendet war, widersprach entschieden dem Grundaxiom der osmanischen Politik. Auch Leopold hatte kein Interesse an einem neuen »Türkenkrieg«, zumal ihm die Truppen dazu fehlten, aber es fehlte ihm auch der wirkliche Wille zum Frieden. Nicht ohne Grund klagte Ahmed Köprülü gegenüber den Vertretern Wiens über die Doppelzüngigkeit des Kaisers, der trotz aller Friedensschwüre von seinem militärischen Engagement in Siebenbürgen nicht lassen wollte. Allerdings wusste auch der Großwesir, dass seine zuletzt erhobene Forderung nach einem Ehrengeschenk in Höhe von 30 000 Dukaten für den Kaiser unannehmbar war.[7] Sie diente wohl nur noch als Signal zum Abbruch der Verhandlungen und der Verhöhnung des zukünftigen Gegners.

So schlitterten endlich beide Parteien in einen Krieg, den niemand gewollt hatte, von dem aber auch niemand ahnte, dass er die längst fällige militärische Wende im prekären Verhältnis zwischen Habsburg und der »Hohen Pforte« einleiten sollte. Der Friede von Zsitvatorok hatte immerhin 57 Jahre Bestand gehabt, als sich Fâzıl Ahmed Köprülü Anfang Juli 1663 mit einem Heer von 35 000 Mann auf den Weg nach Ofen machte. Die Kaiserlichen hatten den Osmanen nicht viel entgegenzusetzen. Nachdem der Kaiser auch noch vier seiner Regimenter zur Unterstützung der Spanier nach Italien geschickt hatte, verblieben Montecuccoli nicht mehr als 6000 Mann, mit denen er bei Ungarisch-Altenburg, durch Sümpfe geschützt, eine gut zu verteidigende Stellung bezog. Währenddessen hoffte Graf Adam Forgách, der Kommandant der Festung Neuhäusel, den Osmanen einen begrenzten Schlag zufügen zu können, nachdem Köprülü am 6. August bei Gran eine Brücke auf das nördliche Donauufer hatte schlagen lassen. Mit einem Teil der Besatzung griff Forgách am nächsten Morgen den gegnerischen Brückenkopf bei Párkány an, doch anstelle der erwarteten 3000 Feinde, wie es Gefangene ihm versichert hatten, stieß seine Schar auf ein deutlich überlegenes osmanisches Korps. Die überraschten Angreifer erlitten eine verheerende Schlappe und verloren nach den Aufzeichnungen Hasan Agas, des Siegelbewahrers im Dienste des Großwesirs, mehr als 5000 ihrer besten Soldaten. Einige Hundert Gefangene ließ Köprülü im Siegesrausch in seinem Lager vor den Augen der kaiserlichen Diplomaten abschlachten.[8] Nur mit Mühe konnte sich Forgách mit dem Rest seiner Truppen nach Neuhäusel retten. Die Hiobsbotschaft von dem Desaster bei Párkány erreichte in Windeseile das nur 200 Kilometer entfernte Wien, dessen Bewohner schon eine zweite Türkenbelagerung befürchteten und in Scharen die Stadt verließen.[9]

Wider Erwarten wandte sich Ahmed Köprülü zunächst aber nach Norden und schloss mit seiner Armee die Festung Neuhäusel wenige Kilometer östlich der Waag ein. Zwar hatte Graf Montecuccoli noch rasch zusätzliche Kräfte in die Festung werfen können, doch auch diese Verstärkungen konnten nicht verhindern, dass sich Graf Forgách am 24. September 1663 nach sechswöchiger Belagerung dem Großwesir ergeben musste. Ohne Aussicht auf Entsatz und inzwischen auch ohne Pulver hatte die Mannschaft den Kommandanten zur Übergabe gezwungen. Köprülü ließ die überlebenden 2500 Mann nach Komorn abziehen.[10] Der Rückschlag hatte freilich auch seine gute Seite, denn Wien blieb durch Köprülüs Schwenk nach Norden vorerst verschont und die erschrockenen Reichstände zeigten sich nun mehrheitlich gewillt, dem Kaiser für das kommende Jahr sogar das Dreifache der gewöhnlichen »Türkenhilfe« zu bewilligen.[11]

Köprülü ahnte wohl nicht, dass er seine große Chance verpasst hatte, durch die Einnahme der kaum verteidigten Habsburgerresidenz die Verhältnisse in Ungarn endgültig zu seinen Gunsten zu gestalten. Bereits zu Beginn des zweiten Kriegsjahres hatten sich die Kräfteverhältnisse zugunsten der Kaiserlichen geändert. Ganz Europa war alarmiert, als der Großwesir, der den Winter in Belgrad verbracht hatte, am 14. Mai 1664 bei Essegg mit über 40 000 Mann und 100 Geschützen die Drau überschritt und entlang deren Nordufer gegen Kanizsa vorrückte, das immer noch von den habsburgischen Truppen unter Führung des Grafen Nikolaus Zrínyi belagert wurde.

Das kaiserliche Heer wies damals mit seinen 21 Infanterie- und 18 Kavallerieregimentern eine Sollstärke von 62 000 Mann auf. Zwar konnte diese Zahl zu Beginn des Feldzuges bei Weitem nicht erreicht werden, doch die Aufgebote der Reichsstände in Stärke von insgesamt 30 000 Mann vermochten jetzt die Lücke zu schließen. Sachsen, Bayern und Brandenburg verfügten inzwischen über stehende Heere, die eingeübt und schnell verfügbar waren. Spanien und der Papst unterstützten immerhin mit Geld und Kriegsmaterial. Die Entsendung eines 6000 Mann starken Korps aus Frankreich unter Führung des Grafen Jean de Coligny-Saligny zeigte, dass der alte europäische Kreuzzugsgedanke durchaus noch gelegentlich aufflackern konnte. Wie zu Zeiten von Nikopolis hatte sich die Blüte des französischen Adels unter Colignys Bannern eingefunden.[12]

Entgegen dem Vorschlag Montecuccolis, mit dieser geballten Macht entlang der Donau auf Ofen vorzustoßen und die Schlacht zu suchen, hatte der Hofkriegsrat in Wien entschieden, aus den verfügbaren Truppen nach Abzug der Festungsbesatzungen drei selbstständige Korps zu bilden. Während der südliche Flügel unter dem Grafen Zrínyi mit 17 000 Mann Kanizsa nehmen sollte, hatte im Norden an der Waag der aus Frankreich geflohene Hugenotte Graf Jean-Louis Raduit de Souches mit rund 9000 Mann die Festungen Neutra und Lewencz anzugreifen.

Das kaiserliche Hauptheer sollte nach dem Zuzug der Reichstruppen und der Franzosen mit 28 000 Mann unter dem Befehl von Montecuccoli von Altenburg entlang der Donau vorgehen und je nach Lage eine der beiden Flügelarmeen unterstützen. Erwartungsgemäß rückte Köprülü direkt auf Neu-Zrin vor, wodurch eine bizarre Lage entstand. Während Graf Zrínyi weiterhin versuchte, die Zitadelle von Kanizsa zu stürmen, schlossen die Osmanen seine benachbarte Basisfestung ein. Montecuccoli zögerte lange, ehe er schließlich mit dem kaiserlichen Hauptheer entlang der Raab nach Süden schwenkte. Inzwischen hatten die Truppen des Großwesirs am 29. Juni 1664 nach fast dreiwöchiger Belagerung die Festung Neu-Zrin einnehmen können. Graf Zrínyi sah sich dadurch gezwungen, die Belagerung von Kanizsa aufzugeben und seine Kräfte auf dem linken Ufer der Mur mit dem jetzt heranrückenden kaiserlichen Hauptheer zu vereinigen. Köprülü jetzt stand mit über 50 000 Mann nur

noch drei Tagesmärsche von der Raab entfernt, dem Grenzfluss zwischen
Ungarn und den habsburgischen Erblanden. Nun aber verloren auch die
Bewegungen der Osmanen an Schwung. Anstatt die Kaiserlichen auf der
Mur-Insel durch einen raschen Vorstoß nach Norden auszumanövrieren,
vertändelte der Großwesir seine Zeit mit der Einnahme einiger unbedeu-
tender Festungswerke und Palanken. Erst am 26. Juli erreichte Köprülüs
Armee über Egerszeg die Raab im Bereich der Stadt Körmend.[13]

Montecuccoli hatte zunächst zwei Tage an der Mur abgewartet, was Köprülü nach dem Entsatz von Kanizsa unternehmen würde, und war erst
am 14. Juli in Richtung Raab aufgebrochen, die er entlang von Mur und
Lendva bei Mogersdorf erreichen wollte. Während des Rückzuges gingen ihm immerhin günstige Nachrichten vom nördlichen Kriegstheater
zu. Nachdem Feldmarschall-Leutnant Graf Raduit de Souches bereits am
13. Juni die Festung Lewencz an der Gran eingenommen hatte, war es ihm
nur einen Monat später gelungen, das zur Rückeroberung der Festung
herangerückte vereinigte osmanisch-tatarische Heer bei Szent-Benedek
vernichtend zu schlagen. Unter den zahllosen Getöteten befand sich auch
Ali Pascha, der Beylerbey von Ofen, der sich bisher als eine Stütze der osmanischen Kriegführung in Ungarn erwiesen hatte.[14] Raduit de Souches
konnte allerdings nur noch die große Donaubrücke bei Párkány zerstören,
ehe er wegen mangelnder Verpflegung und allgemeiner Erschöpfung seiner Truppen ein befestigtes Lager bei Gutta auf der Großen Schüttinsel
bezog.[15] Neuhäusel blieb in der Hand der Osmanen.

Inzwischen war auch das französische Kontingent des Grafen Coligny-
Saligny zum kaiserlichen Hauptheer bei Mogersdorf gestoßen. Der Zug
der »französischen Auxiliares« durch die Steiermark hatte freilich üble
Spuren hinterlassen. Das Land habe derart »fast die letzte Ölung« empfangen, klagten die steirischen Stände am 1. August in einem Brief an
den Kaiser und baten, derselbe möge doch dafür sorgen, dass diese so
»ansehliche costbarliche Armee« bald etwas »effectuiere«.[16] An diesem
1. August 1664 war man der ersehnten »Effektuierung« freilich schon
näher als gedacht.

Montecuccoli verfügte nach dem Eintreffen der Franzosen über 35 000
Mann und fühlte sich jetzt stark genug, seinem Gegner eine Schlacht
anzubieten, wenn dieser versuchen sollte, die Raab zu überschreiten.

Über Lage und Absicht der Osmanen war der kaiserliche Feldherr einigermaßen orientiert. Einen ersten Übergangsversuch des Feindes bei Körmend hatte Montecuccoli am 27. Juli mit einer raschen Seitwärtsbewegung seiner Kavallerie kontern können. Auch ein am folgenden Tag versuchter Brückenschlag wurde vereitelt. Als auch ein weiter westlich bei Csákány unternommener Ansatz der Osmanen keinen Erfolg hatte, entschloss sich Ahmed Köprülü, den Stier bei den Hörnern zu packen und den Raabübergang im direkten Kampf mit den Kaiserlichen zu erzwingen.

Am 31. Juli 1664 war seine Armee raabaufwärts bis zu dem verlassenen Zisterzienserkloster St. Gotthard gelangt. Die dortige Brücke hatten die Kaiserlichen zwar zerstört, aber zwei Kilometer westlich waren Köprülüs Späher auf eine schmale, etwa vier Meter breite Furt durch den Fluss gestoßen. Nun hing alles von der Überraschung ab. Noch in der Nacht zum 1. August setzten einige Hundert Janitscharen aus der Bewegung heraus über die durch Regenfälle angeschwollene Raab und gruben sich auf der Gegenseite ein.

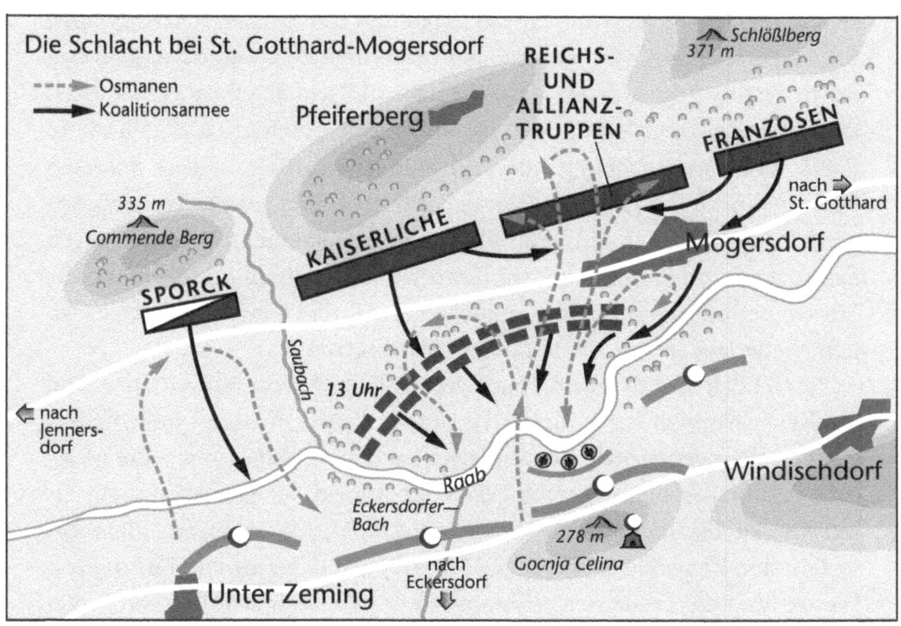

Das Gelände war gut ausgewählt, denn die Raab floss hier in einer Schleife nach Süden, die ihr Nordufer zu einer Halbinsel machte. Eine Waldbürste schloss das Ufergelände nach Norden ab und erschwerte den Kaiserlichen die Sicht auf den osmanischen Brückenkopf. Montecuccolis Streitmacht war inzwischen in drei Gruppen hinter der von Mogersdorf parallel zur Raab nach Jennersdorf verlaufenden Straße aufmarschiert. Die Kaiserlichen bildeten den rechten Flügel, die Reichstruppen hinter Mogersdorf die Mitte und die Franzosen vor dem Schlösselberg, auf dem auch die 24 Geschütze der Verbündeten in Stellung gegangen waren, den linken Flügel.

Gegen 6 Uhr morgens griffen die Osmanen, unterstützt von 16 auf dem Südufer in Stellung gebrachten Geschützen, die alliierte Aufstellung an, vertrieben Montecuccolis Vorposten und drangen durch den Wald in das etwa einen halben Kilometer entfernte Mogersdorf vor, das aus einer Kirche und rund 30 Häusern bestand. Köprülü ließ seiner Vorhut ständig frische Truppen über den Fluss folgen. So gelangten in den nächsten beiden Stunden rund 3000 Janitscharen und ebenso viele Spahis auf das nördliche Ufer, während der Befehlshaber der kaiserlichen Truppen, Markgraf Leopold Wilhelm von Baden, noch krank in seinem Feldbett lag. Nur einzeln und zu spät trafen die schwäbischen und fränkischen Reichstruppen vor Mogersdorf ein, vermochten aber nicht mehr zu verhindern, dass sich der ungestüm angreifende Gegner gegen 10 Uhr in den Besitz des ganzen Dorfes setzte.[17] Teilweise flohen die dezimierten deutschen Bataillone in Panik und rissen nachfolgende Einheiten mit zurück. Andere Soldaten blieben einfach stehen und ließen sich ohne jede Gegenwehr von den Angreifern die Köpfe abschlagen.[18] Etliche der Flüchtenden gelangten nach Fürstenfeld und sogar weiter bis Graz, wo sie noch am nächsten Tag die Einwohner mit ihren verstörten Blicken und ihrem Gerede von einer großen Niederlage in Angst und Schrecken versetzten.[19]

Tatsächlich war die erste Phase der Schlacht für die Kaiserlichen und die Reichstruppen katastrophal verlaufen. Viele Offiziere waren bereits gefallen oder verwundet. Die kritische Lage seines Zentrums hatte Montecuccoli inzwischen überzeugt, dass der Angriff der Osmanen mehr als nur ein Aufklärungsvorstoß war. Er entschloss sich daher zu einem koordinierten Zangenangriff, den die Kaiserlichen unter seiner Führung von Westen und die Franzosen zusammen mit den restlichen Reichstruppen

von Osten auf das inzwischen in Flammen stehende Mogersdorf führen
sollten. Die Osmanen gaben sich indessen siegesgewiss und sahen auch in
den Franzosen keine Gefahr. Aus der Ferne erschienen sie in ihren farben-
prächtigen mit Spitzen verzierten Uniformen und ihren gepuderten Perücken dem darüber erstaunten Großwesir wie eine Schar von Mädchen.[20]
Doch die französischen Alliierten erfüllten ihre Aufgabe mit Bravour.
Noch vor Mittag war die Ortschaft wieder in der Hand der Verbündeten
und die eingedrungenen Janitscharen und Sipahis entweder niedergehauen oder in den Häusern verbrannt.[21] Reste der Angreifer waren
durch die Waldbürste in ihre Ausgangsstellungen im Brückenkopf entkommen, wo sie durch Neuzugänge vom Südufer der Raab verstärkt ihre
Ausgangsstellungen zunächst behaupten konnten. Die beiden ersten Phasen der Schlacht waren mit einem Patt zu Ende gegangen, Montecuccoli
hatte aber die Initiative zurückgewonnen und war nunmehr entschlossen,

Die Schlacht bei St. Gotthard. Holzstich nach einer Zeichnung
von Adolf Ehrhardt, um 1860.

jeden über den Fluss gelangten »Türken« zu vernichten. Die rasche Beseitigung des osmanischen Brückenkopfes bei Mogersdorf erschien umso dringlicher, da eingehende Meldungen befürchten ließen, der Gegner könne auch noch an anderen Punkten mit seinen starken Kavalleriekräften die Raab überschreiten und so versuchen, die Koalitionsarmee einzuschließen.[22]

Tatsächlich war kurz nach Mittag etwa drei Kilometer westlich von Mogersdorf ein Korps von 4 000 Sipahis über den Fluss gelangt, doch General Johann von Sporck hatte mit seinen Reitern rasch reagiert und den Gegner mit einer wuchtigen Attacke in den Fluss zurückgetrieben. Ein zweiter Übergangsversuch der Sipahis oberhalb von St. Gotthardt war dank des rechtzeitigen Eintreffens der französischen Kavallerie erst gar nicht zur Ausführung gekommen. Damit war auch das Schicksal der Osmanen im Mogersdorfer Brückenkopf besiegelt. Der Generalangriff der Verbündeten begann am frühen Nachmittag und stieß zunächst noch auf den energischen Widerstand der Janitscharen, die sich in mehreren parallel verlaufenen Gräben verschanzt hatten. Dem rollenden Salvenfeuer der langsam, aber stetig vorrückenden Europäer vermochten sie jedoch auf Dauer nicht standzuhalten. Wie eine Herde Schafe, so hieß es im Bericht des Generalleutnants Georg Friedrich von Waldeck, sei der Feind am Ende in das Wasser getrieben worden. Auf das in der Raab treibende Getümmel von Menschen, Pferden und Kamelen schossen die Angreifer Salve auf Salve, bis die leblosen Körper sich zu Hunderten flussabwärts stauten. Da das Feuer von den Kommandos der Offiziere abhing, dürfte das fortgesetzte Töten wohl auf höchsten Befehl erfolgt sein. Nur wenigen osmanischen Kriegern glückte es, das glitschige steile Gegenufer zu erklimmen und so dem anhaltenden Massensterben zu entkommen. Wohl gegen 18 Uhr endete der zuletzt ungleiche Kampf, der über 10 000 Gegnern den Tod gebracht hatte. Obwohl Köprülü immer noch mehr als 30 000 kampffähige Truppen verblieben waren, unternahm er, von dem Massaker geschockt, am folgenden Tag keinen neuen Angriffsversuch mehr. Stattdessen ließ der Großwesir seine Wut an einigen seiner Befehlshaber aus, die während der Schlacht angeblich zu früh über die Raab geflohen waren. Auch die Verbündeten sahen davon ab, den geschlagenen Osmanen auf dem Gegenufer nachzusetzen. Sie hatten 2 000 Tote und

Verwundete zu beklagen und eine ebenso hohe Zahl von Flüchtlingen und Versprengten, besonders unter den Reichsvölkern.

Gleichwohl war »Mogersdorf« ein großer Sieg. Erstmals hatte eine große christliche Armee in direkter Konfrontation mit dem osmanischen Hauptheer die Oberhand behalten und damit eine bis auf »Nikolpolis« zurückreichende Serie von Niederlagen beendet. Diesen Prestigeerfolg wollte Montecuccoli, der von Historikern des 19. Jahrhunderts gern als Vertreter einer entscheidungsscheuen Manöverkriegführung gebrandmarkt werden sollte, gegen das immer noch starke Heer des Großwesirs nicht aufs Spiel setzen. In seinem am Abend der Schlacht verfassten Bericht an den Kaiser glaubte der Feldherr seine Inaktivität mit dem gänzlichen Mangel an Munition entschuldigen zu müssen. Er wüsste nicht, was zu tun sei, »wan die Armee noch eine solche Rincontre (Begegnung) außstehen sollte«.[23]

Ausschlaggebend für seine Zurückhaltung war jedoch, dass der inzwischen freigekommene Freiherr Reniger von Renigen auf Betreiben des Kaisers schon vor der Mogersdorfer Schlacht Verhandlungen mit Ahmed Köprülü aufgenommen hatte. Überraschend schnell einigten sich beide Parteien dann am 10. August 1664 in der ungarischen Grenzstadt Vasvár (Eisenburg), unweit des Schlachtfeldes von Mogersdorf, auf einen Frieden, der zunächst für 20 Jahre gelten sollte und im Wesentlichen den *Status quo* bestätigte. Der Kaiser durfte Neutra und Lewencz behalten, musste aber die wichtige Festung Neuhäusel dem Großwesir überlassen und außerdem den von den Osmanen eingesetzten Michael Apaffy als Fürsten von Siebenbürgen anerkennen. Dass auch die vor dem Krieg heftig umstrittene Festung Großwardein endgültig in osmanischer Hand verbleiben sollte und nur Székélyhíd an Siebenbürgen zurückfiel, machte den Frieden aufseiten der Kaiserlichen und besonders der Ungarn höchst unpopulär. Trotz seiner empfindlichen Niederlagen bei Szent-Benedek und Mogersdorf hatte das Osmanische Reich mit dem Frieden von Eisenburg seine größte territoriale Ausdehnung erreicht. Fâzıl Ahmed Köprülü, der erst im Frühjahr 1665 mit dem Heer nach Edirne zurückkehrte, ließ das Ende des Krieges gegen die Europäer mit einer prächtigen Parade feiern, bei der alle Janitscharen traditionsgemäß ihre Hauben mit Kranichfedern geschmückt hatten. Schon zuvor hatte der Sultan seinem Großwesir Zobelpelz, Ehrendolch und ein gnädiges Handschreiben überbringen lassen, in dem er seine Zufriedenheit mit dem in Ungarn Erreichten zum Ausdruck brachte.[24]

Zufrieden konnten auch Graf Colignys Franzosen sein, deren Rückweg durch das Reich zu einem Triumphzug geriet. Als Dank für ihre Leistungen beschenkte sie Leopold überreichlich mit Gold und Juwelen und ließ ihnen sogar die 28 bei Mogersdorf erbeuteten osmanischen Standarten überreichen.[25] Im Gegenzug nannte Graf François d'Aubusson de la Feuillade, einer der führenden Offiziere des französischen Hilfskorps, den kaiserlichen Oberbefehlshaber Montecuccoli einen großen Feldherrn und versprach, seine »vollendete Klugheit«, der Frankreich eine so glänzende Aktion zu verdanken habe, überall zu rühmen.[26] Das Ruhmbedürfnis des französischen Aristokraten war mit »Mogersdorf« freilich noch längst nicht gestillt. Nur vier Jahre später sollte er als Führer eines kleinen Korps von Freiwilligen auf den Mauern von Kandia noch einmal den Scharen des Großwesirs entgegentreten.

3 Venedigs Illias
Finale um Kandia 1666–1669

»Beklagenswert war der Zustand, auf den diese Stadt reduziert war. Die Straßen mit Kugeln jeden Kalibers, Bombensplittern und Granaten übersät. Keine Kirche, kein Gebäude mehr, dessen Mauern nicht zerschossen und fast in Ruinen verwandelt gewesen wären. Alle Häuser nur noch jämmerliche Hütten. Überall herrschte ein entsetzlicher Geruch und wohin man sich auch wandte, sah man getötete Soldaten, Verwundete oder Krüppel.«

Ein französischer Offizier über seine Ankunft in Kandia am 19. Juni 1669[1]

Am 20. Juni 1667 wählten 64 Kardinäle des römischen Konklave den aus Pistoia in der Toskana stammenden Guilio Rospigliosi zum neuen Papst. Wie acht seiner Vorgänger gab er sich den Namen Clemens und stellte sein Pontifikat unter das Motto: »Nachsichtig gegen andere, nicht gegen sich selbst.«[2] Venedig setzte große Hoffnungen auf ihn, denn für den vormaligen Kardinalstaatssekretär stand nicht nur der Kampf gegen die »Türken« ganz oben auf der politischen Prioritätenliste. Clemens IX. war auch fest entschlossen, seine guten Beziehungen zu Frankreich zugunsten der Verteidigung Kretas in die Waagschale zu werfen. Ohne das französische Korps hätte Graf Montecuccolis Armee den Osmanen bei Mogersdorf kaum standhalten können, und ohne Hilfe aus Frankreich ließe sich jetzt auch der schon 20 Jahre dauernde Kampf um Kandia kaum zu einem glimpflichen Ende bringen. Die Behauptung der letzten bedeutenden Bastion der *Serenissima* auf Kreta war längst zu einer Prestigefrage für die Markusrepublik geworden. Zwar war der größte Teil der Insel unwiederbringlich verloren, aber die Erfolge der venezianischen Geschwader in der Ägäis hatten immerhin bewirkt, dass die osmanischen Invasoren bisher nie genügend Kräfte zur Eroberung Kandias nach Kreta hatten bringen können. Eine erste Belagerung der Festung hatte Hüsseyn Pascha daher schon im Jahre 1648 wieder abbrechen müssen. Seither hatten sich die

Osmanen darauf beschränkt, im Südwesten von Kandia ein befestigtes Lager zu errichten, das bald den Namen *Nuova-Kandia* erhielt und die venezianische Besatzung der Stadt so gut es ging zu blockieren versuchte.

Trotz aller immer wieder erlittenen empfindlichen Verluste zur See schienen die Osmanen in diesem Krieg den längeren Atem zu haben. Die siegreiche Schlacht bei der Insel Tenos, in der ein osmanisches Blockadegeschwader im August 1661 noch einmal ein Viertel seiner Schiffe verloren hatte, sollte vorerst der letzte große Erfolg Venedigs sein.[3] 20 Jahre Krieg und der völlige Ausfall der gewohnten Einnahmen aus dem Levantehandel hatten die Kassen der *Serenissima* dramatisch geleert und den Kriegseifer des Senats erlahmen lassen. Der osmanische Gegner hatte dagegen von der Stabilisierung seiner inneren Verhältnisse profitiert und war im Anschluss an den günstigen Frieden mit Kaiser Leopold entschlossen, nun endlich auch den Kampf um Kreta siegreich zu beenden.

Als im November 1666 Großwesir Ahmed Köprülü mit einem Heer von 70 000 Mann bei Kanea landete, wusste er genau, dass die Zukunft seines Clans und der Erfolg aller von ihm und seinem Vater bewirkten Reformen von einem raschen Sieg über die Venezianer abhing. Nicht nur Konstantinopel, sondern auch ganz Europa blickte in diesen Monaten mit angehaltenem Atem auf Kreta.

Es konnte kein Zweifel daran bestehen, dass mit dem persönlichen Erscheinen des Großwesirs vor Kandia der Schlusskampf um den Besitz der Insel begonnen hatte. Erstmals entwickelte sich jetzt auch in der lateinischen Christenheit breite Sympathie für den hartnäckigen Widerstand der sonst so wenig geliebten Kaufmannsrepublik. Einzeln oder in Gruppen machten sich aus Italien, Frankreich oder dem Reich Adlige, Abenteurer und Idealisten, in denen noch der alte Kreuzfahrergeist lebendig war, auf den Weg nach Kandia. König Ludwig XIV. wollte es sich zwar nicht mit der »Hohen Pforte« verderben, zahlte aber wenigstens 100 000 Skudi in Venedigs leere Kriegskassen.[4] Bereits im Februar 1667 war eine französische Flotte von 21 Galeeren und Galeassen in der Bucht von Suda im Nordwesten der Insel eingetroffen und hatte ein 6000 Mann starkes Korps aus Savoyen unter dem Kommando von Giron François, dem Marquis de Ville, mitgebracht. Die Truppen waren ursprünglich zur Rückeroberung Kaneas bestimmt gewesen, wurden aber, nachdem ein Landungsversuch fehlgeschlagen war, schließlich nach Kandia gebracht.[5] Auch der Kaiser gewährte den Venezianern militärische Hilfe. Im Auftrag Leopolds machte sich der bayerische Oberst Heinrich Ulrich von Kielmansegg mit 500 Mann Fußvolk auf den Weg in die Festung.[6]

Die Malteser Johanniter und der Heilige Stuhl sandten abermals ihre Galeeren nach Kreta. Papst Clemens IX. gestattete es den Venezianern, auch im Kirchenstaat Söldner zu werben, und schickte außerdem auf eigene Kosten angeworbene Kriegsknechte auf die Insel. Entscheidender war jedoch, dass der Papst auf sämtlichen diplomatischen Kanälen einen neuerlichen Krieg zwischen Spanien und Frankreich zu verhindern versuchte und als dies nicht gelang, ebenso beharrlich auf seine rasche Beendigung hinwirkte. Der schließlich am 2. Mai 1668 zustande gekommene Friede von Aachen war auch das Verdienst des »Heiligen Stuhls«.

Den Oberbefehl über die Verteidigungskräfte von Kandia führte seit dem Januar 1667 der 49-jährige venezianische Seeheld Francesco Morosini aus dem Hochadel der Markusrepublik, ein Veteran des kretischen Krieges und viel bejubelter Sieger in der Seeschlacht vor Nixia.[7] Ihm unterstanden im ersten Jahr der Belagerung rund 7000 Mann einschließlich 163 Artilleristen. Für die Bedienung der in Kandia vorhandenen 500 Geschütze reichten die vorhandenen »Bombardiers« allerdings bei Weitem nicht aus, wie der Generalprovveditore Antonio Barbaro dem Senat schon am 16. März 1667 hatte melden müssen.[8]

Die Stadt selbst war nach dem neuesten Stand der zeitgenössischen Fortifikationskunst angelegt und wies auf ihrer Landseite ein beeindruckendes System scheinbar unüberwindlicher Befestigungselemente auf. Der Siegeszug der Artillerie seit der Renaissance hatte in Europa, besonders von Ingenieuren aus Italien vorangetrieben, eine Revolution des Festungsbaus zur Folge gehabt und das äußere Bild zahlreicher Städte nachhaltig verändert. Wer es sich leisten konnte, ließ seither nach den Prinzipien dieser *trace italienne* die alten Wehrmauern bei reduzierter Höhe verbreitern, damit sie Verteidigungsgeschütze aufnehmen konnten und zugleich weniger Trefferfläche boten. Diese neuartige Form des Walles bezeichnete man auch als Kurtine. Anstelle der alten Wehrtürme ragten jetzt in regelmäßigen Abständen flankierende Bastionen wie Pfeilspitzen in den ebenfalls stark verbreiterten Festungsgraben, der nach außen mit einer ersten Verteidigungslinie, der sogenannten Escarpe, abschloss. Das Erdreich, das sich jenseits dieses Grabens gewöhnlich in einem flachen Winkel zum Feind hinabsenkte, wurde als Glacis bezeichnet und sollte verhindern, dass Bastionen und Kurtinen schon in einer frühen Phase der Belagerung unter direkten Beschuss der Artillerie gerieten.

In Kandia hatten die Venezianer zum verbesserten Schutz der Kurtinen außerdem noch vier zur Feindseite zugespitzte steinerne Bollwerke (Ravelins) im Stadtgraben angelegt. Selbst mit der stärksten Artillerie ließ sich ein derart ausgeklügeltes Befestigungssystem kaum noch überwinden, und die Osmanen hatten sich daher seit den Belagerungen von Rhodos und Wien zu gefürchteten Spezialisten des unterirdischen Minenkrieges entwickelt. Das Ziel dieser Bemühungen war die Anlage von unterirdischen Sprengkammern genau unterhalb des angegriffenen Befestigungsabschnittes. Die Verteidiger wiederum waren dadurch gezwungen, durch eigene Horchstollen den Fortgang der Grabungen zu verfolgen, um die Lage der als Minen bezeichneten Pulverladungen abzuschätzen. Allein so bestand eine Chance, die gefährlichen Sprengkammern entweder rechtzeitig auszuräumen, mit Wasser zu fluten oder wenigstens ihre Sprengkraft mittels Anlage von Nebenstollen abzuleiten.

Der Kampf um eine Festung mutierte so zu einem unterirdischen Krieg der Stollen und Gegenstollen, wo neben den üblichen Gefahren des Kampfes die beklemmende Angst vor dem Ersticken, dem Ertrinken oder dem Verschüttetwerden ein ständiger Begleiter der Akteure war. Die Venezianer mussten im Verlauf der dreijährigen Belagerung von Kandia fast die Hälfte ihrer Truppen in ihrem labyrinthartigen Tunnelsystem einsetzen. Gleichwohl verzeichneten die Chronisten der Belagerung mehr als 1300 osmanische Minensprengungen bis zur endgültigen Übergabe von Kandia.[9] Von den 22 venezianischen Bergbauspezialisten aus dem heimischen Valle Imperina sollten am Ende nur zwei Mann die Belagerung überleben.[10]

Zwei Tage nach einer eindrucksvollen Parade seiner Truppen eröffnete Großwesir Ahmed Köprülü am 24. Mai 1667 den Schlusskampf um Kandia mit einem massiven Angriff auf den südwestlichen Abschnitt der Befestigung. Eigenartigerweise hatten sich die Osmanen für ihren Eröffnungsschlag einen der stärksten Abschnitte der Befestigung ausgesucht. Ein zusätzliches großes Hornwerk am äußeren Grabenrand schützte die hier gelegene Bastion, die den Namen *Panegra* trug. Im Schutze sich wiederholender Attacken gelang es den Angreifern in den folgenden Wochen, sich stetig an die Befestigung heranzugraben. Tausende von Arbeitern oder Gefangenen mussten dazu in oft glühender Hitze gewaltige Erdmassen zur Aufnahme der Belagerungsartillerie abtragen und jedes Mal dichter an den Befestigungsanlagen wieder aufschütten.

Anfang September war es Köprülüs Truppen durch Sprengungen und Beschuss endlich geglückt, eine etwa zehn Meter breite Bresche in das exponierte Hornwerk zu legen. Generalkapitän Morosini wollte jedoch seinen Fall nicht tatenlos abwarten und entschloss sich zu einem großen Gegenangriff. Am 9. September 1667 stürmten insgesamt 2000 Verteidiger in vier Kolonnen durch den Festungsgraben gegen die osmanischen Stellungen vor. Vom Überraschungsmoment begünstigt, zerstörten sie nach der Einnahme der vorderen Batterien alle erreichbaren Geschütze und zogen sich, als die Osmanen Verstärkungen ins Feld führten, in die Stadt zurück.

Das bedrohte »Panegra«-Hornwerk konnte indes behauptet werden, und die starken Regenfälle bald darauf verhinderten endgültig weitere Fortschritte der Osmanen. Im November führte Köprülü die Masse seiner Truppen nach *Nuova-Kandia* zurück und beließ nur noch Feldposten in den vorderen Gräben.[11] Der Kampf um Kandia war zu einem gewaltigen Abnutzungskampf mutiert. Die Venezianer hatten in den fünfmonatigen Kämpfen 3600 Soldaten verloren, darunter auch 400 nur schwer ersetzbare Offiziere. Freiwillige aus ganz Europa halfen jedoch, die Lücken in der Besatzung von Kandia vorerst zu schließen.

Längst hatte der Papst sein Pontifikat vollends der Rettung Kretas verschrieben und setzte dafür sämtliche Ressourcen des *Patrimoniums Petri* ein. Nicht glücklich war allerdings seine Entscheidung, das für Kreta bestimmte Flottenkontingent des »Heiligen Stuhls« seinem Neffen Vincenzo Rospigliosi zu unterstellen. Doch Vetternwirtschaft war ein Krebsübel des Barockpapsttums. Zusätzlich entsandte Clemens IX. ein 500 Mann starkes Kontingent aus den Truppen des Kirchenstaates und zahlte den Venezianern überdies weitere 50 000 Skudi aus seinem Staatsschatz. Die Kurfürstentümer Mainz und Köln brachten je 400 Söldner auf, dieselbe

Truppenzahl entsandten die Bischöfe von Straßburg und Paderborn nach Kreta. Kaiser Leopold versprach sogar ein Hilfskorps von 2000 Mann für Kandia, was aber vorerst noch auf sich warten ließ. Die Truppenzahl des Johanniterordens war mit 63 Rittern und 337 Fußsoldaten zwar deutlich geringer, erreichte dafür aber schon im Sommer die eingeschlossene Stadt.

Aufseiten der Osmanen sollen die Verluste im ersten Jahr der Belagerung nach venezianischen Schätzungen die der Verteidiger um das Fünffache übertroffen haben, waren aber für das Riesenreich des Sultans, das immer noch über scheinbar unerschöpfliche Reserven verfügte, leichter zu verschmerzen.[12] Obwohl die Flotte der *Serenissima* vor Kreta weiter-

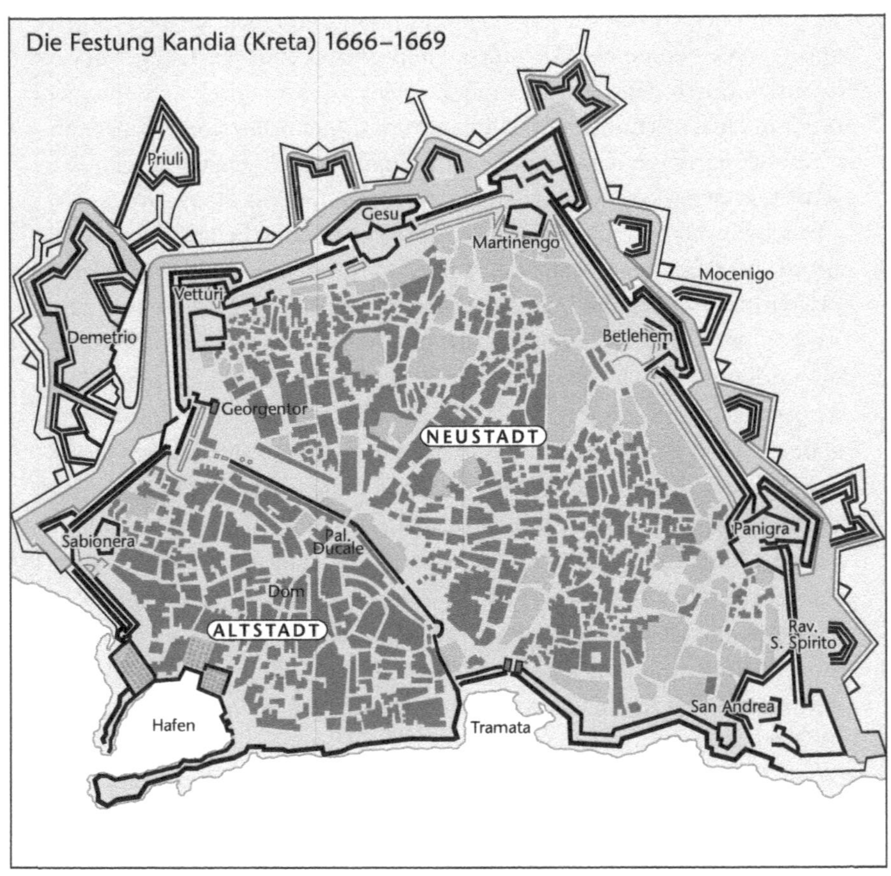

hin die Überlegenheit zur See besaß, vermochte sie die Zufuhr von Nachschub und Mannschaftsersatz aus den Häfen Ägyptens, Nordafrikas und der Levante nicht völlig zu unterbinden. So war es Köprülü im Laufe des ersten Belagerungsjahres geglückt, in etlichen kleineren Konvois insgesamt 3500 Janitscharen, 1000 Sipahis sowie 4000 Fußsoldaten aus Ägypten und Syrien auf die Insel zu bringen.[13]

Das osmanische Belagerungsheer litt allerdings immer noch unter dem Nachteil, dass sein Haupthafen vier Tagesmärsche von Kandia entfernt bei Kanea lag, dem Ausgangspunkt der osmanischen Invasion vor 22 Jahren. Köprülüs Bemühungen, in der Bucht von Pelagio einen deutlich näher gelegenen Hafen anzulegen, führten am 9. März 1668 zu einem nächtlichen Seegefecht mit der Flotte der Venezianer, bei dem schließlich die Hälfte der osmanischen Galeeren verloren ging. Die Sieger machten 400 Gefangene und befreiten über 1000 Rudersklaven.[14] Die geschlagenen Osmanen blieben somit auf ihren alten Anlandepunkt bei Kanea beschränkt. Allerdings verlief auch dort die Versorgung keineswegs mehr ungestört, nachdem die Schiffe der Venezianer eine neue Aufstellung vor der nur 13 Kilometer entfernten Insel San Tedoros bezogen hatten. Hier vereinigten sie sich am 8. Juni mit den Flottenkontingenten des Papstes und der Malteser und zwangen schließlich die osmanische Besatzung der kleinen Inselfestung zum Rückzug nach Kanea. Während des gesamten zweiten Belagerungsjahres mussten die Osmanen ihren Nachschub über Sitia und Girapetra im Osten der Insel abwickeln.[15]

Anfang Juni 1668 nahm Ahmed Köprülü seine Versuche zur Einnahme von Kandia wieder auf. Erneut konnten die Verteidiger mit gemischten Gefühlen das eindrucksvolle Schauspiel einer sich unablässig näher grabenden Belagerungsarmee betrachten. Die zweite Phase der Belagerung beruhte allerdings auf einem Strategiewechsel. Die Bemühungen der Osmanen richteten sich dieses Mal auf die venezianische Seebastion Sabbionera, die im Osten der Festung den Haupthafen von Kandia deckte. Gelang die Einnahme dieses wichtigen Eckpunktes, konnten die Belagerer endlich die Hafeneinfahrt unter Feuer nehmen und damit die ständige Zufuhr von Nachschub und Verstärkungen nachhaltig stören. Zugleich aber rannten Köprülüs Truppen auch im Westen gegen die Seebastion St. Andrea an, was hauptsächlich dem Zweck diente, die unterlegenen

Kräfte der Verteidiger weiter zu zersplittern. Bereits im Winter hatte der Großwesir damit begonnen, etliche seiner im Vorjahr abgenützten Geschütze neu gießen zu lassen. Das Kaliber wählte er dabei so passend, dass die rund 50 000 von den Venezianern verschossenen Stein- und Eisenkugeln jetzt auf die Festung zurückgeschleudert werden konnten. Aufseiten der Verteidiger, denen die Möglichkeit zum Neuguss fehlte, hatte sich die Zahl der einsatzbereiten schweren Geschütze und Mörser auf nur noch 90 schwere und 110 kleine »Stücke« verringert. Auch der Mangel an Handgranaten, verhinderte die effektive Bekämpfung der gegnerischen Schanztrupps. Man war bereits dazu übergegangen, die Blindgänger der Belagerer einzusammeln.[16] Eine Belebung der Stimmung unter den Verteidigern bewirkte allerdings am 21. Juli die Ankunft von 1500 dringend benötigten Söldnern aus Italien, die Geld und zahlreiches Kriegsmaterial mit sich führten.[17] Die Verstärkung stand unter dem Befehl des Generals Alexandre de St. André-Montbrun, ein 68-jähriger Franzose und zum Katholizismus konvertierter Hugenotte. St. André löste den inzwischen mit einem Großteil der Generale überworfenen Marquis de Ville als Befehlshaber der Infanterie ab. Obwohl der Franzose nicht lange brauchte, um die übertriebenen Angaben seines Vorgängers als blanke Täuschungen zu durchschauen, ließ er sich nicht entmutigen und blieb buchstäblich bis zum letzten Tag der Belagerung die Seele des Widerstands in Kandia.[18]

Selbst St. Andrés persönliche Tapferkeit konnte nicht verhindern, dass es den Osmanen im Verlauf der folgenden Wochen glückte, breite Breschen in beide Bastionen zu legen, die nur noch mühsam abgeriegelt werden konnten. Entmutigend war, dass die verbündete Flotte nicht die erhoffte Entlastung bringen konnte, indem sie die osmanischen Angreifer flankierend von See aus unter Beschuss nahm. Die Galeeren des Papstes hatten sich schon am 29. August zusammen mit dem Kontingent der Malteser auf den Weg in ihre Heimatbasen gemacht, während Morosini sogar sechs seiner eigenen Galeeren stilllegen musste, um die 600 dadurch frei gewordenen Seesoldaten auf den Festungswällen einzusetzen.[19]

Kandias Verschleiß an Kämpfern durch Beschuss, Pest und nächtliche Kälte in den zerschossenen Stellungen war enorm. Auch die Osmanen leisteten Ungeheures und setzten ihre Anstrengungen selbst noch im Spätherbst und Winter fort. Für Großwesir Köprülü drängte die Zeit. Die stets bedrohte Position eines Großwesirs erlaubte keine jahrelange Abwesenheit von Konstantinopel.

Unerwartete Unterstützung erhielten die Verteidiger von Kandia noch vor Jahresende aus Frankreich. Unter großem Jubel lief am 6. November 1668 ein kleines Geschwader mit 600 französischen Adligen an Bord in den Hafen der Stadt. Die Neuankömmlinge standen unter der Führung von François D'Aubusson de la Feuillade, einem Veteranen von »Mogersdorf«, und bildeten eine illustre Auswahl der *jeunesse dorrée* aus dem Reich des Sonnenkönigs. Frankreichs Krone mochte zwar offiziell den Venezianern keine Unterstützung leisten, hatte Graf de la Feuillades Expedition jedoch ausdrücklich gebilligt. Den vornehmen Kämpfern stand allerdings durchaus nicht der Sinn danach, sich im monatelangen Stellungskampf in Regen, Kälte und Schmutz draußen vor Kandia aufzureiben. Vielmehr hatten die jungen Leute seit ihrem Aufbruch von Toulon von glänzenden Waffentaten geträumt, mit denen sich später bei Hofe renommieren ließ. So war schon nach einem Monat monotonen Stellungsdienstes die Geduld der Franzosen am Ende, und Morosini musste es hinnehmen, dass de la Feuillade in der Nacht zum 16. Dezember 1668 die ihm noch verbliebenen 450 Mann zu der ersehnten spektakulären Waffentat versammelte. Ziel ihres Ausfalles waren die osmanischen Gräben vor der stark bedrängten Bastion Sabbionera. Um dem verwegenen Unternehmen überhaupt eine Chance zu geben, hatte Morosini die unerfahrenen Franzosen durch 40 Malteserritter und 400 Söldner verstärken lassen. Obwohl der Gegner durch Spione gewarnt war und die in den Gräben versammelten Angreifer frühzeitig mit einem Hagel von Geschossen überraschte, glückte es den Franzosen im ersten Ansatz, die vorderen Gräben zu überrennen und sogar bis zur dritten Verteidigungslinie der Osmanen vorzudringen. Dort konnten sich die Franzosen fast eine Stunde halten, ehe Graf de la Feuillade angesichts eines stetig stärker werdenden Gegners den Befehl zum Rückzug geben musste. Die Bilanz des Morgens war ernüchternd. Mehr als die Hälfte der Angreifer war tot oder verwundet. Auf der Gegenseite hatten die Osmanen nach den Angaben eines Überläufers 1200 Mann verloren. An der kritischen Gesamtlage der Festung hatte das heroische Unternehmen nichts ändern können, doch der Abenteuerdurst der Franzosen schien gründlich gelöscht, als de la Feuillade einen Monat später mit nur noch 200 Mann die Rückfahrt nach Frankreich antrat. In der Festung blieben keine 4000 Mann zurück, und obwohl Köprülü im zweiten Belagerungsjahr mehr als 36 000 Mann vor Kandia verloren hatte, zweifelte niemand unter den Verteidigern daran, dass der Verlust der Festung mit den verfügbaren Kräften nicht mehr lange hinauszuzögern war.

Venedig wäre nicht Venedig gewesen, wenn es in seiner kritischen Lage darauf verzichtet hätte, das übliche Doppelspiel der damaligen Diplomatie zu betreiben. Gewiss vertrat der Senat offiziell weiterhin eine unnachgiebige Position gegenüber der »Hohen Pforte«, hatte aber schon im November 1668 seinen Beauftragten, Alvise de Molin, in die Levante geschickt, um zunächst Verhandlungen mit dem in Larissa jagenden Sultan zu führen, später dann auch mit dem Großwesir in Kanea. Immer noch hoffte die *Serinissima*, einen Teil der Insel einschließlich Kandias halten zu können, und zeigte gegenüber den Osmanen keinerlei Skrupel, auf die sich erneut formierende Unterstützung der lateinischen Christenheit hinzuweisen. Dank der unermüdlichen Diplomatie des Papstes war die Behauptung Kandias immer mehr zu einem europäischen Projekt geworden. Seinen Bemühungen war es auch zu verdanken, dass sich Ludwig XIV. trotz der ernüchternden Bilanz des Grafen de la Feuillade entschlossen hatte, im Sommer ein weitaus stärkeres Hilfskorps nach Kreta zu schicken. Aus dem Herzogtum Braunschweig-Lüneburg war bereits im Februar 1669 unter dem Befehl des Grafen Josias von Waldeck ein 2400 Mann starkes Kontingent in Venedig zur weiteren Verschiffung eingetroffen. Ihm folgte drei Monate später ein bayerisches Infanterieregiment mit 1600 Mann, das am 29. Juni in Kandia eintraf, wo es dem Grafen von Waldeck unterstellt wurde.[20] Der Papst, Malta und Neapel schickten auch in diesem Jahr ihre Galeeren.

Gewiss dürfte Köprülü besonders das bevorstehende Eintreffen des französischen Korps Sorge bereitet haben. Er hatte jedoch nicht zwei Jahre auf Kreta Krieg geführt, um sich jetzt noch an sein den Venezianern schon zweimal angetragenes Angebot einer Teilung der Insel gebunden zu fühlen.[21] Ohne den Besitz von Kandia konnte der Großwesir unmöglich nach Konstantinopel zurückkehren, allenfalls kleinere Stützpunkte auf Kreta mochte er dem Gegner noch überlassen. Die Verhandlungen steckten also fest, gleichwohl konnte de Molin unbehelligt in Kanea bleiben.

Der Gesprächsfaden riss auch dann nicht ab, als mit dem Einlaufen einer französischen Flotte in Kandia am 19. Juni 1669 zunächst alles wieder auf die militärische Karte gesetzt wurde. Offiziell segelten die Schiffe unter dem Banner des Papstes, schließlich wollte Frankreich seine traditionell guten Beziehungen zur »Hohen Pforte« nicht irreparabel belasten. Sollte der Sonnenkönig jedoch tatsächlich beabsichtigt haben, sich selbst in den Besitz der gesamten Insel zu setzen, war das aus 6000 Infanteristen und 600 Reitern bestehende Korps des Gascogners Philippe de Montant, Herzog von Navailles, deutlich zu schwach. Allerdings war die Verstärkung doch zu beachtlich, um einfach auf den Wällen von Kandia in einem monatelangen Stellungskampf allmählich aufgerieben zu werden. Obwohl ein namhafter Flottenverband von 15 großen Linienschiffen und 16 Galeeren unter dem Befehl von François Bourbon-Vendôme, dem Herzog von Beaufort, zum Expeditionskorps gehörte, war Morosinis alter Plan, Kanea zurückzuerobern, gar nicht mehr in Erwägung gezogen worden. Allein die Einnahme dieser ersten Stadt, die 1645 so schnell in die Hände der Osmanen gefallen war, hätte dem Krieg auf Kreta noch eine Wende geben können. So aber würde selbst ein erfolgreicher Einsatz der Franzosen innerhalb der Mauern von Kandia bestenfalls die Kapitulation der Festung um ein weiteres Jahr hinauszögern.

Auf Drängen des französischen Befehlshabers wurde bereits am 25. Juni 1669 ein großer Ausfall unternommen, der sich gegen die osmanischen Batterien vor der inzwischen völlig zerschossenen Bastion Sabbionera richtete. 1500 Mann der französischen Schiffsbesatzungen unter Führung ihres Admirals, des Herzogs von Beaufort, sollten das Angriffskorps verstärken. Die Franzosen stürmten von Süden her flankierend gegen die Stellungen des Gegners und erreichten zunächst einen vollen Erfolg. Die Osmanen räumten fluchtartig ihre Gräben und mussten 32 ihrer Geschütze zurücklassen. Schließlich gaben sie sogar ihr ganzes Feldlager auf, das nun von den siegreichen Angreifern trotz der ausdrücklichen Befehle ihrer Offiziere geplündert wurde. Erst eine gewaltige Explosion brachte den Umschwung. Einer der Franzosen war mit brennender Fackel versehentlich in ein Pulvermagazin eingedrungen und hatte eine Katastrophe ausgelöst. Hunderte von Angreifern wurden verstümmelt, der Rest geriet in Panik und floh vor den jetzt eintreffenden osmanischen Ver-

stärkungen zurück in die Festung. In der allgemeinen Verwirrung fiel
auch der Herzog von Beaufort. Die Leiche des Admirals wurde nie gefunden. Verzweifelt versuchten die französischen Offiziere ihre zurückweichenden Truppen aufzuhalten, gegen Mittag war das Desaster perfekt.
245 Offiziere und 560 Mannschaften waren tot oder verwundet, die Moral
der Überlebenden erschüttert. Die Osmanen feierten enthusiastisch ihren

Ausfall der französischen Verteidiger der Stadt Kandia am 25. 6. 1669.
Radierung von Jan Luyken.

unverhofften Sieg über die angeblich besten Soldaten Europas, und Köprülü dürfte den Erfolg auch als Revanche für die Schlappe von »Mogersdorf« gesehen haben. Während sich die Franzosen über die Venezianer
beklagten, die sie angeblich nicht genug unterstützt hätten, kritisierte Morosini, dass die Angreifer nicht auf das Erscheinen der Flotte hatten warten wollen. Schon sprachen die Franzosen ganz offen davon, die Festung
wieder zu verlassen. Als nur einen Monat später ein Bombardement der
vereinigten christlichen Flotte auf die osmanischen Stellungen vor St. An-

drea keinen erkennbaren Schaden anrichten konnte, wohl aber durch den Glückstreffer eines osmanischen Artilleristen das französische Linienschiff »Thérèse« explodierte, war der Mut der Franzosen auf einen Tiefpunkt gesunken. Sie glaubten nicht mehr daran, noch etwas Entscheidendes in Kandia bewirken zu können, und hatten auch das Vertrauen in Morosini verloren. Trotz aller Überredungsversuche des venezianischen Generalkapitäns ordnete Generalleutnant Navailles unter Berufung auf einen angeblichen Befehl des Königs schon am 19. August 1669 den Abzug seines Korps an. In der Stadt verfolgte man an den nächsten beiden Tagen in einer Mischung aus Entsetzen und Trauer die Einschiffung der überlebenden Franzosen. Morosini war sich vollkommen im Klaren, dass ohne die Truppen des Herzogs eine Fortsetzung des Widerstandes aussichtslos sein würde. So hatte das französische Intermezzo in Kandia den Fall der Festung tatsächlich eher noch beschleunigt. Denn auch die Hilfskorps der Deutschen, der Savoyer und das maltesische Bataillon verlangten jetzt vehement ihre Rückführung. Nachdem am 24. August noch einmal ein doppelter Großangriff der Osmanen auf Sabbionera und St. Andrea mit letzter Kraft abgewehrt werden konnte, ließ Morosini drei Tage später den Kriegsrat zusammentreten und gab den venezianischen Befehlshabern seinen Entschluss bekannt, mit Köprülü über die Übergabe der Festung in Verhandlung zu treten.[22] Der Generalkapitän riskierte damit die Anklage wegen Hochverrats, denn er handelte ohne Autorisierung des Senats.[23]

Der Großwesir zeigte sich überaus entgegenkommend und gewährte der Besatzung und allen Einwohnern, die sich ihr anschließen wollten, freien Abzug. Am 26. September 1669 bestiegen im Ganzen noch 6000 Mann mit sämtlichem Kriegsgerät, mit allen Kranken und dem Tross die bereitliegenden Schiffe. 4000 Einwohner von Kandia schlossen sich ihnen an und wurden später in Istrien und Dalmatien angesiedelt. Der Krieg um Kreta war nach 24 Jahren beendet. Venedig durfte mit Suda, Grabusa und Spinalonga drei wichtige Stützpunkte auf der Insel behalten. und Köprülü bestätigte auch die dalmatinischen Besitztümer der Lagunenstadt. Selbst auf die sonst fällige Kriegsentschädigung war der Großwesir bereit zu verzichten.[24] Schon am folgenden Tag zog Ahmed Köprülü in die Stadt ein, die jetzt mehr einem wüsten Steinhaufen glich und deren Besitz ihn

nicht weniger als 45 Stürme und mehr als 100 000 Kämpfer einschließlich
der Arbeitstruppen gekostet hatte. Die Verluste der Europäer summierten
sich in den zurückliegenden drei Jahren auf immerhin 30 000 Mann. Die
Nachricht von der Kapitulation Kandias löste überall in Europa Trauer
und Bestürzung aus. Der Herzog von Navailles durfte nie wieder seinem
König unter die Augen treten, und in Rom erlitt Papst Clemens IX. am
25. Oktober 1669, nach einem Besuch der sieben Hauptkirchen Roms,
einen Schlaganfall, an dessen Folgen er nur fünf Wochen später verstarb.
Der Schmerz über den Fall Kandias habe ihn ins Grab gebracht, hieß es
bedauernd im Volk.[25]

4 Wien 1683
Eine barocke Kapitale im Würgegriff des Großwesirs

»Der Kommandant von Wien sieht uns. Er hat Raketen losgelassen und schießt ununterbrochen aus den Kanonen. Die Türken hingegen haben bisher gar nichts getan; [..] Unser Heer steht eine große halbe Meile breit in den Bergen und Wäldern, so dass kaum Platz ist, auf einem Pfad von einem Flügel zum anderen hindurch zu klettern. Ich habe hier beim Fußvolk ganz am rechten Flügel übernachtet. Das gesamte türkische Lager ist zu sehen.«

Schreiben König Johanns III. Sobieski an seine Gattin Maria Kazimiera vom 12. September 1683[1]

Der Waffenstillstand von Eisenburg hatte die politische Lage auf dem nördlichen Balkan nur scheinbar stabilisiert. Während der Kaiser sich beeilte, mit seinen frei gewordenen Truppen den französischen Ambitionen an der fragilen Westgrenze des Reiches entgegenzutreten, hoffte Ahmed Köprülu nun endlich den lästigen Krieg gegen die widerspenstigen Venezianer zu einem erfolgreichen Abschluss zu bringen.

Habsburg und die »Hohe Pforte« konnten mit dem 1664 nochmals besiegelten *Status quo* in Ungarn gut leben, nicht aber der ungarische Adel. Seit anderthalb Jahrhunderten war das Land geteilt, seine Städte entvölkert oder verarmt, und aus ganzen Landstrichen, wie etwa der ungarischen Tiefebene, war die Bevölkerung nach Norden in den kaiserlichen Machtbereich geflohen. Der Name »Puszta« für diese menschenleeren und verödeten Gebiete stammte tatsächlich aus osmanischer Zeit, und noch zu Beginn des 18. Jahrhunderts gab Prinz Eugen der britischen Diplomatengattin Mary Wortley Montagu den dringenden Rat, von einer winterlichen Reise nach Belgrad abzusehen. Sie würde zwischen Ofen und Essegg kein einziges bewohntes Haus finden.[2]

An den jüngsten Siegen der Kaiserlichen und ihrer Alliierten bei Mogersdorf und Szent-Benedek hatten die Ungarn kaum Anteil gehabt, und den Waffenstillstand von Eisenburg empfanden sie als Verrat. Selbst anderthalb Jahrhunderte nach seiner epochalen Demütigung bei Mohács waren alte Großmachtsfantasien zumindest in einem Teil des ungarischen Adels noch lebendig. Aus Sicht der Magnaten hatte der Kaiser längst nicht hart genug mit dem geschlagenen Gegner verhandeln lassen, und vor allem beklagte man, dass dabei die ungarischen Stände von Leopold nicht einbezogen worden waren. Nicht ganz grundlos fürchtete der Adel im habsburgischen Teil Ungarns, dass die kaiserlichen Behörden ihre verbrieften Rechte bald ebenso wie zuvor schon in Böhmen massiv einschränken könnten. Das Wort von den »böhmischen Stiefeln«, die nun auch die Ungarn tragen müssten, machte überall die Runde.[3]

Der Hass gegen die Habsburger mit ihren absolutistischen Gelüsten war daher im Lande noch größer als die Furcht vor den »Türken« und hatte schon vor »Eisenburg« konspirative Formen angenommen. Große Namen wie die Zrínyis, die Thökölys, die Nádasdys, Ferenc Rákóczi oder György Lippay, der einflussreiche Fürstbischof von Gran und Primas von Ungarn, fanden sich unter den Oppositionellen, denen Frankreich durch seinen Vertreter in Wien, den Marquis Bretel de Grémonville, dezente Unterstützung zukommen ließ. Zum ungarischen Komplott gehörten mit dem Grafen Hans von Tattenbach aus Graz und dem Landeshauptmann von Görz, Karl Graf von Thurn, sogar zwei Vertreter des deutschen Adels. Man knüpfte, wenn auch vorerst ohne den erhofften Erfolg, Kontakte mit anderen Höfen und sogar mit der »Hohen Pforte« und glaubte ernsthaft an die Errichtung einer großen ungarischen Adelsrepublik nach polnischem Vorbild.[4]

Von dem amateurhaften Treiben dieser sogenannten Malkontenten hatte die Hofburg schon bald so detaillierte Kenntnis, dass Fürst Wenzel Lobkowitz, einer der gewieftesten Politiker Wiens und Leopolds leitender Minister, in aller Ruhe den geeigneten Zeitpunkt zum Gegenschlag abwarten konnte. Als sich die Rebellen im Frühjahr 1670 endlich zum offenen Aufstand entschlossen, verhielt sich die Bevölkerung der meisten ungarischen Städte allerdings abwartend. Die kaiserlichen Truppen hatten keine Probleme, die Lage in wenigen Tagen unter Kontrolle zu bringen. In Nordungarn musste Ferenc Rákóczi seine Truppen auflösen, nachdem sogar seine eigene Mutter sich geweigert hatte, ihm die Tore der Stadt Munkács zu öffnen. Andere führende Köpfe der »Malkontenten« konnten am 18. April 1670 verhaftet werden und wurden in Schauprozessen zum Tode verurteilt. Sonst zur Milde neigend, ließ Kaiser Leopold mit Ausnahme Rácóczis, der starke Fürsprecher hatte, dieses Mal sämtliche Bluturteile *per forza* vollstrecken und das riesige Vermögen der betroffenen Familien einziehen.

Die angespannte Lage in Ungarn hätte durch den energischen habsburgischen Gegenschlag wohl entschärft werden können, doch daran hatten weder Leopold noch Lobkowitz überhaupt ein Interesse. Der Kaiser vermochte durchaus nicht, der ihm auf einem goldenen Tablett dargebotenen Chance zu widerstehen, den angeschlagenen Adel Ungarns vollends zu entmachten, so wie es sein Großvater nach der Schlacht am Weißen Berg (1620) mit den böhmischen Ständen gemacht hatte. Die Masse der kleinen Verschwörer ließ der Kaiser vor einem Sondertribunal in Pressburg aburteilen, das zwar nur noch ein einziges Todesurteil fällte, aber in fast allen Fällen die Güter der Angeklagten konfiszierte.[5]

Entgegen aller sattsam bekannten Bedenken wagte der Habsburger jetzt auch die gewaltsame Rekatholisierung des Landes. Dass sich der Kaiser damit nicht nur den loyal gebliebenen Teil des ungarischen Adels entfremdete, sondern auch die mehrheitlich protestantischen Bürger, durfte die Verfechter des konfessionellen Gegenschlages um Kardinal Leopold Graf Kollonitsch, ein ehemaliger Kämpfer auf den Mauern Kandias, nicht wirklich überraschen. Hilflos mussten die Protestanten zusehen, wie ihre Pfarrer vertrieben wurden, während die verhassten Jesuiten überall ihre Kirchen übernahmen. Viele Bewohner Nordungarns machten sich jetzt auch über die Grenze nach Siebenbürgen auf oder flohen sogar ins osmanische Debrecen, wo sie laufend Zuzug von Gleichgesinnten erhielten.

Im August 1672 unternahmen die Exilanten erstmals einen Einfall in habsburgisches Gebiet und belagerten Kaschau. Auch wenn sie von den Kaiserlichen in einer Schlacht vor den Toren der Stadt zersprengt werden konnten, kam Oberungarn nicht mehr zur Ruhe. Die Rebellen gingen zum Kleinkrieg über, attackierten Kollaborateure und kleinere habsburgische Garnisonen und nannten sich wie zu György Dózsas Zeiten Kuruzzen.[6]

Zu ihrem Anführer avancierte schließlich Imre Thököly, ein junger
Mann aus einer protestantischen Kaufmannsfamilie, die erst von Kaiser
Leopold in den Grafenstand erhoben worden war. Trotz dieser Würdigung hatte sich Imres Vater Stefan dem Magnatenaufstand angeschlossen
und war 1670 während der Belagerung seiner Burg durch kaiserliche
Truppen gestorben. Seinem damals erst 14-jährigen Sohn war jedoch,
als Bauernmädchen verkleidet, die Flucht nach Polen gelungen, wo er
unter befreundeten Emigranten in einer Atmosphäre von Hass und Verschwörung auf das Haus Habsburg aufwuchs.[7]

Mit seiner Kühnheit und seinem Charisma glückte es Thököly, rasch
eine breite Gefolgschaft um sich zu versammeln. Zwar durfte er damit keine
große Schlacht gegen die Kaiserlichen wagen, konnte ihnen aber gleichwohl militärisch so zusetzen, dass es 1679 zu ernsthaften Verhandlungen
mit den Vertretern des Kaisers kam. Nach dem Frieden von Nimwegen
mit Frankreich strebte Leopold inzwischen auch eine friedliche Regelung
der ungarischen Verhältnisse an. Auf dem 1681 in Ödenburg einberufenen
Landtag erschien der Kaiser sogar persönlich, konnte sich aber bei allem
Entgegenkommen in Fragen der ständischen Mitbestimmung nicht zu
wirklichen Zugeständnissen bei der Religionsfreiheit durchringen.[8] Imre
Thököly war allerdings erst gar nicht in Ödenburg erschienen und fühlte sich durch das fortgesetzte Lavieren der Kaiserlichen berechtigt, die
»Hohe Pforte« um Hilfe anzugehen. Schon im Juli 1681 schickte der junge
Ungar eine Gesandtschaft nach Konstantinopel, um sich den Osmanen als
Vasall zu unterwerfen.[9]

Das Interesse an den ungarischen Verhältnissen hatte dort lebhaft zugenommen, seit Fâzıl Ahmed Köprülü im Jahre 1676 verstorben war und
mit seinem Schwager Kara Mustafa (der schwarze Mustafa) der dritte
Großwesir aus dem Clan der Köprülüs an die Macht gelangen konnte.
Vor Kurzem erst hatte der vor Ehrgeiz brennende erste Minister des Sultans einen nicht sonderlich erfolgreichen Krieg gegen die Russen beenden
müssen und zeigte sich daher offen für die Möglichkeit, den ihm bisher
versagten Kriegsruhm gegen die Habsburger in Ungarn zu erlangen.
Ohnehin würde im nächsten Jahr der 20-jährige Waffenstillstand von
Eisenburg auslaufen, und Frankreichs üppig fließende Subsidien sollten

es dem Kaiser wohl schwer machen, neue Verbündete im Reich und in Europa zu finden. In dem jungen Thököly sah der Großwesir nur eine willkommene Marionette in dem großen Spiel, das ihn schließlich Amt und Leben kosten sollte.

Zunächst erlaubte es Kara Mustafa dem Beylerbey von Ofen, die Kuruzzen bei der Belagerung der Festung Fülek (Filakovo) in Nordungarn zu unterstützen. Im Gegenzug verpflichtete sich Thököly als nunmehriger Vasall der »Hohen Pforte« zur Zahlung eines jährlichen Tributes von 40 000 Dukaten, die sogleich nach der Einnahme der Festung fällig wurden.[10] Den kaiserlichen Gesandten Albert von Caprara, der sich im selben Frühjahr auf den Weg nach Konstantinopel gemacht hatte, um den auslaufenden Waffenstillstand verlängern zu lassen, überhäufte der Großwesir mit Vorwürfen und unerfüllbaren Forderungen. So sollten etwa alle eingezogenen Güter der Malkontenten zurückerstattet werden und der Kaiser außerdem einen Jahrestribut von einer halben Million Dukaten zahlen.[11] Die notorische Schwäche der Kaiserlichen, die nicht einmal mit den verzweifelten Haufen des jungen Thököly fertigwerden konnten, provozierte seinen Tatendrang erst recht. Gerne glaubte er den Versicherungen der französischen Gesandten, dass ihm die reichen Gebiete der Österreicher in den Schoss fallen würden, und gab sich den süßen Träumen von einer Erneuerung der ruhmvollen Epoche Süleymans hin. Ja, mit der Eroberung Wiens würde er dessen Ruhm sogar noch überbieten.[12] Der Großwesir sei regelrecht von seinen Fantasien besoffen, meldete ein venezianischer Beobachter in seine Heimatstadt. Jeden Tag studiere er voller Verzückung sämtliche Karten der österreichischen Erblande, die ihm geschäftstüchtige Händler aus den Niederlanden verkauft hatten.

Im Herbst 1682 schien endlich die Zeit für das große Abenteuer gekommen. Voller Eifer verließ Kara Mustafa die Hauptstadt, forderte die Aufgebote aller Provinzen auf, sich in Edirne zu versammeln, und ließ nach deren Eintreffen seine Rossschweife in Richtung Ungarn aufstellen. Nach einer großen Heerschau vor den Toren der Stadt erfolgte schon Ende März 1683 der Aufbruch der gewaltigen Streitmacht. Glaubt man der Schätzung des Freiherrn Christoph von Kunitz, der als kaiserlicher Resident an der »Hohen Pforte« unfreiwilliger Zeuge des Abmarsches war, so soll Kara Mustafas Heer wohl aus 180 000 Kombattanten aller Truppenarten bestanden haben.[13] Als Gefangener des Großwesirs musste Kunitz dem feindlichen Heer bis vor die Tore Wiens folgen. Erst am Abend der großen Entsatzschlacht sollte der Diplomat wieder in Freiheit gelangen, nachdem seine Bewacher vor den Kaiserlichen die Flucht ergriffen hatten.

Auch Sultan Mehmed IV. begleitete persönlich seine Truppen. Nachdem er jedoch am 3. Mai 1683 seinen triumphalen Einzug in Belgrad gehalten hatte, legte er die Führung des Feldzuges ganz in die Hände seines Großwesirs. Feierlich ernannte er Kara Mustafa zum *Serasker* aller seiner Truppen und ließ ihm mit großem Zeremoniell die grüne Fahne des Propheten überreichen. Danach befand Mehmed es an der Zeit, sich endlich wieder der Jagd, seiner liebsten Passion, zu widmen.

Noch immer war kein Krieg an die Kaiserlichen erklärt und auch das militärische Ziel des Feldzuges schien in Belgrad noch nicht festgelegt worden zu sein. Gerüchteweise war zwar schon von Wien die Rede, aber ebenso von einem Angriff auf Raab, dessen Abtretung der Sultan noch in Edirne als Preis für die Erneuerung des Waffenstillstandes von Eisenburg gefordert hatte. Über Ofen erreichte der osmanische Heerbann Anfang Juni 1683 die umstrittene Festung, die im »Langen Türkenkrieg« zweimal den Besitzer gewechselt hatte. Wenige Tage später traf auch Graf Imre Thököly an der Spitze einer 500 Köpfe zählenden Reitertruppe im osmanischen Feldlager ein. Kara Mustafa empfing ihn wie einst der große Süleyman den Szápolya mit allen Ehren und nannte ihn sogar den König der Ungarn. Ob der Großwesir bei dieser Gelegenheit seinem neuen Vasallen die Krönung in Pressburg und das noch zu erobernde Wien als zusätzliches Lehen versprochen hat, ist ungewiss.[14]

Jedenfalls dürfte Kara Mustafa inzwischen schon bekannt gewesen sein, dass eine der wichtigsten politischen Voraussetzungen seines Feldzuges nach Wien nicht erfüllt war. Die Krieger des Islam würden es vor der Kaiserstadt mit Johann III. Sobieski, dem alten Widersacher aus den Feldzügen der Jahre 1673/74 zu tun bekommen. Der vormalige Großhetmann Polens war nur ein Jahr nach seinem Sieg über die Osmanen bei der am Dnjestr gelegenen Festung Chotin 1673 von der polnischen Adelsversammlung zum König von Polen und Großherzog von Litauen gewählt worden. Wider Erwarten war es der eifrigen französischen Diplomatie in

Warschau nicht gelungen, den polnischen Monarchen von einem Bündnis mit dem Kaiser abzubringen. Lange hatte der mit einer Französin und ehemaligen Hofdame verheiratete Sobieski politisch zwischen Frankreich und Habsburg geschwankt und sogar Thökölys Kuruzzen mit einem kleinen Truppenkorps unterstützt, bis sich der Ungar offen mit den Osmanen einließ. Sobieskis Sympathie für die Franzosen war schließlich dramatisch geschrumpft, als der Bourbonenstaat die alten polnischen Ansprüche auf Ostpreußen, das erst im Frieden von Oliva an Brandenburg gefallen war, nicht mehr unterstützen wollte. Danach war es dem König auch nicht mehr schwergefallen, selbst die starke französisch gesinnte Fraktion des polnischen Adels für einen Kurswechsel zugunsten Habsburgs zu gewinnen.

Es setzte sich jetzt im Königreich die naheliegende Einsicht durch, dass ein vor Wien siegreicher Großwesir auch für die polnischen Besitzungen am Dnjestr eine eminente Gefahr bedeuten würde. So war es schließlich den Gesandten des Kaisers im engen Zusammenwirken mit dem päpstlichen Nuntius in Warschau, Kardinal Opizio Pallavicini, gelungen, die erhoffte Allianz mit Sobieski zum Abschluss zu bringen. Im Kern verpflichtete das Bündnis beide Parteien zur militärischen Unterstützung, wenn entweder Wien oder Krakau von den Osmanen angegriffen werden sollte. Im erstgenannten Fall versprachen die Polen mit einem Heer von 40 000 Mann *Succurs* zu leisten, wofür ihnen der Kaiser außerdem 400 000 Taler als Unterhalt zahlen wollte. Umgekehrt sollten die Kaiserlichen mit 60 000 Mann die alte polnische Kapitale entsetzen. Andere Mächte durften der Allianz jederzeit beitreten, die Feldoperationen sollten nach einem einvernehmlichen Plan erfolgen, und keine Partei war berechtigt, einen separaten Frieden mit der »Hohen Pforte« abzuschließen.[15]

Als das Dokument am 1. April 1683 in Warschau von den Vertragsparteien feierlich unterzeichnet wurde, dürfte freilich noch niemand ernstlich daran gedacht haben, dass keine vier Monate später die neben Paris und Prag wohl bedeutendste Hauptstadt Europas, eine Perle des Barocks und Hochburg der christlichen Zivilisation, in den Würgegriff einer gewaltigen osmanischen Armee geraten würde.

Als Kara Mustafa jedoch am 5. Juli 1683 mit seiner Armee aus dem Feldlager vor Raab nach Westen aufbrach, traf es die Kaiserlichen wie ein

Donnerschlag. Die immer wieder befürchtete zweite »Türkenbelagerung«
Wiens war nun nicht mehr zu vermeiden.

Die kaiserlichen Kriegsvölker in Ungarn unterstanden seit Anfang
April dem Befehl Herzog Karls V. von Lothringen, einem Veteranen
der Schlacht von Mogersdorf. Der in Wien geborene Lothringer war
zwei Dekaden zuvor in die Dienste des habsburgischen Erzhauses getreten, nachdem sein Onkel, der regierende Herzog von Lothringen und
Bar, im Vertrag von Montmarte (1662) das heimische Herzogtum unter
französische Kontrolle gestellt hatte. Im »Holländischen Krieg« gegen
Ludwig XIV. hatte sich Karl als kaiserlicher Befehlshaber vergeblich
bemüht, sein Erbe aus der Hand der Franzosen zu befreien. Bei Friedensschluss hatte Leopold dem verdienten Offizier die Statthalterschaft in
Tirol übertragen. Der durch Pockennarben entstellte Karl galt als wort-
karg, war aber überdurchschnittlich gebildet, sprach mehrere Sprachen
und unterhielt sich im Freundeskreis gern über Kunst und Literatur. Stets
um eine würdevolle Haltung bemüht, schien ihm doch der übliche Hochmut seiner Standesgenossen abzugehen, was ihm auch bei der Truppe
großen Widerhall verschaffte.

Das kaiserliche Feldheer, das Karl antraf, war auf den großen Osmanen-
sturm kaum vorbereitet und numerisch dem heranziehenden Gegner
deutlich unterlegen. Eine Truppeninspektion in Kippsee bei Pressburg
hatte am 7. Mai 1683 im Beisein Leopolds und des vornehmen Wiener Publikums eine Stärke von nur 33 000 Mann ergeben. Darin nicht einbezogen
war jedoch das kleine Korps des Generals Johann Graf von Schultz, das
mit 8000 Mann bereits an der Waag stand und die Nordflanke der Kaiserlichen schützte.[16]

Allerdings waren diese Truppen als Teil des barocken stehenden Heeres besser geschult und im Kampf weitaus zuverlässiger als sämtliche
Aufgebote des vergangenen Feudalzeitalters. Die westfälischen Friedensschlüsse hatten zwar der Macht des Kaisers im Reich Grenzen gesetzt,
die Zurückdrängung der ständischen Rechte in den habsburgischen Erblanden aber letztlich bestätigt. Unterhalt und Finanzierung militärischer
Verbände waren inzwischen nicht mehr von der besonderen Zustimmung
der Landtage abhängig, sondern beruhten auf den jetzt regelmäßig durch
die kaiserliche Finanzverwaltung eingezogenen Steuern. Der schon 1556

eingerichtete Wiener Hofkriegsrat diente inzwischen als zentrale habsburgische Militärbehörde. Sie war für die Bewaffnung, Bezahlung und Verpflegung des neuen *miles perpetuus* zuständig, und ihr Präsident hatte auch ein entscheidendes Mitspracherecht in operativen Fragen. Obwohl es bei der Truppenversorgung immer noch zu Unregelmäßigkeiten kam, wenn etwa Befehlshaber die Stärke ihrer Truppen zu hoch ansetzten, konnten die Disziplinlosigkeiten und der mangelnder Korpsgeist früher Tage allmählich überwunden werden. Aus den zuvor zusammengewürfelten kaiserlichen Kriegsvölkern war somit eine Armee mit einem loyalen Offizierskorps entstanden.

Auch in taktischer Hinsicht waren erheblich Veränderungen eingetreten. Da sich das Infanterieregiment mit seinen rund 3000 Mann im Gefecht als zu schwerfällig erwiesen hatte, war bereits durch Feldmarschall Graf Montecuccoli das kleinere Bataillon als neue Gefechtsformation eingeführt worden. Zwar kämpfte die Masse der Infanterie auch jetzt noch mit der etwa sechs Meter langen Pike, die seit den Tagen der Schweizer Gewalthaufen zur Abwehr von Kavallerieangriffen unentbehrlich war. Inzwischen überwog aber die Zahl der mit Arkebusen ausgestatteten Schützen. Zu Beginn des großen Türkenkrieges von 1683 dominierte noch eine von Montecuccoli geprägte Mischform beider Waffenträger, nach der ein 1500 Mann starkes Infanteriebataillon aus 60 Offizieren, 500 Pikenieren und 900 Schützen bestand. Entgegen der beinahe quadratischen Aufstellung des alten spanischen Terzios wies das Bataillon erstmals eine lineare Gliederung auf, in der die Pikeniere die Mitte einnahmen und von vorne sowie an beiden Flanken von Arkebusieren eingerahmt wurden. Erst die Einführung der Muskete mit der gegen Wind und Regen weniger anfälligen Steinschlosszündung und einem an der Mündung fixierbaren Bajonett ließ gegen Ende des 17. Jahrhunderts die Pikeniere völlig verschwinden. Die Bataillone nahmen seither eine Gefechtsformation aus drei oder vier Gliedern mit deutlich breiterer Front ein. Bei gutem Drill war eine derartige Formation in der Lage, im Wechsel ihrer Glieder ein dauerhaftes Musketenfeuer abzugeben, das besonders den osmanischen Gegner rasch zermürbte und wie bei »Mogersdorf« in die Flucht treiben konnte.

Die Kavallerie wiederum bestand aus leichten und schweren Reitern. Letztere unterteilten sich seit dem Dreißigjährigen Krieg in Kürassiere und Dragoner. Während die Dragoner auch abgesessen kämpften und eine Muskete mit sich führten, waren die Kürassiere mit Pallasch und zwei Pistolen ausgestattet. Anstelle der alten Vollpanzerung trugen sie bei Beginn des »Großen Türkenkrieges« nur noch einen Helm mit Nackenschutz (Zischägge) sowie auf Brust und Rücken einen geschwärzten kugelsicheren Panzer, den so genannten Kürass. Diese Reiter (Kürassiere) bildeten die Schlachtenkavallerie, die in enger Formation gegen den Feind vorpreschte und ihn idealerweise schon vor dem Aufeinanderprall in die Flucht schlug. Ihrer Geschlossenheit bei gleichzeitig hoher Manövrierfähigkeit vermochten die Reitertruppen des Sultans kaum noch etwas entgegenzusetzen. Die leichte Kavallerie ging auf ungarische und polnische Vorbilder zurück und kam gewöhnlich nicht auf dem Schlachtfeld zum Einsatz. Sie diente vor allem der Gefechtsaufklärung und sollte eine ständige Bedrohung für das gegnerische Heer sein. Gewöhnlich bestand jedes schwere Kavallerieregiment aus acht Eskadrons zu 125 Reitern, die leichte Kavallerie war numerisch etwas stärker.[17]

Die taktischen Grundlagen der Gefechtsführung hatten sich somit revolutionär verändert, die Strategie im Kampf gegen die Osmanen blieb jedoch dieselbe. Die großen Heere sollten sich weiterhin an den Festungen festbeißen. Als frisch ernannter Oberbefehlshaber war Karl von Lothringen daher auch dafür eingetreten, die Galgenfrist bis zum Eintreffen des gegnerischen Hauptheeres zu nutzen und mit den verfügbaren Kräften eine von den Osmanen gehaltene Festung anzugreifen und einzunehmen. Gran oder das erst vor 20 Jahren verlorene Neuhäusel boten sich als Ziele an. Schon aus Prestigegründen hätte Kara Mustafa den verlorenen Platz zurückerobern müssen und damit entscheidende Zeit verloren. Wien wäre eine Belagerung wenigstens für dieses Jahr erspart geblieben. Karls noch im Mai begonnener Vorstoß nach Ungarn endete allerdings kläglich. Schon hatten die Kaiserlichen am 6. Juni Neuhäusel eingeschlossen und mit der Beschießung der Festung begonnen, als der Kaiser, beeinflusst von dem Präsidenten seines Hofkriegsrates, dem Markgrafen Hermann von Baden, plötzlich Zweifel an der Operation äußerte. Der Hof fürchtete inzwischen, dass eine Belagerung von Neuhäusel das Heer zu sehr schwächen könnte. Auch bestünde – wie schon 1664 – die Möglichkeit eines

Einfalles der Osmanen in die Steiermark. Nachdem sich überdies auch die Ankunft der schweren Geschütze verzögert hatte, brach Karl nach nur drei Tagen die Operation entmutigt wieder ab, um sich zunächst auf Komorn, später dann auf Raab zurückzuziehen. Durch Abstellungen war die Stärke seines Heeres inzwischen um ein Drittel gesunken.[18]

Somit war nichts Zählbares erreicht worden, als am 1. Juli das Groß der osmanischen Truppen vor den Mauern von Raab eintraf. Karl musste sich vor der Übermacht auf die Schüttinsel zurückziehen, wo er abwarten wollte, ob Kara Mustafa die kaiserliche Festung angreifen oder sogleich auf Wien ziehen würde. Entgegen dem Rat der meisten seiner Paschas zeigte sich der Großwesir tatsächlich entschlossen, Raab links liegen zu lassen und die nur vier Tagesmärsche entfernte Kaiserstadt anzugreifen. Zur Abriegelung der Festung ließ er nur ein Korps von etwa 20 000 Mann unter dem Befehl des Beylerbeys von Ofen, İbrahim Pascha, zurück. Der noch in Belgrad weilende Sultan war über diese Entscheidung entsetzt, besaß aber keine Macht, sie rückgängig zu machen.[19]

Mit 90 000 Mann, darunter auch christliche Kontingente aus der Moldau, Ungarn und der Walachei, überschritt der Großwesir beinahe ungehindert am 11. Juli die Reichsgrenze bei Tattendorf. Wohl 20 000 Tataren schwärmten seinem Heer voraus und begannen den Großraum von Wien heimzusuchen. Wie schon 1529 stiegen wieder in ganz Niederösterreich die Feuersäulen in den Himmel. Obwohl durch beherzte Gegenwehr in etlichen Ortschaften die Tataren zum Abzug gezwungen werden konnten, hatten sie doch meistens Erfolg. Wieder mussten Tausende von Untertanen des Kaisers aneinandergekettet den Weg in die Sklaverei antreten.

Ein für die Kaiserlichen durchaus günstig verlaufendes Reitergefecht bei Petronell hatte den Vormarsch des osmanischen Hauptheeres nicht mehr aufhalten können. Noch am selben Abend konnte eine osmanische Abteilung das etwa zehn Kilometer nördlich der Marschstraße gelegene Hainburg einnehmen und niederbrennen. Für die Köpfe der getöteten Einwohner teilte der Großwesir nach osmanischem Brauch üppige Prämien und Ehrengeschenke aus.[20] Am 13. Juli erreichte die osmanische Hauptmacht die Ortschaft Schwechat, von wo Kara Mustafa schon am Nachmittag, begleitet von 10 000 Reitern, einen Erkundungsritt vor die nur elf Kilometer entfernte Kaiserstadt unternahm.[21] »Beim Goldenen

Apfel sehen wir uns wieder«, lautete der traditionelle Gruß des neuen Sultans an seine Janitscharen, wenn er nach der feierlichen Schwertumgürtung an der Kaserne seiner Elitetruppe haltmachte, den vom Aga gereichten Erfrischungstrunk entgegennahm und den geleerten Becher mit Goldstücken auffüllen ließ.[22]

Jetzt lag das Objekt osmanischer Sehnsucht zum zweiten Mal zum Greifen nah vor ihnen.

In Wien hatte sich seit der überstürzten Abreise des Kaisers kaum eine Woche zuvor eine gedrückte Stimmung verbreitet, die nun in Panik und Wut umschlug. Erst vier Jahre zuvor hatte die Pest die Stadt schwer heimgesucht und nach vorsichtigen Schätzungen mehr als 10 000 Bewohner hinweggerafft. Jetzt drohte den Wienern eine zweite Art der Pest. Schon am 5. Juli hatten aufgebrachte Bewohner das Palais des Wiener Stadtbischofs Emmerich Sinelli mit Steinen beworfen, weil sie durchaus nicht ohne Berechtigung in den katholischen Hardlinern um den Kaiser die wahren Verantwortlichen für die jetzt auf sie eindrängenden Nöte sahen.[23]

Die im weiten Umfeld der Stadt sichtbaren Feuersäulen signalisierten den verzweifelten Wienern, dass es für eine Flucht längst zu spät war. 60 000 Menschen, Bewohner und Flüchtige aus der Vorstadt sowie der weiteren Umgebung, saßen jetzt in Wien fest, für das nicht allzu viele Verteidiger vorhanden waren.

Herzog Karl hatte von seiner geschrumpften Streitmacht nur 11 000 Mann in der Stadt zurücklassen können. Mit dem Rest seiner Armee zog der Lothringer, nachdem er am 14. Juli auf der Taborau noch das Eintreffen eines letzten Munitionstransports aus Linz gesichert hatte, über Jedlersee in Richtung Krems ab. Sollte es tatsächlich zu einem Entsatz der Stadt durch Reichstruppen und Polen kommen, mussten die Donauübergänge unbedingt gegen Thökölys Angriffe offen gehalten werden. Seine in Wien zurückgelassenen Truppen wurden dem Befehl des Grafen von Starhemberg unterstellt. Der vom Kaiser noch vor seiner Abreise zum Stadtkommandanten ernannte Ernst Rüdiger von Starhemberg war ein Veteran der Mogersdorfer Schlacht und des »Holländischen Krieges«, der seinen Mangel an einnehmenden Umgangsformen durch seinen unbedingten Gerechtigkeitssinn, seinen persönlichen Mut und seine Entschlusskraft mehr als wettmachte. Vor ihm stand eine größere Aufgabe als die des Grafen von Salm. Die ihm überlassenen Kompanien, die aus zehn verschiedenen Regimentern stammten, bildeten zusammen mit der Stadtguardia, den acht Bürgerkompanien und einem Korps aus 700 bewaffneten Studenten eine deutlich schwächere Besatzung als die von 1529.[24]

Es blieb keine Wahl, als das Beste damit zu versuchen. Mit je 1000 Mann seiner zuverlässigsten Truppen ließ Starhemberg den Bereich zwischen der Löbl- und der Burgbastei besetzen, wo er den Hauptangriffspunkt der Osmanen vermutete. Weitere 1000 Mann verteilte er auf die übrigen Bastionen, während der Rest der Besatzung als Reserve dienen sollte.[25]

Zu den wenigen Vorteilen Wiens zählten seine modernen Verteidigungswerke. Seit der ersten Türkenbelagerung waren sie trotz notorisch knapper Kassenlage kontinuierlich verbessert worden. So hatte die Stadt gemäß dem neuen italienischen Festungsdesign bis 1564 immerhin zehn durch Kurtinen verbundene Basteien errichtet. Zugleich war der alte Stadtgraben erheblich erweitert worden. Im Verlauf des Dreißigjährigen Krieges waren noch elf zusätzliche Ravelins im Stadtgraben angelegt worden, die einen direkten Angriff auf die bis dahin deckungslosen Kurtinen verhindern sollten.

Uneinnehmbar war die Festung im Sommer 1683 allerdings nicht, und noch während sich bereits am 15. Juli die Geschütze der Osmanen unter der Leitung Ahmed Beys, eines französischen Renegaten, auf die Stadt einzuschießen begannen, arbeiteten Wiens Verteidiger fieberhaft an den letzten Verbesserungen ihrer Stellungen. Die Vorräte an Pulver und Verpflegung in der Stadt reichten für nur zwei Monate. Bis dahin musste die kaiserliche Diplomatie den Entsatz von Wien zustande gebracht haben, das seit 17. Juli, als die Osmanen die Praterinsel und die Leopoldstadt besetzen konnten, vollkommen eingeschlossen war.

Die Nervosität der Bewohner erreichte in den ersten Tagen der Belagerung ein kaum noch erträgliches Maß und konnte von Starhemberg und seinem zivilen Pendant, Hofkriegsrat Graf Caspar Zdenko von Capliers, nur mühsam unter Kontrolle gehalten werden. Überall witterte der städtische Mob Spione, sodass etliche verdächtige Personen, meist verwirrte Außenseiter, auf brutale Weise den Tod fanden.

Belagerung Wiens durch die Türken unter Kara Mustafa, 15. Juli bis 12. September 1683. Gefechtstellung und Angriffsoperationen der Belagerer. Radierung von Jacobus Peeters nach Romeyn de Hooghe.

Die brennende Vorstadt bot den Wienern ein apokalyptisches Szenario, zudem verursachte der starke Funkenflug bereits erste Brände in der Stadt. Ein Feuer in der Nähe des Schottentors bedrohte sogar ein großes Pulvermagazin, und die vorgesehenen Löschkommandos waren nur mit Gewalt dazu zu bringen, ihre Pflicht zu erfüllen.

Die Wiener gewannen erst ihre Fassung zurück, als sich zeigte, dass der »Türke« nicht gleich im ersten Ansturm in die Stadt gelangen würde, und die Maßnahmen der zivil-militärischen Verwaltung zu greifen begannen. Rasch machte sich überall Starhembergs ordnende Hand bemerkbar. So ließ der Stadtkommandant die Dachschindeln der vorderen Häuser wegen der akuten Brandgefahr entfernen. Aus demselben Grund befahl er, das hölzerne Komödienhaus im Burghof niederzulegen und endlich sämtliche Pulvervorräte in Kellern einzulagern. Unter der Regie des Grafen Leopold von Kollonitsch waren auch etliche Lazarette eingerichtet worden, und die geordnete Verteilung der Verpflegung schuf zusätzliches Vertrauen.

Auch die militärische Lage schien sich vorerst zu stabilisieren. Die eigene Artillerie zeigte sich stark genug, um auf das Feuer der 300 osmanischen Geschütze gebührend zu antworten, und etliche Gegenangriffe hatten die vorderen Gräben des Feindes zunächst leeren können. Gleichwohl unternahmen die Belagerer am 23. Juli, nachdem sie an der Kontrescape zwei Minen gezündet hatten, einen ersten ernsthaften Sturm auf den Stadtgraben vor der Burgbastei, drangen jedoch nicht durch. Weitere wütende Versuche der Osmanen an derselben Stelle blieben ebenfalls erfolglos, auf Dauer aber waren sie nicht aufzuhalten.

Alles hing nun davon ab, dass der Entsatz der Stadt rechtzeitig erfolgte, und so fieberte man in Wien allen Nachrichten entgegen, die auf verschiedenen und oft abenteuerlichsten Wegen von draußen und sogar aus dem osmanischen Lager nach Wien gelangten. Obwohl der Kurierdienst lebensgefährlich war und den abgefangenen Boten Folter und Tod drohten, lockten die üppigen Belohnungen genügend Wagemutige an. Der bekannteste unter ihnen war wohl der Armenier Georg Koltschitzky, ein Dolmetscher, Kundschafter und Kaufmann, der später noch lange mit der kaiserlichen Hofkammer um seinen Botenlohn feilschen musste.[26] Insgesamt gelang es den Belagerten, bis auf einige kurze Unterbrechungen die Verbindung mit der Außenwelt aufrechtzuerhalten. Allerdings waren die überbrachten Botschaften zunächst alles andere als ermutigend. Während sich die osmanischen Sturmtruppen mit jedem Tag durch den Stadtgraben gegen Burg- und Löblbastei voranarbeiteten, schien sich das ersehnte Entsatzheer nur sehr zögerlich zu formieren.

Insgesamt 30 000 Mann aus Sachsen, Franken, Bayern und Salzburg sowie aus dem oberrheinischen Reichskreis fanden sich in den letzten Julitagen im Raum von Passau ein, wo auch der kaiserliche Hof inzwischen sein Quartier genommen hatte. Immerhin hatte der Reichstag dem Kaiser gemäß der erst 1681 verabschiedeten Reichskriegsverfassung das Dreifache der üblichen Aufwendungen genehmigt. Der Papst steuerte gewaltige Summen aus seinem Staatshaushalt bei und zwang auch den Klerus in den österreichischen Erblanden, in Böhmen und Bayern beträchtliche Summen zur Rettung Wiens aufzubringen.[27] Eine bittere Enttäuschung für den Kaiser bildete freilich das Fernbleiben der dringend benötigten brandenburgischen Truppen. Tatsächlich hatte sich Friedrich

Wilhelm, dem die nationalistische Geschichtsschreibung des 19. Jahrhunderts als »Großen Kurfürsten« heroisieren sollte, durch französische Subsidien von der Erfüllung seiner Pflichten als Reichsfürst abhalten lassen. Sein polnischer Widersacher Johann Sobieski brach erst am 15. August in Begleitung seines 16-jährigen Sohnes von Krakau zur Donau auf und nahm es wegen der gebotenen höchsten Eile in Kauf, dass er statt der dem Kaiser versprochenen 40 000 Mann nur wenig mehr als die Hälfte an Kämpfern mit sich führen konnte. Immerhin war die polnische Vorhut unter Fürst Jaromir Lubomirski mit 2000 Reitern schon am 20. Juli im Lager der Kaiserlichen am Taborberg eingetroffen.

Die Lage Wiens erlaubte tatsächlich keinen weiteren Verzug. Am 30. Juli war es den Janitscharen endlich geglückt, sich im Stadtgraben festzusetzen, und Starhemberg hatte sich bereits gezwungen gesehen, seine Artillerie von der schwer angeschossenen Löblbastei abzuziehen.[28] Am 12. August zerriss eine weitere osmanische Mine die Spitze des zwischen Burg- und Löblbastei gelegenen Ravelins. In den anschließenden Kämpfen konnten die Kaiserlichen den Gegner noch einmal zurückwerfen, hatten aber selbst Ausfälle von 1200 Mann zu beklagen. Zu allem Übel war in der Stadt die Ruhr ausgebrochen und hatte neben vielen Verteidigern auch den Grafen Starhemberg befallen, der sich aber unverdrossen in einem Stuhl durch die Verteidigungsanlagen tragen ließ.[29] Alles hing jetzt davon ab, wie lange der halbzerschossene Ravelin noch gehalten werden konnte. Weitere Minen explodierten am 24. August an seinen Flanken, und es kostete die Verteidiger immer größere Verluste, die Osmanen jedes Mal aus den Minenkratern, die sie als Stellungen benutzten, herauszuwerfen. Allein in der letzten Augustwoche zündeten die Osmanen erfolgreich sechs große Minen hauptsächlich unter dem Ravelin, der inzwischen mehr einer leichten Erhebung als einem Bollwerk glich. Am 2. September mussten die Verteidiger seine Trümmer endgültig aufgeben. Die Moral der Verteidiger war auf einen Tiefpunkt gesunken. Ausfälle brachten längst keine Entlastung mehr, sondern erhöhten nur die eigenen Verluste. Es sei höchste Zeit, die Stadt zu *secouriren*, hatte Starhemberg Ende August auf seinem Krankenbett an Herzog Karl geschrieben.[30] Der osmanische Dauerbeschuss und die Ruhr hatten ihren Tribut gefordert. Auf den Stadtwällen befanden sich kaum noch 4000 Kämpfer, ein Drittel der Bürgerwehr war getötet worden.[31] Die Stimmung in der Stadt hob sich erst wieder, als ein glücklich durch die Linien gelangter Kundschafter am 31. August den Belagerten versicherte, dass der *Succurs* endlich unterwegs sei.[32]

Tatsächlich waren König Sobieski und Herzog Karl von Lothringen am selben Tag in Oberhollabrunn, nur drei Tagesmärsche nördlich von Wien, erstmalig zusammengekommen. Dem Sieg der Kaiserlichen eine Woche zuvor über ein osmanisch-tatarisches Korps am Bisamberg war es zu verdanken, dass die geplante Vereinigung beider Heere nunmehr ungestört stattfinden konnte. Das Ausmaß des Erfolges, aber auch die Leichtigkeit, mit der dieser Gegner überwunden werden konnte, nachdem sein erster Ansturm zusammengebrochen war, sorgten aufseiten der Kaiserlichen für Zuversicht und gehobene Stimmung.[33]

Obwohl Sobieski und Karl kaum ein Jahrzehnt zuvor noch erbitterte Konkurrenten um die polnische Wahlkrone gewesen waren, verlief die Begegnung der beiden Heerführer freundlich, ja geradezu herzlich. Schon der vorangegangene Briefwechsel war von gegenseitigem Respekt geprägt gewesen. An dem späteren Erfolg der verbündeten Heere hatte Karls diplomatisches Geschick fraglos entscheidenden Anteil. Er verstehe sich sehr gut mit dem Herzog, freute sich Sobieski in einem Brief an seine Frau. Er sei ein höchst ehrenwerter, wackerer Mann und beherrsche das Kriegshandwerk mehr als alle anderen.[34] Der uneitle Lothringer überließ dem Polen zwar den Oberbefehl, konnte ihn zugleich aber für seinen bereits entwickelten Kriegsplan gewinnen. Beide Heere sollten sich demnach bei Tulln vereinigen, dort auf das linke Donauufer wechseln und über das Tullner Feld und den Wienerwald das Höhengelände im Norden der belagerten Stadt gewinnen. Der Übergang bei Tulln sollte allerdings noch mehrere Tage in Anspruch nehmen, da die Pontonbrücke immer wieder von der Strömung beschädigt wurde, und konnte erst am 9. September abgeschlossen werden. Franken und Sachsen waren zur selben Zeit bei Krems über die Donau gegangen, wo bereits die Bayern und Salzburger, rund 10 000 Mann mit 16 Geschützen, unter dem Kommando des bayerischen Generals Hannibal von Degenfeld versammelt waren.

Alle Kontingente waren schließlich am 9. September auf dem Tullner Feld vereinigt und setzten sich noch am selben Tag – unter Zurücklassung der Trains – in drei gemischten Kolonnen nach Wien in Bewegung. Kaiserliche und sächsische Infanterie bildeten den linken Flügel, die fränkischen Truppen unter dem Fürsten Georg Friedrich von Waldeck zusammen mit den Bayern das Zentrum, rechts davon marschierten die Kavallerieregimenter aller deutschen Kontingente unter Führung des Herzogs Julius Franz von Sachsen-Lauenburg. Verstärkt durch vier Bataillone deutscher Infanterie, stellten Sobieskis Polen den äußersten rechten Flügel der verbündeten Armee.

Insgesamt standen für den Entsatz von Wien wohl rund 70 000 Mann mit 170 Geschützen zur Verfügung. In einer Besprechung aller Befehlshaber im Schloss Stetteldorf bei Stockerau hatten noch einmal Rangfragen im Mittelpunkt der Erörterung gestanden. Dem Kurfürsten Johann Georg von Sachsen hatte Karl das Kommando über den ganzen linken Flügel überlassen, worin er nur die eigene Infanterie befehligen sollte, während der junge Max Emanuel von Bayern seine Truppen zunächst nur als »Freiwilliger« begleitete.[35]

Karl hatte es bei den Reichsfürsten durchgesetzt, dass Sobieski den ihm vertragsmäßig zustehenden Oberbefehl erhielt. Viel Mühe und Diplomatie mussten allerdings aufgebracht werden, den Kaiser, der sich schon von Linz mit dem Schiff donauabwärts auf dem Weg zum Heer befand, von einem vorzeitigen Erscheinen im alliierten Feldlager abzuhalten.

Alles kam jetzt darauf an, dass Wien durchhielt. Schon am 7. September hatte Herzog Karl den Oberst Donatus Graf Heissler von Heitersheim mit 600 Dragonern zum Gipfel des Kahlenberges vorausgeschickt, um dort den Verteidigern mittels eines großen Feuers den bevorstehenden Entsatz anzukündigen. Der Anstieg der verbündeten Armee in den zerklüfteten Wienerwald erwies sich auf den schmalen Pfaden als ebenso zeitaufwendig wie mühsam. Ein großer Teil der Artillerie musste zurückgelassen werden, nur Sobieski ließ die meisten seiner Geschütze mitführen. Wider Erwarten profitierten die Verbündeten von der Passivität der Osmanen. Spätestens seit ihm tatarische Streifkorps am 4. September die Nachricht von der begonnenen Donauüberquerung der Verbündeten überbracht hatten, wusste der Großwesir, dass der Entsatz von Wien jetzt nur noch eine Frage von Tagen war. Einen ernsthaften Versuch, wichtige Positionen im Wienerwald zu besetzen, unternahm Kara Mustafa allerdings nicht.

Die Verbündeten stießen bei ihrem Marsch durch das zerklüftete Gelände nur auf einige leicht zu entfernende Baumsperren, die jedoch schon im Juli angelegt worden waren.

Trotz seiner demonstrativen Überheblichkeit befahl der Großwesir nun dem vor Raab zurückgelassenen İbrahim Pascha, dem Beylerbey von Ofen, mit der Masse seines Korps sofort auf Wien nachzurücken.[36] Mit dem Eintreffen dieser zusätzlichen Truppen am 8. September dürfte das osmanische Heer wieder eine Gesamtstärke von rund 75 000 erreicht haben.[37] Eine am nächsten Morgen einberufene Konferenz aller osmanischen Befehlshaber fasste den Beschluss, den herankommenden Gegner in günstigen Stellungen zwischen dem Nussberg im Osten, dem Pfaffenberg, Michaelerberg und dem Schafberg im Westen zu erwarten. Zugleich aber sollten die Gräben vor der Stadt nicht nur von einem Teil der Janitscharen besetzt bleiben, sondern auch die Belagerung mit unverminderter Energie fortgesetzt werden. Der Plan war nicht abwegig. In den vorangegangenen Tagen hatten Minen bereits erhebliche Schäden an der Burgbastei verursacht, die osmanischen Gräben waren inzwischen bis an die Kurtine herangeführt worden, und schon die nächste Sprengung konnte den Einbruch in die Stadt ermöglichen. Eine Räumung der Gräben hätte unweigerlich zu ihrer Besetzung durch die Verteidiger geführt, die Arbeit von Wochen zunichtegemacht und die Moral der gesamten Armee erschüttert.[38] Gelang es dagegen, das etwa gleich starke christliche Entsatzheer in dem durchschnittenen und unübersichtlichen Gelände zwischen Wien und Wienerwald noch mehrere Tage aufzuhalten, waren der Fall der Stadt wie auch der Rückzug der Verbündeten unausweichlich.

Kara Mustafa hatte jedoch nicht die Erschöpfung seiner Truppen berücksichtigt, die mit Ausnahme der Neuankömmlinge aus Raab inzwischen schon seit sieben Wochen im Kampf gestanden hatten. Überdies war die Stimmung im osmanischen Heer dank einer vom Großwesir geforderten Sondersteuer auf die bisher erzielte Beute denkbar schlecht.[39] Die Vorbereitungen auf den bevorstehenden Angriff der »Ungläubigen« schienen daher auch nicht mit der gewohnten Energie erfolgt zu sein. Noch am Morgen vor der Schlacht wunderte sich Sobieski in einem Brief an die Königin, dass ein Feldherr, der sich angesichts eines nahen Feindes so nachlässig verschanze und einfach lagere, als sei der Feind noch einhundert Meilen entfernt, es wohl verdiene, geschlagen zu werden.[40]

Ein verminter Stollen der Türken unter der kaiserlichen Burg wird rechtzeitig entdeckt und unschädlich gemacht. Radierung von Jan Luyken, 1710.

Den feindlichen Hauptstoß erwartete der Großwesir über die beiden den Ostrand des Wienerwaldes beherrschenden Höhen. Die rechte Erhebung hieß damals noch Schweins- oder Sauberg (der heutige Kahlenberg), links davon erhob sich direkt oberhalb der Donau der heutige Leopoldsberg, der damals aber noch Kahlenberg genannt wurde. Über den unterhalb davon gelegenen Nussberg und den gleichnamigen Ort auf seiner Südflanke führte der kürzeste Weg nach Wien. Hier wollte Kara Mustafa die Christen mit den frischen Truppen İbrahim Paschas auffangen, während seine Kavallerie die Angreifer von Westen her in der Flanke angreifen sollte.

Auf der Gegenseite drängte Karl auf größte Eile. Noch in der Nacht zum 11. September ließ er die osmanischen Feldwachen vertreiben, die sich in den Ruinen des Kamaldulenserklosters auf dem Schweinsberg eingenistet hatten. Eine sofort am Morgen auf der eingenommenen Höhe aufgepflanzte große Fahne mit rotem Kreuz auf weißem Grund sollte der Besatzung von Wien neuen Mut machen.[41] Aus den letzten aus Wien zu ihm gelangten Meldungen hatte der Lothringer schließen müssen, dass inzwischen jederzeit mit dem Fall der Stadt zu rechnen war. Noch am 5. September hatte die Sprengung einer Mine eine etwa 20 Meter breite Bresche in die Löblbastion gerissen. Zwar konnten Starhembergs Männer in einem zweistündigen Kampf auf Leben und Tod den sich sofort anschließenden Angriff von 4000 Janitscharen noch einmal abwehren, doch der Erfolg hatte die geschrumpfte Besatzung weitere 200 Tote und Verwundete gekostet.[42] Jede Stunde zählte jetzt.

Die verbündeten Truppen benötigten allerdings noch den ganzen Vormittag, ehe sie ihre Ausgangsstellungen erreichten, die am Schluss der Kolonne marschierenden Polen sogar noch länger. Als schließlich am Abend überall auf den Höhenkämmen zwischen Kahlenberg und Hermannskogel auf einer zehn Kilometer langen Front die Lagerfeuer des Entsatzheeres flackerten, machten die Verteidiger ihrer Bedrängnis noch einmal mit zahllosen Raketen Luft. Das osmanische Artilleriefeuer auf Wien hatte zwar nach einer letztmaligen Steigerung gegen Mittag des 11. Septembers an Heftigkeit deutlich nachgelassen, aber die Janitscharen saßen jetzt bereits an der Kurtine zwischen Löbl- und Burgbastion, und jeder Verteidiger in diesem Abschnitt konnte aus den fortgesetzten Grabungsgeräuschen schließen, dass die nächsten Sprengungen unmittelbar bevorstanden. Das Tagebuch des osmanischen Zeremonienmeisters bestätigt, dass die Stellen für die Aufnahme der Pulverladungen tatsächlich bald erreicht worden wären.[43] Schon hatte Starhemberg die hinter der Kurtine liegenden Straßen mit Ketten sperren lassen. Notfalls sollte der Kampf auch Haus um Haus geführt werden. Wer immer in Wien noch eine Waffe tragen konnte, befand sich in dieser Nacht auf Posten, und der Stadtkommandant versicherte den sichtlich erschöpften Männern auf seinem abendlichen Rundgang, dass der kommende Tag mit Gottes Hilfe aller Not und Elend ein Ende bereiten würde.

Starhemberg konnte freilich nicht wissen, dass man im Hauptquartier der verbündeten Truppen Zweifel hatte, ob der Durchbruch auf Wien an einem einzigen Tag gelingen würde. So schrieb Sobieski ernüchtert am nächsten Morgen an die Königin, dass das Gelände jenseits von Schweins- und Kahlenberg keineswegs leicht zu überwinden sei. Entgegen den Versicherungen der kaiserlichen Generale seien noch etliche kaum weniger ausgeprägte Erhebungen zu überwinden, dazu Wälder und große Abgründe, sodass der Vormarsch nur peu à peu vollzogen werden könne.[44]

Gleichwohl begann die Schlacht um Wien schon früher, als Sobieski geglaubt hatte. Noch während der König und etliche Befehlshaber am 12. September bei Tagesanbruch einem Feldgottesdienst in der Leopoldskapelle auf dem Kahlenberg beiwohnten, hatten unweit der Zeremonie İbrahim Paschas Truppen bereits eine in der Nacht am südlichen Abhang des Berges errichtete Batteriestellung angegriffen. Die Kaiserlichen führten sogleich mit mehreren Bataillonen einen Gegenangriff und warfen die Osmanen über den Nussberg zurück. Als der Gegner jedoch seine gesamte Truppenmacht, die verdeckt hinter der Kuppe des Berges bereitgestanden hatte, ins Gefecht führte, drohte den Kaiserlichen an beiden Flanken die Überflügelung. Geschickt nutzten die Osmanen in der Annäherung etliche tiefe Hohlwege, und Karl musste bereits seinen gesamten Flügel einsetzen, um einen empfindlichen Rückschlag zu vermeiden. Erstmals in der jahrhundertelangen Auseinandersetzung mit den Truppen des Sultans erwiesen sich die europäischen Truppen ihrem Gegner als taktisch weit überlegen. Die kaiserlichen und sächsischen Bataillone konnten mittels rascher Schwenkungen oder Frontverlängerungen mit Kräften aus der zweiten Linie gefährliche Frontlücken sofort schließen und alle Flankenangriffe des Gegners parieren. Die in aufgelöster Ordnung angreifenden Osmanen verloren dagegen ihren Schwung, nachdem ihre erste Welle zurückgeschlagen worden war. Je länger das Gefecht dauerte, sahen sie sich einer Furcht einflößenden fest gefügten Wand entschlossen vorrückender Infanterie gegenüber. »Es war, als wälze sich eine Flut von schwarzem Pech bergab«, so notierte der Zeremonienmeister der »Hohen Pforte« in sein Kriegstagebuch, »die alles, was sich ihr entgegenstellt, erdrückt und verbrennt.«[45]

Etwa gegen 8 Uhr stoppten die Kaiserlichen und die Sachsen zunächst ihren Vormarsch, um ihre wenigen verfügbaren leichten Geschütze nach vorne zu ziehen. Zugleich schlossen Waldecks Reichstruppen sowie Sachsen-Lauenburgs Kavallerie rechts zu einer Linie auf.[46]

Entsatz des belagerten Wien unter Johann III. Sobieski. Gemälde, spätes 17. Jh.

Nach Wiederaufnahme des Gefechts erreichten die Sachsen gegen Mittag gegen teilweise noch heftigen Widerstand der Osmanen den Weiler Heiligenstadt und die gesamte Linie des Grinzing-Baches.[47] Damit war zwar bereits die Hälfte des Weges nach Wien erkämpft, aber die erschöpften Angreifer kamen vorerst nicht mehr weiter. Die Entscheidung musste auf dem linken Flügel der verbündeten Armee fallen. Dort hatten sich Sobieskis Polen am frühen Nachmittag allmählich westlich des Grünbergs entfaltet und rückten, von den Osmanen zunächst nur wenig gestört, über die von zahllosen Weinstöcken, Gräben und Hecken bedeckten Abhänge zum Michaelerberg vor. Als diese Erhöhung nachmittags gegen 2 Uhr besetzt werden konnte, hatten die Polen nach rechts Anschluss an Sachsen-Lauenburgs Kavallerie gewonnen.[48] Die gesamte verbündete Truppenmacht war damit erstmals auf einer geschlossenen Linie vereint, und für Kara Mustafa konnte kein Zweifel mehr bestehen, dass es sein Heer tatsächlich mit einem gleichwertigen Gegner zu tun hatte. Vor allem aber musste der Großwesir jetzt um seine Rückzugslinie fürchten und begann daher die Truppen İbrahim Paschas, die bislang den Kaiserlichen und den Sachsen den direkten Weg nach Wien verlegt hatten, zugunsten seines linken Flügels zu schwächen. Auf diese Weise glückte es ihm in den nächsten zwei Stunden, Sobieskis Truppen auf Distanz zu halten und sämtliche polnischen Vorstöße, die seine Stärke herausfinden sollten, mit empfindlichen Verlusten zurückzuschlagen. Eine große Gegenattacke der Spahis konnte sogar nur mithilfe der reichsdeutschen Kavallerie abgewehrt werden.

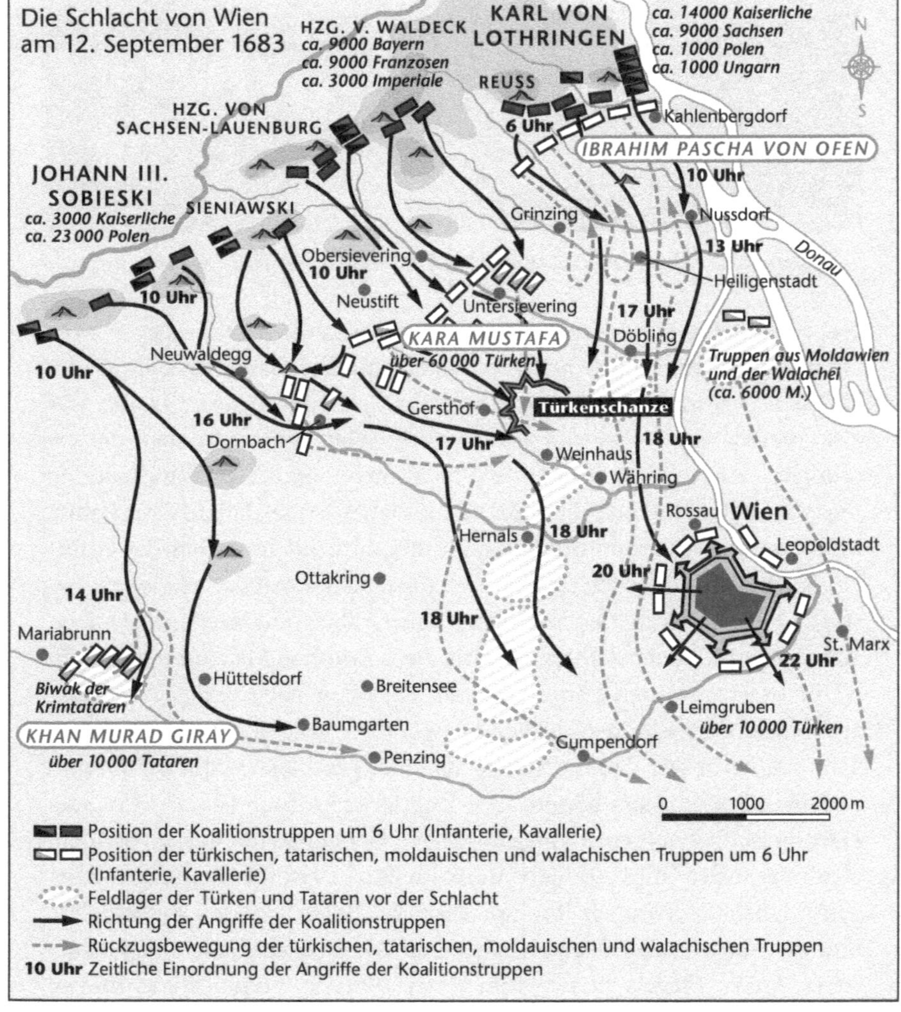

Johann III. Sobieski, Reiterbildnis als Türkensieger.
Kupferstich von François Jollain, 1685.

Zwei Ereignisse am späten Nachmittag setzten schließlich dem bis dahin
herrschenden Patt beider Armeen ein Ende. Während am äußersten linken Flügel der Verbündeten den Polen die Einnahme des Gallitzinber-
ges glückte, wodurch sich ihnen der Zugang zum Alsbachtal und zum

Wienfluss öffnete, hatte Herzog Karl am rechten Flügel nach einer mehr-
stündigen Pause die Angriffe gegen İbrahim Paschas geschwächte Truppen wieder aufnehmen lassen und konnte jetzt schnell bis zum Krotten-
bach vorstoßen. Die Sachsen stürmten die Türkenschanze bei Weinhof
und eroberten nach kurzem Kampf die hier postierten sechs Geschütze.[49]
Statt aber weiter auf kürzestem Weg gegen Wien vorzurücken, entschloss
sich der Lothringer zu einem scharfen Schwenk nach rechts in die Flanke
der osmanischen Zeltstadt. Damit kam die Entscheidung der Schlacht in
Sicht. Von vorne bedroht und jetzt auch in der Flanke massiv angegriffen,
verloren Kara Mustafas Truppen zunehmend ihre Ordnung. Sobieski
hatte den ganzen Tag bezweifelt, dass die große Schlacht um Wien noch
vor dem Abend entschieden sein könnte. Die erkennbar wachsende Unruhe aufseiten des Gegners bestärkte ihn jetzt aber in der Ansicht, dass
der rechte Zeitpunkt gekommen war, mit seiner gesamten Kavallerie den
Schlusspunkt zu setzen. Als sich die polnischen Reiter am späten Nachmittag auf einer Linie zwischen Gallitzinberg und Dornbach zum Angriff
formierten, ließ der Anblick Tausender glänzender Rüstungen und ein
Meer von Wimpeln die Reichstruppen im Zentrum staunend innehalten.
Zusammen mit Teilen der kaiserlichen und bayerischen Kavallerie waren
wohl 20 000 Mann versammelt, die Sobieski persönlich gegen das oberhalb von Ottakring angelegte Hauptlager der Osmanen führte. Anfangs
leisteten die um die weithin sichtbare grüne Fahne des Propheten versammelten Aufgebote des Gegners noch Widerstand. Ein Gegenangriff
gegen den rechten Flügel der Polen konnte die Angreifer sogar kurzzeitig
stoppen. Dann aber begann Einheit für Einheit eine Absetzbewegung, die
schließlich auch auf die Janitscharen übergriff. Einzig die in roten Gewändern kämpfende albanische Arnautengarde des Großwesirs hielt bis
zuletzt stand und wurde vollständig vernichtet. Viel zu spät gab Kara Mustafa den Befehl, die Gräben vor Wien zu räumen. Mit der Fahne des Propheten in der Hand war der Großwesir einer der letzten, der den Kampfplatz durch einen Seitenausgang seines Zeltes verließ. Den größten Teil
ihrer Artillerie mussten die Osmanen zurücklassen, wohl aber fanden die
Besiegten in ihrer Wut noch die Zeit, einen großen Teil ihrer Gefangenen
zu erschlagen. Im Gegenzug verbrannten die Sieger nach der Schlacht bis
zu 3000 kranke oder verwundete Moslems.[50]

Wohl gegen 6 Uhr abends hatten Sobieskis Reiter das gesamte osmanische Zeltlager erobert, wo der siegreiche Polenkönig in Begleitung seines Sohnes die zurückgelassenen Schätze des Großwesirs begutachte. Noch glaubte Sobieski allerdings nicht an einen vollständigen Sieg. Er fürchtete sogar, dass die Osmanen in der Nacht zurückkehren könnten, und beließ daher seine Truppen in Gefechtsbereitschaft. Lange vermochten sich die Polen allerdings nicht an sein striktes Plünderungsverbot zu halten. Zu groß war doch die Versuchung, sich mit den märchenhaften Hinterlassenschaften des geschlagenen Gegners für die Entbehrungen des Feldzuges zu entschädigen.

Während der größte Teil des osmanischen Heeres bereits den rettenden Wienfluss überquert hatte, hielten sich in den Gräben vor der Stadt noch immer Tausende von Janitscharen. Diese Kämpfer leisteten auch dann noch Widerstand, als am frühen Abend die Wiener Besatzung, verstärkt durch kurz zuvor vor dem Schottentor angelangte Entsatztruppen, mit der Säuberung des verzweigten gegnerischen Stellungssystems vor der Stadt begann. Etwa 600 Janitscharen bezahlten ihre Hartnäckigkeit mit dem Leben, der Rest konnte in der jetzt einbrechenden Dunkelheit entkommen. Mit der Flucht der Janitscharen endete nach 61 Tagen die Belagerung Wiens, eines der Schlüsselereignisse in der Geschichte Europas. Erstmals seit der verlorenen Schlacht von Ankara (1402) hatte sich ein osmanisches Hauptheer auf ganzer Linie geschlagen geben müssen. Bis zu 20 000 Krieger des Islam waren im Verlauf des 12. Septembers entweder getötet worden oder in Gefangenschaft geraten, dagegen hatten die Verbündeten nur 2000 Tote und Verwundete zu beklagen. Kein Sieg von solcher Wichtigkeit habe jemals so wenig Blut gekostet, wunderte sich der aus Irland stammende General Franz Graf Taaffe,[51] und im fernen Hannover befand Gottfried Wilhelm Leibniz, dass die Neuigkeit gewiss ein Tedeum verdiene, er aber bezweifle, dass es angesichts der unbegreiflichen Fehler des Großwesirs aus vollem Herzen gesungen werden könne.[52]

Anders sah die Bilanz für die Verteidiger Wiens aus. Mehr als die Hälfte der Besatzung und eine unbekannte Zahl der Bürger war durch die Kampfhandlungen oder die in der Stadt grassierende Ruhr umgekommen. Der Zustand der Befestigungen vermittelte den Befreiern Wiens ein eindrückliches Bild von der Härte der Kämpfe. Das menschliche Auge habe niemals solche Dinge gesehen, wie sie die Minen anrichten, schrieb der polnische König am Tag nach der Schlacht an seine Frau. »Aus den gemauerten Bastionen, die grausam hoch und groß sind, machten sie schreckliche Felsen und ruinierten sie so, dass sie nicht mehr halten konnten. Das kaiserliche Schloss ist von den Kugeln völlig verdorben.«[53]

Auch wenn es Kara Mustafa in den folgenden beiden Tagen gelang, die anfängliche Flucht seiner Truppen in einen geordneten Rückzug zu verwandeln, markierte die Schlacht um Wien eine Epochenschwelle. Die Nachricht von der Befreiung der Kaiserstadt löste in Deutschland und Italien frenetischen Jubel aus. Nie wieder, so schien es, würde der »grausame Türke« die Christenheit überfallen. In Venedig rief das begeisterte Volk vor dem Dogenpalast »Kandia, Kandia« und forderte von den Senatoren Rache für den Verlust Kretas.[54] Derweil hoffte Papst Innozenz XI. auf eine Fortsetzung der siegreichen Allianz und schrieb tief bewegt an den König von Polen, dass sein Name für immer in das Gedenkbuch der Kirche eingetragen werde, während die alternde Christina von Schweden in ihrem Gratulationsbrief an Sobieski von dem schönen Titel eines Befreiers der Christenheit sprach, um den sie ihn unendlich beneide.[55] Verhaltener war naturgemäß die Reaktion in Frankreich, dessen König gegen alle Verträge immer noch die Festung Luxemburg besetzt hielt und der erst zwei Wochen vor der Befreiung Wiens sogar eine Armee in die spanischen Niederlande entsandt hatte. Offiziell bekannte der »christliche Türke« immerhin, er habe die »gute Nachricht« von der Rettung Wiens mit recht viel Freude aufgenommen. Der Gesandte Brandenburgs in Versailles kam der Wahrheit wohl näher, als er nach Berlin schrieb, der französische Hof bedauere sehr, dass die Belagerung nicht länger gedauert habe, um einen Vergleich zwischen Kaiser und König zu erzwingen.[56]

5 Siegreicher Ausklang des großen Türkenjahres

»Párkány« und »Gran«

»Das Abschlachten dauerte noch lange, und die Zahl der Getöteten war so groß, dass die gesamte Donau bis zu dem Punkt, wo ihr Lauf an Schnelligkeit wieder zunahm, damit angefüllt war. Die gesamte Oberfläche des Wassers war mit Kleidungsstücken und der Ausrüstung von Menschen und Pferden bedeckt.«

Tagebuch der Feldzüge des Herzogs Karl V. von Lothringen[1]

Kaum hatte sich nach dem 12. September 1683 aufseiten der Verbündeten die Gewissheit eingestellt, dass vom Heer des Großwesirs vorerst keine Gefahr mehr ausging, zerbrach innerhalb von Tagen die mühsam bewahrte Einmütigkeit unter ihren führenden Persönlichkeiten. Zunächst hatte Sobieski für Unmut unter den kaiserlichen Generalen gesorgt, als er sich der dringenden Aufforderung Herzog Karls verweigerte, die nach Ungarn fliehenden Osmanen noch in die Nacht hinein zu verfolgen.[2] Seine Truppen seien nach Tagen des Marschierens und Kämpfens völlig erschöpft, hatte er den Lothringer wissen lassen. Die Polen hätten lieber das Lager der Türken geplündert, lautete dagegen der Vorwurf der Deutschen, die sich selbst ihre Zurückhaltung beim Beutemachen sehr zugutehielten.

Auch am nächsten Tag unterblieb der erhoffte Aufbruch der polnischen Truppen, da ihr König zum Entsetzen des Lothringers die Gelegenheit nicht verstreichen lassen wollte, als Triumphator in das befreite Wien einzuziehen und sich von der Bevölkerung feiern zu lassen. Kaiser Leopold, der seltsamerweise erst am zweiten Tag nach der Schlacht in seiner glücklich befreiten Residenz eintraf, nahm den Affront mit Gleichmut hin. Schließlich war er auf die Hilfe der Polen angewiesen, um dem Großwesir noch vor Einbruch der schlechten Jahreszeit einige ungarische Fes-

tungen wegzunehmen. Dies galt umso mehr, als der sächsische Kurfürst
Johann Georg III. mit der Rettung Wiens seine Christenpflicht als erfüllt
betrachtete und schon am 15. September den Rückmarsch in die Heimat
antrat. Zu seiner Entscheidung dürfte auch beigetragen haben, dass der
Kaiser bei der Auszeichnung aller Heerführer ihn als Protestanten einfach
übergangen hatte. Auch waren Zusagen hinsichtlich der Versorgung der
sächsischen Truppen nicht eingehalten worden. Dem polnischen König
schrieb Johann Georg nach seiner Heimkehr, dass es zwar sein Wille gewesen sei, den Sieg auch ferner nachdrücklich mitzuverfolgen. Doch habe
er verschiedene Hindernisse gefunden.[3]

Auch der junge Max Emanuel von Bayern war seiner undankbaren
Rolle als Schlachtenbummler inzwischen überdrüssig und erhob nunmehr Anspruch auf ein selbstständiges Kommando. Die eigenen Truppen wie auch die Kontingente des fränkischen und schwäbischen Kreises
wollte er gegen die Festung Neuhäusel führen und drohte widrigenfalls
mit seiner Rückkehr nach München.[4] Der Fürst von Waldeck wiederum
war mit Blick auf den jüngst begonnenen Angriff der Franzosen auf die
spanischen Niederlande grundsätzlich gegen eine Fortsetzung des Krieges
in Ungarn.

So waren es allein die Kaiserlichen und die Polen, die sich am 19. September in Richtung Raab in Marsch setzten. Bei Pressburg fehlte allerdings die erwartete Schiffbrücke, sodass der Marsch zur großen Schüttinsel erst eine Woche später fortgesetzt werden konnte. Aufseiten der
Osmanen war das Chaos nicht geringer. Kara Mustafa hatte zwar die
Reste seines Heeres in nur anderthalb Tagen in das alte Lager vor Raab
gebracht, doch die versprochenen Vorräte musste er seinen Truppen
dort schuldig bleiben. Die Magazine von Ofen waren leer. Krankheiten
und Desertionen verursachten ständig höhere Ausfälle, und das brutale
Strafgericht des Großwesirs gegen jene Befehlshaber, die sich angeblich
zu früh von Wien abgesetzt hatten, trug nicht zur Verbesserung der
Stimmung im Heer bei. Zu den ersten der insgesamt 500 Opfer zählte
der Beylerbey von Ofen, İbrahim Pascha, der Nussdorf nicht hatte verteidigen können. Das Wüten kam den Kaiserlichen bald zu Ohren, und
der irische General Taaffe schrieb mit grimmiger Genugtuung an seinen
Bruder, dass dies genau der richtige Weg sei, dem Feind ein Ende zu be-

reiten. »Möge der Großwesir sein Heer von der einen Seite vernichten, wir erledigen es dann von der anderen.«[5]

Zunächst aber zog sich Kara Mustafa nach Ofen zurück. Die wiederholten Ausfälle der kaiserlichen Besatzung von Raab hatten ein weiteres Verharren vor der Festung unmöglich gemacht. An kampffähigen Truppen blieben ihm kaum mehr als 30 000 Mann, von denen er einen Teil unter Führung des neuen Beylerbeys von Ofen, Kara Mehmed Pascha, zur Sicherung der Festung Gran und des Brückenkopfes von Párkány zurückließ.

Unterdessen hatten die Verbündeten unter dem Lothringer und Sobieski die Festung Komorn im Osten der Großen Schüttinsel erreicht und entschlossen sich nach eingehender Beratung zum Angriff auf Gran, dessen Belagerung sie – anders als einen Angriff auf das stärkere Neuhäusel – noch vor dem Beginn der schlechten Jahreszeit abzuschließen hofften.

Der Auftakt der Operation verlief jedoch alles andere als verheißungsvoll. Ohne auf das Eintreffen der nachfolgenden Infanterie zu warten, entschloss sich König Sobieski am 7. Oktober, angeblich zur Aufklärung, auf eigene Faust einen Angriff auf Párkány zu wagen. Der Brückenkopf auf dem Nordufer der Donau war durch eine Schiffsbrücke mit der Festung Gran verbunden und von Kara Mehmed Pascha offenbar nur mit schwachen Kräften besetzt worden. Das sich in schlechter Ordnung dem Brückenkopf nähernde polnische Korps erlebte eine böse Überraschung, als plötzlich mehrere Tausend Spahis aus der Verschanzung herausbrachen und sie in kürzester Zeit einkreisten. Nur mithilfe der beschleunigt nachrückenden Kaiserlichen konnte ein Teil der Polen entkommen. Der Anblick der Respekt einflössenden schwarzen Kürassiere des Generals Johann Heinrich von Dünewald veranlasste die osmanischen Reiter umgehend zum Rückzug. Gleichwohl hatte das unbedachte Abenteuer die Polen gut 1000 Mann gekostet. Fast hätten auch der König und sein Sohn zu den Opfern gehört.[6] Es sei kein guter Tag gewesen, fasste Sobieski den empfindlichen Rückschlag in einem Brief an die Königin zusammen. Es sei aber wohl, so fügte er demütig hinzu, die gerechte Strafe Gottes für seine Truppen gewesen, für das Ausrauben der protestantischen Kirchen in Ungarn, den Wucher und das allgemeine Plündern. Nur mit Mühe konnte der König seine entmutigten Generale davon abhalten, den Rückmarsch nach Polen anzutreten.[7] Sobieski wusste, dass ein sofortiges Ausscheiden aus dem Bündnis mit der Schlappe von Párkány im Gepäck seinen Ruhm als strahlender Sieger von Wien infrage stellen musste.

Auf der Gegenseite hatte der leichte Sieg über die polnische Reiterei Mehmed Pascha unvorsichtig gemacht. Unwirsch wies er die Ratschläge seiner Untergebenen zurück, die angesichts des überlegenen Heeres der Verbündeten auf eine Räumung des Brückenkopfes drängten. Eine einzige Brücke sei keine sichere Rückzugslinie, lautete ihr keineswegs abwegiges Argument. Doch der Großwesir duldete keinen weiteren Rückzug. Nachdem ihm der Anfangserfolg über die Polen gemeldet worden war, glaubte Kara Mustafa, die Scharte von Wien ausmerzen zu können, und setzte sofort seine letzte Reserve, 8000 Elitereiter unter dem Befehl des Beylerbeys von Silistra, nach Párkány in Marsch. Damit blieb Mehmed Pascha keine andere Wahl, als sich dem Heer der »Ungläubigen« auf dem nördlichen Donauufer entgegenzustellen.[8]

Als sich die Verbündeten am 9. Oktober dem Brückenkopf näherten, fanden sie schon eine Viertelstunde vor Párkány den Gegner auf einer Anhöhe versammelt. Herzog Karl schätzte die Zahl der Osmanen auf 8000 Mann, schloss aber aus der Ruhe, mit der sie die Annäherung seiner Truppen abwarteten, dass sich in der Senke hinter ihnen noch weitere Gegner befinden mussten.[9] Zur Erleichterung des Lothringers mochte sich Graf Thököly mit seinen Rebellen nicht an der bevorstehenden Schlacht beteiligen, obwohl ihn Mehmed Pascha dringend dazu aufgefordert hatte. Sobald Thökölys Kundschafter die Stärke des verbündeten Heeres erkannt hatten, zog sich der Ungar mit seiner Armee, wie Herzog Karl mit Ironie betonte, vorerst weise zurück.[10]

Mehmed Pascha brannte indes darauf, den verhassten Polen eine zweite Niederlage zu bereiten, und stürzte sich sogleich mit der Masse seiner Truppen auf den linken Flügel der Verbündeten, wo er die polnischen Husaren ausgemacht hatte. Tatsächlich aber hatte der Lothringer vor der Schlacht Sobieskis Korps auf beide Flügel verteilt. Als nun der nach links schwenkende Gegner seiner schweren Kavallerie die offene Flanke bot, griff er an und warf die Osmanen nach kurzem Kampf in völliger Unordnung auf Párkány zurück.[11] Die Verbündeten folgten dichtauf und setzten sogleich zum Sturm auf die Palisaden an. Ernstlichen Widerstand fanden sie nicht mehr, vielmehr strömten die Osmanen, durch ihren Rückschlag vollkommen demoralisiert, in dichten Scharen über die Schiffsbrücke nach Gran. Zu allem Unglück bewahrheitete sich nun die Warnung der übrigen osmanischen Befehlshaber. Kaum 1000 Mann seines Korps hatte Mehmed Pascha über die Brücke auf das rettende Südufer führen können, als unter der Last der Fliehenden ihre Befestigungen zerrissen und die losen Pontons mit unzähligen in die Fluten gestürzten Männern auf der Donau davontrieben. Den Siegern bot sich ein bizarrer Anblick. Die Bedienungen der sofort aufgefahrenen Geschütze feuerten mit grimmigem Eifer unablässig Kartätschenmunition auf das kopflose Menschenknäuel vor dem weggebrochenen Brückenteil, wo es einigen der Unglücklichen tatsächlich gelang, über das dichte Gewirr von Körpern, Seilen und Balken die Bruchstelle zu überwinden und so doch noch das rettende Südufer zu erreichen.[12]

Die Schlacht bei Parkany. Gemälde von Pierre-Denis Martin, gen. Martin le Jeune, 1683.

Die Zurückgebliebenen hatten von den Verbündeten und vor allem von den Polen keine Schonung zu erwarten. Der schauerliche Anblick der Köpfe ihrer zwei Tage zuvor getöteten Landsleute, die die Osmanen auf die Palisaden gespießt hatten, brachte ihr Blut zum Kochen. Nur mit Mühe konnten die Offiziere noch 1500 Überlebende vor den Schwertern und Spießen ihrer ergrimmten Soldaten bewahren. Der Rest der Osmanen war in der Donau ertrunken oder lag zu Hunderten erschlagen entlang der Uferböschungen. Er fühle sich nach diesem Tag um 20 Jahre verjüngt, meldete Sobieski in sichtlich gebesserter Stimmung der Königin.[13] Der Kampf um die Brücke dürfte ihn gewiss an seinen großen Sieg bei Chotin erinnert haben.

Die Schlacht vom 9. Oktober war die Vollendung der Befreiung von Wien, und das massenhafte Niederhauen der Gegner machte die damals versäumte Verfolgung mehr als wett. Während die Verbündeten bei Párkány nur 50 Mann verloren haben sollen, waren auf der Gegenseite noch einmal wenigstens 10 000 Kämpfer des Islam zugrunde gegangen.

Das stolze Heer des Großwesirs, mit dem er vier Monate zuvor gegen Wien gezogen war, hatte damit praktisch zu bestehen aufgehört. Sechs Tage nach der siegreichen Schlacht überschritt das inzwischen um 5000 Bayern verstärkte Heer der Verbündeten auf einer neuen Pontonbrücke die Donau und begann mit der Belagerung von Gran. Zu der verbündeten Streitmacht war jetzt auch ein kleines Korps von 1200 Brandenburgern gestoßen, das Kurfürst Friedrich Wilhelm als Teil seiner Bündnisverpflichtung (Ewige Allianz von Bromberg) auf Bitten König Sobieskis nach Ungarn in Marsch gesetzt hatte. Die Zeit drängte allerdings für Karl. Mit dem Schwung des jüngsten Sieges im Rücken musste der Lothringer die wenigen noch verbleibenden guten Herbsttage nutzen. Am 22. Oktober ließ er die zur Festung führenden Gräben (Approchen) eröffnen, zwei Tage später begann die Beschießung, und bereits am 26. Oktober war eine Bresche geschossen. Die zur Kapitulation auf Ehre aufgeforderte Besatzung nahm das Angebot an, nachdem eine Minenexplosion der Forderung der Verbündeten Nachdruck verliehen hatte. 4000 Soldaten durften mit ihren Waffen und Familien nach Ofen abziehen. Ihnen schlossen sich die moslemischen Bewohner der Stadt an. Einzig die Vorräte blieben zurück. Gran war die erste ungarische Stadt mit Moscheen, die in die Hände der Kaiserlichen fiel, und mit Gran konnte die Rückeroberung Ungarns endlich beginnen.[14] Der einzige Mann, der dies vielleicht noch hätte verhindern können, erlebte das Jahresende nicht mehr. War es Kara Mustafa zunächst noch geglückt, sein Scheitern vor Wien dem Großherrn als vorübergehenden Rückschlag darzustellen, für den allein seine Untergegeben verantwortlich gewesen seien, so bewirkten die Katastrophe von Párkány und der Verlust von Gran einen endgültigen Umschwung in Konstantinopel. Überall begannen sich seine Feinde zu regen und fanden beim Sultan jetzt Gehör. Es half dem Großwesir auch nicht mehr, dass er Dutzende Offiziere der Graner Besatzung wegen Feigheit hinrichten ließ. Das Urteil über ihn selbst stand längst fest und wurde am 25. Dezember 1683 in Belgrad vollstreckt. Kara Mustafa soll noch in aller Ruhe sein Mittagsgebet beendet und sodann seinen Bart angehoben haben, damit die beiden Henker ihre Schlinge auch richtig ansetzen konnten. Die Exekution des Großwesirs, der in der christlichen Welt als Muster eines orientalischen Despoten galt, fand in etlichen Spottreimen ihren zeitnahen Widerhall. So hieß es etwa unter dem Titel »Wie die Arbeit, so der Lohn« in den wöchentlich erscheinenden *Mercurii Relationes* von Anfang 1684: »Hier lieget der Großwesir, gestürzet durch das Glück, der alles fressen wollen, ersticket an dem Strick.« [15]

Jubel und Spott der Europäer waren allerdings verfrüht. Auch mit dem Tod seines Urhebers war der Krieg längst nicht beendet. Unter Kara Mustafas Nachfolger Fâzıl Mustafa, dem zweiten Sohn des alten Mehmed Köprülü, zeigte sich die »Hohe Pforte« keineswegs um Schadensbegrenzung bemüht. Noch hoffte man in Konstantinopel auf Rache. Tatsächlich hatten inzwischen Krankheiten und Entbehrungen, mehr noch als alle Schlachten und Belagerungen, auch den verbündeten Truppen stark zugesetzt. Die so fruchtbare Eintracht zwischen Kaiserlichen und Polen drohte verloren zu gehen, als Sobieskis Truppen auf dem Marsch zu ihren Winterquartieren in Nordungarn den Rest ihrer Disziplin einbüßten und die Bevölkerung bald ärger als die Tataren drangsalierten.[16] Der König wiederum beklagte sich über das »ganz und gar feindselige Land«, dessen Burgen und Schlösser sich vor seinen Truppen verschlossen hätten.[17] In Wien aber nahm man besonderen Anstoß an Sobieskis Kontakten zu dem rebellischen Thököly, die tatsächlich nie völlig unterbrochen gewesen waren. Freilich konnte es dem Polen nur darum gehen, den ungarischen Rebellenführer ins Lager der Verbündeten zu ziehen. Der Kaiser und seine Berater argwöhnten jedoch Verrat und fürchteten, Sobieski könne wieder sein altes Projekt aufnehmen, die Krone Ungarns für seinen Sohn zu sichern. Thököly war allerdings längst über die Theiß nach Siebenbürgen geflohen, und so machte sich der König ernüchtert Anfang Dezember auf den Weg nach Polen. Mitte des Monats sah er in Stary Sącz seine Gattin wieder und hielt am 23. Dezember einen triumphalen Einzug in Krakau. Er sollte nicht mehr nach Ungarn zurückkehren. Der demoralisierte Zustand seiner Truppen, die er in ungarischen Quartieren zurückgelassen hatte, wurde völlig offensichtlich, als sich schon wenige Tage nach seinem Aufbruch die Masse der Soldaten hungernd und zerlumpt auf den Weg über die Westkarpaten in die Heimat machte. Zum Jahreswechsel hatte das polnische Heer in Ungarn bereits zu bestehen aufgehört.[18]

Teil V
Habsburg erobert Ungarn

1 Das Pendel schlägt zurück
Die Osmanen verlieren Ofen und Belgrad

»Das Schloss war nur noch ein Haufen von Trümmern und Steinen, sämtliche Häuser der Oberstadt waren beschädigt oder niedergebrannt. Die Straßen starrten vor Blut und wohl mehr als 4000 Leichen bedeckten das Pflaster. Überall stießen wir auf die erschreckenden Zeugnisse schlimmster Grausamkeit, während das Plündern immer noch weiterging. Mit Beute beladen verließen Soldaten die Stadt, hinter sich Gefangene jeden Alters und Geschlechts herziehend.«

Herzog Karl V. von Lothringen über die Einnahme von Ofen am 2. September 1686[1]

»Mein Bruder, ich glaube Ihnen nicht besser zeigen zu können, wie sehr ich an dem Ruhm Anteil nehme, den Ihr gerade durch die Eroberung Belgrads errungen habt [...] als durch den Befehl an den Marquis de Villard, sich unverzüglich nach München zu begeben und Euch meine Gefühle noch detaillierter zu schildern.«

Gratulation Ludwigs XIV. an den Kurfürsten Max II. Emanuel von Bayern
anlässlich der Einnahme Belgrads[2]

Die dramatischen Ereignisse des Herbstes 1683 können in ihrer Bedeutung für die europäische Staatenwelt kaum überschätzt werden. Soeben noch schien das Reich der Sultane vor Wien auf dem Höhepunkt seiner Macht gestanden zu haben, um in weniger als zwölf Stunden seine Armee und den Nimbus seiner Unbesiegbarkeit zu verlieren. Ganz Europa spottete am Ende des großen Entscheidungsjahres über die Kämpfer des Islam, die jetzt schon beim kleinsten Rückschlag ihre Waffen fortwarfen und das Weite suchten. Die völlige Vernichtung einer Streitmacht von mehr als 10 000 Kriegern im Brückenkopf von Párkány hatte die Verbündeten nicht mehr als 50 Tote gekostet. Die »Hohe Pforte« war von ihrem stolzen Sockel gestoßen, aber sie schien ihren Fall längst nicht wahrhaben zu wollen.

Mit Verwunderung musste der Wiener Hof registrieren, dass ein bereits am 24. September 1683 von Botschafter Kunitz an Alexandros Mavrokordatos, dem obersten Dragoman (Dolmetscher) der Pforte, übermitteltes Gesprächsangebot ohne Antwort geblieben war.[3]

Eine Zeit lang hatte Leopold tatsächlich geschwankt, ob er den Krieg gegen die Osmanen mit aller Kraft weiterführen sollte. Die fortgesetzten Erpressungen der Franzosen im Westen des Reiches machten die Entscheidung schwierig. Schließlich setzte sich mit emsiger Unterstützung des päpstlichen Nuntius in Wien, Kardinal Francesco Buonvisi, die antiosmanische Partei am kaiserlichen Hof durch. Selbst Karl von Lothringen, dessen Stammherzogtum immer noch von den Franzosen besetzt war, trat entschieden für eine Fortsetzung des Kampfes gegen die Osmanen ein. Nur die völlige Niederwerfung dieses alten »Erbfeindes«, so war er überzeugt, könne den Kaiserlichen auf Dauer einen freien Rücken gegen Frankreich, den »christlichen Türken«, verschaffen.

Auf Vermittlung des Papstes zeigte sich inzwischen auch Venedig bereit, in den Krieg gegen die »Hohe Pforte« einzutreten. Noch im Frühjahr war die *Serenissima* gegenüber den habsburgischen Bündnisofferten zurückhaltend geblieben.[4] Jetzt aber lockte die Aussicht, an der Seite der siegreichen Kaiserlichen den immer noch schmerzenden Verlust von Kreta rückgängig zu machen. Der Senat argwöhnte zudem, dass im Fall eines vorzeitigen Friedens die in Ungarn geschlagenen Osmanen sich wieder einmal am Besitz der Venezianer schadlos halten könnten.[5] Venedigs Eintritt in die Allianz würde dagegen Leopold im Krieg halten, an dessen Ende vielleicht sogar die Zertrümmerung der osmanischen Macht in Europa stehen könnte.

So kamen zu Beginn des neuen Jahres die Verhandlungen mit dem kaiserlichen Gesandten in Venedig, Franz Graf von Thurn, rasch in Fluss. In Linz wiederum führten unter dem Vorsitz von Kardinal Buonvisi die Kaiserlichen Gespräche mit den Gesandten Sobieskis über eine Verlängerung der bestehenden Allianz. Beide Verhandlungen mündeten schon am 5. März 1684 in den Abschluss einer Tripelallianz, die in Erinnerung an das bei Lepanto siegreiche Bündnis den Namen »Heilige Liga« erhielt. Protektor und Garant des Vertrages war Papst Innozenz XI., vertreten von seinem unermüdlichen Nuntius Buonvisi. Die

Rückseite einer aus diesem Anlass herausgebrachten Münze zeigt unter der beschwörenden Parole »Bündnis und Eintracht« (*Confoederatio et concordia*) zwei Adler und einen Löwen, die gemeinsam den türkischen Hund zerfleischten. »Durch diesen Bund der Türken Hund muss gehen zugrund« stand beschwörend darunter zu lesen.[6]

Die unterzeichnenden Mächte sollten zwar zeitgleich, aber auf getrennten Kriegschauplätzen gegen die Osmanen vorgehen, um deren Kräfte zu zersplittern. So war abgesprochen, dass die Polen eine Front in der Ukraine eröffneten, die Kaiserlichen ihren Kampf in Ungarn fortsetzten, während Venedig mit Unterstützung der Malteser Johanniter den Krieg in die Ägäis tragen sollten. Über einen Frieden durfte nur in gegenseitigem Einverständnis verhandelt werden.[7] Das endgültige Kriegsziel blieb offen, doch viel sprach dafür, dass die Osmanen völlig aus Europa vertrieben werden sollten. Bereits vor Ausbruch des Krieges hatte der Papst in einer dem französischen Geschäftsträger gewährten Audienz seiner Fantasie freien Lauf gelassen und von der Aufteilung des osmanischen Besitzes in Europa gesprochen. Demnach sollten die Kaiserlichen ganz Ungarn erhalten, die Polen Moldawien und die Walachei, während die gesamte Peloponnes und Dalmatien an Venedig fallen würden. Thrakien, Bulgarien und Serbien hingegen könnten zusammen mit Konstantinopel als ein erneuertes christliches Kaisertum an einen französischen Prinzen fallen.[8] Derartig ausgreifende Pläne fanden jedoch in Versailles, das auf das Reich der Sultane als eine Konstante seiner Politik nicht verzichten wollte, kaum Gehör. Zum Verdruss des »Heiligen Stuhles« blieb König Ludwig nicht nur der »Heiligen Liga« fern, er war nicht einmal bereit, seine Armee aus den spanischen Niederlanden zurückzuziehen.

Wider Erwarten erwies sich der »türkische Hund«, dessen Fell bereits so trefflich aufgeteilt war, noch als recht lebendig. Als Karl im Juni 1684 mit der kaiserlichen Hauptarmee in Stärke von 43 000 Mann entlang der Donau auf Ofen vorstieß, schien es zunächst noch, als würden sich die Erfolge des Vorjahres wiederholen. So konnten die Kaiserlichen die Festung Visegrád am Donauknie nördlich von Ofen besetzen und am 27. Juni ein osmanisches Entsatzheer bei der Festung Waitzen (Vác) nach nur einstündigem Kampf zerschlagen. So wenig sich dieser Gegner inzwischen im Feld zu behaupten vermochte, so stark sollten sich jedoch die Osmanen noch im Festungskampf erweisen. Die Einnahme der sich auf einem abschüssigen Felsen erhebenden ungarischen Kapitale sollte für die Kaiserlichen der krönende Abschluss des diesjährigen Feldzuges werden. Doch die Verteidiger von Ofen erwiesen sich als zu stark und konnten schließlich auf das Wetter als Verbündeten zählen. Nach einer Belagerung von 109 Tagen musste der Herzog von Lothringen Ende Oktober 1684 sein Heer von der Stadt abziehen. Auch ein Angriff der zuletzt eingetroffenen Bayern unter ihrem ehrgeizigen Kurfürsten Max Emanuel hatte nicht bis zum Ofener Schloss durchdringen können. Durch Hunger, Krankheiten und Sturmverluste waren die verbündeten Truppen inzwischen empfindlich dezimiert. Manches Regiment wies nur noch ein Zehntel seiner ursprünglichen Stärke auf.[9] Immerhin gelang es noch, den traurigen Rest der Armee über Gran rechtzeitig in die Winterquartiere zu führen. Dass die nachrückenden Osmanen die Festung Waitzen zurückerobern konnten, war ein weiterer Wehrmutstropfen in der enttäuschenden Feldzugsbilanz der Verbündeten.

Trotz des überraschenden Rückschlags vor Ofen zeigte man sich in Wien weiterhin fest entschlossen, die Osmanen endlich aus Ungarn zu vertreiben. Mit den Franzosen hatte der Kaiser bereits am 24. August 1684 in Regensburg einen Waffenstillstand geschlossen, der für 20 Jahre gelten sollte und dem Sonnenkönig seine bisherigen »Reunionen« im Elsass vorerst bestätigte.[10]

Mehr als 100 000 Mann konnte der Herzog von Lothringen zu Beginn des neuen Feldzuges aufbieten. Dass beinahe die Hälfte dieser Truppen zur Eroberung Ungarns von den Reichsständen gestellt wurde, zeigt, wie tief der Schock von Wien noch saß. Vorsichtig geworden, verzichteten die Verbündeten vorerst auf einen weiteren Versuch, die ungarische Hauptstadt einzunehmen. Stattdessen richteten sie ihre Hauptkräfte gegen die Anhänger Thökölys, die immer noch große Teile Nordungarns hielten. Ein weiteres Zwischenziel war die Einnahme der 1663 verlorenen Festung Neuhäusel am linken Ufer der Neutra. Ohne den Schutz der Nordflanke war an einen dauerhaften Vorstoß entlang der Donau nach Süden nicht zu denken. Die Osmanen hielten die sternförmige, durch sechs Bastionen verstärkte Festung mit 3000 Mann. Als die Verbündeten unter Führung des Feldmarschalls Albrecht von Caprara nach fünfwöchiger Belagerung am 19. August 1685 zum Angriff auf die sturmreif geschossene Ostfront der Festung ansetzten, lebte nur noch ein Drittel der Verteidiger. Da auch diese letzten Kämpfer, wie es Karl in seiner Siegesnachricht an den Kaiser betonte, trotz der bereits geschossenen Bresche die »Extremität« erwartet hätten, wurden sie bis auf den letzten Mann niedergehauen. 96 Geschütze fielen in die Hände der Sieger.[11] Das blutige Ende der Besatzung dürfte vor allen den Bürgern des österreichischen Freystadt besondere Genugtuung verschafft haben. Nur zu gut erinnerte man sich dort noch des erpresserischen Schreibens des osmanischen Kommandanten von Neuhäusel, der sie als »langhalsige und des Spießens würdige Hunde« bezeichnet und sie mit der Sklaverei bedroht hatte.[12]

Ein osmanisches Entsatzheer, das zwischenzeitlich Gran eingeschlossen hatte, wollte gegen ein von Herzog Karl zur Unterstützung der Besatzung herangeführtes Korps keine Schlacht wagen und zog sich unter Zurücklassung von 31 Geschützen wieder nach Ofen zurück.[13] Das dritte Jahr des »Großen Türkenkrieges« endete in Nordungarn mit der Besetzung der noch von den Kuruzzen gehaltenen Städte Kaschau und Eperjes.

Zum ersten Mal zeigte sich die »Hohe Pforte« jetzt gesprächsbereit und offerierte dem Kaiser die Auslieferung des unglückseligen Thökölys, der inzwischen beim Sultan in Ungnade gefallen und in Ketten gelegt worden war. Viele seiner Anhänger machten nun, empört über das Verhalten der Osmanen, ihren Frieden mit den Kaiserlichen. Selbst Michael Apaffy, der Woiwode von Siebenbürgen, wagte den Abfall von Konstantinopel und sandte eine große Delegation nach Wien. Leopold honorierte den Seitenwechsel mit einer Garantie der alten ständischen Rechte sowie der Religionsfreiheit und versprach, die siebenbürgischen Städte zukünftig von Einquartierungen zu verschonen.[14]

Auch wenn das Jahr ohne spektakulären militärischen Erfolg zu Ende gegangen war, hatte doch die Macht des habsburgischen Kaiserhauses deutlich zugenommen. Der ewige Unruhegeist Thököly schien endlich neutralisiert, und die protestantischen Reichsstände gingen zunehmend auf Distanz zu Frankreich, wo Ludwig XIV. im Oktober 1685 das alte Toleranzedikt von Nantes aufgehoben hatte. Brandenburgs Kurfürst Friedrich Wilhelm, dessen Haus selbst dem reformierten Glauben angehörte, wechselte empört die Seiten und entsandte im folgenden Jahr erstmals ein 8000 Mann starkes Korps auf den ungarischen Kriegsschauplatz. Für die Osmanen war Ofen jetzt nicht mehr zu retten.

Im Juni 1686 erschien das bisher größte kaiserliche Heer vor den Mauern der Stadt. Ihren an der Donau gelegenen unteren Teil, die sogenannte Wasserstadt, konnten die Angreifer bereits nach wenigen Tagen fast ohne Verluste besetzten. Die osmanische Besatzung aus etwa 12 000 Mann zog sich planmäßig und ohne »bedeutenden Widerstand« geleistet zu haben, in die Oberstadt zurück. Die Verteidiger Ofens standen unter dem Kommando des Beylerbeys der Provinz, Abdurrahman Pascha, einem rüstigen Greis und ehemaligem Aga der Janitscharen, der sich als ebenbürtiger Widersacher des Herzogs erweisen sollte. Die Oberstadt von Ofen erhob sich auf einem länglichen, die Donau um fast 100 Meter überragenden Felsen, dessen südliches Ende von dem befestigten Stadtschloss

Die Einnahme von Ofen 1686. Gemälde, 17. Jh.

beherrscht wurde. Das die Stadt dominierende Bollwerk war zusätzlich durch ein riesiges Rondell mit Graben und gedecktem Weg geschützt. An diesem besonders schwierigen Abschnitt griffen die Bayern, Sachsen und Ungarn unter dem Befehl des Kurfürsten Max Emanuel an, während Karl mit dem Hauptheer die Nordflanke der Ofener Oberstadt mit dem Wiener Tor zu stürmen versuchte.[15]

Die Osmanen hatten die Zeit nach der letzten Belagerung im Jahre 1684 genutzt, um die damals entstandenen Schäden weitgehend auszubessern. Obwohl die Festung mit ihren veralteten Mauern und Wehrtürmen nach dem Urteil des Markgrafen Ludwig Wilhelm von Baden nur durch ihre außergewöhnliche Lage stark war, sollte ihre Einnahme noch drei verlustreiche Monate kosten. Die wiederholten Übergabeaufforderungen des Herzogs hatte Abdurrahman Pascha nicht grundsätzlich abgelehnt, sondern mit Gegenangeboten beantwortet. Dass der osmanische Befehlshaber sogar die Festung als Preis für einen allgemeinen Waffenstillstand übergeben wollte, zeigt, dass die »Hohe Pforte« inzwischen bereit war, einen Teil Ungarns wenigstens vorerst aufzugeben.[16] Der Kaiser wollte jedoch den Vorteil eines freien Rückens, den er sich im Westen so teuer von Frankreich erkauft hatte, nicht ungenutzt lassen. Nicht nur Ofen, auch Temesvár, Belgrad und ganz Slawonien sollten wieder mit der ungarischen Krone vereinigt werden. Ein osmanisches Entsatzheer, dass Großwesir San Süleyman Pascha im August von Belgrad bis vor die Mauern Ofens führte, drohte Habsburgs hochfliegende Pläne zu durchkreuzen. Doch den Verbündeten glückte es, den zu zögerlich agierenden Großwesir auf Distanz zu halten. Ohne den letzten Einsatz einer Schlacht gewagt zu haben, musste Süleyman am 2. September 1686 mit ansehen, wie der Schlussangriff der Verbündeten auf Ofen das Ende der osmanischen Herrschaft in Ungarn einläutete. Von zwei Seiten drangen die Sturmtruppen am Nachmittag durch Breschen in die Oberstadt ein, warfen die Verteidiger zuletzt in das befestigte Schloss zurück und töteten in einem nächtlichen Blutrausch ohne Unterschied jeden, den sie auf ihrem Weg antrafen. Der Herzog von Lothringen schätzte die Zahl der Opfer einschließlich der Frauen und Kinder auf mehr als 4000. Nur 2000 Verteidiger des Schlosses ergaben sich schließlich den Siegern und blieben tatsächlich verschont. Einen Teil der Gefangenen konnte der bayerische

Kurfürst zwei Wochen später den Wienern anlässlich einer Siegesparade seiner Truppen präsentieren.[17] Unter den zahllosen Toten im Schloss hatte man schließlich auch die von etlichen Verletzungen gezeichnete Leiche des Ofener Befehlshabers entdeckt. Abdurrahman Pascha war kämpfend gestorben. Seine Stadt und das Schloss waren ein Trümmerfeld, und mit den Zerstörungen durch Belagerung und Sturm verschwanden auch fast alle Spuren der 150-jährigen islamischen Besatzungszeit. Die Moscheen wurden wieder in Kirchen verwandelt und die Minarette gesprengt. Einzig das Grabmal eines gewissen Gül Baba, ein schon 1541 verstorbener Derwisch des Bektaschi-Ordens, findet sich heute noch in einem kleinen Garten am Südhang des Budapester Rosenhügels.[18]

Die Schlacht von Buda, Gemälde von Franz Geffels, 1686.

Die Nachricht vom Fall der ungarischen Hauptstadt löste eine Woche später in Rom wahre Jubelstürme aus. In den Klang der Kirchenglocken mischte sich bald der Donner der Geschütze, die auf Anordnung Innozenz' XI. von der Engelsburg Salut schossen. Zwei Nächte lang ließ der Papst die Fassade des Petersdoms beleuchten, und in allen Kirchen fanden Dankfeiern statt. Die Begeisterung in der Stadt erhöhte sich noch, als kurz darauf die Nachricht von der Eroberung Nauplias durch die Venezianer eintraf.

In die allgemeine Ausgelassenheit mischte sich allerdings auch schon die Häme über die besiegten Türken. Das Volk lachte über die in Umlauf gebrachten Karikaturen des ängstlichen Großwesirs, und ein großes Feuerwerk stellte einen sterbenden Türken dar, dessen Herz von einem gekrönten Adler zerrissen wurde.[19] Während noch in Rom und Wien gefeiert wurde, fielen in Ungarn die Festungen von Fünfkirchen (Pécz) und Szegedin in die Hände der Verbündeten. Zwei Jahrhunderte nach dem Tod des Königs Matthias Corvinus konnten die Habsburger tatsächlich Besitz von dem Land ergreifen, als dessen legitime Eigentümer sie sich schon so lange gefühlt hatten. Leopold ließ umgehend seine Räte einen Reichstag vorbereiten, der im Herbst 1687 die Krönung seines neunjährigen Sohnes Joseph zum König von Ungarn und die Erblichkeit der Krone beschloss. In der sorgfältig ausgearbeiteten Krönungsrede des neuen Herrschers wurden die alten Freiheiten der ungarischen Stände endgültig vom Tisch gewischt. Sie durften nicht mehr entscheiden, sondern nur noch erklären. Das von König Andreas II. vor einem halben Jahrtausend zugestandene Widerstandsrecht galt nur noch für die Gesamtheit aller Magnaten und war somit praktisch abgeschafft. Einzig die Steuerfreiheit des Adels und seine Herrschaft über die hörigen Bauern blieben unangetastet.[20]

Wohl nichts dokumentierte das neue Selbstbewusstsein der Wiener Hofburg deutlicher als die Zurückweisung eines Friedensangebotes, das Süleyman Pascha nach dem Fall Ofens direkt an den Kaiser gerichtete hatte. Es trage nicht die Unterschrift des Sultans, lautete die Begründung aus Wien, wo man sich genau daran erinnerte, dass keiner der Nachfolger Osmans sich jemals dazu herabgelassen hatte.[21]

Die neue Attitüde der Herablassung schien durch die militärischen Erfolge des nächsten Jahres gerechtfertigt zu werden. Aufs Neue zeigte sich in der am 12. August 1687 geschlagenen Schlacht am Fuße des Berges Harsan, nur wenige Dutzend Kilometer vom alten Schlachtfeld von Mohács entfernt, das Unvermögen des Gegners, selbst in einer operativ günstigen Lage einen taktischen Waffenerfolg zu erzielen. Die wieder von Herzog Karl kommandierten Verbündeten hatten sich zum Abbruch ihres Lagers entschlossen, nachdem sich die festen Stellungen der Osmanen bei Essegg als unangreifbar erwiesen hatten. Großwesir Süleyman Pascha konnte jedoch der Versuchung nicht widerstehen, die nach Westen abmarschierenden Verbündeten in ihrer Flanke anzugreifen. Die osmanische Attacke traf den hinteren Teil des verbündeten Heeres, das unter dem Befehl des bayerischen Kurfürsten stand. Max Emanuel sollte an diesem Tag in den Areopag der großen Heerführer des Barock aufsteigen. Mit außergewöhnlicher Kaltblütigkeit formierte er seine Truppen zu einer rechtwinkligen Front und ließ sie nach der Abwehr aller osmanischen Angriffe selbst zur Offensive übergehen. Den sich mit tödlicher Mechanik auf dem Gefechtsfeld bewegenden Regimentern konnten die in losen Haufen agierenden Osmanen nichts mehr entgegensetzen. Am Abend der zweiten Schlacht von Mohács hatten die Erben Osmans ein Drittel ihres Heeres und ihre gesamte Artillerie verloren. 8000 Janitscharen bedeckten das Schlachtfeld. Tausende, die sich in den angrenzenden Wäldern versteckt hatten, wurden in den folgenden Tagen aufgespürt und getötet. Der Rest der Geschlagenen drang in so dichten Scharen über die Draubrücke bei Essegg, dass diese brach und nochmals ein beträchtlicher Teil der Flüchtenden den Tod fand.[22] Ein triumphierender Max Emanuel verbrachte die Nacht im zurückgelassenen Zelt des Großwesirs, der sich mit dem Rest seiner Truppen zunächst nach Großwardein retten konnte. Die Stimmung im osmanischen Heer war explosiv, und als ein von Süleyman angeordneter Gegenschlag zu einem weiteren Desaster führte, brachen Unruhen aus. Die Truppen forderten Verpflegung, rückständigen Sold und schließlich den Kopf des Großwesirs. Süleyman musste sich per Schiff nach Belgrad in Sicherheit bringen.[23] Das Feldzugsjahr endete für die Osmanen im Chaos. Anstatt in Belgrad zu überwintern, zogen die Truppen unter ihren Rädelsführern über Sofia nach Edirne und setzten sich in Konstantinopel fest. Wieder forderten sie Geld und den Kopf des Großwesirs. Obwohl Mehmed IV. auch in diesem Punkt nachgab und Süleyman ermorden ließ, konnte er seinen Thron nicht mehr retten. In der langen Geschichte des Reiches war es ein einmaliger Vorgang, dass eine rebellierende Truppe den Rücktritt eines Sultans durchsetzen konnte. Immerhin durfte Mehmed sein Leben behalten und wurde durch seinen jüngeren Bruder Süleyman II. ersetzt. Damit hatten die Meuterer zwar Sündenböcke gefunden, aber noch keine Lösung für die erodierende Front in Ungarn.

Es stand außer Frage, dass die siegreichen »Ungläubigen« im nächsten
Jahr schon vor den Mauern Belgrads erscheinen würden, um auch diese
letzte Eroberung des großen Süleymans rückgängig zu machen. Alle Hoffnungen von Sultan und Großwesir richteten sich inzwischen auf Frankreich. Wollte König Ludwig das Osmanische Reich als militärischen Fak-
tor erhalten, musste er seine bisherige Zurückhaltung aufgeben und offen
gegen den Kaiser die Waffen erheben. In Polen hatten die Vertreter Versailles ihre Bemühungen nie eingestellt, die Adelsrepublik aus der »Heiligen Liga« herauszulösen und die Opposition gegen König Sobieski zu
stärken. Dessen politische Position hatte sich durch die bisher erfolglosen
Bemühungen zur Rückeroberung des 1672 verlorenen Kamieniec nicht
verbessert. Auch Bayerns populärer Kurfürst Max Emanuel war längst
zum Objekt französischer Werbungsversuche geworden. Mit Argwohn
hatte der Wiener Hof registriert, dass der junge Feldherr in Begleitung des
Marquis Louis Hector de Villars nach Ungarn gegangen war. Dass hinter
dem amüsanten Aristokraten, der sich mit Witz und Bravour im bayerischen Feldlager bei jedermann beliebt zu machen verstand, der französische König als Auftraggeber steckte, stand für Leopold außer Zweifel.
Doch er wusste seinen ruhmsüchtigen Schwiegersohn zu ködern, indem
er dem Sieger von Harsan im Frühjahr 1688 den Oberbefehl in Ungarn
übertrug. Das kaiserliche Heer, dass der bayerische Kurfürst am 25. Juli
im Feldlager von Peterwardein antraf, war auch unter Einschluss seiner
eigenen Truppen und eines ungarischen Hilfskorps mit insgesamt 35 000
Mann die schwächste Streitmacht, die der Kaiser seit Kriegsbeginn ins
Feld gestellt hatte. Gleichwohl zögerte Max Emanuel nicht, sofort gegen
Belgrad vorzurücken. Mit Yeğen Osman Pascha stand ihm ein Befehls-
haber gegenüber, der zu den führenden Köpfen der vorjährigen Truppen-
revolte gezählt hatte und den der Sultan allein deshalb zum *Serasker* in
Ungarn ernannt hatte, um ihn aus der Hauptstadt zu entfernen.
Schon die ersten Schachzüge zeigten, dass Yeğen Pascha, ein ehemaliger
Milizoffizier aus Anatolien, mit seiner Aufgabe heillos überfordert war.
Gegen nur schwachen osmanischen Widerstand erzwang der Kurfürst
am 5. August den Saveübergang östlich von Belgrad. Daraufhin ließ Yeğen
Pascha knapp 5000 Mann in Belgrad zurück, befahl die Vorstadt nieder-
zubrennen und wich mit den verbliebenen 15 000 Mann nach Semen-

dria aus.[24] Die meisten Bewohner zogen mit dem osmanischen Heer ab, etwa 3000 blieben jedoch in der Stadt. Es sollte ihr Todesurteil sein. Die Verbündeten griffen Belgrad von der Südseite an und verschafften sich durch etliche Minensprengungen rasch Zugang zum Stadtgraben. Bereits am 6. September 1688 konnte Max Emanuel nach nur dreiwöchiger Belagerung den Befehl zum Sturm auf die Oberstadt geben. Ein zweiter Graben direkt hinter der Hauptumwallung war jedoch eine böse Überraschung für die stürmenden Truppen und verursachte zunächst ein Stocken des Angriffes. In dieser kritischen Situation war es der Kurfürst, der mit seinem persönlichen Beispiel, mit Ermahnungen, aber auch durch Drohungen die schon zurückweichenden Truppen noch einmal noch vorne brachte. Mittels rasch nachgeführter Verstärkungen gelang es, den zweiten Graben zu überwinden und schließlich die Oberstadt zu stürmen. Wieder einmal ließen sich die »christlichen Soldaten« in ihrem heiligen Eifer nicht bremsen. Etwa »7000 Türken« fielen der Wut der Stürmer zum Opfer, heißt es lapidar bei Philipp Röder von Diersburg.[25] Die eigenen Verluste betrugen fast 1500 Tote und Verwundete. Es mag in diesem hemmungslosen Morden, das auch von den Offizieren nicht unterbunden oder wenigstens gehemmt wurde, der Hass auf den »Erbfeind« eine Rolle gespielt haben. Zumal der Anblick der zahllosen niedergebrannten und entvölkerten Dörfer entlang der Marschstraßen das von der kirchlichen Propaganda erzeugte Bild des grausamen Türken noch einmal bestätigt zu haben schien und wohl auch manches Gemüt verhärtet hatte. Überdies galt bei allen Kriegsparteien immer noch die überkommene grausame Regel, dass eine Stadt oder Festung, die sich nach dem Niederlegen einer Bresche nicht sofort ergab, dem Schwert und der Plünderung anheimfiel. Immerhin sollten die 250 Verteidiger, die sich zuletzt noch in das Belgrader Schloss hatten retten können, die mörderische Nacht überleben.[26] Auch Süleyman hatte ja 147 Jahre zuvor den letzten Ungarn im Schloss einen freien Abzug gewährt.

Nach dem Fall Belgrads schien die osmanische Macht auf dem Balkan vor dem Zusammenbruch zu stehen, und nicht nur Fantasten im christlichen Lager begannen von Konstantinopel zu träumen. Noch im Herbst drang ein schwaches Korps kaiserlicher Truppen unter dem Befehl des Generals Frederico Veterani durch die Eiserne Pforte in die Walachei vor, wo er durch sein Erscheinen eine Volkserhebung in dem osmanischen Vasallenfürstentum auszulösen hoffte. Bereits vor dem Fall Belgrads hatte der Markgraf Ludwig Wilhelm von Baden mit 5000 Mann den Grenzfluss Una überschritten, mehrere bosnische Festungen, darunter Kostainicza, Gradiška und Brod, erobert und schließlich am 7. September in einer Schlacht bei Derbend das dreifach überlegene Aufgebot des Beylerbeys von Bosnien vernichtet. 5000 tote Janitscharen bedeckten den Kampfplatz, 2000 Gefangene führte der siegreiche Markgraf, der selbst nur 200 Mann verloren hatte, nach Brod zurück.[27]

Lange hatte der Sonnenkönig mit Rücksicht auf seinen Ruf in Europa versucht, den spektakulären Siegeszug der Kaiserlichen in Ungarn nur durch diplomatische Bemühungen zu behindern. Nach der Einnahme von Belgrad sah Ludwig jedoch unwiderruflich den Zeitpunkt gekommen, selbst die Waffen gegen den allzu mächtig gewordenen Kaiser zu erheben. Nur 18 Tage nach dem Fall von Belgrad erließ Frankreichs Monarch ein Kriegsmanifest, in dem er darüber Klage führte, dass der Kaiser das Regensburger Abkommen von 1684 nicht zu einem Frieden erweitert habe. Nur vier Tage später überquerte am 28. September 1688 ein französisches Heer von 40 000 Mann den Rhein bei Straßburg.[28] Kurfürst Max Emanuel sollte nie wieder nach Ungarn zurückkehren. Die Truppen, an deren Spitze er Ende September seinen triumphalen Einzug in Wien hielt, waren bereits für den Krieg gegen Frankreich bestimmt.

2 Atempause für die »Hohe Pforte«
Der Verlust von Belgrad und ein vergeblicher Sieg des Markgrafen von Baden

».. und obwohl sie [die Victoria] ein groß blut gekostet, so ist selber doch also beschaffen, daß man den Verlust verschmerzen Kan, indem gegen ihren Verlust, der Unserige nichts zu Rechnen, und sie hoffentlich durch diesen streich in solchen stand werden verbracht, dass sie schwerlich vor dieses Jahr große Sprunck thun werden,...«

Bericht des Markgrafen Ludwig Wilhelm über seinen Sieg bei Slankamen an Kaiser Leopold I. vom 20. August 1691[1]

Nur sechs Jahre nach Kara Mustafas Zug gegen Wien war nicht nur ganz Ungarn für das Osmanische Reich verloren. Mit dem Fall von Belgrad drohte zum ersten Mal seit den Tagen János Hunyadis die gesamte Donaulinie durchbrochen zu werden. Trotz des militärischen Eingreifens Frankreichs am Rhein hatten die Kaiserlichen 1689 ihre Offensive fortgesetzt und im November sogar kurzzeitig Bukarest besetzt. Bedeutende Erfolge konnten bis dahin auch die Venezianer verzeichnen. Inzwischen hatten sie große Teile der Peloponnes in ihre Hand gebracht und träumten schon von der Wiedereroberung Negropontes. Die Russen dagegen waren bereits zweimal an der Eroberung der Krim gescheitert, was den Sturz der Regentin und Zarentochter Sophia zur Folge hatte.

Gleichwohl schien die militärische Lage für die »Hohe Pforte« mit jedem Jahr aussichtsloser zu werden und eine Waffenruhe dringend geboten. Noch vor dem Verlust Belgrads war im Juli 1688 eine osmanische Gesandtschaft im Auftrag des neuen Sultans, Süleyman II., zu Verhandlungen nach Wien aufgebrochen. Nur zu gerne hatte man in Konstantinopel der Behauptung des niederländischen Geschäftsträgers vertraut, der Kaiser benötige seine Truppen dringend am Rhein und strebe daher einen Frieden auf der Basis des derzeit besetzten Gebietes an. Es war fraglos ein beachtlicher Akt der Selbstüberwindung, dass Süleyman in seinem Begleitschreiben an Kaiser Leopold sogar an die lange unter ihren Großvätern herrschende Friedenszeit erinnerte. Im Feldlager vor Belgrad waren die beiden Anführer der osmanischen Delegation, Zülfikar Efendi und Alexandros Mavrokordatos, Letzterer ein Grieche, der in Italien studiert hatte, zunächst Zeugen der Erstürmung der Festung geworden, ehe sie im Oktober 1688 in Wien eingetroffen waren.[2] Dort stellte sich freilich rasch heraus, dass die Einlassungen der Niederländer reines Wunschdenken gewesen waren. Leopold mochte sich durchaus nicht an die lange Friedenszeit unter seinem Großvater erinnern, sondern dachte beim Anblick der ungewohnten Bittsteller eher an die jahrhundertelange Praxis gezielter Demütigungen durch die »Hohe Pforte«. So ließ er Zülfikar und Mavrokordatos mitsamt ihrem Gefolge erst einmal unter Arrest setzen. Als der Kaiser die beiden Gesandten doch empfing, behandelte er sie wie die Vertreter einer zweitrangigen Macht. Nachdem sie ihr Begehren hatten vortragen dürfen, mussten sie rückwärts schreitend und in gebückter Haltung den Audienzsaal wieder verlassen.[3] Abgesehen von dieser wohlfeilen Revanche deckten sich die habsburgischen Begehrlichkeiten durchaus nicht mit dem Angebot des Sultans, doch Zülfikar erhielt immerhin die Erlaubnis, die »Hohe Pforte« um neue Anweisungen zu bitten. Da auch das neue Feldzugsjahr mit militärischen Rückschlägen begonnen hatte, war Süleyman inzwischen gewillt, den Kaiserlichen nicht nur die Save-Donau-Linie – allerdings ohne Belgrad – zu überlassen, sondern auch den Venezianern ihre Eroberungen auf der Peloponnes zu bestätigen. Selbst auf das von den Polen begehrte, aber von ihnen bisher vergeblich berannte Kamieniec war der Sultan zu verzichten bereit.[4] Erwartungsgemäß versuchten die Franzosen, sämtliche Friedensbemühungen der »Hohen Pforte« mit allen Mitteln zu hintertreiben. Die vom König so selbstbewusst begonnene Offensive über den Rhein hatte inzwischen eine feindliche Koalition aus Niederländern, Briten und Kaiserlichen zusammengeführt, und so zögerte man in Versailles auch nicht, den Osmanen sogar ein Bündnis anzutragen.

Mehr noch als diese Offerte festigte jedoch eine vom Sultan unter dem Schock des Verlustes von Nissa und Widin getroffene Entscheidung den osmanischen Widerstandswillen. Süleyman hatte den zuvor nach Chios verbannten jüngeren Sohn Mehmed Köprülüs, Fâzıl Mustafa Pascha, wieder zum Großwesir und zugleich zum Oberbefehlshaber in Ungarn ernannt. Tatsächlich sollte es dem vierten Großwesir der Köprülüs glücken, in erstaunlich kurzer Zeit das Steueraufkommen des Reiches durch Aufhebung etlicher Privilegien zu erhöhen und das Heer wieder auf eine solide finanzielle Grundlage zu stellen.[5]

Noch einmal durften sich die Kämpfer des Islam auf der Siegerstraße fühlen, als im Sommer 1690 nacheinander die Festungen Nissa, Widin und Semendria wieder in ihre Hand fielen. Die Krönung des osmanischen Gegenschlages war allerdings die Wiedereroberung von Belgrad am 8. Oktober. Eine verheerende Pulverexplosion im Bleiturm, verursacht durch einen Glückstreffer der osmanischen Artillerie, hatte zuvor die Festung massiv beschädigt und einen erheblichen Teil der Besatzung ausgeschaltet. Der Rest floh in Panik über die Donau.

Mit Belgrad hatte der Kaiser auch acht seiner besten Infanterieregimenter verloren.[6] Dass den Kaiserlichen zur selben Zeit endlich die Einnahme der westungarischen Festung Kanizsa geglückt war, war nur ein geringer Wermutstrophen in der erstaunlichen Erfolgsbilanz der Osmanen. Selbst die Rückeroberung Ungarns schien angesichts der Schwäche der kaiserlichen Truppen nicht mehr ausgeschlossen. Der Kaiser musste handeln und schickte im Frühjahr 1691 beträchtliche Verstärkungen nach Ungarn. An die Spitze seines Heeres, das sich im Mai bei Essegg in einer Stärke von 55 000 Mann versammelte, darunter auch wieder 6000 Brandenburger unter dem General Hans Albrecht von Barfuß, setzte er den Markgrafen Ludwig Wilhelm von Baden, der ein Neffe des langjährigen Präsidenten des Hofkriegsrates Hermann von Baden war. Der Feldherr und regierende Fürst in Baden, der später noch lange als »Türkenlouis« im Gedächtnis der Deutschen fortleben sollte, war ein militärisches Ausnahmetalent. Zu seinen Lehrmeistern hatten Raimondo de Montecuccoli und Karl V. von Lothringen gezählt, zu dem er allerdings später auf Distanz gegangen war. Mit 28 Jahren bereits General, hatte Ludwig Wilhelm an der Befreiung Wiens teilgenommen und trug an den Siegen von Párkány und Harsan ebenso wie an der Eroberung von Gran, Ofen und Belgrad maßgeblichen Anteil. Mit den Verhältnissen in Ungarn war er bestens vertraut, doch an eine rasche Rückeroberung von Belgrad war vorerst nicht zu denken.

Markgraf Ludwig Wilhelm von Baden, gen. »Türkenlouis«, reitet am Abend nach der Schlacht bei Salankamen am 19. 8. 1691 in das Zelt des sterbenden Mustafa Köprili. Holzstich von Ferdinand Keller nach Gemälde, 1879.

Dass die Kaiserlichen alles unternehmen würden, um die Scharte des Vorjahres auszumerzen, war für Fâzıl Mustafa Köprülü ein offenes Geheimnis. Der Großwesir hatte nicht nur ein gewaltiges Heer von 100 000 Mann nordwestlich von Belgrad bei Semlin konzentriert, sondern sich auch mit Unterstützung französischer Ingenieure und Artilleristen in einer unangreifbaren Position zwischen Save und Donau verschanzt. 200 Geschütze machten seine Abwehrfront unüberwindbar. Das kaiserliche Heer, das schon auf dem Anmarsch durch die ungewöhnliche Hitze Verluste zu verzeichnen hatte, musste sich am 12. August wieder von Belgrad zurückziehen. Ludwig Wilhelm hoffte immer noch auf eine Schlacht in günstigerem Gelände, in dem wie bei Harsan die taktische Überlegenheit der europäischen Kriegführung zur vollen Geltung kommen würde. Doch die Osmanen kamen ihm zuvor. Mit einem einzigen Nachtmarsch umging Köprülü die Kaiserlichen und verstellte ihnen am 19. August bei Slankamen in einer erstaunlich rasch errichteten Feldbefestigung den Rückzug. Ludwig Wilhelm sah sich nicht nur ausmanövriert, sondern auch eingeschlossen, da die Osmanen mit ihren Schiffen inzwischen auch die

Donau kontrollierten. Kein kaiserliches Heer hatte sich jemals in einer so kritischen Lage befunden, und dem Markgrafen blieb keine andere Wahl, als am Nachmittag das osmanische Lager mit seiner auf 33 000 Mann geschrumpften Streitmacht anzugreifen.

Die gegnerischen Schanzen verliefen von der Donau parallel zur Front der Kaiserlichen, knickten aber auf ihrer rechten Flanke nach Norden ab, um schließlich in einem mit Buschwerk bestandenen Gelände auszulaufen. Genau hier beabsichtigte Ludwig Wilhelm, mit seiner Kavallerie in das Lager der Osmanen einzubrechen. Die Infanterie sollte derweil den Gegner an den Schanzen frontal binden. Obwohl nur als Ablenkung gedacht, entwickelte sich der Infanteriekampf zu einem blutigen Ringen um die osmanischen Schanzen. Dreimal stürmten die Kaiserlichen und dreimal mussten sie mit herben Verlusten zurückweichen. Schon beim ersten Angriff war der Befehlshaber der Infanterie, Graf Karl Ludwig Raduit de Souches, durch einen Schuss in die Brust getötet worden. Ein osmanischer Gegenstoß auf das kaiserliche Zentrum konnte nur mithilfe der Brandenburger aufgehalten werden, doch die Brigade »Serau« war praktisch vernichtet. Die Niederlage vor Augen, preschte der Markgraf zu seinem linken Flügel, der seine Umgehung immer noch nicht hatte abschließen können. Er befahl dem Grafen von Dünewald, die Infanterie zurücklassen, die das Vorankommen bisher stark verzögert hatte, und setzte sich selbst an die Spitze der Kavallerie. In einer großen Rechtsschwenkung, welche die osmanische Reiterei nicht rasch genug kontern konnte, stürmte er sodann in das gegnerische Lager. Ein großer Teil der Spahis ergriff daraufhin die Flucht, rettete sich durch die Lücken in der Front der Kaiserlichen und ließ die Janitscharen im Stich. Auch die kaiserliche Infanterie hatte den Umschwung erkannt und ging jetzt erneut zum Angriff vor. Nachdem die gegnerischen Schanzen von allen Seiten durchbrochen waren, geriet der Schlussteil der Schlacht zu einem Massaker. Die Sieger töteten sämtliche Gegner, die ihnen vor die Klingen kam. Falls später noch Gefangene gemacht wurden, überging sie der Markgraf in seinem Bericht an den Kaiser. Bei Einbruch der Nacht lagen allein 12 000 tote Janitscharen auf den Schanzen und im Inneren des Lagers. Slankamen war somit zum Grab dieser Elitetruppe geworden. Schlimmer noch für das Reich der Sultane war jedoch der Verlust des Großwesirs, der mitten unter seinen Leuten im Kampf gefallen war. Seine gut gefüllte Kriegskasse bedeutete für das stets klamme kaiserliche Arear eine willkommene Finanzspritze. Mit dem letzten Büchsenlicht hatte Ludwig Wilhelm an diesem Tag eine operative Niederlage noch in einen taktischen Triumph verwandelt, doch zur Rückeroberung Belgrads reichten seine Kräfte nicht mehr. Mit mehr als 7000 Toten und Verwundeten war der Sieg von Slankamen extrem teuer bezahlt. Die Kaiserlichen zogen sich erst fünf Tage nach der Schlacht hinter Peterwardein zurück. Nachdem Ludwig Wilhelm die den Weg nach Ofen sperrende Festung durch Abstellungen verstärkt hatte, überquerte er mit dem Rest seiner Truppen, darunter auch die bewährten Brandenburger des Generals von Barfuß, am 6. September die Donau. Entlang der Theiß führte der Weg nach Norden. Das Ziel des Markgrafen war Großwardein, das sich seit 1660 in osmanischer Hand befand. Seine Hoffnung, die Festung noch vor Eintreten des Winters besetzen zu können, erfüllte sich allerdings nicht. Großwardein musste während des Winters mit einem Teil der Armee blockiert werden und ergab sich erst im folgenden Frühjahr. Es sollte für die Kaiserlichen der vorläufig letzte Erfolg an der ungarischen Front sein. Die Belagerung von Temesvár, der Hauptstadt des noch von den Osmanen gehaltenen Banats, musste 1694 abgebrochen werden. Allerdings waren die Osmanen ein Jahr zuvor vor der Festung Peterwardein ebenso gescheitert. Beiden Seiten fehlten die Kräfte, und nach Köprülüs Tod und dem 1693 erfolgten Wechsel des Markgrafen an die Rheinfront mangelte es auch an geeigneten Befehlshabern, um das nach Belgrad und Slankamen eingetretene Patt zu überwinden.

3 Zwei Dörfer und ein Frieden
»Senta«, »Karlowitz« und das Ende des »Großen Türkenkrieges«

»alsdann, und wie man erwehntermassen durch den Linckhen Flügel Luft bekommen, so ist mit gesammbter Gewalt alles hinein getrungen, und da ware es nit mehr möglich den Soldaten zu halten, die Cavallerie dannach wurde obligirt abzusteigen, und sich mit der Hand eine Passage zu machen, wornach sye an etlichen orthen den Graben yber die todte, welche schon vor dem Feindt geblieben, passirt haben.«

Aus dem Bericht des Prinzen Eugen von Savoyen an den Kaiser
über die Schlacht von Senta[1]

»Schließlich wurde noch von beiden Seiten eine Salve von dreißig-, vierzigtausend Flintenschüssen abgegeben, und dann war auf einmal nichts mehr zu hören. Da war es ganz offenkundig, dass die Unseren auf dem anderen Ufer den Honigtrunk des Märtyrertums getrunken hatten! Es war die Zeit des Abendgebetes, und da das Dunkel der Nacht hereinbrach, ritten wir weinend und klagend zurück zum Lager. Dort sahen wir, dass alle ihre Zelte hatten stehen lassen und nach Temeswar hin abgerückt waren.«

Aus den Erinnerungen an Ca'fer Pascha den Älteren, aufgezeichnet von Ali,
seinem Siegelbewahrer[2]

Am 7. Februar 1695 starb in Konstantinopel nach nur vierjähriger Regierungszeit Sultan Ahmed II. und wurde in dem von seinem gleichnamigen Großvater errichteten Mausoleum bestattet. Hätte der jüngere Bruder Mehmeds IV. länger regiert, wäre es wohl zu einem früheren Friedensschluss mit dem Kaiser gekommen und den Erben Osmans ein neuerlicher Aderlass vom Ausmaß Slankamens erspart geblieben. Doch Ahmeds Nachfolger und Neffe, Mustafa II., war ein vielversprechender und ehrgeiziger junger Mann, der außerhalb des sterilen Dunstkreises von Palast- und Haremsintrigen aufgewachsen war.[3] Vor allem war Mustafa II. überzeugt, dass ein entschlossen agierender Herrscher das Reich zu neuem Glanz und das geschundene Heer zu neuen Siegen führen könne. In einem Erlass an die Gläubigen warf er nur wenige Tage nach seiner feierlichen Schwertumgürtung seinen Vorgängern Vergnügungssucht und Trägheit vor. Durch ihre Nachlässigkeit, so der neue Sultan, seien dem Reich viele Länder verloren gegangen und unzählige Rechtgläubige getötet oder versklavt worden. Er selbst werde in den »Heiligen Krieg« ziehen und für all dies Rache nehmen.[4]

Dass die osmanische Armee ohne eine grundlegende Reform nach dem Vorbild der Europäer im Feld keine Chance mehr gegen seine »ungläubigen« Feinde haben würde, wollte oder konnte Mustafa nicht erkennen. Seit Jahren schleppte sich der Krieg in Ungarn kraftlos dahin, doch die Überzeugung des jungen Sultans, dass allein mit einem energischen Führer an ihrer Spitze die Kämpfer des wahren Glaubens wieder auf die Siegerstraße gelangen würden, war ebenso bestechend wie falsch.

Auch den Kaiserlichen fehlte seit dem Abgang Ludwig Wilhelms ein entschlossener Feldherr, der gleichermaßen das Vertrauen des Hofes wie auch der Armee genoss. Längst hatte sich gezeigt, dass der 25-jährige Kurfürst Friedrich August von Sachsen in der Rolle des Oberbefehlshabers bei Weitem kein gleichwertiger Ersatz für den Markgrafen von Baden war. Seine Versuche, Belgrad und Temesvár einzunehmen, waren nacheinander gescheitert und die Stimmung im kaiserlichen Heer auf einem Tiefstand. Die Lage war keineswegs ungefährlich, als Mustafa II. am 9. August 1695 mit einer überraschend starken Armee in Belgrad eintraf. Dem Sultan und seinen Beratern boten sich zwei Optionen. Glückte es etwa, den Kaiserlichen die Festung Peterwardein abzunehmen, wäre gewiss der Besitz von Belgrad dauerhaft gesichert. In gleicher Weise ließe sich Temesvár wirksam schützen, wenn es gelang, das nördlich davon gelegene Lipova zu erobern. Diese Festung hatte bisher dem Gegner als wichtige Operationsbasis gegen die letzte bedeutende Bastion der Osmanen in Ungarn gedient. Der Diwan entschied sich für das zweite Ziel, und das Heer der Gläubigen brach sofort nach Norden auf. Der Schlag kam für die Kaiserlichen überraschend, sodass die Festung Lipova bereits am

7. September im Sturm genommen werden konnte. Ihre Besatzung wurde
niedergemacht. Ein reichlich spät in Marsch gesetztes Entsatzkorps unter
dem Befehl des kaiserlichen Generals Frederico Veterani musste zwei Wochen später gegen die Truppen des Sultans, die inzwischen Verstärkung
durch die Tataren erhalten hatten, bei Luga eine Niederlage einstecken.
Erst die tödliche Verwundung ihres Generals hatte die Reihen der Kaiserlichen zerbrechen lassen und eine allgemeine Flucht ausgelöst. 8000
Mann kamen an diesem Tag ums Leben. Schon im Oktober 1695 konnte
Mustafa II. im Triumph nach Konstantinopel zurückkehren. Sein erster
Feldzug war über Erwarten günstig verlaufen, und das folgende Jahr versprach sogar noch größere Erfolge. Friedrich August war jetzt bemüht,
die peinlichen Rückschläge durch die Einnahme von Temesvár wettzumachen. Ein Entsatzheer der Osmanen konnte er zwar in der Schlacht an
der Bega am 26. August 1696 zum Rückzug zwingen, doch die Besatzung
der Festung hielt weiter aus.[5] Zwei Dutzend von den Kaiserlichen erbeutete
Geschütze erlaubten es dem Sultan immerhin, einen zweiten Triumph in
seiner Hauptstadt zu feiern.

Seinen dritten Feldzug nach Ungarn begann er 1697 mit einem wahrhaft gewaltigen Heer von 135 000 Mann. Dieser beängstigenden Truppen-
masse hatte Leopold nur wenig entgegenzusetzen. Nach neun Jahren Krieg
an zwei Fronten waren Wiens Kassen leer und die Regimenter dezimiert.
Zudem benötigte der Kaiser einen neuen Oberbefehlshaber in Ungarn,
nachdem Friedrich August zum König von Polen und zum Nachfolger des
im Juni 1696 verstorbenen Johann Sobieskis gewählt worden war. Der sächsische Kurfürst war mehr als glücklich, dem Ort fortgesetzter Rückschläge
entfliehen zu können, während der Kaiser sich darüber freuen durfte, dass
ihm das tüchtige sächsische Truppenkorps vorerst erhalten blieb.

Der neue Kandidat für den Oberbefehl in Ungarn war nicht nur
wegen seiner Jugend umstritten. Galt doch der damals erst 34-jährige
Prinz Eugen von Savoyen als ein Freund offener Worte und war trotz
seiner soldatischen Qualitäten nicht überall beliebt. Der Savoyer war
ein Cousin des Markgrafen Ludwig Wilhelm und wie dieser in Paris geboren. Wie dieser war er auch ein Veteran des »Großen Türkenkrieges«.
In der Schlacht vor Wien hatte der Prinz ein Regiment geführt, vor Ofen
war er beim Sturm auf die Stadt verwundet worden, und ein Jahr später

in der Schlacht beim Berg Harsan hatte er mit seinen abgesessenen Dragonern eine Schanze der Osmanen erstürmt.[6]

Auf dem Kriegsschauplatz in Norditalien konnte der bereits früh zum Feldmarschall beförderte Offizier sich unter Herzog Eugen von Savoyen, dem Chef seines Hauses, nicht immer mit seinen Ansichten durchsetzen und hatte schließlich auch nicht verhindern können, dass der kriegsmüde Herzog auf die Seite der Franzosen getreten war. Aber in Ungarn war die Not groß, und die Protektion des Grafen Ernst Rüdiger von Starhemberg, der inzwischen zum Präsidenten des Hofkriegsrats avanciert war, half Leopolds Bedenken zu zerstreuen. »Er wisse niemand zu nennen«, so lobte der Held der zweiten Wiener Türkenbelagerung seinen Protegé, »der mehr Verstand, Erfahrung, Fleiß und Eifer zu des Kaisers Dienst im höheren Grad besitze als der Prinz«.[7]

Als der neue Oberbefehlshaber am 5. Juli 1697 im kaiserlichen Feldlager von Essegg eintraf, blieb nicht mehr viel Zeit zur Abstellung der gravierendsten Mängel in der Truppe. Meldungen besagten, dass der Sultan bei Belgrad je eine Brücke über die Save und die Donau habe schlagen lassen und nach allem Ermessen, unterstützt von einer gewaltigen Donauflottille, auf Peterwardein marschiere. Eugen wollte einer Schlacht nicht ausweichen und erteilte den in Nordungarn und Siebenbürgen stehenden Verbänden den Befehl, sich mit dem Hauptheer so rasch wie möglich zu vereinigen. Am 25. Juli brach er selbst mit seinen Truppen in Richtung Peterwardein auf und war zuversichtlich, die Osmanen vor der Festung schlagen zu können. Als ihm jedoch zu Ohren kam, dass der Sultan plötzlich bei Pancsova mit seinem Heer auf das rechte Donauufer gewechselt sei und nunmehr entlang der Theiß nach Norden vorstieß, fürchtete Eugen, der gegnerische Schwenk ziele auf das isolierte Kavalleriekorps des Grafen Jean Louis de Bussy-Rabutin, der sich noch auf dem Marsch von Siebenbürgen zur Hauptarmee befand. Kurz entschlossen ließ Eugen einige schwache Abteilungen an der Donau zurück und folgte dem Heer der Osmanen. Nachdem er glücklich Bussy-Rabutins Kavallerie an sich ziehen konnte, musste er festzustellen, dass der Sultan seinen nördlichen Haken nur gemacht hatte, um ihn von Peterwardein wegzulocken. Schon war die Festung Titel an der Theissmündung an die Osmanen verloren

gegangen. Unverzüglich kehrten die Kaiserlichen um und trafen am
6. September wieder vor Peterwardein ein. Nur ein Sumpfgelände trennte
jetzt noch die beiden Hauptheere, doch Mustafa, von der Stärke der Festung wie auch von der Schnelligkeit des Gegners überrascht, wich einer
Schlacht aus und brach erneut nach Norden auf. Der »Großtürke« wolle
nach Szegedin gehen und versuchen, die schwach verteidigte Festung einzunehmen, lautete die glaubwürdige Meldung eines Überläufers. Sodann
wolle er Thökölys Aufständische in Siebenbürgen unterstützen.[8] Vor allem
aber wollte Mustafa die Kaiserlichen von Belgrad wegziehen und eine
Belagerung der Festung verhindern. Bei Senta, einer kleinen Ortschaft
am rechten Ufer der Theiß und zwei Tagesmärsche von Peterwardein
entfernt, hatte der Sultan am 10. September eine Brücke über den Fluss
schlagen lassen. Offenbar wollte er seinen Marsch vor den Kaiserlichen
gesichert auf dem linken Ufer fortsetzen. Zur Deckung des Übergangs
war von den Osmanen auf dem rechten Ufer ein befestigter halbkreisförmiger Brückenkopf mit Gräben und Redouten angelegt worden. Schon
in der Nacht zum 11. September hatten Tross und Teile der osmanischen
Kavallerie mit dem Passieren der Brücke begonnen, noch aber befand
sich die gesamte Infanterie diesseits der Theiß, als sich am Nachmittag
die Kaiserlichen in raschem Tempo der Übergangsstelle näherten. Eugen
hatte 50 000 Mann unter seinen Fahnen und erkannte sofort die unglaubliche Chance, die sich ihm bot. Allerdings blieben ihm nur noch zwei
Stunden Tageslicht. Sofort formierte er seine Infanterie zu mehreren Angriffskolonnen und befahl dem Grafen Guido von Starhemberg, mit der
Kavallerie des linken Flügels über eine etwa 40 Meter breite Sandbank,
die nicht in die Befestigung einbezogen war, die Brücke von Norden anzugreifen. Zugleich ließ er seine Artillerie auffahren, um den Übergang von
beiden Seiten unter Feuer zu nehmen. Die Osmanen zeigten sich zunächst
keineswegs durch das zupackende Vorgehen der Kaiserlichen erschüttert
und empfingen Eugens Infanterie mit einem Hagel von Geschossen. Der
Prinz selbst erstieg an der Spitze des abgesessenen Dragoner-Regiments
»Styrum« den Wall und erzwang den Einbruch in den Brückenkopf. Obwohl nun auch von der Kavallerie im Rücken gefasst und von der rettenden Brücke abgeschnitten, setzten die Janitscharen ihren Widerstand
fort. Viele legten ihre Gewehre fort und versuchten sich mit den Säbeln zu

wehren, andere stürzten schon zum Fluss, wo etliche in ihrer Panik auch die Schwimmer unter Wasser zogen. Offenbar kam es jedoch nicht mehr zum Nahkampf, da die Kaiserlichen Salve auf Salve in den wimmelnden Menschenhaufen feuerten, der nur eine Stunde zuvor noch eine Armee gewesen war. Der Kampf mutierte schnell zu einem kaum vorstellbaren Gemetzel, das nicht vor Einbruch der Nacht endete. Eine letzte mörderische Salve aus angeblich 30 000 Gewehren soll alles zum Schweigen gebracht haben.[9] Entsetzt musste Mustafa II. vom anderen Ufer mit ansehen, wie sein gesamtes Janitscharenkorps vernichtet worden war. Er floh noch in derselben Nacht, nur die Fahne des Propheten im Gepäck, nach Temesvár. So endete sein dritter und letzter Feldzug nach Ungarn.

Wohl 30 000 Krieger des Islam sind an diesem Tag innerhalb der Befestigung oder beim Versuch, die Theiß zu überwinden, getötet worden. Nicht einmal die Lösegeldangebote der osmanischen Agas und Beys hatten bei den Siegern Gehör gefunden.[10] In seinem Bericht an den Kaiser sprach der Prinz irreführend vom »Grimm seiner Soldaten«, die kein »Quartier« hatten geben wollen. Es fällt freilich schwer, sich das fortgesetzte Salvenfeuer auf eine so große Menge inzwischen wehrloser Menschen als Affekttat vorzustellen. Die Feuerkommandos dazu müssen bis zuletzt von Offizieren erteilt worden sein. Wenigstens ein Großteil des Gegners hätte noch gefangen genommen werden können, doch Eugens Befehle lauteten offenbar anders. Nur wenige Osmanen, die man später noch unter den Leichenbergen herauszog oder zwischen den Brückenpontons im Wasser fand, hatten das Glück, den Untergang der osmanischen Militärmacht zu überleben. Der keineswegs so edle Ritter aus Savoyen schätzte, dass von der gesamten osmanischen Infanterie nicht mehr 2000 Mann das jenseitige Ufer erreichen konnten. Von den Kaiserlichen wurden knapp 1500 Soldaten getötet oder verwundet, die Mehrheit von ihnen wohl schon beim Sturm auf den befestigten Brückenkopf.[11]

Nur die eigenen Toten erhielten ein Begräbnis, die des Gegners ließ man wohl verrotten. Das Tagebuch der englischen Aristokratin Mary Wortley Montagu, die 1718 ihren Mann, den britischen Gesandten in Konstantinopel, durch Ungarn begleitete und auch das Schlachtfeld von Peterwardein passierte, erwähnt jedenfalls die zahllosen Schädel und Gebeine zwei Jahre zuvor getöteten Osmanen, die immer noch das Feld bedeckten.[12]

Zum dritten Mal in nur zehn Jahren war das Korps der Janitscharen fast völlig aufgerieben worden. Der Rest des osmanischen Heeres hatte geschockt und in völliger Auflösung das gesamte Lager auf dem linken Ufer der Theiß zurückgelassen und war dem Sultan nach Temesvár gefolgt. Gleichwohl wagte es Eugen wegen der fortgeschrittenen Jahreszeit nicht, dem Gegner nachzusetzen. Immerhin fand er noch die Zeit für einen Herbstfeldzug in Bosnien, der mit der Zerstörung und Plünderung von Sarajewo endete.

Alle Hoffnungen der Kaiserlichen richteten sich im folgenden Jahr auf die Einnahme von Belgrad. Noch nach dem Sieg von Senta hatte Prinz Eugen selbstsicher behauptet, dass der Feind seine verlorene Infanterie nicht mehr werde ersetzen können und es für einen Angriff auf die Festung keine bessere *conjunctur* geben könne. Tatsächlich war jedoch auch das kaiserliche Heer durch den Abzug der Sachsen nach Polen empfindlich geschwächt und weit von seiner alten Stärke entfernt. Der Armee fehlte Proviant wie Geld, und nur dank der Aufdeckung eines Komplotts konnte verhindert werden, dass zwei Dragoner-Regimenter ihre Offiziere töteten und zu den Osmanen überliefen.[13]

Entscheidend war jedoch, dass die Wiener Hofburg mit Blick auf die Ambitionen des neuen russischen Zaren Peter I. in der Moldau und der Walachei an einer weiteren Schwächung des alten Gegners kein Interesse mehr hatte. Zweimal schon hatten die Russen, die 1686 der »Heiligen Liga« beigetreten waren, vergeblich versucht, den Tataren die Krim zu entreißen. Immerhin hatte der junge Zar Peter I. im Jahre 1696 die Festung Asow am gleichnamigen Meer erobern können. Sein Anspruch, als neuer Schutzherr aller orthodoxen Balkanchristen anerkannt zu werden, erregte freilich in Wien größte Besorgnis und legte bereits die Lunte an ein Pulverfass, das zwei Jahrhunderte später zur Explosion kommen sollte.[14]

Im Sommer 1698 nahmen die Verhandlungen zur Beendigung des »Großen Türkenkrieges« mithilfe britischer Vermittlung rasch Fahrt auf. Zwar führte Großwesir Amcazade Hüsseyn noch einmal ein großes Heer nach Belgrad, doch begleiteten ihn im Auftrag von König William III. von England bereits Lord William Paget und der Niederländer Jacob Colyer. Als sich im Juli die »Hohe Pforte« bereit erklärte, einen Frieden auf der Grundlage des aktuellen Besitzstandes zu akzeptieren, warf schon

Schlacht bei Zenta. Jacques-Ignace Parrocel, 1711/1720.

der kommende Krieg um die spanische Erbfolge seine Schatten voraus. Ende Oktober trafen sich die Verhandlungsführer aller beteiligten Mächte zwischen den Fronten bei Karlowitz an der Donau. Die hohen Delegationen mussten im Zelt hausen, da die kleine Ortschaft längst verlassen und niedergebrannt war. Für die direkten Verhandlungen hatte man immerhin eine hölzerne Scheune errichtet. Die unbequeme Logierung bei winterlichen Temperaturen dürfte gewiss zur raschen Einigung beigetragen haben, die dem Kaiser ganz Ungarn einschließlich seiner slawonischen und siebenbürgischen Gebiete zusprach. Die Osmanen behielten das Banat mit Temesvár, mussten aber Podolien mit Kamieniec den Polen überlassen, obwohl diese die Stadt niemals hatten einnehmen können. Die *Serenissima* durfte sich über ihren wiedergewonnenen Rang als Großmacht freuen. Sie erhielt die gesamte Peloponnes sowie die Inseln Leucadia und Santa Maura. Den Russen wurde Asow und die Stadt Taganrog zugesprochen. Ihre Vereinbarung mit der »Hohen Pforte« war allerdings nur auf zwei Jahre befristet, während der Friede zwischen dem Sultan und den übrigen Mächten der »Heiligen Liga« für wenigstens 20 Jahre Gültigkeit haben sollten.

»Karlowitz« brachte zwar kein Ende der Türkenkriege, wohl aber eine deutliche Zäsur im Verhältnis der christlichen Mächte zu den Osmanen. Mit den Eroberungen Sultan Süleymans verzichteten sie erstmals auch auf ihren Anspruch prinzipieller Überlegenheit gegenüber den christlichen Mächten und öffneten sich vorsichtig sogar westlichen Ideen. Viele Einrichtungen der Europäer und besonders ihre Art der mechanischen Kriegführung galten plötzlich nicht mehr als »Teufelszeug«, sondern wurden zunehmend als nachahmenswert empfunden. In Karlowitz schienen die Erben Osmans endlich Teil der europäischen Streitgemeinschaft geworden zu sein, was die Unterhändler mit Feiern, gegenseitigen Besuchen und einer Flut von Geschenken besiegelten.[15]

Teil VI
Russland ergreift das Kreuz

1 Asow gewonnen und fast ein Heer verloren – Zar Peters I. Türkenkriege zwischen Don und Pruth

„Ihr alle wisst, wie die Türken unseren Glauben in den Schmutz getreten haben, wie sie durch Verrat unsere heiligen Stätten besetzt, wie sie unzählige Kirchen und Klöster verwüstet haben.

Wie viel Elend und Betrug haben sie verursacht und gegen wie viele Witwen und Waisen haben sie wie die Wölfe gegen eine Schafherde gewütet? Nun aber komme ich zu Eurer Hilfe.

Habt keine Furcht vor meinem Reich, denn es ist gerecht. Lasst Euch nicht von den Türken täuschen, sondern vertraut meinen Worten. Werft Eure Furcht ab und nehmt den Kampf auf. Für unseren Glauben und für die Kirche, für die wir unseren letzten Tropfen Blut opfern müssen."

Aufruf Zar Peters I. an die christlich-orthodoxen Balkanvölker vom Frühjahr 1711[1]

Nicht weniger als achtmal ergriff Russland seit dem Beginn der Regierung Zar Peters I. (1689) die Waffen gegen das Osmanische Reich. Anfangs noch in Allianz mit Habsburg ließen Zarinnen und Zaren in den folgenden zwei Jahrhunderten ihre Armeen über Don, Dnjepr, Dnjestr und schließlich über die Donau bis vor die Tore Konstantinopels marschieren. Zuletzt verhinderte allein das zweimalige Eingreifen der Westmächte (1854 und 1878) die Befreiung der alten griechischen Kaiserstadt.

Nur zu gerne hielten die Nachfolger Peters die alte Legende vom dritten und letzten Rom am Leben, die Anfang des 16. Jahrhunderts der im Kloster von Pskow lebende Mönch Filipou verbreitet hatte. Russlands aus dem Mythos abgeleitete Expansionsmission deckte sich freilich auffallend mit den geostrategischen Zwängen, denen sich das erst unlängst von langer Tatarenherrschaft befreite Reich gegenübersah.

Drei Großmächte zernierten noch zu Beginn des 17. Jahrhunderts das Zarenreich und machten aus ihm einen in seiner Höhle eingeschlossenen

"

Riesen, der nur durch ein winziges Loch noch Licht und Luft bekommen konnte.[2] Während die damalige Großmacht Schweden den russischen Handel im Baltikum blockierte, machte den Zaren im Süden das Osmanische Reich den Zugang zum Schwarzen Meer streitig. Von den drei großen Nachbarn war jedoch die polnisch-litauische Adelsrepublik lange Zeit Russlands gefährlichster Gegner. Die Polen behaupteten sich damals noch in Smolensk und damit in bedrohlicher Schlagdistanz zu Moskau. Während des russischen Bürgerkrieges nach Zar Boris Godunows Tod (1605) hielten polnische Truppen sogar die Stadt jahrelang besetzt.[3] Dass Moskau in weniger als zwei Jahrhunderten den ersten seiner Rivalen von der Landkarte würde verschwinden lassen, die schwedischen Widersacher auf ihr Kerngebiet reduzieren und die dritte Großmacht, die Erben Osmans, getreu seiner mythischen Mission beinahe aus Europa verdrängen sollte, war selbst noch in den ersten Jahren der Regierung des jungen Peters I. nicht absehbar.

Gleichwohl verursachte Russlands wachsendes Selbstbewusstsein unter seinen Nachbarn Unbehagen, wenn etwa Fürst Wassili Golizyn, der leitende Minister unter der Zarentochter und Regentin Sophia Alexejewna, anlässlich des Eintritts Russlands in die »Heilige Liga« von der »Hohen Pforte« verlangte, die Krim zu räumen und die dort lebenden Tataren in Anatolien anzusiedeln.[4] Schon der erste 1687 unternommene Feldzug gegen die Nachfahren der Goldenen Horde zeigte freilich, dass dem Riesenreich noch die Kräfte fehlten, um derartige Forderungen, die in ihrer Radikalität heute schon als Vorgriff auf das 20. Jahrhundert erscheinen, militärisch durchzusetzen. Die angegriffenen Tataren, die bis dahin fraglos eine fürchterliche Plage für Moskau und seine südlichen Gebiete gewesen waren, wehrten sich auf ihre Art und verwandelten die Steppe in einen riesigen brennenden Schutzwall. Ohne Wasser und Futter musste die von Golizyn persönlich geführte Armee den Rückzug antreten. Der im Jahr darauf unternommene Feldzug erreichte immerhin die Landenge von Perekop. Dort aber rannten sich die Russen fest und mussten, erneut bezwungen von Hunger, Durst, Krankheiten und mangelnder Fourage, ein zweites Mal aufgeben. Der Verlust von einem Drittel der Mannschaften, 70 Geschützen und fast allen Kriegsmaterials ließ sich in Moskau kaum noch als Sieg der russischen Waffen verkaufen.[5] Der bis dahin allmächtige Golizyn stürzte, als die ernüchternde Wahrheit allmählich durchsickerte. Nicht anders erging es seiner Herrin und langjährigen Mätresse. Den Platz Sophias, die in einem Kloster verschwand, nahm ihr Halbbruder, der erst 17-jährige Peter I., ein.

Als Knabe hatte sich der junge Zar mit seiner Mutter vor den gewalttätigen Strelitzen nach Preobraschenskoje abseits der Hauptstadt zurückgezogen, wo er sich die Zeit mit aufwendigen Kriegsspielen vertrieb. Aus anfangs noch in Uniformen gezwängten Stallknechten und Dienern waren im Laufe der Jahre ganze Regimenter entstanden, die Peter mit unermüdlichem Eifer täglich nach europäischem Vorbild drillte und schließlich sogar im Kampf um Feldbefestigungen gegeneinander antreten ließ. Im Kreml hatte man über die »unwürdigen Spielereien« zunächst nur gelächelt und höchstens Anstoß daran genommen, dass sich der junge Zar seine Freunde und Weggefährten ausschließlich unter den häretischen Ausländern der Deutschen Vorstadt von Moskau aussuchte. Der in den Augen orthodoxer Russen unziemliche Wissensdurst des jungen Zaren blieb allerdings auf die Aneignung der praktisch-handwerklichen Fertigkeiten der Westeuropäer beschränkt. Ein gelehrter Feingeist war Peter dagegen nie, und die »Fidele Gesellschaft«, zu der er seinen intimen Freundeskreis um den Schweizer Franz Lefort oder den Schotten Patrick Gordon regelmäßig versammelte, blieb ein Ort des Zotenreißens und der groben Späße.

Trotz seines überbordenden Tatendrangs konnte sich der neue Zar erst sechs Jahre nach dem Sturz Sophias entschließen, seine ehemalige Kinderarmee in ihren ersten scharfen Kriegseinsatz zu führen. Russland war bereits 1686 in die »Heilige Liga« eingetreten, und während die Armeen des Kaisers ganz Ungarn überrannten, hatte Moskau bisher nicht mehr aufzuweisen als die beiden unter Golizyn kläglich gescheiterten Feldzüge gegen die Tataren.[6] Der beißende Spott des Patriarchen von Jerusalem, Dositheus II., dürfte Peter besonders getroffen haben. Schon so oft sei so viel versprochen worden, schrieb er im März 1691 nach Moskau, doch tatsächlich sei nichts geschehen, alles habe immer nur mit Worten geendet.[7] Inzwischen schienen die Polen sogar bereit, sich auf Kosten des Zarenreiches mit den Osmanen zu einigen, und König Sobieski ließ Peters Gesandten in Warschau wissen, dass er durchaus bereit wäre, Russlands Interessen zu berücksichtigen. Niemand hätte sich freilich bisher die Mühe gemacht, ihm Moskaus Standpunkt zu erläutern.[8]

Obwohl die Tarenüberfälle auf russische Grenzgebiete nach wie vor ein großes Problem bildeten und Konstantinopels Sklavenmärkte regelmäßig mit russischen Gefangenen überschwemmt wurden, richtete sich Peters erster Feldzug nicht gegen die Krim. Sein Ziel war die osmanische Festung Asow, die etwa 25 Kilometer landeinwärts auf dem rechten Ufer des Don lag. Griechische Siedler hatten die strategisch wichtige Stadt im 6. vorchristlichen Jahrhundert gegründet, die Byzantiner hatten sie den Genuesen überlassen, ehe sie 1475 von den Truppen Sultan Mehmeds II. besetzt wurde. Maßgeblich für Peters Entscheidung, weitere Angriffe auf die Krim vorerst zu unterlassen, war nicht die Sorge vor einem neuerlichen Scheitern vor den Toren von Perekop, sondern ein strategisches Kalkül. Der Besitz von Asow und schließlich auch von Kertsch würde Russland erstmals einen gesicherten Zugang zum Schwarzen Meer öffnen, das die Sultane immer noch als ihr *mare nostrum* betrachteten. Ein Angriff auf Asow hatte zudem auch den Vorteil, dass die russische Armee nicht noch einmal durch die tödliche Steppe marschieren musste. Stattdessen konnte Peter seine gesamte Versorgung bequem über den Don abwickeln.

Die Belagerung der Festung begann am 29. Juni 1695. Der Zar hatte für seinen ersten Feldzug rund 30 000 Mann, darunter auch seine ehemaligen Spielregimenter aus Preobraschenskoje, vor den Mauern von Asow versammelt. Sein Heer war in drei Divisionen unterteilt, an deren Spitze jeweils Peters Favoriten aus der »Fidelen Gesellschaft« standen. Unsinnigerweise hatte es der Zar erlaubt, dass Lefort, Gordon und (Fjodor A.) Golowin ihre Entschlüsse unabhängig voneinander treffen durften. Abgesehen von dieser unglücklichen Regelung stellte sich bald heraus, dass die Zahl der von Peter aufgebotenen Truppen bei Weitem nicht genügte, um die Festung völlig einzuschließen. Es fehlte auch eine Kriegsflotte, die es hätte verhindern können, dass osmanische Schiffe Asow weiterhin mühelos über See versorgten.

Peter glaubte jedoch, mit seinem eisernen Willen und seinem unermüdlichen Tatendrang alle Probleme überwinden zu können. In einer bizarren Doppelrolle feuerte er als Artillerieunteroffizier Peter Alexei tagsüber eigenhändig Mörsergranaten über die Mauern der Festung, um abends den

Vorsitz im obersten Kriegsrat zu führen.[9] Aller Elan des Zaren vermochte jedoch nicht zu verhindern, dass sein erster Feldzug mit einer bitteren Niederlage endete. Nach 14-wöchiger Beschießung und etlichen Sturmangriffen mit mehr als 1000 Opfern musste Peters dezimierte Armee den Rückzug antreten.[10] Hart verfolgt von den Streifkorps der Tataren, erreichte sie erst Anfang Dezember wieder die Hauptstadt. Der Gesandtschaftssekretär Wiens, Johann Georg Korb, der das Heer auf diesem bitteren Weg begleitete, gab ein ernüchterndes Resümee: »Es war unmöglich, nicht in Tränen auszubrechen, wenn man sah, wie auf einer Strecke von 800 Kilometern längs des Weges quer durch die Steppe Menschen und Pferde dalagen, halb zerfressen von Wölfen, und viele Dörfer sich mit Kranken füllten, von denen ungezählte starben.«[11]

Es sprach für den Zaren, dass er sich durch den herben Rückschlag nicht entmutigen ließ und bemüht war, die eigenen Fehler rasch zu korrigieren. Schon auf dem Rückmarsch hatte er angeordnet, dass in der Stadt Woronesch am oberen Don eine neue Werft angelegt wurde. 30 000 Zimmerleute und Arbeiter sollten ihm dort eine ganze Flotte bauen. Gleichzeitig ließ Peter erfahrene Belagerungsingenieure aus den Niederlanden und dem Reich anwerben und er verwarf auf seinem nächsten Feldzug auch die unglückselige Dreiteilung des Kommandos. Bereits im Juni 1696 stand Peter ein zweites Mal vor Asow. Auch jetzt lehnte der osmanische Kommandant der Festung die Übergabeaufforderung des Zaren ab, musste allerdings bald feststellen, dass der Gegner weitaus stärker als im Vorjahr vor seinen Mauern erschienen war. Peters Schiffe unterbanden jetzt erfolgreich alle Versuche, Asow über See zu versorgen, und sein Heer war inzwischen stark genug, um die ganze Stadt zu umwallen. Ohne Aussicht auf Verstärkung setzten die Osmanen ihren Widerstand verbissen fort. Als es aber den Belagerern am 28. Juli glückte, eine Bresche in die Stadtmauer zu schießen, kam es doch zu Verhandlungen. Der hochzufriedene Zar gewährte dem Pascha und seiner Besatzung nach dem militärischen Gewohnheitsrecht freien Abzug mit Waffen, Gepäck und allen Angehörigen. Im Triumph marschierte Peter in seine erste eroberte Festung ein, ließ die Trümmer aus den Straßen entfernen, die Mauern erneuern und Asows Moscheen zu Kirchen umwandeln. In Moskau brach Patriarch Adrian I. vor Freude in Tränen aus und ließ sämtliche Glocken der Hauptstadt läuten. Der russische Riese hatte das Loch in seiner Höhle um ein winziges Maß erweitert. Peters Flotte beherrschte nun das Asowsche Meer, allerdings nur bis zur Festung Kertsch. Der Zar wählte sogleich einen etwa 50 Kilometer von der Mündung des Don entfernten Platz an der Nordküste aus, um eine neue Befestigung mit einem Hafen anzulegen. Die Kosaken hatten zuvor der Stelle den Namen »Taganrog« gegeben, es sollte Russlands erste Marinebasis sein.[12]

Kaum hatte der 24-jährige Monarch durch seine erste Eroberung die Höfe Europas in Erstaunen versetzt, machte er sich daran, ein weiteres seiner großen Projekte zu verwirklichen. Schon im März des Folgejahres brach Peter mit einer Delegation aus 250 Offizieren, Adligen und Technikern über Riga zu einer am Ende anderthalb Jahre langen Reise zu seinen Sehnsuchtsorten im Westen auf. Mit eigenen Augen wollte der hünenhafte Zar, dessen Inkognito freilich kaum unentdeckt bleiben konnte, sehen, was ihm bisher nur von den Bewohnern Moskaus Deutscher Vorstadt als bescheidener Abklatsch der europäischen Zivilisation zugänglich gewesen war. Für den wissenshungrigen Herrscher war die Tour voller Besichtigungen und Gespräche mit namhaften Vertretern aus Politik, Wissenschaft und Heerwesen ein großer Erfolg. Hunderte von Fachleuten aus Amsterdam, London und anderen Zentren von Handel, Gewerbe und Wissenschaft konnte die Delegation für den Dienst in Russland anwerben. Durch seine politischen Gespräche hatte Peter allerdings schon bald einsehen müssen, dass er an der Bereitschaft der Westeuropäer, mit den Osmanen baldmöglichst zu einem Ausgleich zu kommen, nichts mehr ändern konnte. Der Beginn der Verhandlungen mit den Vertretern der »Hohen Pforte« stand unmittelbar bevor, und dem Zar blieb nichts anderes übrig, als noch vor seinem Aufbruch aus Wien seinen Minister Prokop Woznizin als russischen Verhandlungsführer in der Kaiserstadt zurückzulassen. Woznizin vertrat dann auch die Interessen des Zaren bei den Verhandlungen in Karlowitz, konnte sich aber bei den Verbündeten mit seinem Plan, von den Osmanen auch die kampflose Übergabe der Festung Kertsch zu erlangen, nicht durchsetzen. Anders als die übrigen Mächte vereinbarte Russland auf Empfehlung Woznizins in Karlowitz nur einen auf zwei Jahre befristeten Waffenstillstand. Der Russe setzte darauf, die offengebliebenen Wünsche

des Zaren später in separaten Verhandlungen mit der »Hohen Pforte«
durchsetzen zu können.

Peter arrangierte sich vorerst mit den Tatsachen, zumal er nach dem
Thronwechsel in Schweden sein begehrliches Auge inzwischen auf dessen
baltische Provinzen geworfen hatte. In einem Krieg gegen den erst 16-jäh-
rigen König Karl XII. konnte er jedenfalls auf die Hilfe der Dänen und
vor allem auf die Unterstützung Augusts II. von Polen rechnen, mit dem
Peter mehr als nur gemeinsame politische Ambitionen verband. Getreu
der Empfehlung Woznizins setzte er die »Hohe Pforte« aber weiter unter
Druck und ließ seine im Winter 1698/99 entstandene Flotte demonstrativ vor der Festung Kertsch paradieren. Schließlich erzwang er für eines
seiner größten Schiffe, die mit 46 Geschützen ausgestattete Fregatte *Kre-
post* (Festung), die Durchfahrt ins Schwarze Meer. An Bord des Seglers
befand sich Peters Minister des Äußeren, Jemilian Ukrainzew, als für die
»Hohe Pforte« bestimmter Sonderbotschafter. In Konstantinopel sorgte das
Auftauchen eines fremden Kriegsschiffes natürlich für größte Aufregung.
Keine andere europäische Macht hatte Derartiges bisher gewagt. Sultan
Mustafa II. gestattete jedoch dem ungebetenen Ankömmling im Goldenen
Horn unterhalb des Topkapi-Palastes zu ankern, nachdem ihm Ukrain-
zew versichert hatte, in diplomatischer Mission gekommen zu sein. Der
Forderungskatalog der Russen war jedoch beachtlich, und die »Hohe Pfor-
te« sah sich gezwungen, wieder einmal auf ihre bewährte Verzögerungs-
strategie zu setzten. Erwartungsgemäß versuchten die misstrauischen
Vertreter der westeuropäischen Mächte nach Kräften, die Verhandlungen
zu torpedieren. An einer vertieften Beziehung der Osmanen zu Russland
hatten weder Versailles noch London oder Den Haag ein Interesse. Die
Gespräche kamen erst voran, als Ukrainzew einsah, dass ohne einen weiteren Krieg der geforderte Zugang zum Schwarzen Meer beim Sultan nicht
durchzusetzen war. Lieber wolle er Fremden den Zutritt zu seinem Harem
gestatten, als fremde Schiffe auf seinem Meer segeln zu lassen, ließ Mustafa II. den Russen wissen, willigte aber schließlich in die übrigen Forderungen ein. So durfte Russland nun ebenfalls einen ständigen Vertreter nach
Konstantinopel schicken, und orthodoxen Pilgern aus Russland würde
zukünftig der Zugang zur Jerusalemer Grabeskirche garantiert sein. Beide
Parteien einigten sich außerdem auf eine Verlängerung des in Karlowitz

geschlossen Waffenstillstandes auf nunmehr 30 Jahre, und Peter durfte sich zuletzt auch darüber freuen, dass der Sultan Russlands alte Tributpflicht gegenüber den Krimtataren aufgehoben hatte.[13]

Peters neue Flotte war zwar nicht bedrohlich genug erschienen, um den Sultan zur freiwilligen Räumung von Kertsch zu bewegen, wohl aber blieb der Respekt der »Hohe Pforte« vor ihr groß genug, um den Tataren, die über den Frieden mit Russland murrten, ein Bündnis mit den Schweden zu untersagen. Der Zar wusste, dass er sich bei den »Türken« mit seiner Flotte Respekt verschafft hatte und ließ, selbst nachdem er in den Krieg gegen Schweden eingetreten war, jedes Jahr neue Schiffe in Woronesch auf Kiel legen.

Tatsächlich verzichtete die »Hohe Pforte« trotz der demütigenden Anfangsniederlagen der Russen gegen Schweden auf jeden Versuch zur Rückeroberung von Asow. Mit einem im Mai 1709 veranstalteten großen Manöver seiner Schwarzmeerflotte vor den Augen des osmanischen Gesandten sorgte Peter dafür, dass es vorerst dabei blieb. Erst mit der überraschenden Niederlage Karls XII. bei Poltawa und der Gefangennahme fast seiner gesamten Armee am Djnepr trat ein Wandel in der Haltung der Osmanen ein. Zu Peters Verdruss hatte sich der geschlagene Schwedenkönig nach seinem ukrainischen Desaster mit kaum mehr als 1000 Getreuen in das osmanische Bender retten können, wo ihm Sultan Ahmed III. trotz sofortiger Proteste des Zaren vorerst Asyl gewährte. Nicht ohne Grund fürchtete Peter, dass sich der unsicher agierende Sultan von den Bündnisofferten und Versprechungen seines ungebetenen Gastes beeindrucken lassen würde.

Es sprach tatsächlich für die außergewöhnliche Persönlichkeit des Schweden, dass er ohne Heer und jetzt auch ohne den verklärenden Nimbus seiner Unbesiegbarkeit in kürzester Zeit einen beherrschenden Einfluss auf die osmanische Politik gewinnen konnte. Von Anfang an stand der Tatarenkhan Devlet Giray auf seiner Seite, und als es Karl sogar gelang, den um Ausgleich mit Russland bemühten Großwesir Çorlulu Damat Ali durch den Falken Baltacı Mehmed Pascha ersetzen zu lassen, vergaß der Sultan alle politische Vorsicht. Schließlich war er der Mehrer des Reiches, und hohe Vertreter der Geistlichkeit wie auch die Kommandeure der Janitscharen ließen keine Gelegenheit verstreichen, ihn an seine höchste Pflicht zu erinnern.[14]

Binnen nur zweier Jahre hatte der Schwedenkönig der osmanischen Politik eine neue Wendung gegeben und das Reich in seinen Krieg gegen Russland hineingezogen, der nach dem Untergang der besten Armee, die Schweden jemals aufgeboten hatte, in Wahrheit längst verloren war. Dass aber ausgerechnet dieser von der »Hohen Pforte« unter denkbar kurzsichtigen Kalkülen begonnene Krieg mit dem einzigen militärischen Erfolg über das Zarenreich enden sollte, kann fast nur als Wunder verbucht werden. Die Katastrophe traf den Zaren nicht unverdient. Peter sah sich bereits als der Befreier seiner orthodoxen Glaubens-brüder auf dem Balkan. Wiederholt waren Vertreter der Serben, Bulgaren und Walachen in Moskau erschienen, um ihn mit ihren Versprechungen und politischen Fantasien zu blenden. Anstatt den Erfolg von Asow auszubauen und mit seiner Flotte den Durchbruch ins Schwarze Meer zu vollenden, träumte Peter, immer noch von seinem jüngsten Sieg über die Schweden berauscht, von der Befreiung aller Balkanchristen und der Eroberung Konstantinopels.

Seinem Günstling Boris Scheremetew befahl der Zar, mit einem kleinen Korps ostwärts des Pruths zur Donau vorzustoßen und den Osmanen den Flussübergang zu verwehren. Der Feldmarschall ließ sich indes durch ein Hilfsgesuch des Woiwoden Moldawiens, Demetrius Cantemir, erweichen und beging den Fehler, auf das Westufer des Pruths zu wechseln und nach Jassy zu marschieren. Cantemir gehörte zum bojarischen Adel des Landes. Sein Vater hatte bereits als Woiwode in Jassy residiert, weshalb der junge Cantemir mehr als 20 Jahre als Geisel am Bosporus zubringen musste. Er nutzte die Zeit, um sich einen Namen als Historiker, Komponist und Musiktheoretiker zu machen, der auch an den Höfen im lateinischen Westen wahrgenommen wurde. Nach dem Rückzug der Russen musste er vor der Rache der Osmanen fliehen und starb 1723 in Charkow. Das Erscheinen der Russen in der alten Hauptstadt des Landes Anfang Juni ließ die ohnehin gespannte Lage in der Stadt eskalieren. Ihre christlichen Bewohner töteten Tausende von Osmanen, die in Jassy lebten, und plünderten ihre Geschäfte. In Windeseile verbreitete sich die Pogromstimmung im ganzen Land.[15]

Am 30. Juni erreichte schließlich auch der Zar mit 52000 Mann den Pruth. Als Peter dort Meldungen erhielt, dass der Großwesir mit dem osmanischen Hauptheer inzwischen die Donau überschritten hatte und auf dem linken Ufer des Pruths nach Norden marschierte, fasste er den Entschluss, seinerseits auf das rechte Ufer des Stroms zu wechseln und an den Osmanen vorbei nach Süden vorzustoßen. Dort hoffte er, die Versorgungslinien des Großwesirs unterbrechen zu können. Mit dem Ziel, das große Vorratslager der Osmanen in Bräila an der Donaumündung zu besetzen, schickte er seine gesamte Kavallerie unter Karl Ewald von Rönne voraus. Dessen 12 000 Reiter sollte er bald bitter vermissen. Immer noch siegesgewiss feierte der Zar am 8. Juli in seinem Feldlager am Pruth zusammen mit Cantemir und anderen Gästen den zweiten Jahrestag der Schlacht von Poltawa. Nur wenige Tage später war die Feierlaune in Peters Quartier einer wachsenden Besorgnis gewichen.

Im Norden hatten die Tataren unter Devlet Giray ebenfalls den Pruth überschritten und bedrohten die russischen Versorgungslinien. Bitter vermisste der Zar jetzt Rönnes Kavallerie. Peter entschloss sich zur Umkehr und ließ unweit der Ortschaft Stanilesti ein Lager beziehen, dessen Rückseite durch den Pruth geschützt war. Inzwischen hatten auch die Osmanen den Fluss überschritten und das nur schwach befestigte Lager der Russen eingekreist. Die Katastrophe für den Zaren war perfekt. 300 osmanische Geschütze waren auf seine Armee gerichtet. Von dem langen Marsch durch die Steppe bereits mitgenommen, ging den 40 000 Russen allmählich die Verpflegung aus. Auch die Wasserentnahme aus dem Fluss war praktisch unmöglich, da am anderen Ufer Scharfschützen jeden Russen in Reichweite niederstreckten. Peter musste verhandeln, auch wenn es in seiner verzweifelten Lage wenig zu verhandeln gab. Um nicht als Gefangener des Großwesirs in einem Käfig zum Bosporus gebracht zu werden, war der Zar in seiner Not bereit, sämtliche Gewinne seiner Regierung und selbst die besetzten schwedischen Gebiete zurückzugeben. Nur Ingermanland mit seiner neuen Hauptstadt St. Petersburg hoffte er behalten zu können. Wider Erwarten ließ sich der Großwesir auf Verhandlungen ein. Die bisherigen Kämpfe hatten seine Truppen dezimiert, die Janitscharen weigerten sich sogar, noch ein weiteres Mal die russischen Stellungen anzugreifen, und die Nachricht, dass Rönnes Reiter inzwischen Bräila erobert hatten, machte Baltacı Pascha vollends unsicher. Der Großwesir war kein Truppenführer und alles andere als eine gefestigte Persönlichkeit.

Eine Fortsetzung des Kampfes schien ihm zu viele Risiken zu bergen und nutzte ohnedies nur den lästigen Schweden.

Am Ende musste Peter nur Asow und einige andere Festungen am Dnjepr wieder aufgeben, Taganrog zerstören und dem Schwedenkönig mit seinem Gefolge den Durchmarsch durch Polen gestatten. Der Zar war mehr als zufrieden, Karl XII. dagegen entsetzt. Von Bender war er sofort nach Bekanntwerden der Vereinbarung im Galopp ins osmanische Feldlager geprescht, nur um bei seiner Ankunft feststellen zu müssen, dass die russischen Regimenter bereits ihr Lager verlassen hatten und unter der Eskortierung der Tataren den Pruth überquerten. Der König mochte es nicht begreifen. Nur wenige Tage des Abwartens hätten dem Großwesir einen vollständigen militärischen Triumph beschert und für die Schweden alle Verluste seit Poltawa wettgemacht. Wütend kehrte er nach Bender zurück, wo er allen seinen Einfluss daransetzte, Baltacı Pascha zu stürzen, den er als das größte Hindernis für eine Fortsetzung des Kriegs ansah. Der tatsächlich bald eingetretene Sturz des Großwesirs änderte jedoch nichts an den Tatsachen. Der Zar hatte seine Armee gerettet und konnte den Krieg gegen Schweden fortsetzten. Den Traum von einer russischen Flotte auf dem Schwarzen Meer musste er jedoch aufgeben. Im März 1713 durften die Osmanen Asow, dessen Mauern die Russen zuvor niedergerissen hatten, wieder besetzten. Das *Mare nostrum* der Sultane sollte noch ein halbes Jahrhundert Bestand haben.

2 Letzte Triumphe des Savoyer Prinzen »Peterwardein« und »Belgrad«

»Aber ihre Gewehre sind in Länge und Gewicht, in Leichtigkeit und Ausgewogenheit gleich, damit es während der Schlacht leicht ist, zugleich zu laden. Danach stehen sie Reih um Reih fest und eben wie eine Mauer und verharren auf dem Platz. Je nachdem wie viele Reihen es gibt, zieht sich die erste der Ordnung nach zurück, sobald sie wie mit einer einzigen Zündschnur geschossen hat, und da die zweite Reihe bereit und gerüstet ist, kommt sie an ihre Stelle. Sobald die gezählten Reihen zu Ende sind, kommt wieder die erste daran und indem sie bis zum Ende der Schlacht in ständigem Kreis aufeinanderfolgen, kämpfen sie ohne Unterlass. Seitdem die Österreicher diese Kunst erfunden haben, haben sie begonnen zu erobern.«

Fiktiver Dialog zwischen einem osmanischen und einem christlichen Offizier, verfasst (vermutlich von İbrahim Müteferrika) während der Verhandlungen in Passarowitz (1718)[1]

Habsburgs Hoffnung, dass die demütigenden Erfahrungen des »Großen Türkenkrieges« die »Hohe Pforte« nach dem Frieden von Karlowitz umgänglicher gemacht hätten, sollte immerhin anderthalb Dekaden Bestand haben. Es wäre freilich zu viel behauptet, von einem grundsätzlichen Sinneswandel in Konstantinopel zu sprechen. Bei Hof und in der Armee herrschte eher eine große Ratlosigkeit. Vergeblich suchten die rivalisierenden Fraktionen in der Hauptstadt nach Antworten auf die deprimierende Überlegenheit der »verfluchten Christen«. Waren doch die stolzen Armeen der »Rechtgläubigen« nicht nur mehrfach besiegt, sondern geradezu vernichtet worden. Der Verlust Ungarns, das der große Süleyman für das Reich erobert hatte, löste politische Schockwellen aus, deren erstes Opfer Sultan Mustafa II. war. Im Sommer 1703 stürzten ihn die Janitscharen und setzten seinen jüngeren Bruder Ahmed an seine Stelle.[2] Die Großwesire kamen und gingen. Eine starke Persönlichkeit vom Format eines Ahmed Köprülü fand sich nicht darunter. Während die Mächte Europas um die

spanische Erbfolge rangen und Armeen gegeneinander marschieren ließen, die sie sich eigentlich gar nicht leisten konnten, wurde das Heer des
Sultans beinahe ein Jahrzehnt lang nicht mehr zu den Waffen gerufen.
Nicht einmal ein erneuter Aufstand der Ungarn unter Ferenc II. Rákóczy,
der die Kaiserlichen über Jahre in Atem hielt, hatte die Osmanen zum
Eingreifen veranlassen können.[3] Erst der Übertritt Karls XII. von Schweden auf osmanisches Gebiet sollte diese für die Geschichte des Reiches
außergewöhnlich unkriegerische Phase beenden und die »Hohe Pforte«
beinahe gegen ihren Willen in einen erfolgreichen Krieg gegen Russland
treiben.

Der unerwartete Sieg über die Armee des Zaren hatte eine Teilrevision
von »Karlowitz« ermöglicht. Die an Peter I. verlorene Festung Asow
konnte wieder dem Reich eingegliedert werden, und die Versuchung für
die »Hohe Pforte« war plötzlich groß, auch andere Bestimmungen des ungeliebten Verzichtsfriedens von 1699 umzustoßen. Der allzu leichte Erfolg
über Russland hatte die Erinnerung an bessere Tage des Reiches spürbar
belebt, zudem schienen die europäischen »Konjunkturen« für eine aggres-
sivere Außenpolitik überaus günstig. Noch bekriegte der König von Polen
gemeinsam mit dem Zaren die Schweden, Spanien wurde inzwischen von
einem Enkel des Sonnenkönigs regiert, und die Regimenter des Kaisers
waren nach dem jüngsten Waffengang gegen Frankreich reichlich er-
neuerungsbedürftig.
   Die entscheidende Frage in Konstantinopel lautete, ob Wien tatsächlich noch einmal zu den Waffen greifen würde, wenn die Armee des Sultans sich aufmachte, der schwächlichen *Serenissima* ihre Beute aus dem
»Großen Türkenkrieg« wieder zu entreißen. Hatte doch der Verlust der
gesamten Peloponnes an die zutiefst verachteten Venezianer weitaus mehr
Schmerzen in Konstantinopel verursacht als die Räumung des entlegenen
Asows.
   Offiziell hatte die »Heilige Liga« von 1684 noch Bestand. Der neue
Großwesir Silahdar Damat Ali war ein christenhassender Psychopath
und fest entschlossen, die Bündnistreue der Habsburger auf die Probe zu
stellen. Ein Vorwand für den Krieg gegen Venedig war schnell gefunden.
Montenegrinische Rebellen, die dem Aufruf des Zaren gefolgt waren, hat-

ten sich nach ihrer Niederlage gegen das Aufgebot des bosnischen Beylerbeys auf das benachbarte Gebiet der Markusrepublik zurückziehen müssen. Venedigs Weigerung, die Flüchtlinge auszuliefern, betrachtete Damat Ali als hochwillkommenen Bruch der Vereinbarungen von Karlowitz und erklärte der Markusrepublik am 8. Dezember 1714 den Krieg.[4]

Im Sommer des nächsten Jahres marschierte der Großwesir mit einem Heer von 70 000 Mann zum Isthmus von Korinth, während eine Gesandtschaft aus Konstantinopel mit Friedensversicherungen nach Wien reiste, wo sie von dem Prinzen Eugen mit aller Courtoisie empfangen wurde.[5] Der Feldherr machte sich freilich keine Illusionen über die Absichten der Osmanen, hoffte aber mit Blick auf die eigenen unzulänglichen Rüstungen, den unvermeidlichen Krieg noch wenigstens ein Jahr hinauszuzögern zu können.[6] Die Frage war allerdings, ob die Venezianer so lange allein kämpfen konnten. Zur Verteidigung der Peloponnes fehlten der *Serenissima* Truppen, Geld und vor allem die Unterstützung der griechischen Bevölkerung. Die Einheimischen hassten ihre neuen Herren und Venedigs Versuche, das Land finanziell auszusaugen und den katholischen Glauben zu verbreiten.[7]

Im Großen Türkenkrieg hatte Generalkapitän Francesco Morosini immerhin vier Jahre benötigt, die Halbinsel zu besetzen. Jetzt eroberten sie die Osmanen in nur sieben Wochen zurück. Die gut befestigte Stadt Korinth fiel bereits am 3. Juli 1715 durch den Verrat ihrer griechischen Bewohner. In fast allen anderen Städten wiederholten sich die Ereignisse, nur Patras hielt sich immerhin 23 Tage. Als Damat Ali Pascha am 23. August 1715 seinen Feldzug einstellte, hatte er fast die gesamte Halbinsel einschließlich der Festung Moron besetzt und überall eine Blutspur hinterlassen. Die Versklavung von 30 000 Menschen war der grausame Beleg, dass sich ihre Kollaboration für die peloponnesischen Griechen nicht ausgezahlt hatte.[8]

Die Katastrophe der Venezianer machte eine Kriegserklärung Habsburgs unausweichlich. Nicht alle teilten jedoch in Wien den Optimismus des Prinzen Eugen, der in dem Krieg vor allem die Chance sah, endlich Belgrad und das Banat zu besetzen und damit die Eroberung Ungarns zu vollenden. Die Armee des Großwesirs schien den Sieger von Senta, Höchstädt und Turin nicht zu schrecken. Die im Sommer von Damat

Ali Pascha gegen die Venezianer aufgebotenen Truppen hätten nach den Worten des kaiserlichen Residenten am Bosporus, Anselm von Fleischmann, nur noch aus »Lumpengesindel« bestanden. Niemand sei darunter gewesen, der eine Attacke hätte führen können, geschweige denn die Artillerie zu kommandieren.[9]

Durch die finanziellen Zusagen des Papstes ermutigt, zeigte sich schließlich auch Karl VI. zu einem neuen »Türkenkrieg« bereit. Der Kaiser war der jüngere Sohn des 1705 verstorbenen Leopolds und ursprünglich für die spanische Krone bestimmt gewesen. Nach dem frühen Tod seines älteren Bruders Joseph hatte er jedoch 1711 nach Wien zurückkehren müssen, um als Kaiser dessen Nachfolge anzutreten. Karl war ein typischer Habsburger, geprägt von Pflichtgefühl, Fleiß und sogar Mut, aber auch von Misstrauen und Angst vor falschen Beratern. Großes Vertrauen setzte er allerdings in den Prinzen Eugen, dem er mitunter sogar hymnische Briefe schrieb.[10]

In einer selbstbewussten Note an die »Hohe Pforte«, die Fleischmann im April 1716 dem Großwesir überreichte, forderte Karl, von Eugen bedrängt, unverblümt die Räumung der Peloponnes und eine Entschädigung Venedigs. Damat Ali antwortete mit einem Schwall von Schmähungen und ließ den kaiserlichen Residenten sogleich in den berüchtigten »Sieben Türmen« einsperren. Als Eroberer der Peloponnes gefiel sich der Großwesir in der rohen Sprache der alten osmanischen Absagebriefe, die inzwischen aber nur noch eine nicht mehr vorhandene Stärke vortäuschten.

Die Vorbereitungen der Kaiserlichen auf den kommenden Krieg hatten schon nach Beginn der osmanischen Offensive auf der Peloponnes begonnen, waren aber immer noch nicht abgeschlossen, als Prinz Eugen am 9. Juni 1716 im Feldlager bei Futak eintraf. Es fehlten Artillerie, Vorräte, vor allem aber Schiffe, um Belgrad wirksam abzuriegeln. So blieb dem kaiserlichen Feldherrn zunächst nur die ungeliebte Defensive. Das Heer des Großwesirs war inzwischen in der Festungsstadt zwischen Save und Donau eingetroffen, und die Schätzungen seiner Stärke reichten bis zu 200 000 Mann. Dagegen konnte Eugen nur rund 80 000 Mann aufbieten, die er in einem Feldlager vor Peterwardein auf dem rechten Donauufer versammelt hatte. Der Prinz setzte darauf, den taktisch unterlegenen

Feind wie bei »Senta« in einer günstigen Lage zu fassen und zu vernichten. In seinen Briefen an den Kaiser tauchte immer wieder der Degout des kultivierten Europäers über diese »abergläubige« und »barbarische Nation« auf, die in ihrem lächerlichen gekränkten Hochmut partout keine Ruhe geben wollte.

Unter Eugen, dem »edlen Ritter«, war der Kampf der Kaiserlichen gegen die Osmanen endgültig zu einem Kolonialkrieg mutiert, in dem eine Schonung des als zivilisatorisch minderwertig verachteten Gegners nicht mehr vorgesehen war. Von »Senta« über »Culloden« (1746) und »Omdurman« (1898) führte offenbar eine gerade Linie zu den Philippinen (1898 – 1902).[11]

Wie erwartet überschritten die Osmanen am 25. Juli 1716 die Save und näherten sich über Karlowitz der Donauschleife bei Peterwardein. Ein für die Kaiserlichen unglücklich verlaufenes Reitergefecht am 2. August schien für den Großwesir ein günstiges Omen zu sein. Mit seiner Armee errichtete er am nächsten Tag sein befestigtes Lager auf der rechten Donauseite im Vorfeld der kaiserlichen Festung. Einen Tag lang hoffte Eugen, die Osmanen würden sich ihrerseits zum Angriff auf seine Stellungen entschließen, doch Damat Ali zog es vor, die Kaiserlichen nur zu blockieren. Seine Truppen waren dem Gegner zahlenmäßig deutlich überlegen, seine rasch durch Erdbefestigungen verstärkten Stellungen verliefen auf einem leichten Höhenrücken und ließen sich, da die Versorgung über die Donau gesichert war, beliebig lange halten. Den »Christen« blieb somit nur noch die Wahl zwischen einem Angriff oder dem Rückzug über die Donau, was unweigerlich zum Fall von Peterwardein geführt hätte.

Der ausmanövrierte kaiserliche Feldherr entschied sich für den Angriff. Schon am nächsten Morgen, dem 5. August, sollten die osmanischen Stellungen in einem überraschenden Sturm genommen werden. Noch im Laufe der Nacht zog Eugen seine 27 Kavallerieregimenter über die Donau. Insgesamt konnte der Prinz über 51 000 Fußsoldaten, 27 000 Reiter und 80 Geschütze gegen das Heer des Großwesirs aufbieten. Zu Eugens Verdruss verzögerte sich der Beginn des Angriffes um zwei Stunden. Ein Sturm hatte während der Nacht eine seiner beiden Brücken über den Strom beschädigt, wodurch der gesamte Plan in Gefahr geriet.[12]

Doch der Gegner war immer noch arglos, als Eugens Regimenter endlich aus ihren Verschanzungen hervorbrachen. Auf dem linken Flügel erstürmten sechs Infanteriebataillone unter dem Kommando des Prinzen Karl Alexander von Württemberg die erste Höhe, auf der die Osmanen zehn ihrer schweren Geschütze postiert hatten und konnten sie gegen sämtliche Gegenangriffe halten. Auch das links davon angreifende Zentrum kam anfangs gut voran. Als aber die Infanterie über das erste osmanische Erdwerk hinwegsteigen musste, verlor sie in dem Gewirr der gegnerischen Gräben rasch ihre Ordnung und kam zum Stehen. Der Kaiser sprach später von einer »befremdlichen Konfusion«, stellte es aber seinem Feldherrn frei, eine strenge Untersuchung vorzunehmen.[13]

Die Janitscharen hatten rasch ihren Schock überwunden und attackierten durch die in den Reihen der Angreifer entstandenen Lücken. Ungeordnet und scharf verfolgt, musste das erste Treffen des Kaiserlichen Zentrums auf seine Ausgangsstellung zurückgehen. Die gesamte Linie der Kaiserlichen drohte damit zu zerbrechen. Eugen musste handeln und befahl zunächst dem Prinzen von Württemberg, seine exponierte Stellung unbedingt zu halten. Sodann brachte er seine Reserven gegen den im Zentrum ungestüm nachdrängenden Feind in Stellung. Inzwischen waren die Janitscharen bereits in die Befestigungen der Kaiserlichen eingedrungen, hatten dabei aber beide Flanken stark exponiert. Es fehlte ihnen nun eine ordnende Hand. Auch bei Peterwardein zeigte sich wieder, dass ihr Mangel an Manövrierfähigkeit den Osmanen bestenfalls noch Anfangserfolge erlaubte. Brach der Gegner beim ersten Ansturm nicht zusammen, war die Schlacht verloren.

Der Flankenangriff gegen die Janitscharen verschaffte dem Zentrum Luft. Eugens Infanterie konnte ihre Linien wieder schließen und drang ihrerseits zusammen mit Feldmarschall Graf Johann Pálffys Kavallerie ins osmanische Lager ein, wo jetzt alles floh. Eine Kugel in den Schädel beendete das Leben des Großwesirs, der lange die Schlacht nur passiv von seinem Zelt aus beobachtet hatte. Zu spät hatte er versucht, die Fliehenden neu zu formieren. Gewiss hätte Damat Ali von den Kaiserlichen keinen Pardon zu erwarten gehabt, denn neben seinem Zelt lagen noch die enthaupteten Leichen der am 2. August in Gefangenschaft geratenen Offiziere.[14] Nach fünfstündigem Kampf war die Schlacht entschieden. Unter

Zurücklassung sämtlicher Geschütze strebten die Osmanen in voller Auflösung zu den Saveübergängen bei Belgrad. Im Vergleich zu »Slankamen« und »Senta« waren ihre Mannschaftsverluste allerdings gering. Wohl 10 000 erschlagene Kämpfer lagen haufenweise in den Gräben oder zwischen den Zelten. Die Kaiserlichen, deren Verluste mit rund 4500 Toten und Verwundeten, darunter mehr als 200 Offiziere, etwa halb so hoch ausgefallen waren, hatten erneut kaum Gefangene gemacht.[15]

Zu einer Verfolgung der Geschlagenen fühlten sich die Sieger allerdings nicht mehr fähig, und auch Eugen zeigte sich plötzlich erstaunlich passiv. Angeblich hätte ihn die große Zahl an Verwundeten von einer Verfolgung abgehalten, schrieb er dem Kaiser. Dass er seinen Soldaten Zeit habe geben wollen, das feindliche Lager gründlich zu plündern, dürfte freilich eine Schutzbehauptung gewesen sein. Vermutlich hatten sich die Truppen die Zeit dazu einfach genommen.

Die erbeuteten 150 Geschütze, Mörser und Haubitzen konnten den Prinzen nicht darüber hinwegtrösten, dass sein Sieg im Vergleich zu »Senta« nicht vollständig ausgefallen war. Immer noch verblieben dem Gegner starke Kräfte. Ein sofortiger Vormarsch auf Belgrad kam für Eugen auch wegen des fehlenden Schiffsmaterials zunächst nicht in Frage. Eine sichere Überquerung der Save als Voraussetzung einer Einschließung der Festung von Süden her erschien ihm daher zu bedenklich.[16]

Stattdessen drängte der Prinz jetzt auf die Einnahme der Festung Temesvár. Man gewänne durch ihren Besitz günstige Winterquartiere im Banat und könne, so der Feldherr in einem Brief an den Kaiser, Kontributionen aus der benachbarten Walachei einziehen. Zudem wäre durch den Besitz der wichtigen Festung an der Bega der Schutz Oberungarns verbessert und die »Kommunikation« nach Siebenbürgen erleichtert.[17] Für einen Feldherren vom Format des Prinzen waren dies freilich erstaunlich zweitrangige Gesichtspunkte. Offenbar spekulierte Eugen darauf, dass er mit seinem Marsch auf Temesvár unweigerlich auch das osmanische Heer von Belgrad nach Norden ziehen würde. Vielleicht ließen sich die Versäumnisse von Peterwardein an günstiger Stelle wieder wettmachen. Entsprechend behäbig begann das kaiserliche Heer in der Nacht zum 14. August seinen Marsch entlang der Theiß nach Senta, wo man erst vier Tage später eintraf und auf einer Brücke den Strom überquerte. Weitere zwölf

Tage vergingen, ehe das gesamte Heer sein Lager vor Temesvár bezog. Die Festung bestand aus zwei jeweils im Norden und Süden erbauten Bollwerken, sogenannten Palanken, dem Schloss und schließlich der eigentlichen Stadt. Alle vier Teile von Temesvár wiesen voneinander unabhängige Befestigungen auf und waren durch ein von mehreren Seitenarmen der Bega gespeistes Sumpfgebiet geschützt. Mehr als 10 000 Verteidiger standen hinter den Mauern von Temesvár, das nur von Norden, wo die Stadt durch die größere der beiden Palanken gesichert war, mit Aussicht auf Erfolg angegriffen werden konnte. Hier begannen die Kaiserlichen dann auch mit ihren Belagerungsarbeiten, während die Kavallerie unter dem bewährtem Feldmarschall Pálffy die Armee gegen den erwarteten Entsatzversuch von Süden abschirmen sollte.[18]

Gerade hatte der Prinz an der Nordflanke drei sogenannte Breschbatterien in Stellung bringen lassen, als er am 18. September die längst erwartete Meldung erhielt, dass der neue Großwesir, Hacı Halil Pascha, starke Kavalleriemassen aus Belgrad gegen das Belagerungsheer heranführe. Sogleich ließ Eugen Graf Pálffys Kavallerie durch elf Bataillone seiner Infanterie verstärken, und tatsächlich kam es am 23. September zu ersten Zusammenstößen mit dem neuen Gegner. Die Kämpfe hatten aber keinen ernsthaften Charakter. Die Osmanen griffen ohne Elan an und zogen sich schließlich mit einigem Verlust wieder zurück. Was sie mit ihrem Erscheinen überhaupt bezweckt hatten, blieb angesichts der mageren Resultate unklar. Zu einer Unterbrechung der Belagerung hatte die Aktion jedenfalls nicht geführt, und nachdem am 1. Oktober die große Palanke im Norden von Temesvár gestürmt werden konnte, bot die Besatzung der Stadt zu Eugens Überraschung nur zehn Tage später die Kapitulation gegen freien Abzug an. Am 16. Oktober 1716 verließen die Osmanen die Festung, über die 164 Jahre die Fahne des Halbmondes geweht hatte. Das Vilâyet von Temesvár war damit erloschen. Eugen übertrug dem General Claudius Florimund Mercy die Statthalterschaft der neuen Provinz mit dem Auftrag, bis zum Wintereinbruch die letzten in osmanischer Hand verbliebenen Palanken zwischen Theiß und Bega zu erobern.

Der Prinz machte sich Anfang November auf den Weg nach Wien. Nur in Raab unterbrach er seine Reise für einen Tag, um in der dortigen Kathedrale in feierlicher Zeremonie eine besondere Auszeichnung Papst

Clemens' XI., einen geweihten Degen mit Hut, entgegenzunehmen. In der habsburgischen Hauptstadt genoss Eugen in diesem Winter mehr denn je die volle Unterstützung des Kaisers, der ihn in allen politischen Fragen zu konsultieren pflegte. Karl VI. unterstützte daher auch die Absicht des Savoyers, den Krieg gegen die »Hohe Pforte« mit doppeltem Eifer fortzusetzen und mit der Eroberung Belgrads im nächsten Jahr zu krönen. Die Vermittlungsbemühungen des britischen Geschäftsträgers in Konstantinopel, Sir Edward Wortley Montagu, betrachteten der Kaiser und Eugen als ärgerliches Hemmnis. Der turcophile Engländer glaubte allen Ernstes, Wien könnte sich auf eine Rückgabe des Banats einschließlich Temesvárs einlassen, wie es die »Hohe Pforte« über ihn ins Spiel gebracht hatte. »Die Proposition sei recht zum lachen« urteilte Karl gegenüber seinem populärsten Feldherren.[19]

Allerdings würde Habsburg im kommenden Jahr den Kampf gegen die Armeen des Sultans fast allein fortsetzen müssen. Immerhin durfte Eugen auf die Unterstützung durch ein kleines, aber hervorragendes bayerischen Korps zählen und auch die Reichsstände hatten dem Kaiser bereits nach der Schlacht von Peterwardein eine »Türkenhilfe« von 50 Römermonaten bewilligt.[20] Hilfe von den alten Bundesgenossen stand dagegen nicht zu erwarten. Zwar war es Venedig unter der tatkräftigen Führung des aus Sachsen stammenden Generals Matthias Johann Graf von der Schulenburg gelungen, dem Großangriff eines osmanischen Expeditionskorps zu widerstehen, das im Frühjahr 1716 auf Korfu gelandet war. Allerdings hatte erst der Sieg der Kaiserlichen bei Peterwardein die Osmanen zum Abzug von der Insel bewogen. Eugen missfiel dabei die auffällige Untätigkeit der venezianischen Flotte, und er musste jetzt sogar befürchten, es im kommenden Jahr vor Belgrad auch mit den aus Korfu abgezogenen 30 000 Osmanen zu tun zu haben. Das Zarenreich hätte wohl ein Ersatz für die Venezianer sein können, doch in Wien übersah man durchaus nicht Moskaus ambitionierte Attitüde eines Befreiers gegenüber den christlichen Balkanvölkern. Hofkanzler Graf Philipp Ludwig von Sinzendorff beklagte sich in einem Brief an den schweizerischen Diplomaten in britischen Diensten, Francois-Louis Pesmes de Saint-Saphorin, unverblümt darüber, »dass dieser Herr« (der Zar) seinen Alliierten gewöhnlich »mehr beschwerlich falle als Hilfe leiste«.[21] Eher erleichtert bewertete man dann auch in der Hofburg die Absage des Zaren, der zunächst lieber den Krieg gegen die Schweden zum Abschluss bringen wollte.[22] Gerade erst hatten die verbündeten Russen, Dänen und Preußen den Schwedenkönig aus Rügen, seiner letzten Enklave auf Reichsboden, vertrieben.

Eugen verließ die kaiserliche Residenz am 14. Mai 1717. Er hatte in Wien noch abwarten wollen, ob die Kaiserliche Gemahlin Elisabeth Christine mit dem allseits ersehnten Thronfolger niederkommen würde. Es war jedoch ein Mädchen, und die politischen Schwierigkeiten, welche der Monarchie aus einer weiblichen Thronfolge zukünftig erwachsen würden, haben ihn auf seiner donauabwärts führenden Schiffsreise nach Futak gewiss beschäftigt. Am 21. Mai traf der Prinz im kaiserlichen Feldlager ein, wo inzwischen für den geplanten Angriff auf Belgrad rund 100 000 Mann versammelt waren. Ganz Europa erwartete große Dinge, und so hatten sich – zu Eugens Leidwesen – auch etwa 40 Angehörige des Hochadels aller Staaten, darunter sogar ein Enkel Ludwigs XIV., in Futak eingefunden.

Das Hauptheer der Osmanen schien noch weit entfernt, und so wagte der Prinz am 15. Juni bei Pancsova den Brückenschlag über die Donau. Unbehelligt von der starken Belgrader Besatzung, die aus rund 30 000 Mann unter dem Befehl von Mustafa Pascha, dem ehemaligen Kommandanten von Temesvár, bestand, lagerte die kaiserliche Armee zunächst bei Višnica östlich von Belgrad. Am 20. Juni begann sie mit der Errichtung einer Kontravallationslinie zwischen Donau und Save, die halbkreisförmig die Landseite der Festung abschirmte. Da Eugen fest mit dem Angriff eines osmanischen Entsatzheeres rechnete, ließ er außerdem eine äußere Zirkumvallation anlegen und zwei zusätzliche Brücken über Save und Donau errichten.[23] Notfalls konnte er sein Heer über diese beiden Übergänge zurückführen.

Das verzögerte Eintreffen der eigenen schweren Artillerie machte seine Hoffnung auf einen frühen Fall der Festung zunichte. Erst am 22. Juli konnte mit der planmäßigen Beschießung der Festung begonnen werden. Zu spät, um noch eine Kapitulation der Besatzung vor dem Eintreffen des Entsatzheeres zu erzwingen, dessen Spitzen bereits die Morava überschritten hatten. Ende Juli traf auch die osmanische Hauptarmee vor Belgrad ein und schlug im Osten der Festung ihr Lager auf.

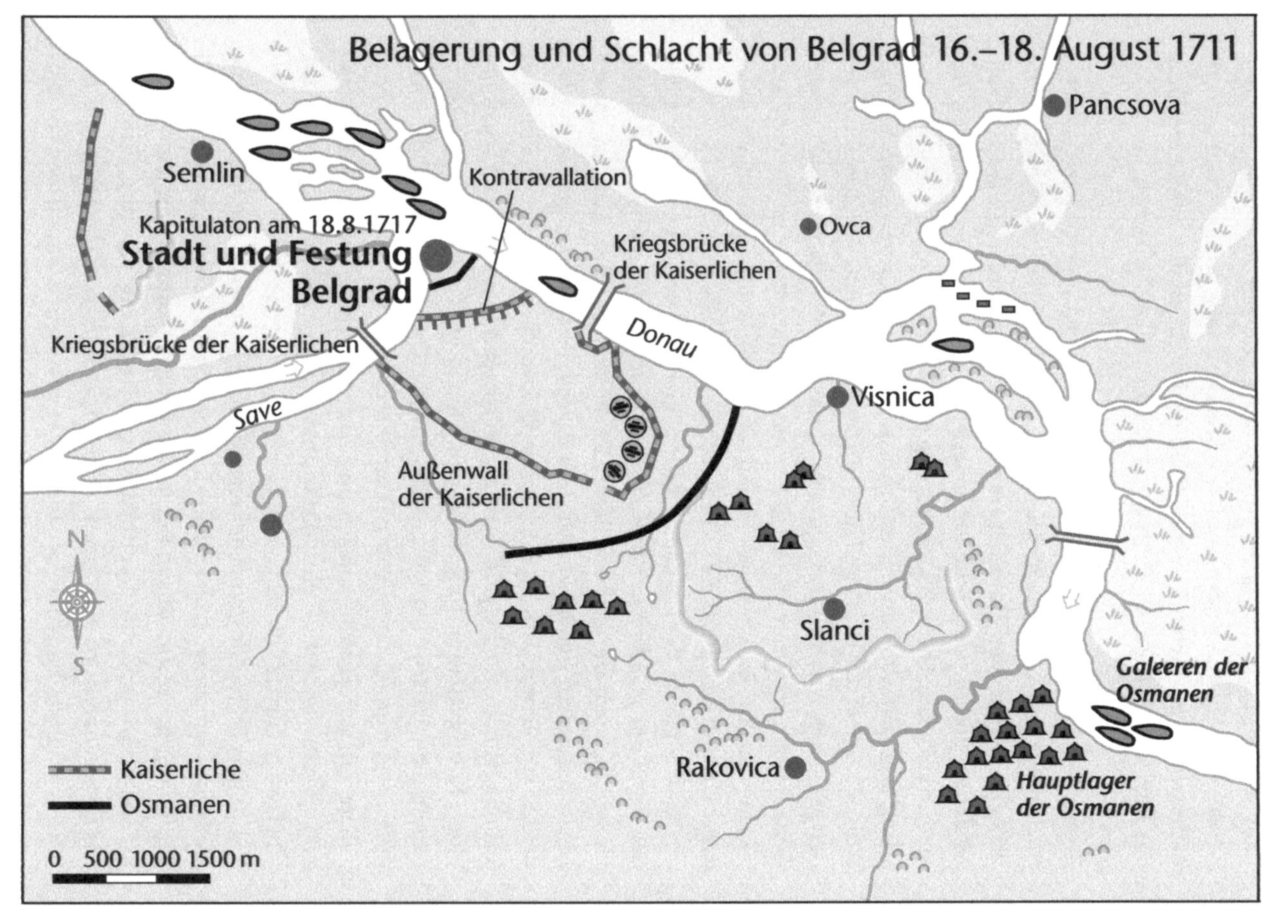

Belagerung und Schlacht von Belgrad 16.–18. August 1711
Pancsova
Ovca
Semlin
Kontravallation
Kriegsbrücke der Kaiserlichen
Donau
Visnica
Save
Kapitulaton am 18.8.1717
Stadt und Festung Belgrad
Kriegsbrücke der Kaiserlichen
Außenwall der Kaiserlichen
Slanci
Rakovica
Galeeren der Osmanen
Hauptlager der Osmanen
N
S
Kaiserliche
Osmanen
0 500 1000 1500 m

Der gefürchtete Kampf an zwei Fronten war jetzt nicht mehr zu vermeiden. Die Stellungen der Kaiserlichen vor der Festung gerieten bald von zwei Seiten so stark unter Feuer, dass Eugen dafür sorgen musste, seine prominenten Gäste auf das sichere Ufer jenseits der Save bringen zu lassen. Die Lage seiner Armee war alles andere als günstig, da die osmanische Donauflottille mit ihren leichten Schiffen die Versorgung auf der Donau empfindlich störte und der ständige Artilleriebeschuss bereits wachsende Verluste in den eigenen Reihen verursachte. Es war offensichtlich, dass Großwesir Halil Pascha keinen Angriff wagen wollte, sondern vielmehr darauf hoffte, dass die Kaiserlichen bald selbst den Rückzug aus ihrer exponierten Lage antreten würden. Eugen blieb keine andere Wahl. Er musste, wie es sein Bewunderer Friedrich der Große später nannte, eine Regelwidrigkeit gegen alle Dogmen der methodischen Kriegführung begehen und eine Belagerungsarmee aus ihren festen Stellungen heraus zum Angriff gegen die Osmanen führen.[24] Für seinen Befreiungsschlag hatte Eugen 60 000 Mann vorgesehen, 10 000 weitere Soldaten sollten in den Stellungen vor Belgrad bleiben, um einen Ausfall der Besatzung zu verhindern. Seinen Angriffsentschluss teilte der Prinz seinen beunruhigten Befehlshabern erst am 15. August 1717 mit und am Abend ergingen die Befehle für den nächsten Tag. Bereits um Mitternacht bezogen die Truppen schweigend ihre Bereitstellungen außerhalb der Zirkumvallation. Die Infanterie im Zentrum führte der bewährte Karl Alexander von Württemberg, die Kavallerie des ersten Treffens der Graf von Pálffy, dahinter stand das zweite Treffen unter Feldmarschall-Leutnant Mercy.[25] Ein plötzlich am Morgen aufziehender dichter Nebel schien die Kaiserlichen zunächst zu begünstigen. Wieder war der Gegner überrascht. Wie bei Peterwardein griff die Kavallerie die Osmanen mit Erfolg auf den Flügeln an. Dagegen geriet Eugens Zentrum unter Druck, als der linke Teil der Infanterie im Nebel die Richtung verlor und damit eine klaffende Lücke aufriss, in die die Janitscharen sofort eindrangen. Die gesamte Front der Kaiserlichen drohte zu zerreißen. Der Prinz konnte die tödliche Gefahr jedoch erst erkennen, als der Nebel gegen 8 Uhr aufriss. Sofort befahl er den Einsatz des zweiten Treffens, das die vorgepreschten Osmanen an beiden Flanken angriff. Der Widerstand des Gegners brach völlig zusammen, als es Pálffys Kavallerie schließlich gelang, eine große osmanische Batterie auf der Bajdina-Höhe zu erstürmen. Noch vor Mittag befand sich das gesamte Entsatzheer des Großwesirs nach nur fünfstündigem Kampf im vollen Rückzug. Eine Finte des Gegners befürchtend, verzichtete Eugen auf eine Verfolgung und hielt seine Truppen an, noch ehe sie das osmanische Lager betreten konnten. Zu groß erschien ihm die Gefahr, dass sich durch Plünderungen seine Reihen auflösen könnten, die ein plötzlich kehrtmachender Gegner im Zusammenwirken mit der Belgrader Besatzung ausnutzen würde.[26] Doch der Gegner kam nicht wieder. Halils Verluste waren zwar nicht viel höher als die der Kaiserlichen gewesen, doch er hatte seine gesamte Artillerie zurücklassen müssen. In einem Brief an den französischen Gesandten Desalleurs sprach der Großwesir verschleiernd von anfänglichen Erfolgen der »Gläubigen«. Dann jedoch habe ein von Gott gesandter Nebel ihn zum Abzug bewogen. Zum Schluss gab sich Halil zuversichtlich, durch Gottes Hilfe bald wieder siegreich zu sein und Rache nehmen zu können.[27]

Hinter den Mauern Belgrads hatte Mustafa Pascha wegen des anfänglichen Nebels zunächst nichts vom Beginn der Schlacht bemerkt. Als seine Truppen nun aber sahen, dass die Kaiserlichen inzwischen sämtliche umliegenden Höhen besetzt hatten, verloren sie den Mut. Schon am 17. August akzeptierte der Kommandant das Übergabeangebot des siegreichen Prinzen und durfte am nächsten Tag die Festung mit allen Soldaten, deren Familien sowie mit Waffen und Gepäck in Richtung Nissa verlassen. Wenigstens hatte er dem Sultan 30 000 Mann der besten Truppen gerettet. Auch Eugen dürfte froh gewesen sein, dass seinem Heer ein blutiger Sturm auf die Festung erspart geblieben war. Spaniens Vorbereitungen zu einem Angriff auf Sizilien und Neapel ließen für das kommende Jahr Schlimmes befürchten, und so war dem Prinzen der Bote Mustafa Paschas, der am 11. September mit einem Angebot der Osmanen zu Friedensverhandlungen im kaiserlichen Feldlager eintraf, hochwillkommen.[28]

Der Sieger von Belgrad und Peterwardein stand jetzt auf dem Höhepunkt seiner Popularität. Ein Lied über den »edlen Prinzen«, das die wesentlichen Etappen der Schlacht beschrieb, kam in diesen Tagen auf. Vielleicht sogar von einem bayerischen Teilnehmer an der Schlacht verfasst, erlangte es im Reich schnell große Verbreitung.[29] Der in Paris geborene Italiener, der die Deutschen vor der Türkenherrschaft bewahrt hatte, erschien jetzt auch manchem Balkanvolk als neuer Retter vor der »türkischen Sklaverei«. Ein Schreiben des orthodoxen Erzbischofs und Patriarchen von Illyrien erbat von »unserem allergnädigsten Monarchen Carolo« Hilfe und Unterstützung, um Serbien von den Türken zu erlösen und »Königreich und Nation der Serben unter seinen gnädigen Schutz zu bringen«.[30]

Eugen war jedoch Realist genug, um zu erkennen, dass der Zustand seiner Armee kaum einen Marsch auf Konstantinopel erlauben würde. Für die anstehenden Friedensverhandlungen mit den Osmanen empfahl er den kaiserlichen Unterhändlern, dem Grafen von Virmond und dem Freiherrn Michael von Talmann, einen Abschluss auf der Basis des jeweiligen Besitzstandes anzustreben. Die vom Gegner noch in Serbien gehaltenen Städte Nissa und Widin sollten demnach nicht beansprucht werden, wohl aber das gesamte Banat und der westliche Teil der Walachei. Dank Eugens Doppelstrategie des fortgesetzten Rüstens bei gleichzeitiger Gesprächsbereitschaft kamen beide Seiten schließlich Anfang Juni 1718 bei dem serbischen Ort Passarowitz (Požarevac) an der Morava zusammen, entlang der damals die Demarkationslinie verlief. Der allzu türkenfreundliche Sir Wortley Montague, der die »Hohe Pforte« in ihrem Bemühen bestärkt hatte, Belgrad gegen eine andere Festung zurückzutauschen, war inzwischen als Vermittler auf Drängen Wiens durch den neutraleren Sir Robert Sutton abgelöst worden. Eugen lenkte von seinem Belgrader Hauptquartier aus die Verhandlungen, deren Richtlinien er sich vom Kaiser hatte genehmigen lassen. Beide Parteien einigten sich auf insgesamt 20 Artikel, die am 21. Juli 1718 in einem Zelt feierlich unterzeichnet wurden und nach dem besonderen Wunsch der Osmanen zunächst für 24 Mondjahre gültig sein sollten. Venedig erhielt als Ausgleich für den Verlust der Peloponnes einige Gebiete an der albanischen Küste. Im Vorjahr hatte die *Serenissima* noch einmal wie in den Tagen des großen Morosini einen Flottenvorstoß gegen die Dardanellen unternommen und die osmanische Flotte zu einem Gefecht gestellt, das allerdings nach acht Stunden ohne Entscheidung zu Ende gegangen war. Es war die letzte große Seeoperation der Markusrepublik, so wie auch der 1733 noch einmal erneuerte Vertrag von Passarowitz ihr letztes Abkommen mit der »Hohen

Pforte« sein sollte. In den ihr noch verbleibenden 80 Jahren würde es für die klein gewordene Lagunenstadt keine hohe Politik mehr geben.[31]

Für Habsburg bedeuteten dagegen der Besitz von Belgrad und die Garantie des freien Handels für alle Untertanen des Kaisers im gesamten Osmanischen Reich einen politischen Paradigmenwechsel. Erstmals hatte es als eindeutig überlegene Verhandlungspartei auftreten können. Bekräftigt werden sollte der Frieden durch zwei aufwendige Gesandtschaften, die im folgenden Jahr jeweils nach Wien und Konstantinopel abgingen.[32] Mit den Siegen von Peterwardein und Belgrad hatten die Armeen des Kaisers ihre militärische Dominanz auf dem Balkan zementiert. Gerne noch hätte Wien auch Bosnien und die Herzegowina in Besitz genommen, doch mit Blick auf den wachsenden Einfluss Russlands unter den orthodoxen Balkanvölkern konnte der Kaiser ein osmanisches Reich, das sich südlich der Donau stabilisierte und keine Revancheabsichten mehr verfolgte, durchaus als Nachbarn akzeptieren.

3 Belgrad und die Ehre verloren
Der »vergessene Türkenkrieg« von 1737–1739

»So ist doch mit einer so schönen und mit allem wohlversehenen Armee zu einer Zeit, wo kein Feind vorhanden war, nicht nur nichts ausgerichtet, sondern im Gegenteil das ohne Schwertstreich überkommene Nissa, demselben, wo nicht aus geflissentlicher widriger Absicht, doch aus mannigfaltigen recht unbeschreiblich großen Verschulden wieder in die Hand gespielt worden.«

Kaiserliches Zirkularschreiben an die kaiserlichen Gesandten auf dem Reichstag
und anderen Höfen vom 29. November 1737[1]

Acht Jahre nach dem Frieden von Passarowitz unterzeichneten Russland und Habsburg am 6. August 1726 eine Allianz, die mit einigen Unterbrechungen fast bis zum Ende des Jahrhunderts Bestand haben sollte. Jede der beiden Mächte erklärte sich bereit, der anderen Seite mit einem Korps von 30 000 Mann zu Hilfe zu kommen, falls sie in Europa angegriffen würde. Für den Fall eines russisch-osmanischen Krieges verpflichtete sich Österreich sogar zu einer »Diversion« auf dem Balkan, obwohl Kaiser Karl VI. durchaus kein Interesse an einem neuen »Türkenkrieg« hatte.[2] Doch St. Petersburgs Anerkennung der künftigen Integrität des habsburgischen Besitzes auch unter Karls Tochter und Erbin Maria Theresia erschien als Preis für den politischen Blankoscheck durchaus angemessen. Ohnehin hatte das Zarenreich auch nach dem Ende des Nordischen Kriegs keine akuten Absichten erkennen lassen, es noch einmal auf eine bewaffnete Auseinandersetzung mit dem Osmanischen Reich ankommen zu lassen.

Nicht zuletzt aber hatte Wien mit dem Bündnis von 1726 die Gefahr einer russisch-französischen Annäherung, die von Zar Peter I. in seinen letzten Regierungsjahren tatsächlich angestrebt worden war, bannen können. Peters profranzösischen Kurs hatte sein politischer Protegé Heinrich Johann Ostermann auch nach dem Tod des Zaren (1725) zunächst weiterverfolgen wollen. Der aus Westfalen stammende Großkanzler des Reiches hätte es sogar akzeptiert, dass ein mit Russland verbundenes Frankreich, das sich als Schutzmacht der »Hohen Pforte« fühlte, in keinem Fall einen russischen Versuch der Rückeroberung von Asow billigen würde. Dass aber die französische Krone inzwischen auch bestrebt war, den einst von Zar Peter vertriebenen Stanisław Leszczyński wieder zum König von Polen wählen zu lassen, konnte Ostermann nur als Überschreiten einer roten Linie werten.

Da auch Habsburg entschieden gegen die Einsetzung Leszczyńskis war, der als Schwiegervater Ludwigs XV. nicht mehr als eine französische Marionette auf dem polnischen Thron sein würde, bot es sich für Russland als politische Alternative zu Frankreich geradezu an.

Auch mit der Hofburg an seiner Seite blieb Ostermanns Kurs gegenüber der »Hohen Pforte« vorerst zurückhaltend. Selbst als im September 1730 ein Aufstand der wieder einmal unzufriedenen Janitscharen die Hauptstadt in ein blutiges Chaos stürzte und sogar das Ende Sultan Ahmeds III. herbeiführte, lehnte er einen Krieg gegen die Osmanen ab. Ostermann misstraute den optimistisch klingenden Einschätzungen seines Geschäftsträgers in Konstantinopel, Alexei A. Weschnjakow, der in leidenschaftlichen Wendungen wiederholt einen »vollständigen und grauenhaften Zusammenbruch« aller staatlichen Autorität im Osmanischen Reich beschwor und jetzt die Zeit gekommen sah, den »mohammedanischen Hochmut für immer zu zähmen«.[3]

Der Deutsche mochte die Möglichkeit eines russisch-türkischen Krieges nicht grundsätzlich ausschließen, wollte sich aber militärisch den Rücken freihalten, solange angesichts des bevorstehenden Todes König Augusts II. (des Starken) von Polen die Thronfolge in Warschau noch offen war. Noch wusste er dem Tatendrang seines Landsmannes Burkhard Christoph von Münnich Grenzen zu setzten. Der ehrgeizige Norddeutsche hatte wie Ostermann seine Karriere in russischen Diensten bereits unter Peter I. begonnen und sich vor allem als Erbauer des Lagodakanals einen Namen gemacht. 1732 hatte ihn Zarin Anna Iwanowna, die Nichte und Nachfolgerin Peters, zum Präsidenten des Kriegskollegiums und Gouverneur von St. Petersburg ernannt.[4] In einem Krieg gegen die Osmanen sah der Graf, den Friedrich der Große im Rückblick bewundernd einen russischen Eugen nennen sollte, eine willkommene Gelegenheit, die von ihm reformierte Armee in eine erste Bewährungsprobe zu führen.

Zunächst aber sah sich Russland gezwungen, nach dem Tod des polnischen Königs den französischen Nachfolgekandidaten zu verhindern. Ein russisches Korps belagerte Leszczyński in Danzig und setzte mit Gewalt die Wahl des sächsischen Kurfürsten Friedrich August II. zum König von Polen durch. Frankreich fühlte sich düpiert und erklärte dem Kaiser, der die Russen unterstützt hatte, den Krieg. Nach zwei ergebnislosen Feldzügen am Rhein und in Italien musste Wien in einen unvorteilhaften Frieden einwilligen. Karl VI. verzichtete auf das von den Spaniern bereits besetzte Neapel und akzeptierte überdies, dass Stanisław Leszczyński als Ersatz für die entgangene polnische Krone das Stammland Herzogs Franz Stephan von Lothringen erhielt. Dass der zukünftige Schwiegersohn des Kaisers mit dem toskanischen Großherzogtum entschädigt werden sollte, war da nur ein nur schwacher Trost.

Der unglückliche Verlauf des Krieges hatte zudem gezeigt, dass das Zeitalter der großen habsburgischen Heerführer unwiderruflich sein Ende gefunden hatte. Prinz Eugen hatte zwar noch einmal an der Spitze des Reichsheeres gestanden, aber seine legendäre Kühnheit war längst zu einer blassen Erinnerung geworden, wie der ins kaiserliche Feldlager gereiste Kronprinz Friedrich von Preußen ernüchtert feststellen musste. Eugens Tod am 21. April 1736 machte schließlich Habsburgs personelle Notlage für jedermann offensichtlich.

Dass die Generalität des kaiserlichen Heeres inzwischen aus meist wichtigtuerischen und entscheidungsscheuen Kretins bestand, war allerdings auch Eugens zweifelhaftes Vermächtnis. Der bevorstehende Waffengang gegen das Osmanische Reich sollte nicht nur schonungslos sämtliche Schwächen des kaiserlichen Heerwesens offenlegen, sondern sogar mit einer politisch-moralischen Katastrophe für Wien enden.

Anders als der Kaiser in Wien strotzten Ostermann und Münnich nach der Erledigung der polnischen Thronfolge vor Selbstbewusstsein. Endlich schien der Weg zu einem neuen Türkenkrieg freigemacht. Auch Zarin Anna Iwanowna fand inzwischen Gefallen an dem Gedanken, in die Fußstapfen ihres großen Onkels zu treten und Asow wieder mit dem Reich zu vereinen. Selbst der altrussische Adel hatte plötzlich Sympathien für die Befreiung seiner orthodoxen Glaubensbrüder auf dem Balkan.

Den willkommenen Anlass zum Krieg hatten wieder einmal die Krimtataren geliefert. Schon 1733 waren sie während des osmanisch-persischen Krieges mit ihrer Armee durch das von Russland beanspruchte Dagestan gezogen. Nur drei Jahre später griffen die Russen, angeblich erneut von den Tataren provoziert, mit je einer Armee die Krim und Asow an. Dabei hatten die Feldmarschalle Münnich und Peter Graf von Lacy zunächst große Erfolge. Die Festung an der Mündung des Don fiel ein Vierteljahrhundert nach ihrem Verlust wieder in die Hand des aus Irland stammenden Feldmarschalls. Auf der Krim hatten Münnichs Truppen die Landenge von Perekop gestürmt und schließlich die Hauptstadt der Tataren, Bakchisarai, besetzt. Dann aber musste er mit seiner durch Krankheiten und Hunger dezimierten Armee schon Ende Juli wieder den Rückzug antreten.[5] Die Russen sollen dabei nach Schätzungen des späteren preußischen Generals Christoph Hermann von Manstein mehr als 30 000 Mann verloren haben.[6]

In Wien weigerte sich der Kaiser zunächst, trotz aller Beteuerungen aus St. Petersburg, von den Osmanen provoziert worden zu sein, den Bündnisfall anzuerkennen. Unterstützt von Großbritannien und den Generalstaaten bot er stattdessen seine Vermittlung an. Mehr als einen Sieg der Osmanen fürchtete man in der Hofburg einen russischen Erfolg, der die dauernde Besetzung Moldawiens und der Walachei zur Folge haben könnte. Ostermann war irritiert und antwortete dem habsburgischen Botschafter in St. Peterburg, Heinrich Carl von Ostein, dass er im Prinzip keine Einwände gegen die »guten Dienste« des Kaisers habe. Zugleich erinnerte er aber an Russlands im Vorjahr an den Rhein entsandtes Hilfskorps und forderte nochmals den Kriegseintritt Wiens.

Dort hatten inzwischen trotz der desolaten finanziellen Lage und des verzweifelten Zustandes der Armee die Befürworter eines neuen »Türkenkrieges« unter Feldmarschall Prinz Josef Friedrich von Sachsen-Hildburghausen immer mehr an Einfluss gewonnen. Der langjährige Befehlshaber an der kroatischen Militärgrenze hoffte, durch Gewinne in Bosnien und Albanien die jüngst erlittenen Verluste in Italien wettmachen zu können. Der Kaiser mochte sich diesem verführerischen Gedanken immer weniger verschließen und ließ endlich konkrete Verhandlungen mit Ostermann aufnehmen. Im Januar 1737 bekräftigten beide Parteien noch einmal ihre alten Bündnisverpflichtungen gegenüber dem Osmanischen Reich und vereinbarten außerdem einen gemeinsamen Kriegsplan. Die Russen wollten die Festung Oczakow am Bug erobern, um im Jahr darauf zur Donau vorstoßen zu können, während Habsburg versprach, mit einer Armee von 80 000 Mann über die Donau nach Bulgarien vorzurücken.[7]

Der Kaiser gab seine Zustimmung, obwohl er es lieber gesehen hätte, wenn die Russen direkt über den Pruth gegangen wären, um so näher an der österreichischen Armee zu operieren. Zum Oberbefehlshaber seiner sich bei Belgrad sammelnden Hauptarmee hatte Karl VI. noch auf Prinz Eugens Empfehlung den 64-jährigen Feldmarschall Friedrich Heinrich Reichsgraf von Seckendorff ernannt. Wie Hildburghausen war der gebürtige Franke ein Protestant, der sich bisher in allen Kriegen Habsburgs »Ehre und Reputation erworben«[8] hatte und als kaiserlicher Gesandter in Berlin die Anerkennung der Pragmatischen Sanktion durch Preußen erwirken konnte.

Niemand hätte allerdings voraussehen können, dass Seckendorffs lange und beeindruckende Karriere im Dienst Habsburgs nach nur fünf Monaten mit seiner Festnahme und der Verurteilung zur Festungshaft enden sollte. Der neue Oberbefehlshaber wie auch sein Nachfolger Graf Friedrich Paul Wallis waren jedoch nur die Bauernopfer einer orientierungslosen Politik Wiens, die sich um jeden Preis an Russland klammern wollte, dabei aber vollkommen in das politische Fahrwasser des östlichen Alliierten geraten war. Schon die Debatte um Habsburgs Kriegsziele und die Operationsführung der kaiserlichen Armee offenbarte eine grundsätzliche Verlegenheit der kaiserlichen Politik. Es gab keinen wirklichen Dissens mit der »Hohen Pforte«, und der in Passarowitz vereinbarte Besitzstand war von den Osmanen bisher nie ernstlich infrage gestellt worden. Allenfalls die Eroberung Bosniens hätte zu einer sinnvollen Abrundung des kaiserlichen Besitzstandes auf dem Balkan führen können, doch aus Bündnisrücksichten hatte sich Wien entschlossen, im Schulterschluss mit der russischen Armee über die Donau ins osmanische Kerngebiet vorzustoßen.

Der ehrgeizigste Plan stammte von dem habsburgischen Residenten in Konstantinopel, Michael Freiherr von Talmann. Obwohl ursprünglich ein Gegner des »Türkenkrieges«, trat er jetzt für eine große Offensive über Widin auf Saloniki zur Befreiung Serbiens und Makedoniens ein. Dazu wäre allerdings eine Zusammenfassung aller verfügbaren Truppen erforderlich gewesen, doch zur Entblößung der Grenzgebiete fehlte der Mut, und so führten die Beratungen in der Hofburg nur zu einem Kompromiss. Seckendorff sollte mit seiner Armee, die auf dem Papier eine Stärke von 57 000 Mann aufwies, zunächst die Donaufestung Widin erobern und damit den Weg nach Bulgarien öffnen, wo er das Erscheinen der Russen abzuwarten hatte. Schnell und energisch ausgeführt, hätte dieser Vorstoß durchaus den Kaiserlichen alle militärischen Optionen belassen.

Durch Dauerregen und Hochwasser verursachte Schäden an den Donaubrücken sorgten allerdings dafür, dass Seckendorffs Armee erst Ende Juli 1737 abmarschbereit war. Entgegen dem vereinbarten Plan ließ der Feldmarschall seine Truppen zunächst entlang der Morava auf Nissa marschieren. Über die Grenze vorausgeschickte Boten überbrachten dem konsternierten Pascha und Kommandanten der Festung die Kriegserklärung des Kaisers. Dessen Bitte um eine zehntägige Frist, in der er Instruktionen aus Konstantinopel einholen wollte, lehnte Seckendorff barsch ab, und so musste die mit nur 500 Verteidigern besetzte Stadt bereits am 28. Juli gegen freien Abzug kapitulieren.

Vollmundig durfte der Feldmarschall nach Wien melden, dass nunmehr auch der Rest von Serbien der »bottmäßigkeit« der Kaiserlichen Majestät unterworfen sei.[9] Anstatt nun aber forciert mit der ganzen Armee auf Widin vorzurücken, verharrte Seckendorff für beinahe sechs Wochen untätig in seinem Lager bei Nissa. Den wiederholten Aufforderungen des Hofkriegsrates zu einer tatkräftigeren Operationsführung widersetzte er sich mit weitschweifigen Denkschriften.[10] Wie so oft zeigte sich auch im Falle Seckendorffs, dass Offiziere, die sich unter großen Befehlshabern bewährt hatten, jämmerlich versagten, wenn sie schließlich selbst an der Spitze einer großen Armee standen.

Lediglich ein schwaches Aufklärungskorps von sechs Regimentern Kavallerie und 20 Grenadierkompanien unter dem Befehl des Grafen Ludwig Andreas von Khevenhüller setzte er Anfang August nach Widin in Marsch. Offenbar hatte Seckendorff gehofft, dass sich sein leichter Anfangserfolg wiederholen würde, sah sich aber bald eines anderen belehrt. Der Kommandant von Widin betrachtete Khevenhüllers bescheidene Streitmacht, die nur vier Geschütze mit sich führte, nicht als wirkliche Bedrohung und erwiderte auf dessen Aufforderung zur Kapitulation, dass er sich bis auf den letzten Mann wehren wolle.[11]

Selbst jetzt rührte sich Seckendorff nicht von der Stelle. Lediglich dem General von Wallis erteilte er den Befehl, mit seinem in der Walachei operierenden Korps die Truppen Khevenhüllers gegen osmanische Entsatzversuche abzuschirmen. Allmählich wurde dem Kaiser und seinem Hofkriegsrat klar, dass der gesamte Krieg in ein Desaster münden musste. Schon am 4. August 1737 hatte auch der Prinz von Sachsen-Hildburghausen mit seinem vor Banja Luka stehenden Korps eine empfindliche Schlappe gegen ein lokales Aufgebot der Osmanen einstecken müssen. Mehr als 1000 Mann waren dabei verloren gegangen. Anstatt aber dem keineswegs überlegenen Gegner eine zweite Schlacht zu liefern, entschied sich der General zum Rückzug zur Save. Ohne ersichtlichen Grund gab Seckendorff darauf seine Position vor Nissa auf, um sich mit Hildburghausen zu vereinigen. Gemeinsam wollte er jetzt einen zweiten Anlauf zur Eroberung Bosniens unternehmen. Es war ein Strategiewechsel mitten im Feldzug, und ein ebenso skeptischer wie resignierender Kaiser drückte in einem Schreiben die Hoffnung aus, dass sich der Feldmarschall nun wenigstens in Bosnien beweisen könne.[12]

In Nissa hatte der unstete Seckendorff den General Nikolaus Doxat de Morez, einen gebürtigen Schweizer, mit 6000 Verteidigern zurückgelassen. Selbst in den Straßen von Wien verursachten die schwächliche Kriegführung der kaiserlichen Generale und ihre fortgesetzten Missgeschicke inzwischen Sorge und Unmut. Zu wach war noch die Erinnerung an die großen Siege Eugens.[13]

Schlimmer noch als das fortgesetzte Dilettieren seiner Generale traf den Kaiser freilich der frühzeitige Rückzug der russischen Verbündeten in die ukrainischen Winterlager. Zwar hatten Münnichs Truppen im August 1737 die Festungen Oczakow und Kinburn erstürmen können, sahen sich aber wegen der üblichen Versorgungsprobleme und der Tataren in ihrem Rücken außerstande, ihren beachtlichen Erfolg mit einem Vorstoß zur Donau zu krönen.[14]

Münnichs Abzug verschaffte Großwesir Muhsinzade Abdullah den Spielraum, seine Truppen gegen die Kaiserlichen an der Donau zu führen. Von rund 16 000 Sipahis angegriffen, mussten sich Khevenhüller und Wallis am 28. September von Widin, wo sie bisher nichts ausgerichtet hatten, zurückziehen.

Nur zwei Wochen später erschienen die Osmanen vor Nissa. Doxat bat um Unterstützung, erhielt aber von Seckendorff keine Antwort und kapitulierte schon am 16. Oktober gegen freien Abzug. Bis dahin hatten die Osmanen nicht eine einzige Granate auf die Festung gefeuert, angeblich aber sollen die Wasservorräte nur noch für drei Tage gereicht haben. Als der Schweizer mit seiner Besatzung Anfang November nach Belgrad gelangte, wurde er verhaftet und musste sich vor einem Kriegsgericht verantworten. Er habe seine Festung ohne Not übergeben, lautete der Vorwurf. Dass dem unglückseligen Doxat einige Monate später der Kopf abgeschlagen wurde, vermochte die habsburgische Führungsmisere freilich ebenso wenig zu lösen wie Seckendorffs Abberufung und Arretierung. Es fehlten dem Kaiser Kommandeure mit Herz, und in der *Geschichte meiner Zeit* vermerkte Friedrich der Große, dass die österreichischen Generale nicht nur erwartungsgemäß an der Aufgabe gescheitert waren, den Platz des großen Eugen auszufüllen, sondern untereinander auch so zerstritten wie die Nachfolger Alexanders gewesen seien.[15] Sein späterer Entschluss zur Besetzung Schlesiens dürfte maßgeblich von der Blamage Habsburg gegen die Osmanen bestimmt gewesen sein.

»Die Ehre unserer Waffen [hat] in den Augen der Welt empfindlichen Anstoß gelitten«, schrieb der verzweifelte Kaiser in einem auf den 23. November 1737 datierten Reskript an seine Gesandten.[16] Die Hoffnung auf Besserung hatte er wohl aufgegeben, und auch die Verhandlungen mit den Osmanen hatten zuvor zu keinem akzeptablen Resultat geführt. Ein bereits im August in der podolischen Stadt Niemirów zusammengetretener Kongress aller Kriegsparteien war im Oktober ergebnislos beendet worden. Während die Russen den Besitz von Oszchakov und Kinburn beansprucht hatten, waren die Osmanen durch ihre jüngsten Erfolge selbstbewusst geworden und hatten von den Kaiserlichen sogar die Herausgabe Belgrads und des Banats gefordert.[17]

Da somit für das Kaiserhaus ein glimpflicher Ausweg aus dem bisher so unglücklich verlaufenen Krieg nicht in Sicht war, sah sich Wien gezwungen, einen neuen Feldzug vorzubereiten. Dieser würde allerdings unter erheblich ungünstigeren Bedingungen geführt werden müssen, da sich die Osmanen jetzt völlig auf die Kaiserlichen konzentrieren wollten. Überdies brüskierte Feldmarschall Münnich seinen Alliierten, indem er es glatt ablehnte, ein russisches Hilfskorps nach Ungarn in Marsch zu setzen.[18]

Schon im Mai 1738 setzte ein osmanisches Heer bei Orsova über die Donau und begann mit der Plünderung des Banats. Am 27. Mai musste die Festung Mehadia gegen freien Abzug kapitulieren. Ein von Graf Lothar von Königsegg von Temesvár herangeführtes Heer konnte den Gegner zwar in einer zweistündigen Schlacht bei Kornea am 4. Juli 1738 zum fluchtartigen Rückzug zwingen. Die Siegeseuphorie in Wien fand jedoch ein abruptes Ende, als die Nachricht eintraf, dass Königseggs Korps, angeblich wegen Versorgungsproblemen, das gesamte Banat aufgegeben hatte, um sich nach Belgrad zurückzuziehen. Die Armee könne wegen »Abgangs der Subsistenz weder weitergehen noch stehenbleiben«, meldete der Feldmarschall nach Wien. Der Kaiser war wieder einmal entsetzt und enthob Königsegg, der immerhin auch Präsident des Hofkriegsrates war, von seinem hohen Feldkommando. Seinen Kopf durfte Königsegg jedoch behalten. Anstelle eines Kriegsgerichtes erwartete ihn der bedeutungslose Posten eines Obersthofmeisters der Kaiserin Elisabeth-Christine.[19]

Die Osmanen nutzten die Schwäche der kaiserlichen Kriegführung erbarmungslos aus, besetzten Orsova und Mehadia, das sie nach ihrer Niederlage bei Kornea zeitweilig aufgegeben hatten, und eroberten am 15. September 1738 das serbische Smederevo. Nur drei Tage später gelangten sie mit ihrer Vorhut sogar bis vor die Tore Belgrads, in dessen Lazaretten zu dieser Zeit täglich bis zu 100 Mann starben.[20] Noch ehe die Kaiserlichen Gegenmaßnahmen ergreifen konnten, zogen sich die Osmanen jedoch wieder zurück.

Damit endete das zweite Kriegsjahr mit einer ähnlichen trostlosen Bilanz wie das erste. Mit Ausnahme Belgrads waren sämtliche Eroberungen Eugens inzwischen verloren. Erwartungsgemäß brachten die während des Winters mit den Osmanen geführten Verhandlungen keine akzeptablen Ergebnisse, und so sah man sich in Wien mit größtem Widerwillen gezwungen, in ein drittes Kriegsjahr einzutreten. Freilich fand sich auch jetzt weder ein zweiter Eugen noch eine erfolgversprechende Strategie. Auch die Hoffnung auf eine direkte russische Unterstützung zerschlug sich, als einem von der Zarin bereits zugesagtem Korps von 20 000 Mann, das von der Ukraine nach Siebenbürgen aufbrechen sollte, vom polnischen König August III. auf Druck Frankreichs und Schwedens der Durchmarsch verweigert wurde.[21] Immerhin schien Münnich endlich bereit, mit seinem Hauptheer den Vorstoß zur Donau zu wagen. Ende Juli 1739 überschritten die Russen den Dnjestr und zerschlugen am 27. August bei Stawutschan ein überlegenes osmanisches Heer. Nach dem Fall der benachbarten Festung Chotin erreichte Münnich den Pruth und besetzte am 15. September die Stadt Jassy. Dort überraschte den russischen Heerführer die Nachricht vom Abschluss eines Separatfriedens der Habsburger mit der »Hohen Pforte«, dessen zentrale Bedingung die Räumung Belgrads vorsah.

Zwei Namen stehen für dieses beispiellose militärische Scheitern Österreichs, durch das der politische Ertrag einer fast 30-jährigen Regierungszeit Karls VI. vollständig verspielt worden war. Georg Olivier Graf von Wallis war irischer Abstammung. Schon sein Vater hatte unter dem habsburgischen Doppeladler als General gedient, und der jüngere Wallis hatte es im Dienst des Kaisers trotz charakterlicher Schwächen sogar zum Feldmarschall und zum Gouverneur von Belgrad gebracht.[22] Jetzt sollte der 65-jährige Ire sogar in die Fußstapfen Eugens treten und das kaiserliche Heer an der Donau führen.

Auf dem Papier hatte Habsburg wieder beträchtliche Streitkräfte aufgeboten. Während Wallis im Frühjahr 1739 bei Peterwardein das Hauptheer in einer Stärke von 56 000 Mann versammelte, befehligte Wilhelm Reinhard Graf von Neipperg, die zweite Verhängnisgestalt des habsburgischen Katastrophenjahres, im Raum von Temesvár ein Korps von rund 18 000 Mann. Weitere 15 000 Soldaten dienten als Besatzung von Belgrad.[23]

Ziemlich schnell wurde klar, dass sich das bei Sofia unter dem Großwesir Hacı İvaz Mehmed sammelnde osmanische Heer gegen Belgrad wenden würde. Als die Osmanen am 24. Juni die Morava bei Nissa überschritten, postierte Wallis seine Armee östlich von Belgrad bei Mirova und gab Neipperg den Befehl, sich unverzüglich dem Hauptheer anzuschließen.

Nach dem orientierungslosen Detachieren und Marschieren der vergangenen beiden Feldzüge schien nun endlich wieder der Geist des Savoyer Prinzen in die Armee Einzug gehalten zu haben. Über den Besitz Belgrads sollte eine Feldschlacht entscheiden, in der seit Langem alle taktischen Vorteile aufseiten der Europäer liegen würden. Dann aber lief alles schief. Wallis versäumte es, nach dem Rat des Prinzen von Sachsen-Hildburghausen frühzeitig eine günstige Stellung östlich von Belgrad bei Smederevo zu beziehen. Er wollte erst das Eintreffen Neippergs abwarten. Dann aber ereichte am 21. Juli das kaiserliche Hauptquartier die Meldung, dass ein osmanisches Korps in Stärke von 4000 Mann in unmittelbarer Nähe von Belgrad die Höhen von Grocka besetzt hatte. Im Glauben, es nur mit einer Vorhut des Großwesirs zu tun zu haben, entschloss sich Wallis nun doch ohne Neippergs Korps und ohne weitere Aufklärung zum Angriff auf die scheinbar isolierte osmanische Abteilung. Die vom schnellen Marsch ermüdete Kavallerie der Kaiserlichen traf als Erstes auf den Feind, der sich inzwischen aber schon erheblich verstärkt hatte. Die Reiter mussten im Feuer der gegnerischen Artillerie ein Défilé passieren und konnten sich auch danach in dem hügeligen und mit Weinstöcken bepflanzten Gelände kaum zum Angriff auf die vom Feind besetzte Höhenlinie entfalten. Trotzdem hielten sie so lange im Feuer aus, bis die Infanterie endlich nachgerückt war. Längst war den Angreifern klar geworden, dass sie es nicht nur mit einer Vorhut, sondern mit der gesamten Armee des Großwesirs zu tun hatten. Dennoch konnten Wallis Truppen bis zum Abend mit einem Verlust von allerdings 5800 Toten und Verwundeten die Osmanen zum Rückzug zwingen und das umkämpfte Höhengelände besetzen. Obwohl inzwischen auch Neippergs Korps in der Nähe stand, verzichtete Wallis auf eine Verfolgung des Großwesirs und ging trotz heftigster Einwände seiner Generale zunächst auf Belgrad zurück. Am 26. Juli wechselte er sogar auf das linke Donauufer, um ein gegen Panscova vorrückendes osmanisches Korps zu schlagen, was am 30. Juli auch gelang.

Inzwischen aber war Großwesir Hacı İvaz Mehmed mit der Hauptarmee gegen Belgrad vorgerückt und hatte bereits mit der Beschießung der Festung begonnen. Der beunruhigte Kaiser wie auch sämtliche Generale bedrängten den Iren, so schnell wie möglich eine Stellung bei Semlin zu beziehen, um Belgrad zu stärken. Dort hatte sich die Lage offenbar arg verschlechtert. Jedenfalls sprach der Kommandant der Festung, General von Suckow, in einer am 12. August abgegangenen Meldung schon von der Möglichkeit, die Festung aufzugeben. Als Wallis am 29. August nach einem zeitraubenden Umweg, der ihn ein Stück entlang der Theiß nach Norden geführt hatte, endlich vor Semlin eintraf, hielt Belgrad jedoch weiter stand. Noch war nichts verloren. Da ging am 1. September eine schockierende Meldung im kaiserlichen Feindlager ein. Der Kaiser hatte Frieden mit den Osmanen geschlossen und Belgrad geopfert.

Schon am 11. August hatte Karl VI., von Wallis' wiederholten pessimistischen Meldungen zermürbt, den Grafen Neipperg bevollmächtigt, mit dem Großwesir über einen Frieden zu verhandeln.[24] Obwohl der Feind in den Schlachten von Grocka und Pancsova beide Male den Rückzug hatte antreten müssen, Belgrad noch längst nicht vor dem Fall stand und sich die kaiserliche Hauptarmee weiterhin unangefochten im Feld hielt, war der Kaiser bereit, notfalls die wichtigste Festung des Balkans im Tausch gegen Mehadia und Orsova herauszugeben. Nur drei Jahre nach dem Tod des großen Savoyers beerdigte man nun auch dessen Vermächtnis. Neipperg beging überdies den unglaublichen Fehler, sich, ohne im Gegenzug osmanische Geiseln erhalten zu haben, ins Feldlager des Großwesirs zu begeben. Hacı İvaz Mehmed behandelte den Ankömmling sogleich wie einen Gefangenen, untersagte Neipperg jede Verbindungsaufnahme mit Wien und ließ auch alle kaiserlichen Botschaften abfangen, in denen ihm jetzt die Übergabe Belgrads ausdrücklich untersagt wurde.

Im Einvernehmen mit dem französischen Gesandten Louis de Villeneuve bestand der Großwesir in schärfsten Tönen auf der Herausgabe der Festung, die ihm angeblich schon von Wallis nach der Schlacht von Grocka angeboten worden sei.[25] Derart unter Druck gesetzt, sah der kaiserliche General keinen anderen Ausweg mehr, als am 1. September im Zelt des Franzosen den Vorfrieden zu unterzeichnen, der den Verlust von Belgrad und Šabac einschließlich des nördlichen Serbiens sowie der kleinen Walachei besiegelte. Einzig das Temesvárer Banat sollte im Besitz der Habsburger verbleiben. Dass der Kaiser im Besitz einer ungeschlagenen Armee sich auf diese erpressten Bedingungen überhaupt einließ und Wallis beauftragte, die Vereinbarungen am 19. September 1739 in seinem Namen zu unterzeichnen, enthüllt das ganze Ausmaß der Hilflosigkeit habsburgischer Politik in der Endphase seiner Regierung. Der Prestigeverlust des Kaisers war unermesslich. Ganz Europa schüttelte den Kopf, die orthodoxen Völker des Balkans wandten sich enttäuscht vom Kaiserhaus ab und betrachteten fortan Russland als ihre christliche Schutzmacht. Selbst Osmanen wie der Gesandte Resmî Ahmed Efendi, der 1757 im Auftrag der »Hohen Pforte« die Stadt Wien aufsuchte, betrachteten die feine Wiener Gesellschaft mit unverhohlener Verachtung. »Da sich ihr ganzes Sinnen und Trachten auf Unterhaltung beschränkt, so erhellet hieraus, wie wenig sie aufgelegt seyn, sich gegen den König von Preußen oder gegen andere Feinde zu wehren.«[26]

Erbost zeigten sich jedoch Ostermann und die Zarin. Der einseitige Schritt des Kaisers zwang Russland dazu, ebenfalls mit der »Hohen Pforte« Frieden zu schließen, was nicht ohne die Herausgabe aller Eroberungen des letzten Feldzugsjahres möglich war.[27] Das Lebenswerk des Kaisers lag in Trümmern, die Pragmatische Sanktion war nur noch ein Stück Papier, und in Frankreich, Bayern und Preußen wartete man bereits darauf, das scheinbar wehrlose Habsburgerreich unter sich aufzuteilen.

4 Die Faszination des »Wilden«
Das »aufgeklärte« Europa und die neue Sicht auf die »Türken«

»Am Tage unseres Einzuges selbst waren nicht nur die beiden Seiten der Straßen, wodurch wir zogen, sondern auch alle Fenster der drey bis fünf Stock hohen Häuser mit Zuschauern über und über besetzt, und das Gedränge, um das Schauspiel unseres Einzuges zu sehen, war über alle Beschreibung; so wie das frohe Gesicht und die Ehren, mit denen sie uns bewillkommten und uns ihre Freundlichkeit und Leutseligkeit an den Tage legten, alle Maßen übersteigt.«

Eintreffen der osmanischen Gesandtschaft unter Resmî Ahmed Efendi
in Berlin am 9. November 1763[1]

Venezianischer Löwe und habsburgischer Adler zerfleischen den türkischen Hund. So zeigt es eine Münze, die im triumphierenden Stil ihrer Epoche den Abschluss der »Heiligen Allianz« von 1684 verkündete. Über Jahrhunderte hinweg hatten päpstliche wie kaiserliche Propaganda die Osmanen, den »Erbfeind der Christenheit« nicht ganz grundlos als eine Horde blutrünstiger Ungeheuer dargestellt, die wahllos Kinder erschlugen, Kirchen verbrannten und unzählige Christenmenschen in die Sklaverei verschleppten. Nach seiner Niederlage vor Wien und der darauffolgenden Flucht war der »Türke« jedoch buchstäblich auf den Hund gekommen, ein Tier, das gerne herausfordernd bellt, aber den Schwanz einzieht und sich winselnd trollt, wenn echte Gegner wie Löwe oder Adler auftauchen.

Die Befreiung Wiens sei zwar eines Tedeums würdig, hatte Leibniz noch im selben Jahr geschrieben, aber man könne es wegen der unglaublichen Fehler des Großwesirs und der Schwächen seiner Arme kaum aus vollem Herzen singen. Mit dem Sieg des deutsch-polnischen Heeres von 1683 war nicht allein die überkommene Rangordnung zwischen Europäern und Osmanen auf den Kopf gestellt worden. Auch das bisherige Schreckensbild der unüberwindbaren Janitscharen und Sipahis hatte mit einem Mal ausgedient. Übergangslos machte die christliche Publizistik aus dem einst gefürchteten Erbfeind plötzlich eine Horde feiger Wegelagerer, die nicht mehr zu ausdauerndem Kampf willens waren, wenn ihnen der Sieg nicht schon im ersten Anlauf zufiel.[2]

Auf die Türkenangst folgte unmittelbar der Türkenspott. »Wie die Arbeit, so der Lohn«, lautete der hämische Kommentar zu einer Abbildung, die den Tod des »hinterhältigen« und »hochmütigen« Kara Mustafas durch die Würgeschnur des Sultans zeigte und als Flugschrift im ganzen Reich Verbreitung fand. Die »schimpfliche« Flucht des Großwesirs feierten die Bürger des Wiener Vororts Hernals noch ein Jahrhundert später unter Kaiser Joseph II. als »Hernalser Eselsritt«.[3]

In derben Liedertexten freute man sich über die den »Türken« eingeschenkte »Prügelsuppe« und das »Wiener Confect« oder spottete über das Lügengespinst des Islam und seinen falschen Propheten, denen Kara Mustafa und seine Getreuen aufgesessen seien.[4]

»Laufe nach Hause, du Mahomets-Thier, du Bluthund, von Starenbergs Heldenfaust tapfer geschoren«, heißt es in einem als »Hertz- und Magen-Vomitiv« bezeichneten Liedtext, der keck den Großwesir auffordert, es mit seinen Truppen doch noch einmal vor Wien zu versuchen, auf »dass ihr viel Tausend ins Grab sollt beißen«.[5]

Verachtung und Häme über die Osmanen mischten sich auch im Urteil kaiserlicher Offiziere, die es immerhin hautnah mit diesem Gegner zu tun bekommen hatten. So konnte etwa Franz Graf Taaffe in dem Ofener Massenstrafgericht des Großwesirs an wohl 500 seiner Offiziere nur einen Akt barbarischer Selbstenthauptung sehen. Im Vergleich zu den Franzosen, dem neuen »Erbfeind« der Deutschen, schien die Armee des Sultans professionellen Militärs trotz gelegentlicher Rückschläge kaum mehr ein ernsthafter Gegner. Der Vernichtungssieg von Párkány hatte am 9. Oktober 1683 auf deutsch-polnischer Seite keine 50 Opfer gekostet. Vier Jahre später bei Harsan konnten die Kaiserlichen das Heer des Großwesirs aus einer denkbar nachteiligen Position schon nach kurzem Kampf in die Flucht schlagen und durch sofortige Verfolgung völlig zersprengen. Mehr Mitleid als Schrecken verursachte inzwischen der Anblick der islamischen Krieger. Die Armee, die der Großwesir Damat Ali Pascha 1715 gegen die Peloponnes führte, habe laut Auskunft des kaiserlichen Residenten in Konstantinopel mehr einem Lumpengesindel als streitbaren Leuten geglichen.[6]

Aus den stets siegreichen »Türken« waren plötzlich die »Barbaren« geworden, die an den unübersehbaren Fortschritten der europäischen Wissenschaft und Zivilisation keinerlei Anteil mehr hatten und daran, so der Göttinger Publizist und Historiker August Ludwig Schlözer, aufgrund ihrer »despotischen Regierungsform« und ihrer »albernen Religion« auch niemals teilhaben würden.[7]

Eine Völkertafel, wohl zu Beginn des 18. Jahrhunderts in der Steiermark entstanden, entwirft ein völlig neues Türkenbild, das nur ein Jahrhundert zuvor noch undenkbar gewesen wäre. So beschreibt sie die »Türken«, die hier sonderbarerweise mit den Griechen zusammen als eine Nation gesehen werden, als »schwach«, »faul« und »kränkelnd«, aber jetzt auch, angesichts der leidvollen Erfahrungen gerade dieser Grenzregion durchaus irritierend als »weich« und »verzärtelt«. Über die Deutschen behauptet der unbekannte Schöpfer der Tafel dagegen mit unverkennbar neuem Selbstbewusstsein, sie seien zwar »verschwenderisch«, aber auch »unüberwindlich«.[8]

Offenbar nahm der Verfasser mit dieser letzten kühnen Einschätzung Bezug auf die damals gefeierten Siege des Prinzen Eugen über die Osmanen. Der Savoyer selbst sprach von den »Türken« nicht anders als von einer »abergläubigen und barbarischen Nation« und ließ bei Senta ohne Skrupel die gesamte osmanische Infanterie niederschießen. Seine anschließende Strafexpedition durch Bosnien hätte ebenso gut auch in Südamerika oder Afrika stattfinden können.[9]

Die neue Geringschätzung der Osmanen als »Barbaren« war in höchsten Kreisen weit verbreitet und wirkte lange nach. So forderte noch 1782 die Zarin Katharina II. in einem Brief an Kaiser Joseph II., das »barbarische Regime« in Konstantinopel durch ein neues griechisches Kaisertum zu ersetzen,[10] und Habsburgs leitender Minister Wenzel Anton Fürst Kaunitz-Rietberg sprach während Habsburgs letztem Krieg gegen die Osmanen von »barbarischen Horden«, die man jetzt endlich zersprengen müsse.[11]

Dass bereits kurz nach der Rettung Wiens ein makabrer Handel mit eingesalzenen Türkenköpfen aufkam, dokumentiert, wie rasch und unvermittelt der Respekt vor dem einst gefürchteten Gegner in herablassende Verachtung umgeschlagen war. Die Osmanen waren plötzlich zu »Kulturlosen« geworden, deren körperliche Überreste man jetzt sogar zu Dekorationszwecken verwendete. Die findigen Kaufleute, die auf der Leipziger Neujahrsmesse 1684 fässerweise in verschiedenen Varianten die konservierten Köpfe, ob Pascha, Aga oder Kameltreiber, zum Preis von vier bis acht Reichstalern anboten, fanden für ihr makabres Angebot offenbar reißenden Absatz.[12] Allerdings hatten auch schon die Osmanen vor Kandia die eingesalzenen Köpfe der gefallenen Franzosen in Fässern nach Konstatinopel geschickt.[13]

Eine gewiss harmlosere Facette dieser neuen europäischen Kolonialherrenattitüde gegenüber den Osmanen war die spielerische Imitation des Gegners. Vor allem in Frankreich, England und den Niederlanden, wo es nie eine »Türkenfurcht« wie im Reich gegeben hatte, zeigte sich schon vor dem großen Entscheidungsjahr 1683 eine Tendenz bei Adel und Hof, in türkischen Kostümen aufzutreten. So präsentierte sich 1662 anlässlich eines vom Sonnenkönig veranstalteten Umzugs der Prinz von Condé als türkischer Sultan, dem einige ebenfalls als »Türken« verkleidete Pagen folgten. Auf ausdrücklichen Wunsch des Königs musste 1670 der Komödiendichter Molière sogar in einem seiner Stücke den Liebhaber einer Bürgerstochter als »Türken« verkleidet auftreten lassen. Unmittelbar darauf folgte zur großen Freude des Monarchen ein »türkischer Tanz«.

Es war dieselbe Art der Faszination, die vor der Mogersdorfer Schlacht Graf Jean de Coligny-Saligny beim Anblick des jenseits der Raab marschierenden osmanischen Heeres empfunden haben muss. Der Reiz für den europäischen Betrachter scheint sich in dieser Situation vor allem aus dem wahrgenommenen Mangel von Ordnung und Regeln ergeben zu haben, der gleichwohl mit der Pracht der Uniformen und Fahnen sowie der Marschmusik zu einer bizarren Harmonie verschmolz.[14]

Eine ähnlich voyeuristische Faszination für das außergewöhnlich Fremde steckte wohl auch hinter der prächtigen »türkischen« Szenerie, die August der Starke nur ein Jahr nach dem Frieden von Passarowitz aus Anlass der Hochzeit seines Sohnes Friedrich August mit der habsburgischen Erzherzogin Maria Josepha in Dresden hatte errichten lassen. Alle

Soldaten des Hochzeitsgefolges waren als Janitscharen verkleidet und die sächsischen Kurtisanen steckten in »türkischen« Kostümen. Den Zwinger hatte der König-Kurfürst, der selbst nur ein mäßig erfolgreicher »Türkenkämpfer« gewesen war, mit zahlreichen Halbmonden schmücken lassen und überall angeblich »türkische« Objekte aufgestellt, die sämtlich aus seiner reich ausgestatteten »Türckenkammer« stammten.[15]

Mit dem Erlöschen der Türkengefahr nach den Siegen des Savoyer Prinzen fand auch das zweimal von osmanischen Heeren heimgesuchte Wien zu einem entspannteren Verständnis des ehemaligen Erbfeindes. Die aufwendig ausgestattete osmanische Großgesandtschaft, die sich im Sommer 1719 mehrere Monate in der Leopoldstadt aufhielt, dürfte nicht nur unter dem gewöhnlichen Wiener Publikum den Geschmack an türkischen Arrangements gefördert haben. Zahllose Neugierige umlagerten die Quartiere und selbst Damen der vornehmen Gesellschaft bemühten sich, vom Großbotschafter İbrahim Pascha empfangen zu werden.[16] Selbst der schmähliche Belgrader Friede von 1739 konnte den modischen Trend nicht bremsen. Ein während der Regierungszeit Maria Theresias im Theater an der Burg immer wieder gezeigtes Stück aus der Feder des Franzosen Charles-Simon Favart trug den Titel »Soliman II. oder die drey Sultaninen«.[17]

Das typische Arrangement aus Sultan, Haremsdamen und Palastintrigen in einer orientalisch-türkischen Märchenwelt ließ sich auf beliebige Weise variieren. Es war durchaus möglich, dass dabei der türkische Großherr nicht mehr als vergnügungssüchtiger und launenhafter Despot auftrat, sondern plötzlich als gutmütiger, gerechter und für seine Untertanen sorgender Herrscher das Idealbild eines aufgeklärten Monarchen verkörperte.

Wie so viele andere Inszenierungen bestand auch Favarts Stück nur aus Projektionen der eigenen Schwärmereien von einem neuen Arkadien am Bosporus. Es hatte wenig mit der fanatischen Realität des Orients zu tun, wie sie etwa der kaiserliche Resident an der »Hohen Pforte«, Franz Anton Brognard, im März 1768 in brutaler Weise erleben musste. Als der Diplomat und seine Gattin als heimliche Voyeure die feierliche Übergabe der Fahne des Propheten an die gegen Russland ausziehenden Truppen beobachteten, stürmte ein wütender Mob das Haus der »Ungläubigen« und drohte, beide, die immerhin Angehörige einer neutralen Macht waren, auf der Stelle umzubringen. Nur das energische Eingreifen der Janitscharen bewahrte sie vor dem Schlimmsten.[18]

Jenseits der Gier nach dem Sensationellen spiegelten die häufigen Türkenkostümierungen auch eine geheime Sehnsucht in Europas feiner Gesellschaft nach einem verbotenen und glücklichen Leben. In den Augen einer längst von zahllosen Zwängen erstickten höfischen Welt schien allein der zum edlen Wilden stilisierte Türke, Perser oder Karibe alles tun zu dürfen, wonach ihnen der Sinn stand, ohne sich »poliziert« zu fühlen. Der natürliche Mensch »fragte nicht endlos, wie die aufgeklärten Philosophen es taten, auf welche Weise man glücklich werden konnte, – er war es«.[19]

Den »getürkten« Islam auf der Bühne, den jugendlichen Sänftenträger mit Turban oder das verspielte Minarett im Park mochte man noch als amüsant oder reizvoll empfinden, doch der durch eine fremdartige Religion und deren starre Gebote geprägten Lebenswelt konnten nur wenige Europäer etwas abgewinnen. Die häufigen Taufen, die in christliche Hand gefallene Osmanen sicherlich nicht immer freiwillig über sich ergehen ließen, belegen deutlich die unter Europäern mittlerweile verbreitete Idee von einer Hierarchie der Kulturen. Die Rettung der Türken aus ihrer »Barbarei« galt inzwischen als wohltätiger, zivilisatorischer Akt.

Zu Minderheit der Europäer, die persönlichen Kontakt mit osmanischen Kreisen hatte, zählte gewiss die englische Aristokratin Lady Mary Wortley Montague, die sich gern auch in »türkischen« Kostümen porträtieren ließ. Den Schleier trug sie allerdings nur, um ihr von Pockennarben entstelltes Gesicht zu verbergen. Lady Montagus Beschreibungen der Verhältnisse im Reich des Sultans fanden in Europa viel Beachtung, auch wenn sich die Gattin des königlichen Residenten in Konstantinopel gelegentlich in sonderbare Theorien verstrickte. So sah sie etwa in den rigiden islamischen Bekleidungsvorschriften für Frauen sogar die Voraussetzung für eine in Europa undenkbare weibliche Freiheit. Danach war allein die durch ihre Verhüllung anonymisierte Frau frei zu tun, was ihr beliebte, und blieb doch angeblich vor übler Nachrede geschützt.[20] Ihre euphemistische Interpretation hallte offenbar noch lange nach. Jedenfalls machte sich der junge Franzose François de Tott, der 40 Jahre später als Militärberater an den Bosporus kam, die Mühe, die Thesen der Diplomatengattin ausführlich zu widerlegen. Er könne sich keinen Ort vorstellen, wo sich türkische Frauen unerkannt galanten Abenteuern widmen konnten.[21]

Die idealisierten und oft verzerrten Türkenbilder des feinen Publikums lösten auch die Kritik einer sich allmählich etablierenden Orientwissenschaft aus, deren Vertreter auf der Grundlage ernsthafter Sprachstudien die reichhaltigen literarischen und politischen Zeugnisse der fremden islamischen Kultur auszuwerten begannen. So nahm etwa 1754 in Wien die von Maria Theresia gegründete k. k. Akademie für orientalische Sprachen mit zunächst acht Zöglingen ihren Lehrbetrieb auf.[22] Schon 1715 hatte Antoine Galland, Professor für Arabistik am Collège de France, eine französische Ausgabe der Märchen von *Tausend und eine Nacht* herausgebracht, die zehn Jahre später auch in einer deutschen Übersetzung erschienen. Der Historiker Henri de Boulainvilliers wiederum verfasste eine auf arabischen Quellen beruhende Lebensgeschichte des Propheten, die sich nicht nur durch ihre Authentizität von allen Vorgängerwerken unterschied. Seine unverhohlene Apologie der arabisch-islamischen Welt ließ es Boulainvilliers allerdings ratsam erscheinen, das Buch zu Lebzeiten nicht zu veröffentlichen. Voltaire missfiel es wegen seiner Verherrlichung Mohammeds. Obwohl Europas wohl berühmtester *Homme de lettres* in seinem kritischen Theaterstück (Le fanatisme ou Mahomed le Prophète) das in allen Religionen enthaltene zerstörerische Potenzial an Fanatismus und Gewalt anprangerte, sah er doch in dem von Mohammed überlieferten Koran ein unverständliches Buch, »das auf jeder Seite den gemeinen Menschenverstand erbeben ließ und das kein Mensch billigen könne, es sei denn, er sei als ein Türke geboren, dem sein Aberglaube jedes natürliche Licht genommen habe«.[23]

Der Exilant vom Genfer See war zwar ein entschiedener Gegner der verbreiteten Theorie von der unwandelbaren despotischen Natur der orientalischen Reiche, die Charles Louis de Secondat, Baron de Montesquieu, in seinem Hauptwerk *Vom Geist der Gesetze* entwickelt hatte. Das warme Klima in den asiatischen Regionen würde schlaffe Menschen hervorbringen, die ihren Herrschern deshalb keinen Widerstand entgegenbringen könnten, schrieb der prominente Aufklärer aus dem Land der *Lettres de Cachet*. Voltaire kritisierte Montesquieu vor allem wegen seiner begrifflichen Unschärfe. Ein Freund der Türken war er jedoch nicht. Er hasse dieses Volk, das nur zerstöre und ein Feind der Künste sei, schrieb er 1667 an den Baron François de Tott. Er bedauere seinen Neffen, der eine Geschichte dieser bösartigen Nation geschrieben habe. Eine wahre Geschichte handle von Sitten, Gesetzen, Künsten und den Fortschritten des menschlichen Geistes. Eine Geschichte der Türken aber könne nur über Räubereien berichten.[24] Wie viele andere Aufklärer seiner Zeit hoffte der aufrichtige Verehrer der Zarin Katharina II. darauf, dass die türkischen Barbaren endlich aus dem Lande Xenophons, Sokrates' und Platons vertrieben würden, und forderte sogar einen »Kreuzzug der Ehre«, nachdem sieben Kreuzzüge des Aberglaubens ohne Erfolg geblieben seien.[25]

Offenbar hatte ihm auch die reiche Reiseliteratur kein günstiges Bild über den Orient vermitteln können. Viele der darin enthaltenen herabwürdigenden Behauptungen etwa über den »niederträchtigen Geiz« der Türken oder ihre angebliche notorische Wolllust waren allerdings stereotyp und oft genug nur voneinander abgeschrieben.[26] Doch auch um Ausgewogenheit bemühte Autoren wie der Schwede Jacob Jonas Björnstahl kamen nicht umhin, das mangelhafte Bildungswesen im Osmanischen Reich und den abergläubischen Argwohn seiner Bewohner zu erwähnen, und sprachen von den »unüberwindlichen Schwierigkeiten, in diesem Volk Aufklärung zu erhalten«. Deutsche Aufklärer wie Johann Gottfried Herder oder Georg Forster prophezeiten sogar den baldigen Untergang des türkischen Reiches, das für alle Europäer nur ein Gefängnis sei. Aus den einst sinnreichen Griechen hätten die Türken »liederliche Barbaren« gemacht. Wie vieles sei durch sie untergegangen, das nie wieder hergestellt werden kann, klagte etwa Herder und fragte »Was sollen Fremdlinge, die noch nach Jahrtausenden asiatische Barbaren sein wollen, was sollen sie in Europa?«[27]

Forster ging sogar so weit, die Existenz eines solchen Volkes in Europa als »die größte Schande unseres aufgeklärten Jahrhunderts« zu beklagen, und prophezeite, dass »Anarchie, Unwissenheit und Faulheit« den »gänzlichen Umsturz der Pforte schneller herbeybringen dürfte, als eine Reihe gewonnener Schlachten«.[28]

Lady Montague hatte lange vor Montesquieu die Ursache der türkischen Misere hauptsächlich in der schlechten Regierung gesehen, die alle fraglos im Volk vorhandenen Fähigkeiten und seine natürliche Wissbegierde ersticke.[29] Im Übrigen aber schwärmte die junge Engländerin für das gesellige und beschauliche Leben der »Türken« in ihren Gärten mit Musik und gutem Essen. Den Drang der Europäer nach Wissen und Fortschritt betrachtete sie dagegen als Vergeudung wertvoller Lebenszeit.[30]

Ebenso wie die britische Diplomatengattin war der ehemalige französische Generalkonsul in Smyrna, Charles de Peyssonnel, den Osmanen in Sympathie verbunden. Der Franzose hatte jahrzehntelang im Reich der Sultane gelebt und fühlte sich genötigt, das 1784 in Amsterdam erschienene Werk seines Landsmannes François de Tott kritisch zu kommentieren. Dem Autor, der die »Türkei« im Rückgriff auf Montesquieus Despotismustheorie als lasterhaft und moralisch verkommen beschrieben hatte, warf er Übertreibung und Flüchtigkeit im Urteil vor. Doch selbst der turkophile Peyssonnel kam nicht umhin, die Osmanen dafür zu tadeln, dass sie bei allem Verstand und ihrer Fähigkeit zu allen Wissenschaften, aller Mittel ungeachtet, die ihnen ihre (europäischen) Freunde anboten, nicht gleichen Schritt mit den Europäern gehalten, sondern sogar um zwei Jahrhunderte zurückgeblieben seien.[31]

Sein Landsmann Constantin-François de Chasseboeuf, Comte de Volney gelangte nach Ausbruch des russisch-osmanischen Krieges von 1787 zu ähnlichen Auffassungen, wenn er klagte, dass französische Offiziere und Ingenieure angesichts der anhaltenden Verachtung der Türken gegenüber den »ungläubigen« Europäern wenig in der osmanischen Armee hatten verbessern können.[32] Da Frankreich vom Osmanischen Reich zukünftig weder wirtschaftliche Vorteile noch militärische Hilfe erwarten konnte, empfahl Volney in radikaler Abkehr von der bisherigen Politik der Unterstützung der »Hohen Pforte«, sich besser mit den Russen zu verbünden. Mit Blick auf die im bevorstehenden Krieg zu erwartenden großen Gebietsgewinne für Russland und Österreich forderte er zudem, dass Frankreich als Kompensation das reiche Ägypten besetzen müsse.[33] Zu den aufmerksamen Lesern seines schlüssigen Werkes zählte auch ein junger Artillerieoffizier aus Korsika, der sich nur zehn Jahre später aufmachen sollte, Volneys revolutionäre Empfehlung in die Tat umzusetzen.[34]

5 Das Ende einer Großmacht
Der Russisch-Osmanische Krieg von 1768–1774

»Diese Art der Mobilisierung des Pöbels brachte zwar eine zahllose Menge zusammen, doch sie war weit davon entfernt, ein Korps guter Truppen zu sein. Allein Ignoranz und Habgier hatten der Verwendung eines derartigen Haufens, um den sich nach dem Krieg niemand mehr kümmern würde, den Vorzug gegeben, anstatt die Janitscharen zu versammeln, die durch Sold und Ehrgeiz zu einem dauerhaften Kriegsmittel hätten herangebildet werden können.«

Baron François de Tott, Mémoires sur les Turc et les Tatars[1]

Seit dem 1739 geschlossenen Frieden mit Habsburg und dem Zarenreich war es der »Hohen Pforte« geglückt, sich aus den europäischen Rivalitäten herauszuhalten. Während der drei Kriege Preußens mit Maria Theresia hatte sich das Osmanische Reich von Anfang an für neutral erklärt und selbst die zuletzt dringlichen Bitten des preußischen Monarchen, gegen seine beiden Hauptgegner Russland und Österreich die Waffen zu ergreifen, mit stoischem Gleichmut überhört.[2] Die für die osmanische Geschichte ungewöhnliche lange Friedensperiode hätte durchaus fortdauern können, wenn nicht französische Einflüsterungen und ein durch den langen Frieden genährter Leichtsinn die »Hohe Pforte« im Oktober 1768 bewogen hätten, Russland wegen seiner fortgesetzten Intervention in Polen den Krieg zu erklären.[3]

Schon die Wahl des einstigen Favoriten der Zarin Katharinas II., Stanisław Poniatowski, zum polnischen König hatte 1764 für erhebliche Verstimmung in Konstantinopel gesorgt. Auch unter den Polen war der Unmut über die unverhohlene russische Einmischung groß, und polnische Insurgenten, die sich schließlich in der sogenannten Konföderation von Bar gegen Poniatowski zusammengeschlossen hatten, provozierten ein Eingreifen der Armee der Zarin.

Wieder einmal fühlte sich Sultan Mustafa III. von den Friedensbeteuerungen des russischen Gesandten in Konstantinopel, Alexei Michailowitsch Obreskow, getäuscht. In bizarrer Selbstüberschätzung seiner militärischen Optionen nahm er eine belanglose Grenzverletzung der in russischen Diensten stehenden Kosaken zum Anlass, dem Vertreter der Zarin am 6. Oktober 1768 ein brüskes Ultimatum überreichen zu lassen. Geblendet von einer Welle antirussischer Gefühle des hauptstädtischen Mobs und unterstützt von einer den Krieg rechtfertigenden Fatwa des Mufti, entließ Mustafa III. seinen auf Ausgleich bedachten Großwesir Muhsinzade Mehmed Pascha. Dessen Nachfolger Mehmed Emin Pascha forderte die Zarin auf, ihre Truppen aus Polen zurückzuziehen, und ließ, als sein Ultimatum ohne Antwort blieb, ihren Gesandten in den Kerker der »Sieben Türme« werfen. Kaum ein anderer Krieg sollte verhängnisvollere Folgen für die »Hohe Pforte« haben. Er bedeutete nicht nur das Ende des Osmanischen Reiches als Großmacht, sondern stellte erstmals auch seinen Verbleib in Europa infrage.

In Berlin spottete Friedrich über den erratischen Kurs der von ihm einst so heiß umworbenen »Hohen Pforte«. Sie verstünde es, weder Krieg noch Frieden zu machen. In Wien wiederum rümpfte Staatsminister Kaunitz indigniert die Nase, als ihm aus Konstantinopel ein Bündnisangebot gegen Russland übermittelt wurde, das der Kaiserin sogar die Rückeroberung von Schlesien in Aussicht stellte.[4]

Obwohl in St. Petersburg der Stachel des unvorteilhaften Friedens von 1739 noch immer tief saß, hatte man bisher keinerlei konkrete Kriegsplanungen gegen das Osmanische Reich betrieben. Zar Peters alter Traum von einer russischen Flotte auf dem Schwarzen Meer schien längst zu einer wohligen Fantasie politischer Träumer mutiert zu sein.

Jetzt aber zögerten die Zarin und ihr Außenminister Nikita Iwanowitsch Panin keinen Augenblick, die unerwartete Gelegenheit beim Schopf zu packen. Zwar war die militärische Lage in Polen noch längst nicht unter Kontrolle, aber die russische Armee strotzte vor Selbstbewusstsein. Schließlich hatte sie im Krieg gegen Preußen mehrfach Europas perfekteste Kriegsmaschine besiegt und sah keinen Anlass, vor den bewaffneten Horden des Sultans zu kneifen, zumal die Zarin jetzt sogar auf die üppigen Subsidien des verbündeten Potsdamer Herrschers rechnen durfte.[5]

Weder an der Newa noch am Bosporus ahnte man, dass Russland im bevorstehenden Krieg auf einen unerwarteten Vorteil rechnen konnte, der schon den kaiserlichen Armeen im »Großen Türkenkrieg« zum Triumph verholfen hatte. Zum ersten Mal in seiner Geschichte konnte das Zarenreich mit den Generalen Rumjanzew und Suworow gleich zwei außergewöhnliche Heerführer aufbieten, deren Charisma und zupackende Entschlossenheit sich in beinahe jeder kritischen Lage bewähren sollten.

Der damals erst 43-jährige General Pjotr Alexandrowitsch Rumjanzew hatte sich im Siebenjährigen Krieg als Eroberer der pommerschen Festung Kolberg ausgezeichnet und damit den Preußenkönig fast zum Frieden genötigt. Der Sohn eines von Zar Peter geförderten Offiziers verstand es, Offiziere wie Mannschaften auf sich einzuschwören, und war ein überzeugter Anhänger des preußischen Militärwesens. Dass er noch lange seinen Soldaten das Tragen gepuderter Perücken nach preußischem Vorbild zumutete, während sich die gesamte übrige Armee bereits von dieser unzeitgemäß gewordenen Vorschrift verabschiedet hatte, wurde als eine der wenigen Marotten dieses außergewöhnlichen Kommandeurs verbucht. Ansonsten war Rumjanzew stets bestrebt, praktikable Lösungen für seine Soldaten im Felddienst zu finden, wozu auch gehörte, dass er von jedem seiner Offiziere forderte, während des Marsches ein Pferd statt einer Kutsche zu benutzen. Seine ständige Aufmerksamkeit galt Fragen der Taktik, Truppenversorgung und des Sanitätsdienstes. Rumjanzew war auch der erste General, der seine Truppen feindnahe Winterquartiere beziehen ließ, was einen früheren Beginn der Feldoperationen erlaubte und die bisherigen hohen Marschverluste reduzierte.[6] Nach dem Urteil des vor der Revolution in Frankreich geflohenen Generals Graf Alexandre Andrault de Langeron war er der außergewöhnlichste aller russischen Generale. Hoch gebildet, von ungewöhnlicher Intelligenz, sicherem Urteil und großer Entschlusskraft.[7]

Der jetzt ausbrechende Krieg wurde in Russland bald auch als »Rumjanzews Krieg« bezeichnet, obwohl ihn Katharina II. zunächst nur mit einem Nebenkommando betraut hatte. Insgesamt konnte das Zarenreich im ersten Kriegsjahr drei Armeen gegen die Osmanen aufbieten. Zwei davon sollten unter gegenseitiger Deckung Bug und Dnjestr überschreiten, die Festungen Chotin, Bender und Ozschakov erobern und schließlich die Donaulinie erreichen. Eine dritte Armee unter dem Befehl des aus Sachsen stammenden Generals Curt Heinrich von Tottleben war mit einer Diversion im Kaukasus beauftragt und sollte die christlichen Georgier auf die Seite der Zarin ziehen.

Oberbefehlshaber der am Dnjestr operierenden Hauptarmee war zunächst Fürst Alexander Michailowitsch Golyzin. Nach mehreren unglücklich verlaufenen Operationen, die ihn schließlich sogar zu einem zeitweiligen Rückzug in die Ukraine veranlassten, musste er sein hohes Kommando schon im Winter an den jüngeren Rumjanzew abgeben, der bisher nur die schwächere Deckungsarmee am Bug kommandiert hatte.

Unter ihrem neuen Oberbefehlshaber brach die russische Hauptstreitmacht Anfang Juni 1770 in einer Stärke von 40 000 Mann über Chotin, das die Osmanen inzwischen aufgegeben hatten, nach Süden auf. Während die Nachbararmee unter General Pjotr Iwanowitsch Panin die Festung Bender am Dnjestr einnehmen sollte, beabsichtigte Rumjanzew, links des Pruths auf das Donaudelta vorzustoßen und dabei das für Bender bestimmte osmanische Entsatzheer abzufangen und zu vernichten. Zwei kleinere gegnerische Aufgebote hatte er bereits bei Ryabaya und Larga aus ihren Feldlagern vertrieben, als er sich am 17. Juli bei Kagul der osmanischen Hauptarmee unter Großwesir İvazzade Halil Pascha gegenübersah. Anstatt ihre erdrückende Übermacht zu einem Flankenangriff zu nutzen, erwarteten die Osmanen den Gegner passiv hinter ihren Verschanzungen. Rumjanzew hatte für sein Heer eine ungewöhnliche Angriffsform gewählt. Seine Truppen waren in fünf Divisionskarrees gegliedert, die einander unterstützen konnten, aber auch selbstständig zu einer sofortigen Rundumverteidigung gegen mögliche Gegenangriffe in der Lage waren.[8] Am Ende des Tages hatten sich die Russen mit ihrer Taktik überall durchgesetzt. 20 000 Krieger des Islam lagen tot auf dem Schlachtfeld, der Rest befand sich in voller Flucht zur Donau. Die Russen machten nur 2000 Gefangene und erbeuteten außerdem 138 Geschütze. Kagul war einer der außergewöhnlichsten Erfolge der russischen Armee und brachte dem siegreichen Heerführer die Beförderung zum Feldmarschall ein. Als zwei Monate später General Panin auch die Festung Bender erstürmen konnte, standen die russischen Armeen erstmals unangefochten an der Donaumündung.

Den größten Paukenschlag in diesem für das Zarenreich so erfolgreichen
Kriegsjahr verursachte jedoch ein russisches Geschwader, das nach einer
Fahrt durch den Kanal und die Straße von Gibraltar ins Mittelmeer vor-
gestoßen war. Kaum jemand in Europa hatte dem Zarenreich eine derart gewagte Operation zugetraut. Eine erste Staffel der Flotte war bereits
im August 1769 unter dem Admiral Grigori Andrejewitsch Spiridow aus
dem Kriegshafen von Kronstadt aufgebrochen und hatte zunächst einen
Zwischenhalt in England eingelegt, wo man das Eintreffen eines zweiten,
verspätet aufgebrochenen Geschwaders abwartete. Danach hatte die vereinigte russische Flotte ihren Weg ins Mittelmeer fortgesetzt und sich
im April 1770 im Hafen von Navarino an der Südspitze der Peloponnes
versammelt. Dort hatte Graf Alexei Orlow, einer der am Sturz von Zar
Peter III. beteiligten Personen, den Oberbefehl über die Schiffe übernommen. Anfang Mai war er weiter in die Ägäis gesegelt, um Aufstands-
bewegungen der Griechen auf den Inseln zu unterstützen, allerdings mit
begrenztem Erfolg. Von der schwächlichen Resonanz unter ihren griechischen Glaubensgenossen waren die Zarin und ihr Admiral bald bitter enttäuscht. Nur ein halbes Jahrhundert später sollten die westeuropäischen
Philhellenen ähnlich ernüchternde Erfahrungen mit den wankelmütigen
Nachfahren ihrer antiken Helden machen.

Am 6. Oktober glückte es Orlow allerdings, die osmanische Flotte
bei Chios zu stellen. Das Gefecht brachte jedoch zunächst keine Entscheidung. Der gegnerische Kommandant Hosameddin zog sich mit seinen Schiffen in die nahe Bucht von Çeşme zurück und fand sich plötzlich
in einer Falle, da Orlow ihm dichtauf gefolgt war. Noch in der kommenden Nacht drangen die Russen in die Bucht ein und verursachten mithilfe
von »Brandern« ein Inferno. 14 Linienschiffe der Osmanen und drei Fre-
gatten sanken mit ihren Besatzungen auf den Grund der Bucht.[9]

Für die Osmanen war es die größte maritime Katastrophe seit »Lepanto«,
für Admiral Orlow ein Triumph, der ganz Europa signalisierte, dass das
»barbarische Zarenreich« inzwischen auch zur See siegreich sein konnte.
Hastig verstärkten die Osmanen mithilfe des französischen Barons,
François de Tott die Dardanellenforts, doch die siegreiche russische Flotte
wagte keinen Angriff auf Konstantinopel.

Seeschlacht bei Chios in der Bucht von Çeşme. Kupferstich, spätes 18. Jh.

Frankreich, das die »Hohe Pforte« mit seinen Militärberatern offen unterstützte, war abermals desavouiert. Aber auch Habsburg und Preußen konnten jetzt nicht länger untätig beiseite stehen, während die Zarin sich daran machte, nicht nur die Nordküste des Schwarzen Meeres zu besetzen, sondern sogar den gesamten Balkan in ihrem Sinne neu zu ordnen. Maria Theresia ließ 60 000 Mann in Ungarn zusammenziehen und durch Freiherrn Franz Maria von Thugut, ihren Botschafter in St. Petersburg, der Zarin ankündigen, dass Österreich eher die Waffen gegen Russland ergreifen werde als den gänzlichen Untergang des Osmanischen Reiches zu gestatten.[10] Dass Wien sich seine Intervention von der »Hohen Pforte« mit üppigen Subsidien und der Abtretung der kleinen Walachei versüßen lassen wollte, registrierte man auf russischer Seite mit besonderer Empörung. In ihrer Erwiderung beklagte sich die Zarin bitter über die Absurdität des habsburgischen Eintretens für das Osmanische Reich. Die Einbeziehung dieser Macht, deren oberstes Prinzip stets die Vernichtung der christlichen Staaten gewesen sei, in ein neues System der europäischen Fürsten, dessen Grundlage die Erhaltung der »Türkei« bilde, würde es jedem Herrscher verbieten, auch nur die geringste vormals den Christen

abgenommene Besitzung zu befreien. Denn sie wäre nunmehr ein von der gesamten Christenheit garantiertes Gut.[11]
Zwar waren die Osmanen unter dem Eindruck der erlittenen Schläge zu Verhandlungen bereit und hatten inzwischen den von ihnen nach Kriegsausbruch eingekerkerten Botschafter Obreskow wieder freigelassen, doch die übrigen Bedingungen der Zarin erschienen ihnen zu hart und unannehmbar.

Gleichwohl war die »Hohe Pforte« nicht mehr in der Lage, dem Krieg militärisch noch eine günstige Wende zu geben. Während sich die Kämpfe an der Donau im darauffolgenden Frühjahr auf lokale Unternehmungen beschränkten, führten die Russen mit der auf 30 000 Mann verstärkten Bugarmee ihren Hauptschlag gegen die Krim. In nur vier Wochen besetzten sie die gesamte Halbinsel. Am 11. Juli 1771 zog Fürst Wassili Michailowitsch Dolgoruki in Kaffa ein, das ihm mit 30 Geschützen und sämtlichen Vorräten übergeben werden musste. Der vom Sultan eingesetzte Khan Selim Giray war zuvor nach Konstantinopel entkommen. Kurz darauf kapitulierten auch Kertsch und Jenikale. Eine osmanische Flotte mit Entsatztruppen musste unverrichteter Dinge nach Sinope zurückkehren.[12] Ein halbes Jahrhundert nach dem Tod Peters I. konnte endlich ein Geschwader unter russischer Kriegsflagge über Don und Asow in das Schwarze Meer einfahren.

An eine Annexion der Krim konnte Russland jedoch vorerst nicht denken, und so zwang Dolgoruki die Führer der Tataren, in einen Vertrag einzuwilligen, der ihnen formal zwar die Unabhängigkeit beließ, aber in den wichtigsten Plätzen der Krim russische Besatzungen vorsah. Auch durften die Tataren ihren Khan weiterhin selbst bestimmen, doch musste der Kandidat zukünftig von der Zarin bestätigt werden. Jedes Bündnis mit den Osmanen war ihnen verboten, einzig in religiösen Fragen sollte der Sultan in seiner Rolle als Kalif ein Mitspracherecht behalten. Sofern Katharina gehofft hatte, mit dieser Scheinunabhängigkeit der Tataren der »Hohen Pforte« die bittere Pille des Verlustes der Krim halbwegs schmackhaft gemacht zu haben, sah sie sich bald enttäuscht.

Im Winter traten beide Kriegsparteien wieder miteinander in Verbindung, und erneut lehnten die Unterhändler des Sultans die russischen Bedingungen vehement ab. Obwohl Katharina zur Beschwichtigung

Wiens inzwischen sogar bereit war, auf die Befreiung der Moldau und der Walachei zu verzichten, und nur noch auf der Unabhängigkeit der Krim bestand, sah die »Hohe Pforte« mit Recht in der Behauptung der Halbinsel eine Überlebensfrage. Eine russische Flotte auf dem Schwarzen Meer könnte jederzeit Konstantinopel bedrohen und das gesamte Reich infrage stellen.

Doch die Zarin blieb fest. Nach solchen Siegen könne Russland nicht mit leeren Händen diesen Krieg beenden, erklärte sie und wies die ersatzweise angebotene Kriegsentschädigung von 21 Millionen Rubel entrüstet zurück. Die wachsenden Spannungen zwischen Wien und St. Petersburg verstand es Friedrich der Große jetzt geschickt zu nutzen, um seinen schon lange verfolgten Plan einer Annexion der polnischen Küstengebiete zwischen Pommern und Ostpreußen zu realisieren. Sein Vorschlag einer partiellen Aufteilung Polens könnte einmal Habsburg als Kompensation für den Verlust Schlesiens dienen und wäre zudem nach der vorherrschenden Logik des politischen Gleichgewichts für Wien und Potsdam der gebotene Ausgleich für den nicht mehr zu verhindernden Machtzuwachs des Zarenreiches. Dank des am 25. Juli 1772 in St. Petersburg unterzeichneten Vertrages konnte der von allen drei Mächten nicht gewünschte Waffengang kaum ein Jahrzehnt nach dem Ende des Siebenjährigen Krieges noch einmal vermieden werden. Friedrich durfte triumphieren. Noch in seinem politischen Testament von 1752 hatte er den Erwerb einer Landverbindung nach Preußen eine »politische Träumerei« genannt, und jetzt war die moralische Verantwortung für seinen skrupellosen Raub sogar auf drei Schultern verteilt. Anstelle der islamischen Großmacht hatte man das christliche Polen zur Ader gelassen, wo die Erinnerung an König Sobieskis Hilfeleistung vor Wien noch längst nicht verblasst war. Selten war die Idee des christlichen Europas zynischer beerdigt worden als durch die erste der polnischen Teilungen. Maria Theresia hatte einen drohenden Krieg gegen Russland vermieden, den sie im Gegensatz zu ihrem Staatskanzler Kaunitz nie hatte führen wollen. Russland wiederum hatte den Rücken frei, seine von Wien und Potsdam abgesegneten Kriegsziele durch weitere militärische Schläge gegen die »Hohe Pforte« durchzusetzen. Allerdings zwangen ein absolutistischer Putsch in Schweden und der Aufstand des ehemaligen Kosaken Pugatschow an der Wolga die Zarin, ihre Truppen an der Donau erheblich zu schwächen. Rumjanzew kam 1773 über Anfangserfolge nicht hinaus und musste nach nur wenigen Wochen seinen Versuch zur Einnahme der Festung Silistra an der Donaumündung aufgeben. Erstmals zeigte sich die Zarin jetzt nachgiebig und ließ über Potsdam und Wien den Osmanen die Rückgabe von Kertsch und Jenikale anbieten. Nur Kinburn wolle sie behalten und sich mit der freien Fahrt nur für russische Handelsschiffe auf dem Schwarzen Meer zufriedengeben.[13]

Die »Hohe Pforte« schien mit ihrer Hinhaltetaktik Erfolg zu haben. Im Frühjahr 1774 zog der wieder in sein altes Amt gelangte Großwesir Muhsinzade Mehmed Pascha ein auf dem Papier gewaltiges Heer von 200 000 Mann in einem großen Feldlager südlich der Donau bei Schumla zusammen. Als funktionsfähige Streitmacht hätte sie gewiss den osmanischen Forderungen nach einer Revision der tatarischen Unabhängigkeit Nachdruck verleihen können. Auf ihre russischen Gegner schien sie freilich keinen Eindruck zu machen. Feldmarschall Rumjanzew brannte darauf, die Rückschläge des Vorjahres wettzumachen, und war entschlossen, noch einmal die Donau zu überschreiten und das Heer des Großwesirs zu vernichten. Mit Alexander Suworow und Iwan Petrowitsch Saltykow hatte er inzwischen auch zwei Befehlshaber unter sich, deren Initiative seiner Offensive den entscheidenden Schwung verlieh. Der gleichaltrige Suworow hatte bislang in Polen gegen die Truppen der Konföderation von Bar gekämpft und war erst Anfang 1773 auf sein wiederholtes Vorstelligwerden bei der Zarin an die Donaufront versetzt worden. Dort war es ihm im selben Jahr geglückt, mit seinem kleinen Korps zweimal den Strom zu überqueren und das osmanische Grenzfort Turtukai zeitweise zu besetzen.

Rumjanzew konnte im Frühjahr 1774 seine Armee gegenüber dem Vorjahr auf 48 000 Mann verstärken. In mehrere Gruppen aufgeteilt sollten seine Truppen die Donau überwinden und unter Aussparung der Festung Silistra in konzentrischen Märschen gegen Schumla vorrücken. Suworow überquerte dieses Mal oberhalb von Silistra bei Hırsova die Donau und stieß auf dem linken Flügel der Armee mit seiner 8000 Mann starken Division auf das Hauptlager des Großwesirs vor. Bei Kozludzha überrannte er zwei Dutzend Kilometer östlich von Schumla am 9. Juni ein mehrfach überlegenes osmanisches Korps, tötete 3000 Feinde und trieb den aufgelösten Rest auf die Hauptarmee zurück. Zur selben Zeit hatte Generalleutnant Saltykow auf dem rechten Flügel die Donau bei Turtukai überwunden und ein osmanisches Korps von 15 000 Mann unweit der Übergangsstelle bei Rusçuk eingeschlossen. Weitere Niederlagen im Vorfeld von Schumla ließen in kürzester Zeit die Moral aufseiten der Osmanen zusammenbrechen. Tausende versuchten noch vor der drohenden Einkreisung aus dem Lager nach Süden zu entkommen, wo sie in den Straßen von Konstantinopel für Panik sorgten. Der inzwischen erkrankte Muhsinzade Mehmed Pascha gebot über kaum noch ein Fünftel seiner ursprünglichen Truppenzahl. Nur ein sofortiges Ende der Kämpfe konnte noch die Katastrophe für seine Armee abwenden. Rumjanzew wies zwar die Bitte des Osmanen um Waffenstillstand zurück, verzichtete aber auf einen Enthauptungsschlag, wie ihn Prinz Eugen bei »Senta« geführt hatte. Er werde nur über einen Frieden verhandeln, beschied der Feldmarschall den Boten des Großwesirs, und setzte sich damit durch.

Beide Parteien trafen sich am 16. Juli 1774 in der in der Dobrudscha liegenden Ortschaft Küçük Kaynarci (Kütschük-Kainardschi) zu einer vierstündigen Konferenz. Obwohl die Verhandlungen schon am nächsten Tag abgeschlossen werden konnten, verzögerte Rumjanzew die Unterzeichnung des Vertrages noch um vier Tage. Der für Russland siegreiche Krieg sollte erst am 21. Juli, dem Jahrestag der russischen Kapitulation am Pruth, beendet werden.[14]

Die Friedensbedingungen für die »Hohe Pforte« erschienen auf den ersten Blick ausgesprochen moderat. Endlich akzeptierte die osmanische Seite die Unabhängigkeit der Krimtataren. Dafür räumten die Russen die Festungen Bender und Oczakow, sicherten sich aber das Recht, mit ihrer Handelsflotte frei und ungehindert das Schwarze Meer zu befahren. Dass die christliche Bevölkerung der Moldau und der Walachei nach sechsjähriger Befreiung wieder unter die Knute des Sultans zurückkehren musste, hatte sie allein der Intervention Wiens zu verdanken. Das Ansehen der Kaiserlichen unter den Christen des Balkans war damit auf einen Tiefpunkt gesunken, und außer den Franzosen zählten die Habsburger gewiss zu den großen Verlierern dieses Krieges. Dagegen galt Russland seither als die wahre Befreierin aller Balkanchristen. In Küçük Kaynarci hatte es sich seine Rolle als Schutzmacht aller christlichen Untertanen des Sultans ausdrücklich garantieren lassen und besaß damit eine Handhabe, um sich zukünftig nach Belieben in die inneren Angelegenheiten des Osmanischen Reiches einzumischen. Dessen Rolle als Großmacht war in Küçük Kaynarci unwiderruflich beendet worden und nicht nur dies. Auch die Aufteilung aller europäischen Gebiete des Sultans war jetzt auf die internationale Agenda gerückt.

6 Katharinas Teilungsfantasien und Habsburgs letzter Türkenkrieg 1788–1790

»Nichts Besseres weiß ich mir an Sonn- und Feiertagen als ein Gespräch von Krieg und Kriegsgeschrei, wenn hinten, weit in der Türkei, die Völker aufeinanderschlagen.«

Goethe, *Faust I*, Osterspaziergang[1]

Mit dem gediegenen Selbstbewusstsein eines Staatskanzlers gleich dreier habsburgischer Herrscher klagte Wenzel Graf von Kaunitz kurz nach dem Desaster der Osmanen bei Schumla gegenüber dem britischen Botschafter in Wien, John Murray, dem sechsten Viscount von Stormont, dass der Sultan gewiss bessere Bedingungen von den Russen erhalten haben würde, hätte er zuvor nur auf die Vermittlung Österreichs, Großbritanniens oder Hollands vertraut. Verdrossen über die notorische Uneinsichtigkeit der »Hohen Pforte«, prophezeite Kaunitz dem Briten sogar, dass die »Türken« nun wohl zum Untergang verurteilt seien. Schon ein kleines, aber schlagkräftiges Heer würde inzwischen genügen, sie gänzlich aus Europa zu vertreiben. [2]

Warum aber blieb der von vielen in Europa erwartete Exodus des türkischen Volkes aus? Warum kam es nicht zu dem von Voltaire so sehnlich erhofften »Kreuzzug der Ehre«, der die »heiligen« Stätten der europäischen Zivilisation endlich von den »Barbaren« befreite? War es denn nicht jedes Mal ein Schlag ins Gesicht Europas, wenn Sultane und Großwesire immer noch nach Belieben ausländische Diplomaten in das Verließ der »Sieben Türme« werfen ließen oder ein fanatischer religiöser Mob den habsburgischen Gesandten und seine Gattin sogar mit dem Tod bedrohten, nur weil sie Augenzeugen einer religiösen Zeremonie geworden waren?

Selbst die Franzosen hatten doch endlich ihre schützende Hand von der »Hohen Pforte« zurückgezogen, um sich an der Seite der amerikanischen Kolonisten in einen kostspieligen Krieg gegen Großbritannien zu stürzen.

Das Ende des Osmanischen Reiches in Europa schien gekommen, als
Österreich und Russland noch während des amerikanischen Krieges erste
Schritte unternahmen, die nach dem Tode der Zarin Elisabeth II. (1762)
erloschene Allianz zu erneuern. Schon im Juni 1780 waren Kaiser Joseph II. und Kaunitz zu einer persönlichen Begegnung mit der Zarin nach
Russland gereist. In Mogilew war man zum ersten Mal zusammen-
getroffen. Dem ersten, vielversprechenden Treffen beider Monarchen
folgte im Jahr darauf ein reger Briefwechsel, in dessen Verlauf Joseph und
Katharina eine Reihe bindender Zusagen abgaben, die auf ein Bündnis
gegen das Osmanische Reich hinausliefen. So wollten Russland und
Österreich, falls die »Hohen Pforte« einer der beiden Parteien den Krieg
erklärte, mit gleichstarken Truppenverbänden gegen die Osmanen vorgehen und keinen Separatfrieden mit dem Sultan schließen.[3]

L'enjambee imperiale, »Der kaiserliche Sprung«, Karikatur auf die russischen
Eroberungspläne Konstantinopels. Aquatinta, nach 1791.

Während Staatskanzler Kaunitz vor allem bestrebt war, einen Keil in die guten Beziehungen zwischen Potsdam und St. Petersburg zu treiben, hoffte die Zarin auf Habsburgs Komplizenschaft bei der Aufteilung der europäischen Gebiete des Sultans. Der König von Preußen, ihr bisheriger Alliierter, konnte dabei nur hinderlich sein.

Der Kaiser wiederum teilte als energischster Vertreter des aufgeklärten Absolutismus den Herzenswunsch vieler Aufklärer, die »barbarischen Türken« endlich aus Europa zu vertreiben. Daher konnte er sich für das auf den späteren Reichskanzler Alexander Andrejewitsch Bezborodko zurückgehende Projekt eines erneuerten griechischen Kaiserreiches mit Konstantinopel als Hauptstadt durchaus erwärmen.[4] Immerhin versprach es auch ansehnliche Gewinne für den habsburgischen Kaiserstaat. In einem langen Schreiben an Joseph vom September 1782 entwickelte Katharina noch einmal ausführlich ihren Plan, der tatsächlich einer politischen Revolution gleichkam. Aus der Moldau, der Walachei und Bessarabien sollte ein unabhängiges Dakien entstehen, das sie vorzugsweise unter die Regentschaft ihres damaligen Favoriten Grigori Potemkin stellen wollte. Dagegen würde sich Habsburg nicht nur Bosnien und Albanien einverleiben dürfen, sondern könnte mit der Besetzung des venezianischen Dalmatien sogar zur neuen Seemacht im Mittelmeer aufsteigen. Aus dem gesamten Balkan südlich der Donau sollte jedoch ein unabhängiges griechisches Kaiserreich entstehen. Ganz programmatisch hatte die Zarin ihren 1779 geborenen Enkel auf den Namen »Konstantin« taufen lassen. Selbst die ernüchternden Erfahrungen, die ihr Admiral Alexei Orlow im letzten Krieg mit der politischen Apathie vieler Griechen hatte machen müssen, konnte sie nicht von ihrem großen Traum abbringen, dass ihr Enkel einmal in der wahren Kapitale der Christenheit als neuer *Basileus* herrschen würde.[5]

Katharinas Hoffnungen, dass sich die innere Zersetzung des Osmanischen Reiches, wie sie es in ihrem Brief an Joseph II. beschrieben hatte, fortsetzen würde, schien sich freilich nicht so bald zu erfüllen. Trotz des Zusammenbruchs ihrer Armee bei Schumla (1774) hatte die »Hohe Pforte« mit unvermindertem Selbstbewusstsein gegen das Zarenreich agiert und Katharina wiederholt Anlass gegeben, die damalige Schonung der osmanischen Truppen aufrichtig zu bedauern. Fünf Jahre voll mühevoller

Verhandlungen waren schließlich notwendig gewesen, um den Osmanen die Erfüllung jeder einzelnen in Küçük Kaynarci vereinbarten Friedensbedingung noch einmal abzuringen.[6]

Vor allem die Autonomie der Krim konnte die »Hohe Pforte« nie akzeptierten und durfte sich dabei sogar auf den Willen der Tataren berufen, die eine Unabhängigkeit vom Sultan gar nicht gewollt hatten. Immer wieder war es seit dem Frieden von 1774 zu Revolten gegen den von Russland ursprünglich favorisierten Khan Şahin Giray gekommen, zu deren Unterstützung die Osmanen sogar Truppen zur Krim entsandt hatte. Als aber auch dieser Kandidat immer mehr erkennen ließ, dass er mit der Scheinselbstständigkeit seines Reiches unzufrieden war, folgte die Zarin dem Ratschlag ihres Ratgebers und Liebhabers Grigori Potemkin und zwang, jetzt abgesichert durch das Bündnis mit Habsburg, Şahin Giray zur Abdankung. Per Ukas vom 19. April 1783 verfügte Katharina die Angliederung der Halbinsel an ihr Reich. Ihre offizielle Begründung, dass dieser Schritt einem neuen Krieg mit der »Hohen Pforte« vorbeugen helfe, dürfte freilich in Konstantinopel für Erstaunen gesorgt haben.[7]

Befremdet hatten die »Hohe Pforte« auch Russlands stetige Bemühungen, die Verhältnisse in der Moldau und der Walachei zu seinen Gunsten zu beeinflussen. Längst waren Sultan Abdülhamid auch Katharinas Pläne zur Aufteilung seiner europäischen Provinzen zu Ohren gekommen, und die im Sommer 1787 in Begleitung Josephs II. unternommene große Reise der Zarin entlang des Dnjeprs nach Cherson musste in Konstantinopel wie eine Bekräftigung der Teilungsabsichten beider Mächte erscheinen.

Jetzt endlich konnten sich an der »Hohen Pforte« die Falken um Großwesir Koca Yusuf Pascha gegen die moderaten Kräfte durchsetzen.[8] Die Kriegserklärung der Osmanen im August 1787 erfolgte für die Zarin keineswegs überraschend, gleichwohl war Russland auf eine erneute militärische Auseinandersetzung mit den Truppen des Sultans ebenso wenig wie im vorangegangenen Krieg vorbereitet.[9] Besser standen die Dinge in Wien, obwohl Staatskanzler Kaunitz einem gemeinsamen Krieg gegen Preußen den Vorzug gegeben hätte.

Der Kaiser hatte seine zweite Reise nach Russland zwar nur mit großen Bedenken unternommen, denn mit Recht fürchtete er, damit endgültig in das Fahrwasser der russischen Politik zu geraten. An den griechischen Fantasien der Zarin fand er freilich immer noch Gefallen. So strebte Joseph nicht allein die Wiederherstellung der Grenzen von Passarowitz an, auch Bosnien und die dalmatinische Küste sollten Teil des Habsburgerreiches werden, dazu jetzt noch die Festung von Chotin am Dnjestr. Allerdings beanspruchten vorerst noch die durch seine drastischen Reformen ausgelösten Unruhen in den österreichischen Niederlanden die Aufmerksamkeit des Monarchen. So konnte Wien erst im Februar 1788 gemäß seinen vertraglichen Verpflichtungen der »Hohen Pforte« den Krieg erklären lassen.[10]

Das vom Kaiserstaat aufgestellte Heer aus fast einer Viertelmillionen Soldaten mit 900 Geschützen entsprach durchaus den ambitionierten Zielen des Kaisers und hätte wohl zu einer energisch geführten Offensive auf Konstantinopel ausgereicht. Doch beraten von seinem Feldmarschall Franz Moritz Graf von Lacy, der den Russen misstraute, hatte Joseph es vorgezogen, seine Truppen zunächst in sechs separaten Korps entlang der langen Grenze von Kroatien bis zum Dnjestr aufmarschieren zu lassen.[11] Ohne eine erkennbare Schwerpunktbildung fanden die Operationen, die im ersten Kriegsjahr von Joseph persönlich geleitet wurden, nie den erhofften Schwung. Weder gelang die Eroberung Belgrads, das erste Zwischenziel, noch die Besetzung Bosniens.

Die Passivität der Kaiserlichen ermöglichte es sogar dem Großwesir Koca Yusuf Pascha Anfang August 1788, mit seinem Heer die Donau bei Widin zu überqueren und brandschatzend das Banat zu durchstreifen. Der Kaiser sah sich genötigt, die ohnehin nicht energisch betriebene Beschießung Belgrads aufzugeben und mit einem Korps von 20 000 Mann eine Schutzstellung entlang des Temes einzunehmen. Von dort musste er sich jedoch bald wieder zurückziehen, als osmanische Truppen, die nach Siebenbürgen eingedrungen waren, seinen Rücken bedrohten. Inzwischen hatte der Großwesir die gesamte Donaulinie bis Belgrad in seine Hand gebracht, während seine Truppen im Banat die habsburgische Aufbauarbeit von mehr als 50 Jahren zerstörten. Aus der durch den Prinzen Eugen eroberten Provinz vertrieben, töteten oder verschleppten die Osmanen fast 40 000 Kolonisten.[12]

Graf von Kaunitz' kühne Prognose, dass eine kleine, aber gute Armee reichen würde, um die »Türken« aus Europa zu vertreiben, hatte sich als verfrüht erwiesen. Verbittert über die laue Unterstützung der Rus-

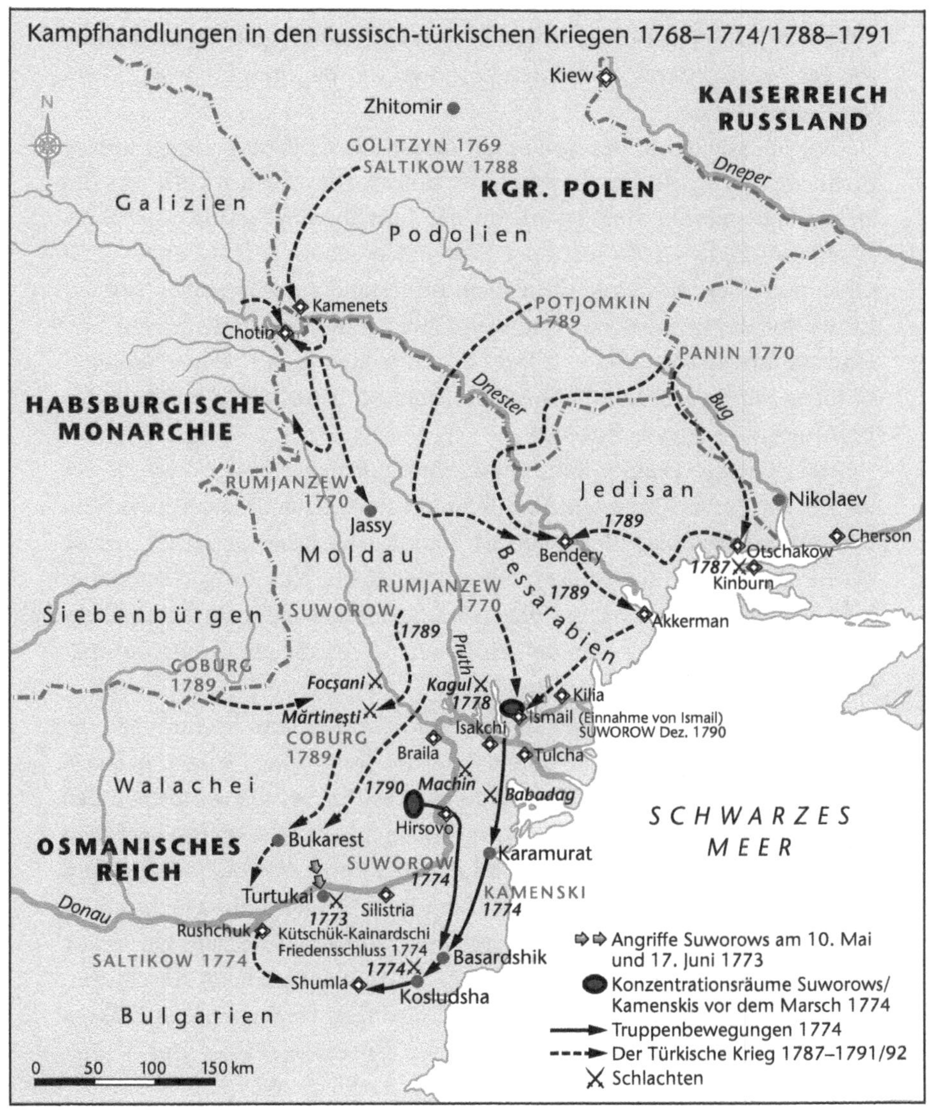

sen und wie inzwischen Tausende seiner Soldaten an einem schweren Fieber erkrankt, traf der Kaiser am 5. Dezember wieder in Wien ein. Lediglich die Eroberung der Festung Chotin durch Prinz Friedrich Josias von Sachsen-Coburg und die anschließende Besetzung Jassys vermochten Habsburgs magere Bilanz des ersten Kriegsjahres halbwegs aufzuhellen.[13] Dass die Russen in den letzten Dezembertagen wieder einmal die Festung Oczakow erstürmen konnten, war dagegen für Joseph kein besonderer Trost.

Obwohl sich der Kaiser, von seiner chronischen Erkrankung gehindert, nicht mehr ins Feld begeben konnte, unterließ er doch nichts, um das zweite Feldzugsjahr wenigstens mit der Einnahme Belgrads zu krönen. Bereits im Herbst 1788 hatte der Kaiser den schon 72 Jahre alten Ernst Gideon Freiherr von Laudon aus dem Ruhestand zurückgerufen. Mit der Einnahme der bosnischen Festungen Dubica und Novi hatte der aus Livland stammende Veteran und Held des Siebenjährigen Krieges den Operationen der Kaiserlichen in Bosnien neuen Schwung verliehen und seine Berufung vorerst gerechtfertigt.

Aufseiten der Gegner hatte inzwischen ein neuer Sultan anstelle des im April 1789 verstorbenen Abdülhamid die Herrschaft angetreten. Von den Janitscharen begeistert begrüßt, träumte der junge Selim III. wie so viele Patrioten von der Rückeroberung der Krim. Nur zu bald musste er jedoch erkennen, dass seine Begeisterung für den heiligen Krieg allein nicht genügte, um der nun voll entfalteten Kriegsmacht zweier europäischer Großmächte die Stirn zu bieten.[14]

Immerhin gelang es seiner Armee, mit 100 000 Mann im Juni 1789 die Donau zu überschreiten und die Russen zunächst in eine Defensivposition zu zwingen. Den erhofften Vorstoß auf die Festung Bender aber vereitelten am 31. Juli die beiden Generale Suworow und Sachsen-Coburg, nachdem sie in der Nacht zuvor mit ihrem Truppen die Putna überquert hatten und bei Focșani ein 3000 Mann starkes osmanisches Heer in die Flucht schlugen. Als der Großwesir Anfang September erneut auf Focșani vorrückte, vereinigten beide Feldherren ein zweites Mal ihre Armeen und zerschlugen am 22. September in der Schlacht bei Mărtinești (zwischen den Flüssen Rimna und Rimic) ein vierfach überlegenes osmanisches Heer. Der Gegner büßte fast 20 000 Mann und seine gesamte Artillerie ein.[15]

Die beiden eindrucksvollen Siege stabilisierten nicht nur die Lage nördlich der Donau, sie ermöglichten es auch Laudon, unangefochten eine Belagerungsarmee von 60 000 Mann vor Belgrad zu konzentrieren. In nur vier Wochen legte das ununterbrochene Bombardement seiner Artillerie große Teile der Stadt in Schutt und Asche. Die Verwüstungen und täglichen Verluste waren so beträchtlich, dass die osmanische Besatzung am 7. Oktober 1789 kapitulierte, noch ehe die entscheidende Bresche geschossen war. Ein Entsatzkorps der Osmanen hatte zwar die Morava bereits überschritten, war dann aber wieder umgekehrt. Darüber erleichtert, gestattete Laudon den 7000 überlebenden Kämpfern einschließlich ihrer Familien den freien Abzug.

Die Nachricht, dass Belgrad zum dritten Mal in hundert Jahren von kaiserlichen Truppen eingenommen worden war, löste in Wien unbeschreiblichen Jubel aus. Selbst der Kaiser raffte sich von seinem Krankenbett auf, um mit seinem gesamten Hofstaat am 14. Oktober an einem Tedeum im Stephansdom teilzunehmen, während von sämtlichen Bastionen der Stadtbefestigung Salut geschossen wurde. In der folgenden Nacht war die gesamte Stadt erleuchtet und in allen Schauspielhäusern waren der Eintritt und sogar die Getränke frei.[16] Die glorreichen Tage des Prinzen Eugen schienen zurückgekehrt, und die Begeisterung sollte sich noch steigern, als nur drei Wochen später bekannt wurde, dass die österreichische Armee unter dem zum Feldmarschall beförderten Prinzen Josias von Sachsen-Coburg am 5. November 1789 in Bukarest einmarschiert war. Die Erwartungen für das kommende Kriegsjahr waren gewaltig, doch schon am 20. Februar 1790 starb mit Kaiser Joseph II. der Herrscher, der am entschiedensten für den siegreichen Ausgang des Krieges gekämpft hatte.

Wieder einmal musste Habsburg die bittere Erfahrung machen, dass selbst nachdem Frankreich durch seine Revolution vorerst paralysiert war, nunmehr auch Großbritannien und Preußen ein bizarres Interesse daran bekundeten, die Herrschaft der Erben Osmans über einen Teil Europas ungeschmälert aufrechtzuerhalten. Als treibende Kraft tat sich hier Friedrich Wilhelm II. von Preußen hervor. Der vom Potsdamer Alten wenig geschätzte Nachfolger war seit seinem Regierungsantritt 1786 demonstrativ bemüht, den antihabsburgischen Kurs seines Onkels fortzusetzen. Mit Großbritannien und den Generalstaaten hatte er sich noch vor Ausbruch des »Türkenkrieges« zu einer Tripelallianz verbündet. Anfang 1790 stellte sich Friedrich Wilhelm sogar offen auf die Seite der »Hohen Pforte« und schloss erstmals ein Bündnis mit dem Sultan. Bereits im Winter 1789/90 hatte er seine Truppen in Schlesien aufmarschieren lassen. Berlins massiver Druck zeigte allerdings erst nach Josephs Tod Wirkung. Als Bruder und Nachfolger wollte Leopold II. einen Krieg mit Preußen unbedingt vermeiden, zumal er auch an einer Fortsetzung des Krieges gegen die Osmanen nicht sonderlich interessiert war. Dass seine Truppen bis Juni noch einige Erfolge in Serbien erzielen konnten, vermochte ihn kaum umzustimmen.[17] Gegenüber den Russen misstrauischer als sein verstorbener Bruder und vom dem preußischen Säbelrasseln eingeschüchtert, zeigte sich der vormalige Großherzog der Toskana zum Einlenken bereit.[18] Die am 27. Juli 1790 im böhmischen Reichenbach von Habsburg und Preußen unterzeichnete Konvention kam freilich einer Unterwerfungserklärung des Kaisers gegenüber dem preußischen König gleich. Leopold verpflichtete sich darin nicht nur, der »Hohen Pforte« sämtliche Eroberungen einschließlich der Festung Belgrad zu restituieren, sondern versprach sogar, zusammen mit Preußen und Großbritannien auf die Zarin einzuwirken, denselben Schritt zu tun.[19] Katharina schäumte vor Wut und nannte die Konvention ein schändliches Dokument. Besonders erbost aber war sie über Friedrich Wilhelms dreisten Versuch, Russland ebenfalls unter das »Joch« Berlins und Londons zu bringen.[20] Die Zarin konnte es sich jedoch leisten, den Pressionen Preußens und Großbritanniens die kalte Schulter zu zeigen. Nicht einmal die Schleifung der Festung Oczakow ließ sie sich von Vertretern Berlins und Londons abringen. Anders als die Österreicher brauchte sie allerdings die preußische Armee nicht zu fürchten, und in London zeigte die Geschäftswelt keinerlei Interesse, ihren einträglichen Ostseehandel durch einen Krieg mit Russland zu gefährden.[21] So konnte das Zarenreich vorerst seinen Krieg gegen die »Hohe Pforte« fortsetzen und das dritte Kriegsjahr mit einem spektakulären Erfolg abschließen. Unter der Führung des unermüdlichen Alexander Suworow hatten russische Truppen noch am 10. Dezember 1789 die Festung Ismail an der Donaumündung erstürmt. Es half den Belagerten nicht, dass sie numerisch den Angreifern überlegen waren. Mehr als 25 000 Osmanen fanden in den dreitägigen Häuserkämpfen den Tod, 9000 gerieten in Gefangenschaft.[22] Nach dem Fall der Festung besaß der Sultan keine regulären Truppen mehr, und der Weg nach Konstantinopel schien für die Sieger endlich offen. Tatsächlich gelang der Armee der Zarin südlich der Donau bei Matschin am 9. Juli 1791 noch einmal ein bedeutender Sieg über das Heer des *Seraskers* Ahmed Pascha. Ohne die Unterstützung der Österreicher, die nur wenige Tage später bereits den Frieden von Sistowa mit den Osmanen schlossen, musste Feldmarschall Repnin sich jedoch bald wieder über die Donau zurückziehen. Bereits am 9. August unterzeichnete er selbst einen Waffenstillstand mit dem nachrückenden Gegner. Auch die Zarin hatte schließlich dem Druck der Briten und Preußen nachgeben, zumal die Radikalisierung der Revolution in Frankreich inzwischen die Aufmerksamkeit aller europäischen Mächte beanspruchte. Der am 9. Januar 1792 in Jassy unterzeichnete Friedensvertrag sicherte dem Zarenreich immerhin eine neue Grenze am Dnjestr und den endgültigen Besitz der Festung Oczakow. Gemessen an Katharinas weit gespannten Zielen konnte dieses Ergebnis jedoch nur als Enttäuschung gewertet werden. Habsburg aber hatte mit dem im bulgarischen Sistowa unterzeichneten Frieden endgültig die lange Epoche seiner »Türkenkriege« abgeschlossen. Im aufziehenden Zeitalter der Nationalstaaten besaßen beide zuvor verfeindeten Vielvölkerreiche plötzlich sogar ein gemeinsames Interesse am *Status quo.*

Epilog
»Die Türkei ist ein Sterbender«

Die »Orientalische Frage« entzweit
die Mächte des Wiener Systems

»Ich will nicht einen Zoll von der Türkei, aber ich will auch nicht, dass ein anderer einen Zoll davon bekomme … Jetzt kann man nicht darüber stipulieren, was aus der Türkei, wenn sie todt, gemacht werden solle. Daher werde ich alles aufbieten, den Status quo zu erhalten. Aber man muss den möglichen eventuellen Fall ehrlich und vernünftig ins Auge fassen, man muss zu verständigen Erwägungen, zu aufrichtiger, redlicher Einigung kommen.«

Zar Nikolaus I. während seines Besuchs in London (1844) zur britischen Regierung[1]

»Es ist lange die Aufgabe abendländischer Heere gewesen, der osmanischen Macht Schranken zu setzen, heute scheint es die Sorge der europäischen Politik zu sein, diesem Staat das Dasein zu fristen.«

Helmuth von Moltke, *Reisen in die Türkei. Tagebücher (1836)*[2]

Habsburgs mit der »Hohen Pforte« 1790 in Sistowa geschlossener Friede hatte nicht nur den aktuellen Krieg mit dem Osmanischen Reich beendet. Er war zugleich auch der Schlusspunkt einer epochalen Konfrontation zwischen Kaisern und Kalifen, während der osmanische Heere zweimal vor den Mauern Wiens gestanden hatten. Zu einem Gegenschlag der

Kaiserlichen gegen Konstantinopel war es dagegen nie kommen. Der Krieg Josephs II. gegen die Osmanen sollte tatsächlich Österreichs letzter »Türkenkrieg« bleiben.

Als ein Vierteljahrhundert später die Herrscher und Spitzendiplomaten Europas in Wien zusammenkamen, um nach dem Sieg über Napoleon eine neue europäische Ordnung zu etablieren, sahen sie sich bereits einer völlig neuen Frontstellung gegenüber. Revolution und Nationalismus erwiesen sich bald als die gefährlichsten Feinde des 1814/15 in mühevollen Verhandlungen wiederhergestellten Gleichgewichts der Großmächte, und beide Kräfte sollten nicht mehr von der politischen Bühne verschwinden.

Obwohl die »Hohe Pforte« trotz Fürst Clemens Metternichs ausdrücklicher Einladung keinen Vertreter nach Wien entsandt hatte,[3] herrschte unter allen Kongressteilnehmern darüber Einmütigkeit, dass auch das Osmanische Reich als Teil des neuen Staatensystems zu betrachten sei. Da revolutionäre Entwicklungen auf dem Balkan ebenso wie Erhebungen in Spanien, Italien oder Polen die neue Ordnung in Europa gefährdeten, konnte selbst der Sultan als moslemischer Herrscher auf eine gewisse Solidarität der christlichen Kongressmächte zählen.

Für Österreich und das Osmanische Reich als alte Vielvölkerstaaten ergab sich daraus sogar eine neue Schnittmenge vitaler Interessen, die ein Wiederaufleben der alten Dauerfrontstellung praktisch ausschloss. Schon den 1804 begonnenen Aufstand der noch unter osmanischer Herrschaft lebenden Serben hatte Metternich ebenso wie die »Hohe Pforte« mit Sorge verfolgt, bestand doch die Gefahr, dass die Rebellion auch auf das habsburgische Ungarn übergriff. Wien hatte sogar die Bitte der Serben abgelehnt, zwischen ihnen und dem Sultan zu vermitteln.[4] Ebenso entsprach die Fortdauer der osmanischen Oberhoheit in der Moldau und der Walachei den Sicherheitsbedürfnissen Habsburgs, das an seiner Ostgrenze die Nachbarschaft des Sultans der Präsenz russischer Truppen bei weitem vorzog.

Erschwert wurde der ungewohnte politische Schulterschluss allerdings durch die wachsende zivilisatorische Kluft zwischen Europa und der islamischen Welt. Die Revolution in Frankreich hatte auch dem benachbarten

Europa einen gewaltigen politischen Modernisierungsschub beschert, der auf dem Wiener Kongress lediglich legalisiert, aber nicht mehr revidiert worden war. Der Revolution von Verfassung, Recht und Verwaltung folgte schon bis zur Mitte des Jahrhunderts ein beispielloser technischer und wirtschaftlicher Aufschwung, den nachzuvollziehen das Osmanische Reich aus einer langen Reihe von Gründen nicht in der Lage war.

Die seit Selim III. wiederholt unternommenen Versuche einer Reform von Armee und Verwaltung waren nur Stückwerk geblieben und hatten 1807 nicht nur zum Sturz des Sultans geführt, sondern auch die Spaltung des gesamten Staatswesens vorangetrieben.[5] Inzwischen hatte Ägypten im Nachgang der napoleonischen Invasion unter dem Albaner Mehmed Ali faktisch seine Unabhängigkeit von der »Hohen Pforte« erlangt, und andere Provinzfürsten des Riesenreiches drohten bereits seinem Beispiel zu folgen. In Albanien und Epirus hatte etwa Ali Pascha, ein ehemaliger Bandenchef albanischer Herkunft, ebenfalls seine Abhängigkeit von Konstantinopel weitgehend gelöst.

Der »Löwe von Tepeline« war eine ambivalente Persönlichkeit Er verkehrte freundschaftlich mit Lord Byron und anderen Westeuropäern, förderte Handel und Kunst, schreckte aber auch nicht davor zurück, die Bewohner ganzer Ortschaften ausrotten zu lassen. Im Februar 1822 endete seine bemerkenswerte Karriere, als er sich von den Osmanen in eine Falle locken ließ. Sein abgeschlagenes Haupt wurde in einer Nische am Kanonentor in Konstantinopel ausgestellt.[6]

Als Sultan Mahmud II. im Frühjahr 1821 ein Heer gegen Ali Paschas Residenzstadt Janina schickte, sah die griechische Unabhängigkeitsbewegung ihre Chance gekommen, sich endlich vom osmanischen Joch zu befreien. Ein über den ganzen Balkan gespanntes, bis nach Russland reichendes Netzwerk von Sympathisanten bildete die Grundlage der Erhebung, die am 25. März 1821 im Kloster Agia Lavra bei Kalavryta ihren Ausgang nahm. Die Osmanen zerstörten später aus Rache Stadt und Kloster, die Deutschen taten es ihnen 1943 gleich.

Begonnen hatte der Aufstand mit demEinmarsch einer griechisch-russischen Legion unter dem Befehl des russischen Generals und kaiserlichen Adjutanten Alexander Ypsilantis in die Moldau. Ypsilantis gehörte zum neugriechischen Adel, deren bedeutendsten Familien, wie etwa die

Mavrokordatos, im Konstantinopler Bezirk Fener (oder Phanor) wohnten und deswegen allgemein als Fanariden bezeichnet wurden. Seit dem Verrat des Demetrius Cantemir ein Jahrhundert zuvor beherrschten die Ypsilantis oder die Mavrokordatos im Auftrag der Sultane die beiden Donaufürstentümer und waren der Bevölkerung gründlich verhasst. Dass nun ausgerechnet ein Ypsilantis die Moldauer und Walachen von den »Türken« befreien wollte, wurde mithin als schlechter Witz empfunden.[7]

Auf der Peloponnes hatten die Aufständischen zunächst Erfolg.

Im Oktober 1821 konnten die Griechen Tripolitza, den Hauptort der Halbinsel, einnehmen, wobei sie einen großen Teil der osmanischen Bevölkerung umbrachten, die in dem befestigten Ort Zuflucht gesucht hatte. Sofern diese Grausamkeit den Gegner zu ähnlichen Massakern provozieren sollte, ging die Rechnung vollkommen auf. Ein vom Sultan entsandtes Expeditionskorps landete im Frühjahr 1822 auf der aufständischen Insel Chios und nahm brutale Rache an den dort lebenden Griechen. Nur wenige Bewohner entkamen dem Strafgericht, das sich auch politisch als ein entscheidender Fehler erweisen sollte. Die öffentliche Meinung zwischen London und Wien wandte sich nun vollends von den Osmanen ab.

Nach »Chios« fragte kein Europäer mehr nach den Opfern von »Tripolitza«, und ein Heer von Romantikern, die von einer erneuerten Größe des alten Griechenlands träumten, machte sich auf den Weg, den Nachfahren ihrer antiken Helden beizuspringen.

Die Westmächte und selbst Zar Alexander I. hatten den griechischen Aufstand zunächst ohne besondere Sympathie und sogar mit Sorge verfolgt, da der Funke der Rebellion auch auf Serbien, Ungarn oder gar Polen überspringen könnte. Doch unter dem öffentlichen Druck in ihren Ländern blieb ihnen keine andere Wahl, als gegen den Sultan Position zu beziehen.

Eine Verschärfung der Lage im Orient trat jedoch erst 1824 ein, als sich Sultan Mahmud die militärische Unterstützung des ägyptischen Vizekönigs Mehmed Ali sichern konnte. Dessen Truppen waren nach europäischen Standards ausgebildet und bewaffnet und brachten die griechische Erhebung zunehmend in die Defensive. Vermutlich hätte ein schonender Umgang mit der Bevölkerung der Peloponnes die europäischen Regierungen aus dem Spiel gehalten, doch die ägyptischen Soldaten gingen mit größter Brutalität auch gegen Unbeteiligte vor. Sie zerstörten Dörfer, vernichteten die Ölbäume und verschleppten erneut zahllose Menschen in die Sklaverei. Besonders Russlands Ansehen unter den orthodoxen Christen des Balkans geriet jetzt in Gefahr.

Inzwischen hatte mit Nikolaus I. ein neuer Zar die Herrschaft angetreten. Anders als sein 1825 verstorbener Bruder Alexander, war er fest entschlossen, den bedrängten griechischen Glaubensbrüdern notfalls auch direkt zu Hilfe zu kommen. In langen Verhandlungen gelang den russischen Diplomaten das Kunststück, die britische Regierung für eine gemeinsame bewaffnete Vermittlung zu gewinnen. Frankreichs Einschwenken auf dieselbe Linie machte den Erfolg für Nikolaus noch größer.[8] Trotz aller Warnungen des österreichischen Staatskanzlers Metternich hatten sich London und Paris in der »Orientalischen Frage« ganz in das Fahrwasser der russischen Politik begeben. Der Architekt des Wiener Systems sah nunmehr nicht nur die Stabilität des Osmanischen Reiches gefährdet, sondern auch das Prinzip der Legalität verletzt. Würden denn Großbritannien und Russland selbst eine Mediation fremder Mächte in der irischen oder polnischen Frage erlauben, gab er zu bedenken.[9] Insgeheim musste er sich jedoch eingestehen, dass die Unfähigkeit und sinnlose Brutalität der osmanischen Politik seine Position bereits unhaltbar gemacht hatte.

Als im Herbst 1827 eine Flotte aus britischen, russischen und französischen Schiffen in die Ägäis vorstieß, um der gemeinsamen Forderung nach einem Waffenstillstand Nachdruck zu verleihen, war die politische Isolation Habsburgs perfekt. Ausgerechnet jene Macht, die jahrhundertelang an vorderster Front gegen das Osmanische Reich gestanden hatte, fehlte nun in dieser letzten christlichen Allianz zur Rettung der Griechen.

Während die Aufständischen in ihrer Not sofort zu einer Vermittlung bereit waren, lehnte Sultan Mahmud das Ansinnen der Europäer als Einmischung in die inneren Angelegenheiten seines Reiches ab. Dank der ägyptischen Unterstützung wähnte er sich schon siegesicher. Davon wollte er sich auch durch das Erscheinen eines vergleichsweise kleinen europäischen Geschwaders nicht mehr abbringen lassen.

Wieder einmal sollte ein militärischer Paukenschlag die verfahrene politische Lage auf den Kopf stellen. Auf den eigenmächtig gefassten Beschluss der drei alliierten Befehlshaber drangen die verbündeten Geschwader in der Nacht zum 20. Oktober 1827 in den Hafen von Navarino an der Westküste der Peloponnes ein. Nach einem provozierten Schusswechsel vernichteten sie bis zum Morgengrauen die gesamte, dort ankernde osmanisch-ägyptische Flotte. Mehr als 8000 Seeleute ertranken. Die Griechen waren gerettet, nicht aber der Frieden. Mit einigem Recht betrachtete der Sultan den Angriff der Europäer als Kriegshandlung und brach die Beziehungen zu den drei daran beteiligten Mächten ab.

Den im April 1828 begonnenen Krieg gegen die »Hohe Pforte« musste Russland allerdings allein führen. Großbritannien und Frankreich waren an einer Zerstörung des Osmanischen Reiches nicht interessiert und so verzichtete Nikolaus klugerweise darauf, in seinem Kriegsmanifest die Freiheit der christlichen Balkanvölker überhaupt zu erwähnen. Stattdessen sprach er von verletzten Verträgen und der Ehre Russlands, die er wiederherstellen müsse.[10] Politisch vermied er damit einen Bruch mit den beiden Westmächten und obwohl seine Truppen im Jahr darauf nicht zum letzten Mal vor Konstantinopel lagerten, beschränkte sich der Zar im Frieden von Adrianopel (Edirne) auf einige marginale Veränderungen der bisherigen Grenzen. Doch die Unabhängigkeit der Griechen war gesichert. Ein ergänzender Vertrag, an dem auch Briten und Franzosen beteiligt waren, bestätigte am 22. März 1829 in London zunächst die Autonomie Griechenlands. Dieses sollte vorerst allerdings nur ein Rumpfstaat ohne Thessalien, Epirus und Makedonien sein. Nikolaus konnte zufrieden sein. Nachdem der Vertrag von Adrianopel auch den Serben unter Miloš Obrenović Autonomie garantiert hatte, war das Osmanische Reich in Europa praktisch zu einer bloßen Kulisse degeneriert, die von Russland nach Belieben verschoben werden konnte. Österreich dagegen war der große Verlierer im Ringen um die griechische Unabhängigkeit.

Nur wenige Wochen vor Ausbruch der Julirevolution von 1830 einigten sich Großbritannien, Frankreich und Russland im Londoner Protokoll sogar auf die Etablierung eines unter ihrem Schutz stehenden griechischen Königtums. Wohl keine der beteiligten Mächte ahnte in diesem Moment, dass der Zar schon bald darauf gezwungen sein würde, gegen die aufständischen Polen genau das zu tun, was er dem Sultan zuvor verweigert hatte. Metternich hatte immerhin Recht behalten, denn die zahllosen Exilpolen in Paris und London sollten bald dafür sorgen, dass auch die polnische Frage nicht mehr von der politischen Tagesordnung Europas verschwand. Nikolaus schwenkte um und erneuerte im September 1833 sogar anlässlich eines Treffens mit Kaiser Franz I. in Münchengrätz die alte »Heilige Allianz« mit Österreich, der Preußen bald beitrat.[11] Sein langjähriger Außenminister Karl Graf von Nesselrode brachte den Kurswechsel des Zaren auf die knappe Formel. »Eine kranke Türkei sei für Russland nützlicher als eine tote.«[12]

Kaum hatte sich der Sturm der 1830er-Revolution gelegt, erforderte die orientalische Frage erneut die Aufmerksamkeit der europäischen Großmächte. Nachdem der Zar vorerst kein Interesse mehr daran zeigte, das Osmanische Reich vollends zu zerschlagen,[13] schien nun eine andere Macht dessen Untergang anzustreben. Mehmet Pascha von Ägypten beanspruchte jetzt von der »Hohen Pforte« für seine Unterstützung gegen die griechischen Rebellen ganz Syrien und erklärte dem Sultan den Krieg, als dieser seine Forderung ablehnte. Wie zu erwarten, unterlagen die osmanischen Aufgebote den besser geschulten ägyptischen Truppen, die rasch bis nach Anatolien vordrangen und bereits Konstantinopel bedrohten. Auf Bitten des Sultans sandte Nikolaus im Februar 1833 ein Expeditionskorps zum Bosporus und zusammen mit der britischen und französischen Diplomatie gelang es, Mehmet Pascha zum Abzug zu bewegen. Für den Frieden von Kütahya musste die »Hohe Pforte« dem Ägypter allerdings Syrien überlassen. In einem separaten Vertrag schlossen Russland und das Osmanische Reich zum ersten Mal eine auf acht Jahre befristete Defensivallianz, die in einer Geheimklausel festlegte, dass im Kriegsfall die Passage durch die Dardanellen für alle Schiffe dritter Mächte geschlossen werden sollte.[14] Wieder hatte der Zar einen beachtlichen Coup gelandet, der vor allem unter britischen Politikern nach Bekanntwerden der Klausel für Unruhe sorgte.

Die Tage einer Kooperation in der Orientfrage schienen ohnehin gezählt, als sich Russland in den 1830er-Jahren vermehrt dem Iran und den zentralasiatischen Khanaten zuwandte. Die Besetzung Herats durch Truppen des Shahs löste in London Alarm aus. Mit Recht vermutete London dahinter den Zaren als treibende Kraft. Von der russophoben hauptstädtischen Presse in Panik versetzt ließ die britische Regierung schließlich eine Armee von Nordindien nach Kabul marschieren, um die Zugangswege nach Indien zu schützen. Aus der »Orientalischen Frage« war das *Great Game* geworden, eine für den Rest des Jahrhunderts die Politik beider Mächte prägende Dauerrivalität zwischen Bosporus und Khyberpass.

Nur kurzfristig fanden sich beide Mächte wenige Jahre später noch einmal zusammen, als 1839 ein erneuter Krieg zwischen Sultan und ägyptischem Vizekönig ausbrach und Frankreich unverhohlen die Großmachtambitionen Mehmed Alis unterstützte. Erstmals hätte die Orientkrise einen großen Krieg der europäischen Mächte untereinander auslösen können, doch Paris erkannte seine internationale Isolation und akzeptierte widerwillig die Londoner Konvention, die Mehmed Alis Abzug aus Syrien mit dessen Anerkennung als Erbherrscher in Ägypten honorierte.[15] Einmal mehr hatte die mit Not überstandene Krise gezeigt, dass das Osmanische Reich aus eigener Kraft nicht mehr überleben konnte. Zar Nikolaus durfte im Sommer 1844 während eines Überraschungsbesuches in Großbritannien bereits offen von der sterbenden Türkei sprechen, ohne ernstlichen Widerspruch auf Seiten seiner Gastgeber zu provozieren.

In Bezug auf die Zukunft der »Türkei« war inzwischen in London Ernüchterung eingetreten. Ein Jahrzehnt britischer Bemühungen, Reformschritte im Osmanischen Reich zu unterstützen, waren nach den Worten Lord Stratford Cannings, Londons grauer Eminenz am Bosporus, an der dort vorherrschenden Religion gescheitert.[16] Dass jedoch vor allem die seit Jahrzehnten dank niedriger Zölle ins Land strömenden Waren aus Europa und der damit verbundene Kapitalabfluss, weniger jedoch der Islam, den Aufbau einer gewerbetreibenden Mittelschicht und damit nachhaltige Fortschritte in der Wirtschaft des Reiches verhindert hatten, vermochte der britische Aristokrat nicht einzusehen. Tatsächlich war der seit 1839 regierende Sultan Abdülmecid I. bemüht, ein Bündel von Reformen voranzutreiben, das bald unter dem Namen *Tanzimat* bekannt wurde und Armee, Verwaltung und Steuerwesen modernisieren sollte.[17] Die Regierung des Sultans hatte sogar erste Fabriken zur Produktion von Uniformen und Waffen für die reformierte Armee gegründet, doch anders als im Japan der Meiji-Restauration, wo reichlich vorhandenes privates Kapital und eine hohe gewerbliche Kompetenz einen industriellen Take-off beförderten, liefen sich die Reformen im Osmanischen Reich tot.

Sofern der Zar nach seinem Besuch in London geglaubt hatte, die Briten durch seine Offenheit auf seine Seite gebracht zu haben, sah er sich nur zu bald enttäuscht. Die öffentliche Meinung verzieh ihm seine Polenpolitik nicht und spätestens seit er 1849 zur Unterstützung der Habsburger seine Truppen in Ungarn hatte einmarschieren lassen, galt Nikolaus I. beim feinen Publikum in Paris und London als der »Gendarm Europas«. Auch glaubte niemand seinen Beteuerungen, an der Erhaltung des Osmanischen Reiches interessiert zu sein, während er zugleich gegenüber dem britischen Geschäftsträger in St. Petersburg wiederholt neue Teilungspläne ins Spiel brachte.[18]

Ein Streit zwischen griechischen und katholischen Mönchen um den Vorrang in der Jerusalemer Grabeskirche brachte schließlich die explosive Lage zur Entzündung.[19] Einmal mehr forderte Nikolaus die Rolle des Schutzherrn aller orthodoxen Christen im Osmanischen Reich und ließ zur Bekräftigung seiner Ansprüche seine Truppen in die Moldau und Walachei einrücken. Zugleich schickte er seinen General Alexander Menschikow an den Bosporus, um den Sultan unter Druck zu setzen. Rasch zeigte sich aber, dass der Zar sein Blatt überreizt hatte. Russland war isoliert und die Westeuropäer sahen in den Russen bereits den »neuen Türken«. Mit Ausnahme Preußens stellten sich alle europäischen Großmächte gegen den Zaren. Besondere Entrüstung verursachte in St. Petersburg die feindselige Haltung Habsburgs, das sogar seine Truppen in Galizien mobilisiert hatte. Frankreichs neuer Kaiser, Napoleon III., sah wiederum die Chance gekommen, durch einen Krieg gegen Russland das ihm verhasste System von 1815 zu revidieren.

Ermutigt von der Haltung der Westmächte wies Sultan Abdülmecid die russischen Forderungen ab und ließ Fürst Menschikow mit leeren Händen abreisen. Franzosen und Briten einigten sich darauf, Schiffe und Truppen an den Bosporus zu schicken und landeten, nachdem Russland einen Rückzug aus der Moldau und der Walachei abgelehnt hatte, im September 1854 auf der Krim. Da sich Preußen um Neutralität bemühte und Habsburg ohne die zweite deutsche Großmacht keinen Krieg gegen Russland riskieren wollte, blieben die Kampfhandlungen hauptsächlich auf die

Schwarzmeerhalbinsel beschränkt. Als russische Truppen nach einer Belagerung von 328 Tagen am 8. September 1855 die Festung Sewastopol aufgaben,[20] war Nikolaus bereits seit mehreren Monaten tot und sein Nachfolger und Sohn, Alexander II., zum Frieden bereit.

Auch wenn der sogenannte Krimkrieg aufgrund des Fernbleibens der beiden deutschen Mächte nicht zum Weltkrieg eskaliert war, hatte sein Ausgang die weitreichendsten Folgen. Frankreich kehrte wieder in den Kreis der europäischen Großmächte zurück, Russland verlor sein Protektorat über die »Türkei« und bemühte sich um eine Reform von Armee und Agrarverfassung. Außenpolitisch verfolgte das Zarenreich seither, ebenso wie Großbritannien, verstärkt seine außereuropäischen Interessen. Damit verschaffte es Preußen den politischen Spielraum, Habsburgs Vormacht in Deutschland zu brechen und schließlich gegen den Widerstand Frankreichs die nationalstaatliche Einigung in ihrer kleindeutschen Form durchzusetzen.

Mit dem Krimkrieg endete vor allem auch die klassische Konstellation der Türkenkriege. Erstmals hatten Truppen ihrer allerchristlichsten britischen Majestät und die Truppen Frankreichs, das immerhin Schutzmacht des Kirchenstaates war, an der Seite des moslemischen Sultans eine christliche Macht bekämpft und schließlich bezwungen. Der große Verlierer dieses Krieges war jedoch nicht das Zarenreich, sondern Habsburg. Der Kaiser in Wien hatte endgültig seine Rolle als Schutzherr der christlichen Balkanvölker verloren und zuletzt durch seine Kriegsdrohung an Russland einen Bruch herbeigeführt, der nicht mehr zu kitten war. Der Weg nach Sarajewo war damit bereits gebahnt.

Fazit

Vor beinahe 20 Jahren erschien in der Hamburger Wochenzeitschrift DIE ZEIT ein Beitrag des inzwischen verstorbenen Historikers Hans-Ulrich Wehler zur Debatte über den möglichen Beitritt der Türkei in die Europäische Union. Der renommierte Doyen der westdeutschen Sozialgeschichte polarisierte damals mit seiner These, dass die Türkei unmöglich ein Teil der Brüsseler Staatengemeinschaft werden könne. Das moslemische Osmanische Reich habe als Vorgängerstaat, so Wehler, rund 450 Jahre lang gegen das christliche Europa unablässig Krieg geführt. Das sei im Kollektivgedächtnis der europäischen Völker, aber auch der Türkei tief verankert. Es spräche daher nichts dafür, »eine solche Inkarnation der Gegnerschaft« in die EU aufzunehmen.[1]

Unter seinen Zunftgenossen sorgte der Bielefelder Historiker damals für erhebliches Kopfschütteln. Allein schon die Betonung einer historischen Gegnerschaft wollte so gar nicht mehr zum neudeutschen Zeitgeist passen.[2]

Wehler hatte seiner ansonsten bedenkenswerten politischen Analyse mit seinem einleitenden Ressentiment gewiss keinen Gefallen getan. Tatsächlich gab es genügend überzeugende Gründe, die Türkei nicht in die Europäische Union aufzunehmen. Wehler hat sie aufgezählt, und sie gelten heute noch unverändert. Erwähnt seien nur das Kurdenproblem, die Zypernfrage und die schiere Größe eines Staates mit 90 Millionen Einwohnern, der sein entsprechendes Gewicht in der europäischen Staatengemeinschaft unmissverständlich einfordern würde. Man müsste also gar nicht erst eine historische und im Übrigen seit der deutsch-osmanischen »Waffenbrüderschaft« im Ersten Weltkrieg überwundene Gegnerschaft bemühen, um vor einem Beitritt der Türkei zur Brüsseler Staatengemeinschaft zu warnen. Mit seinem Bild einer europäisch-türkischen Dauerkonfrontation verstieß Wehler jedoch nicht nur gegen das vorherrschende akademische Postulat der unbedingten Suche nach Gemeinsamkeiten, es war historiografisch auch gleich in dreifacher Hinsicht falsch.

Zunächst erscheint es problematisch, wie Wehler von einem einheitlichen Gedächtnis der osmanisch-europäischen Geschichte in Europa zu sprechen. In Ungarn, Bulgarien oder in Serbien wird man sich an die verheerende Epoche der Türkenkriege gewiss anders erinnern als etwa in Großbritannien oder Frankreich. Selbst in den ehemals habsburgischen Gebieten, die zwischen 1526 und 1683 die vorderste Front der »Christenheit« gegen das Reich der Sultane gebildet hatten und überdies mit den Herzogtümern Kärnten, Krain und Steiermark schon seit dem 1470er-Jahren immer wieder Opfer von moslemischen Räuberhorden geworden waren, dürfte das unterstellte kollektive Trauma der »Türkenzeit« längst kaum noch eine Rolle spielen.[3] Auch in diesen einst umkämpften Regionen Europas überwiegt inzwischen die Erinnerung an die spätere, fast ebenso lange Phase der Schwäche und des Zerfalls des Osmanischen Reiches, in der aus dem »grausamen Türken« plötzlich der edle Wilde wurde. Schon bald nach dem spektakulären Scheitern der zweiten Belagerung Wiens (1683) war die Stimmung im Reich rasch von der traditionellen Türkenfurcht in eine voyeurhafte Neugier für das orientalische Fremde umgeschlagen. Europas Monarchen und Diplomaten wiederum äußerten im Verlauf des 18. Jahrhunderts wiederholt ihren Unmut über das vermeintliche Ungeschick der osmanischen Politik, während viele Aufklärer sogar eine tiefe Verachtung für die angebliche vernunftwidrige Barbarei der »Türken« empfanden. Als Bedrohung jedenfalls wurde das Osmanische Reich spätestens seit den spektakulären Siegen des Prinzen Eugen von Savoyen kaum noch empfunden. Seine beiden letzten »Türkenkriege« an der Seite Russlands führte Habsburg allein aus bündnispolitischem Kalkül und wenigstens der erste von ihnen gilt inzwischen sogar als der »vergessene Krieg«.[4]

Spätestens seit dem Wiener Kongress von 1814/15 war die Politik des Staatskanzlers Metternich sogar bestrebt, den ehemaligen »Erbfeind« im Südosten als Mitgaranten von Ruhe und Stabilität in Europa zu erhalten und dies sogar auf Kosten der Freiheit der christlichen Balkanvölker.

Lange vorher schon hatten Frankreich, Schweden und zuletzt auch Preußen im Osmanischen Reich einen wichtigen Alliierten bei der Durchsetzung ihrer antihabsburgischen Machtambitionen gesehen. Frankreichs Rolle als beständiger Alliierter der »Türken« und »ausdauernder Erbfeind« der Deutschen seit den Zeiten der Valois müsste im Übrigen nach Wehlers Logik auch unseren westlichen Nachbarn dauerhaft aus der europäischen Staatengemeinschaft ausschließen.[5]

Die auf Zar Nikolaus I. zurückgehende Metapher vom »kranken Mann am Bosporus« ist also nicht nur jünger, sondern tatsächlich für das europäische Gedächtnis auch prägender als der Rückblick auf die ältere Epoche der Türkenkriege. Sie kann zudem beanspruchen, tatsächlich eine kollektive europäische Erinnerung an die »Türkenzeit« zu sein. War doch im 19. Jahrhundert in allen Metropolen von London bis St. Petersburg die Wahrnehmung von Schwäche, Zerfall und Rückständigkeit der einstigen Supermacht annähernd identisch, selbst wenn diese Entwicklung je nach Interessenlage der verschiedenen Höfe Sorge oder Begehrlichkeit auslöste.

Falsch ist Wehlers Bild aber auch in einer zweiten Hinsicht. Das Osmanische Reich war nie nur ein türkischer Staat. Tatsächlich bestimmten über weite Phasen seiner Geschichte nicht die traditionellen türkischen Familien die Politik des Riesenreiches, sondern Christen, die als freiwillige Renegaten, als ehemalige Gefangene oder als Opfer der berüchtigten Knabenlese in den Dienst der Sultane gelangt waren. Oft zu höchsten Ämtern aufgestiegen, befürworteten sie als neue »Türken« und getrieben vom Eifer des Konvertierten nicht selten sogar einen deutlich aggressiveren Kurs gegenüber der christlichen Staatenwelt. Ohne die riesige Zahl der zum Islam konvertierten Überläufer aus Italien, Frankreich und dem Reich, aus Dalmatien, Bosnien und Albanien mit ihren Kenntnissen und Fertigkeiten im Schiffbau, Geschützwesen und in der Architektur hätte es nie einen osmanischen Staat mit seiner gewaltigen Machtfülle gegeben. Die Erinnerung an diese ruhmreiche Epoche der großen Sultane ist heute fraglos Teil der modernen türkischen Identität und wird von Staatspräsident Recep Erdoğan auch nach Kräften befördert, doch sie gehört den Türken nicht allein. Das Reich der Sultane war immer auch ein europäischer Staat, dessen Existenz lange auf dem Einverständnis und der Loyalität seiner christlichen Bewohner beruhte. Ungarn hätte gewiss seine Unabhängigkeit von den »Türken« früher und wohl auch aus eigener Kraft wiedergewonnen, wenn sich seine Magnaten nur so oft gegen den Sultan erhoben hätten, wie sie es tatsächlich gegen den Kaiser taten.

Zuletzt muss auch Wehlers dritte Behauptung von einem 450 Jahre langen unablässigen Kriegszustand zwischen lateinischer Christenheit und Osmanischem Reich kritisch gesehen werden. Die habsburgischen Kaiser kämpften mit den Sultanen ausschließlich um den Besitz des Königreiches Ungarn, das die Osmanen zwischen 1521 und 1542 überhaupt nur sehr zögerlich in Besitz genommen hatten. Dass der »Türke« außerdem auch das Reich und die Christenheit dauerhaft mit Vernichtung bedroht habe, war dagegen ein beliebter Propagandatopos von Kaiser und Papst, der dank der beiden Türkenbelagerungen von Wien allerdings unschwer am Leben gehalten werden konnte. Während der erste Vorstoß im Jahre 1529 spontan und schlecht vorbereitet eher als Strafaktion Sultan Süleymans gegen den »unbotmäßigen« Ferdinand gesehen werden muss, dürfte die zweite von Kara Mustafa aus Übermut begonnene Türkenbelagerung von 1683 bereits die Kräfte des Riesenreiches überfordert haben. Der rasche Zusammenbruch der osmanischen Militärmacht nach dem überstürzten Rückzug des Großwesirs spricht klar für diese Annahme.

Aus diesen Befunden aber nun eine Nachbarschaft zu konstruieren, wie es einige dem Islam offenbar nahestehende Forscher inzwischen tun, erscheint ebenso abwegig wie Wehlers Behauptungen. Zwar herrschte zwischen 1529 und 1790 nur in 37 von 261 Jahren wirklicher Kriegszustand zwischen Habsburg und der »Hohen Pforte«. In den langen Unterbrechungen konnte Habsburg ungestört von den Heeren des Sultans im Reich den Dreißigjährigen Krieg, den Spanischen Erbefolgekrieg und zuletzt auch noch den Siebenjährigen Krieg führen. Im letztgenannten Fall hatte sich die »Hohe Pforte« sogar ausdrücklich für neutral erklärt. Gleichwohl war für die entlang der Grenzen in Kroatien, Ungarn und Siebenbürgen lebenden Menschen der ständig geführte Kleinkrieg lokaler osmanischer Warlords mit seinen mutwilligen Zerstörungen und Menschenjagden mindestens ebenso belastend wie die wirklichen Waffengänge der Kaiser und Sultane. Er führte fraglos zu einer bis heute erkennbaren Verödung weiter Landstriche in Ungarn.

Die Existenz des Osmanischen Reiches bildete für die angrenzende Staatenwelt eine extreme Dauerbelastung, und die lokalen Beys mit ihren Raubscharen waren tatsächlich mehr Plage als Nachbar.

Eine ähnlich schlimme Plage war gewiss auch das bourbonische Frankreich für die westlichen Gebiete des Reiches. Doch das Land ließ nicht nur seine Heere wiederholt über den Rhein marschieren, es befruchtete immerhin auch mit seiner überreichen Kultur und Sprache die europäische Staatenwelt. Sogar bis an den fernen Hof der Zarin reisten damals Frankreichs Aufklärer.

Der kulturelle Beitrag der »Türken« blieb dagegen auffällig blass, und der türkische Historiker Halil İnalcık musste doch arg konstruieren, um einen Beitrag des Osmanischen Reiches zur europäischen Zivilisation und Staatenwelt wenigstens in Ansätzen anzudeuten.[6] Ohne die »Hohe Pforte« sei, so das Argument, der Aufstieg Frankreichs und des Protestantismus in Europa überhaupt nicht möglich gewesen.

Tatsächlich muss man sogar von einer parasitären Existenz des osmanischen Staates sprechen, der jahrhundertelang in kaum vorstellbarem Umfang Güter, Menschen und Fachwissen aus den christlichen Ländern ansaugte, ohne dafür Bedeutsames zurückzugeben. Jenseits aller demonstrativen Prachtentfaltung der Sultane war das Leben in ihrem Reich für Europäer erstaunlich bescheiden. Die Mahlzeiten waren einfach und karg, allenfalls für Soldaten geeignet, wie europäische Diplomaten betonten, und selbst öffentliche Bauwerke nach dem Zeugnis des kaiserlichen Gesandten Ogier Ghiselin de Busbecq schmucklos und streng auf ihren Zweck beschränkt. Ein Interesse an verfeinerten Gegenständen des täglichen Gebrauchs, wie sie in den Manufakturen der Europäer entstanden, existierte offenbar nicht, und die meisten Artefakte wurden als Spielerei abgetan. So ließ etwa Sultan Murad III. die ihm von den europäischen Gesandtschaften regelmäßig als Geschenk überbrachten Uhren entweder verkaufen oder in einer großen Kammer seines Palastes einfach verrotten.[7] Selbst feine goldene und silberne Platten oder Vasen schmolz man gewöhnlich ein, um daraus das dringend benötigte Münzgeld zu prägen. Das Osmanische Reich besaß keine erwähnenswerte gewerbliche

Produktion hochwertiger und exportfähiger Güter, mit denen sich das einseitige Bild hätte aufpolieren lassen. Nicht einmal die berühmte Krone, die Sultan Süleyman 1532 bei seinem pompösen Einzug in Belgrad hinter sich hertragen ließ, hatten seine Untertanen fertigen können. Sie war von Kunstschmieden aus Venedig im Auftrag des Großwesirs angefertigt worden. Sieht man vom Kaffee, einigen Lehnwörtern und schließlich den osmanischen Rossschweifen ab, die sich heute noch in den Schellenbäumen der Militärkapellen wiederfinden, fällt die interkulturelle Bilanz zwischen Europa und dem Osmanischen Reich recht mager aus.

Trotz langer Phasen offiziell friedlicher Koexistenz waren die Osmanen keine Nachbarn und lange auch nicht Teil der europäischen Staatenwelt.

Dieser nüchterne Befund spräche jedoch nicht unbedingt gegen einen Beitritt der Türkei in die Europäische Union, wenn erstens geklärt wäre, was die Brüsseler Staatengemeinschaft eigentlich sein will, und zweitens die Türkei (in einer Zeit nach Erdoğan) zu demokratischen Verhältnissen zurückkehren würde, unter denen auch das Kurdenproblem gelöst und die Geschichte des armenischen Völkermordes ohne das ewige *to quoque* an die Adresse Europas endlich angemessen aufgearbeitet werden könnte.

Zeittafel

1281–1326	Osman I.
1326/1337	Osmanen besetzen Bursa und Nikomedia.
1354	Besetzung von Gallipoli. Osmanen fassen erstmals in Europa Fuß.
1360–1389	Sultan Murad I. Aufstellung der Janitscharentruppe, Adrianopel (Edirne) wird 1365 neue Hauptstadt.
1354–1395	Osmanen unterwerfen den Balkan bis zur Donau.
1389	Serben unterliegen auf dem Amselfeld.
1396	Sultan Bajazid I. (1389–1402) schlägt Kreuzfahrerheer bei Nikopolis.
1402	Osmanisches Heer unterliegt den Truppen des Timur Lenk bei Ankara. Das Reich bricht beinahe zusammen.
1416	Erster Seekrieg mit Venedig. Niederlage der osmanischen Flotte.
1421–1451	Sultan Murad II. Erste Belagerung Konstantinopels (1422).
1444	Niederlage eines Kreuzfahrerheeres bei Warna.
1448	Zweite Schlacht auf dem Amselfeld. Osmanen erneut siegreich
1453	Sultan Mehmed II. (1451–1481) erobert Konstantinopel. Ende des Byzantinischen Reiches.
1456	Schwere Niederlage der Osmanen vor Belgrad
1452–1493	Kaiser Friedrich III. Erstes Vordringen der Osmanen auf Reichsgebiet.
1458–1490	Matthias Corvinus als Herrscher in Ungarn, Kroatien und Böhmen
1463–1479	Zweiter Krieg Venedigs gegen die Osmanen. Insel Euböa (Negroponte) geht verloren.
1463	Osmanen erobern Bosnien.
1480	Osmanen landen in Italien. Überfall auf Otranto
1481	Erste Belagerung der Johanniterfestung Rhodos
1499–1502	Dritter Seekrieg gegen Venedig.
1514	Aufstand der Kurutzen (Kreuzzügler) in Ungarn unter György Dosza, Sultan Selim I. schlägt das Heer der iranischen Safawiden bei Caldiran.
1515–1547	König Franz I. von Frankreich.
1516	Selim I. erobert Syrien und Ägypten.
1517	Beginn der Reformation im Deutschen Reich.

1519–1556	Kaiser Karl V. Zugleich König von Spanien und Herrscher in den Niederlanden.
1519	Hernan Cortez erobert Mexiko.
1520–1566	Sultan Süleyman I.
1521	Osmanen erobern Belgrad
1522	Süleyman erobert Rhodos. Johanniter erhalten 1530 auf Malta neuen Ordenssitz
1526	Schlacht bei Mohács. Ungarn in der Hand der Osmanen
1529	Erste Belagerung von Wien. Osmanen ziehen nach drei Wochen wieder ab.
1532	Ergebnisloser Feldzug Süleymans ins Reich. Francesco Pizzaro erobert das Inkareich in Peru.
1535	Karl V. erobert Tunis.
1535–1545	Der Barbareskenherrscher und Bey von Algier, Chaireddin Barbarossa, plündert im Auftrag Süleymans die Küsten des westlichen Mittelmeeres.
1538–1540	Erster Krieg der »Heiligen Liga« gegen das Osmanische Reich. Seeschlacht von Preveza gegen Barbarossa (1538) geht verloren.
1541	Karl V. belagert erfolglos die Stadt Algier. Flotte im Sturm zerstört.
1542	Süleyman macht Ungarn zur Provinz. Siebenbürgen formal unabhängig.
1543/1544	Osmanische Flotte unter Chaireddin Barbarossa überwintert mit Billigung Frankreichs in Toulon.
1547	Friedensschluss der Habsburger mit den Osmanen.
1548–1550	Süleyman zieht erneut gegen die Safawiden ins Feld.
1555	Friedensschluss von Amasya. Aufstand des falschen Mustafa in den europäischen Provinzen.
1565	Osmanen belagern Malta ohne Erfolg.
1566	Vierter und letzter Feldzug Süleymans nach Ungarn. Fall von Szigetvár.
1570–1573	Zweiter Krieg der »Heiligen Liga« gegen das Osmanische Reich. Seesieg bei Lepanto. Aber die Venezianer verlieren Zypern.
1578–1590	Krieg gegen das Safawidenreich. Osmanen am Kaspischen Meer.
1576–1609	Kaiser Rudolf II.
1593–1606	Langer Türkenkrieg endet ohne Entscheidung. Der Friede von Ssitvatorok beendet die Tributpflicht der Habsburger.
1604–1606	Aufstand des Stephan Bocskay gegen die Habsburger in Nordungran.

1603–1612	Erneuter Krieg gegen die iranischen Safawieden.
1618	Aufstand der böhmischen Stände.
1618–1648	30-jähriger Krieg. Habsburg unterliegt einer Koalition aus Schweden, Frankreich und den Generalstaaten. Das Osmanische Reich greift nicht ein.
1623–1639	Krieg gegen die Safawiden. Zurückeroberung von Bagdad (1638).
1623–1640	Sultan Murad IV. Versucht mit Terror die Ordnung im Reich wiederherzustellen. Hinrichtung von 25 000 Personen.
1645–1669	Krieg gegen Venedig. Osmanen erobern Kreta. Kandia fällt jedoch erst 1669.
1648–1656	Bürgerkriegsartige Unruhen in Konstantinopel, die erst mit der Ernennung von Köprölü Mehmed zum Großwesir enden.
1663/1664	Krieg gegen Habsburg. Osmanen erleiden schwere Niederlage bei St. Gotthard-Mogersdorf (1. August 1664) an der Raab. Friede von Eisenburg.
1666–1669	Endkampf um Kandia.
1678–1686	Antihabsburgischer Kurutzenaufstand unter Imre Thököly in Nordungarn.
1683	Zweiter »Türkenbelagerung« von Wien. Niederlage des Groß-wesirs Kara Mustafa vor den Toren der Stadt gegen eine Koalition aus Kaiserlichen, Polen und Reichsfürsten (12. September).
1684	Abschluss der »Heiligen Liga« zwischen Habsburg, Polen und Venedig auf Betreiben Papst Innozenz XI. Russland tritt 1687 bei.
1683–1688	Eroberung Ungarns. Ofen (Budapest) fällt 1686, Belgrad zwei Jahre später.
1688–1697	Pfälzischer Erbfolgekrieg (auch Krieg gegen die Augsburger Liga). Ludwig XIV. lässt nach dem Fall von Belgrad seine Armee über den Rhein marschieren.
1689–1697	Vorläufige Wende im »Großen Türkenkrieg«. Belgrad geht wieder verloren (1690). Sieg des Markgrafen Ludwig Wilhelm von Baden bei Slankamen (1691) ohne Folgen.
1696	Zar Peter I. (1682–1725) erobert Asow am Don im zweiten Versuch.
1697	Vernichtungssieg des Prinzen Eugen von Savoyen bei Senta.
1699	Friedensschluss von Karlowitz. »Hohe Pforte« gibt Ungarn auf, behält aber Belgrad. Venedig gewinnt die gesamte Peleponnes.
1700–1714	Spanischer Erbfolgekrieg.
1711	Russisch-osmanischer Krieg. Zar Peter I. muss am Pruth kapitulieren.

1715	Letzter Krieg Venedigs gegen das Osmanische Reich.
1716–1718	Erneuter Krieg der Habsburger gegen die Osmanen. Prinz Eugen siegt bei Peterwardein, erobert Temesvàr und Belgrad. Friede von Passarowitz. Die Osmanen verlieren Belgrad und die Kleine Walachei, gewinnen aber die Peleponnes zurück.
1737–1739	Habsburgs vorletzter »Türkenkrieg« an der Seite Russlands endet mit einem Fiasko. Fast alle Gewinne von »Passarowitz« gehen wieder verloren.
1740–1786	Friedrich II. von Preußen beginnt seine Herrschaft mit der Besetzung Schlesiens.
1740–1780	Maria Theresia als Erbin Habsburgs kann ihre Herrschaft gegen Franzosen und Bayern sichern (Österreichischer Erbfolgekrieg).
1756–1763	Siebenjähriger Krieg. Großbritannien und Frankreich kämpfen um Kanada, Preußen behauptet Schlesien gegen Österreich und Russland. Die »Hohe Pforte« wahrt ihre Neutralität.
1762–1796	Katharina II (die Große) von Russland.
1768–1774	Russisch-Osmanischer Krieg wegen der polnischen Thronfolge endet mit schweren Niederlagen für die Armeen des Sultans. Vernichtung der Osmanischen Flotte in der Bucht von Chesme (1770) durch ein russisches Geschwader.
1774	Friede von Kücük Kaynarci. Die Krimtataren werden unabhängig. Ende des Osmanischen Reiches als Großmacht.
1782	Katharina schlägt in einem Brief an Kaiser Joseph II. erstmals die Aufteilung der europäischen »Türkei« vor.
1783	Russland annektiert trotz internationaler Proteste die Krim.
1787–1790	Österreichs letzter Türkenkrieg an der Seite Russland. Alle Gewinne müssen jedoch aufgegeben werden, als Kaiser Joseph 1790 in Wien verstirbt und Preußen seine Armee mobilisiert.
1798–1799	Franzosen besetzten Ägypten.
1805	Der Albaner Mehmed Ali übernimmt die Macht in Ägypten und macht das Land faktisch unabhängig.
1804–1814/15	Kaiser Napoléon
1804–1806	Erster Serbischer Aufstand.
1812	Russland besetzt Bessarabien.
1814/15	Wiener Kongress. Auch die »Hohe Pforte« ist eingeladen, schickt aber keine Vertreter.
1815/17	Zweiter serbischer Aufstand
1821–1830	Aufstand der Griechen endet mit der Gründung des modernen Griechenland.

1825–1855	Zar Nikolaus I.
1826	Sultan Mahmut II. lässt alle Janitscharen durch reformierte Truppen massakrieren.
1829	Russisch-Osmanischer Krieg endet mit dem militärischen Zusammenbruch der »Hohen Pforte«.
1830	Frankreich erobert Algier.
1839/40	Orientalische Krise. Mehmed Ali von Ägypten beansprucht Syrien und marschiert auf Konstantinopel. Großbritannien und Russland greifen zugunsten der »Hohen Pforte« ein. Frankreich politisch isoliert.
1839–1861	Sultan Abdelmecit I. leitet Ära der Tansimat-Reformen (1839–1876) ein.
1853–1856	Im Krimkrieg kämpfen die Westmächte Großbritannien und Frankreich an der Seite des Sultans gegen Russland. Im September 1855 fällt die Seefestung Sewastopol. Neutralisierung des Schwarzen Meeres
1867	Abzug der letzten osmanischen Truppen aus Serbien.
1877/78	Russisch-osmanischer Krieg endet vor den Toren Konstantinopels. Bulgarien und Rumänien (ehem. Moldau und Walachai) unabhängig.
1897	Griechisch-Osmanischer Krieg. Kreta wird mit Griechenland vereinigt.
1908	Revolution der Jungtürken. Verfassung von 1876 wieder in Kraft gesetzt. Österreich-Ungarn annektiert Bosnien-Herzegowina.
1911/1912	Italiener besetzen Libyen.
1912/1913	Erster Balkankrieg. Serbien, Griechenland und Bulgarien erobern das osmanische Makedonien. Das Osmanische Reich schrumpft in Europa auf das Vorfeld von Konstantinopel. Verschärfung der österreichisch-serbischen Rivalität, da Wien den Serben einen Zugang zum Mittelmeer durch die Gründung eines unabhängigen Albaniens verwehrt.
1913	Zweiter Balkankrieg. Osmanen gewinnen Adrianopel (Edirne) zurück.
1914	Attentat von Sarajewo (28. Juni) und Ausbruch des Ersten Weltkrieges.

Anmerkungen

Einleitung

1   Zitiert nach Dericum, Burgund und seine Herzöge in Augenzeugenberichten, S. 189.

2   Epistola ad Mahumetum, hrsg. u. übersetzt v. R. F. Glei u. M. Köhler, S. 143 (Kap. 9,1).

3   Von Pastor, Geschichte der Päpste im Zeitalter der Renaissance, Bd. 2, S. 289.

4   Cardini, Europa und der Islam, S. 179.

5   Helmrath, Pius II. und die Türken, in: Guthmüller/Kühlmann (Hrsg.), Europa und die Türkei in der Renaissance, S. 126, bestreitet, dass der Brief jemals abgesendet worden ist.

6   Zur Einordnung des Briefes siehe: Reinhardt, Pius II. Piccolomini, S. 348 ff.

7   Matschke, Das Kreuz und der Halbmond, S. 193.

8   Huizinga, Herbst des Mittelalters, S. 134.

9   Nicol (Hrsg.), Theodore Spandounes, On the Origin of the Ottoman Emperors, S. 53.

10   Howard, Osmanisches Reich, S. 102.

11   Matschke, Das Kreuz und der Halbmond, S. 197.

12   Finkel, Osman's Dream, S. 151.

13   Brunner, Land und Herrschaft, S. 96.

14   Schulze, Reich und Türkengefahr, S. 27.

15   Matuz, Osmanisches Reich, S. 11.

16   Brummett, Ottoman Expansion in Europe, in: Faroqhi/Fleet (Hrsg.), The Cambridge History of Turkey, Bd. 2, S. 44.

17   Goffman, The Ottoman Empire and Early Modern Europe, S. 9 f: »Each side accommodated and even assimilated the other's techniques and cultures.«

18   Asch, Vor dem großen Krieg, S. 19.

19   Teply (Hrsg.), Die kaiserliche Großbotschaft an Sultan Murad IV., S. 49.

20   Von den Steinen (Hrsg.), Busbecq, Vier Briefe aus der Türkei, S. 135.

21   Ebd., S. 110 f.

22   Hochedlinger, Austria's War of Emergence, S. 98 ff.

23   Oestreich, Der römische Stoizismus und die oranische Heeresreform, in: Hist. Ztschr. Bd. 176, (1953), S. 17 – 43.

24   Asch, Vor dem Großen Krieg, S. 248 ff.

25 Vergleiche dazu den Dialog eines osmanischen und eines christlichen
   Offiziers wohl unmittelbar vor dem Frieden von Passarowitz (21.7.1718),
   übersetzt u. kommentiert von Anton Schaendlinger, Die Entdeckung
   des Abendlandes als Vorbild, in: Heiss/Klingenstein (Hrsg.), Das Osmanische Reich und Europa 1683 bis 1789, S. 95 ff.
26 Grothaus, Türkenbild in der Habsburgermonarchie, in: Heiss/Klingen-
   stein (Hrsg.), Das Osmanische Reich und Europa 1683 bis 1789, S. 85 f.
27 Die Bezeichnung »kranker Mann« geht wohl auf Zar Nikolaus I. zurück,
   der sie 1852 in einer Unterredung mit dem britischen Botschafter in
   St. Petersburg, George Hamilton Seymour, verwendete.
28 Fuller, Strategy and Power in Russia, S. 125 ff.
29 Von den Steinen (Hrsg.), Busbecq, Vier Briefe aus der Türkei, S. 111.

Prolog an Save, Drau und Mur – Die Türkeneinfälle in der Krain, Kärnten und der Steiermark

1 Lachmann (Hrsg.), Memoiren eines Janitscharen oder Türkische Chronik, S. 139 f.
2 Howard, Osmanisches Reich, S. 22 f.
3 Shaw, History of the Ottoman Empire and the Modern Turkey, Bd. 1,
   S. 50.
4 Runciman, Die Eroberung von Konstantinopel, S. 22.
5 Jorga, Geschichte des Osmanischen Reiches, Bd. 2, S. 201 f.
6 Reisen des Johannes Schiltberger, hrsg. v. Karl Friedrich Neumann, S. 56.
7 Runciman, Die Eroberung von Konstantinopel, S. 167 f.
8 Matschke, Das Kreuz und der Halbmond, S. 156.
9 Meuthen, Der Fall von Konstantinopel, in: Hist. Ztschr. Bd. 237, Hft. 1
   (1983), S. 5.
10 Karl Bartsch, Art. Mendelreiss, in: Allgemeine Deutsche Biografie,
   Bd. 20 (1884), S. 170.
11 Matschke, Das Kreuz und der Halbmond, S. 169 f.
12 Zitiert bei Vogtherr, »Wenn hinten, weit in der Türkei …«, in: Europa
   und die Osmanische Expansion im ausgehenden Mittelalter, Ztschr. f.
   Hist. Forschung (Beiheft 20), (1997), S. 120.
13 Matschke, Das Kreuz und der Halbmond, S. 198.
14 Grossmann (Hrsg.), Jakob Unrest, Österreichische Chronik, S. 27 f.
15 Klockow (Hrsg.), Georg von Ungarn, Tractatus, S. 191 (=R. 6b 20 – 21).
16 Matuz, Osmanisches Reich, S. 63.
17 Brunner, Land und Herrschaft, S. 96: »Das Wesen der Fehde ist Scha-
   dentrachten, Raub und Brand. Schädigung und Vernichtung der gegnerischen Fahrhabe.«

18 Matschke, Das Kreuz und der Halbmond, S. 206 f.
19 Klein, Zur Geschichte der Türkeneinfälle, S. 113.
20 Winkelbauer, Kaiser Maximilian und St. Georg, in: Mitt. d. Österr.
    Staatsarchivs (7), (1954), S. 529.
21 Jorga, Geschichte des Osmanischen Reiches, Bd. 2, S. 186.
22 Grossmann (Hrsg.), Jakob Unrest, Österreichische Chronik, S. 93 ff.
23 Vorstellung der Stände von Krain an Kaiser Friedrich III. über die Türkennot vom 11.1.1478, vollständig zitiert bei Haselbach, Die Türkennot
    im XV. Jahrhundert, Anhang, S. IX ff.
24 Lachmann (Hrsg.), Memoiren eines Janitscharen oder Türkische
    Chronik, S. 77: »Wahrhaftig, es herrscht große Gerechtigkeit unter den
    Heiden. sie sind gerecht gegeneinander und auch gegen ihre Untertanen,
    sowohl gegen die Christen als auch die Juden [...], denn der Sultan hat
    selbst ein Auge darauf, ...«.
25 Thumser, Türkenfrage und öffentliche Meinung, in: Erkens (Hrsg.), Europa und die osmanische Expansion im Mittelalter, S. 74 f.
26 Jorga, Geschichte des Osmanischen Reiches, Bd. 2, S. 261.
27 Ebd., S. 121.
28 Babinger, Mehmed der Eroberer, S. 443.
29 Dazu die kritische Einschätzung von Cartlegde, The Will to Survive,
    S. 65: Obwohl Corvinus über eine viel stärkere Armee gebot als sein
    Vater, unternahm er nie einen größeren Feldzug gegen die Türken.
30 Hoensch, Matthias Corvinus, S. 208.
31 Jorga, Geschichte des Osmanischen Reiches, Bd. 2, S. 262.
32 Ebd., S. 158 f.
33 Hammer-Purgstall, Geschichte des Osmanischen Reiches, Bd. 1, S. 640.
34 Ebd., S. 642.

Fürsten des Horizonts – Das Osmanische Reich bis zum Regierungsantritt Süleymans

1 Zitiert nach Howard, Osmanisches Reich, S. 49 f.
2 Von den Steinen (Hrsg.), Busbecq, Vier Briefe aus der Türkei, S. 135.
3 Babinger, Mehmed der Eroberer, S. 49.
4 Matuz, Osmanisches Reich, S. 30.
5 Ebd., S. 33.
6 Shaw, History of the Ottoman Empire, Bd. 1, S. 123.
7 Von den Steinen (Hrsg.), Busbecq, Vier Briefe aus der Türkei, 3. Brief,
   S. 153 f.
8 David, Ottoman armies and warfare, in: Fleet/Faroqhi (Hrsg.), Cambrigde History of Turkey, Bd. 2, S. 283.

9 Shaw, History of the Ottoman Empire, Bd. 1, S. 171.
10 Káldy-Nagy, Suleimanns Angriff auf Europa, in: Acta orientalia Academiae Scientiarum Hungaricae, (1974/28), S. 172.
11 Von den Steinen (Hrsg.), Busbecq, Vier Briefe aus der Türkei, S. 64.
12 Calac, Südosteuropa, S. 88.
13 Howard, Osmanisches Reich, S. 37.
14 Matuz, Osmanisches Reich, S. 34.
15 Howard, Osmanisches Reich, S. 23.
16 Ebd., S. 47.
17 Calac, Südosteuropa, S. 98.
18 Jorga, Geschichte des Osmanischen Reich, Bd. 1, S. 257.
19 Matuz, Osmanisches Reich, S. 41.
20 Matschke, Das Kreuz und der Halbmond, S. 111.
21 Ebd., S. 119.
22 Hammer-Purgstall, Geschichte des Osmanischen Reiches, Bd. 1, S. 356.
23 Babinger, Mehmed der Eroberer, S. 42.
24 Ebd., S. 55.
25 Ebd., S. 102.
26 Pius II, Epistula ad Mahumetum, hrsg. u. übersetzt v. Glei/Köhler, S. 143.
27 Nicol (Hrsg.), Theodore Spandounes, On the Origin of the Ottoman Emperors, S. 53.
28 Klockow (Hrsg.), Gregor von Ungarn, Tractatus, S. 211 (=9a21 – 24)
29 Matschke, Das Kreuz und der Halbmond, S. 193 f.
30 Shaw, History of the Ottoman Empire, Bd. 1, S. 83.

Ungarns Untergang in Etappen – Der Fall von Belgrad und die Katastrophe von Mohács

1 Schreiben v. 25. 4. 1526, zitiert bei Vilmos Fraknói, Ungarn vor der Schlacht bei Mohács, S. 233 f.
2 Rede zitiert bei: J. J. Varga, Europa und »Die Vormauer des Christentums«, in: Guthmüller/Kühlmann (Hrsg.), Europa und die Türken in der Renaissance, S. 62.
3 Sanudo, I Diarii, Bd. 29, Sp. 369 f.
4 Von den Steinen (Hrsg.), Busbecq, Vier Briefe aus der Türkei, 1. Brief, S. 69.
5 Matuz, Osmanisches Reich, S. 127.
6 Ebd., S. 127.
7 Kupelwieser, Die Kämpfe Ungarns mit den Osmanen, S. 213.
8 Cartledge, Will to Survive, S. 69.
9 Kupelwieser, Die Kämpfe Ungarns mit den Osmanen, S. 194.

10 Ebd., S. 71.

11 Ebd.

12 Steglich, Reichstürkenhilfe, in: Militärgeschichtliche Mitteilungen
    11/1972, S. 9.

13 Calic, Südosteuropa, S. 115.

14 Brandi, Kaiser Karl V., Bd. 1, S. 145.

15 Jorga, Geschichte des Osmanischen Reiches, Bd. 2, S. 386.

16 Ebd., S. 386.

17 Matschke, Das Kreuz und der Halbmond, S. 233.

18 Káldy-Nagy, Suleimanns Angriff auf Europa, in: Acta orientalia Acade-
    miae Scientiarum Hungaricae, (1974/28), S. 167 f.

19 Von den Steinen (Hrsg.), Busbecq, Vier Briefe aus der Türkei, S. 221.

20 Crowley, Entscheidung im Mittelmeer, S. 29 ff.

21 Fraknói, Ungarn vor Mohács, S. 13.

22 Brief vom 27. April 1524, in: Korrespondenz Ferdinands I., Bd. I, S. 116 f.

23 Rothenberg, Die Österreichische Militärgrenze in Kroatien, S. 26.

24 Ebd., S. 27.

25 Cartledge, Will to Survive, S. 69.

26 Hammer-Purgstall, Geschichte des Osmanischen Reiches, Bd. 2, S. 51.

27 Jorga, Geschichte des Osmanischen Reiches, Bd. 2, S. 394.

28 Káldy-Nagy, Suleimanns Angriff auf Europa, in: Acta orientalia Acade-
    miae Scientiarum Hungaricae, (1974/28), S. 169 f.

29 Schaendlinger (Hrsg.), Feldzugstagebücher, S. 57.

30 Jorga, Geschichte des Osmanischen Reiches, Bd. 2, S. 396. Zu Antonio
    Giovanni da Burgio siehe auch Gerhard Rill / Guiseppe Scichilone, in:
    Dizionario Biografico degli'Italiani, Bd. 15, Roma 1972.

31 Kupelwieser, Die Kämpfe Ungarns mit den Osmanen, S. 237.

32 Schaendlinger (Hrsg.), Feldzugstagebücher, S. 62.

33 Ebd., S. 62.

34 Kupelwieser, Die Kämpfe Ungarns mit den Osmanen, S. 241.

35 Ebd., S. 234.

36 Ebd., S. 248.

37 Steglich, Reichstürkenhilfe, in: Militärgeschichtliche Mitteilungen
    11/1972, S. 48.

38 Kupelwieser, Die Kämpfe Ungarns mit den Osmanen, S. 249.

39 Schaendlinger (Hrsg.), Feldzugstagebücher, S. 84.

40 Im Jahr 1527 zählte der Haushalt des Sultans nur noch 7886 Janitscha-
    ren, David, Ottoman armies and warfare, in: Fleet/Faroqhi (Hrsg.),
    Cambrigde History of Turkey, Bd. 2, S. 282.

41 Ebd., S. 87.

42 Kupelwieser, Die Kämpfe Ungarns mit den Osmanen, S. 262.

Ein Spanier in Wien und die vergiftete ungarische Erbschaft

1 Ein griechisches Schreiben des Sultans Suleiman an Andrea Gritti über die Belagerung Wiens im Jahre 1529, mitgeteilt von Joseph Müller, in: Jahrbuch für vaterländische Geschichte, 1861, S. 309.

2 Kovács, Erzherzog Ferdinand und die Ungarn, in: Fuchs u. a. (Hrsg.), Kaiser Ferdinand I., S. 76.

3 Brief v. 9. 9. 1526, zitiert bei Bucholtz, Geschichte der Regierung Ferdinands des Ersten, Bd. III, S. 160.

4 Kohler, Ferdinand I, S. 79.

5 Ebd., S. 185 f. So erfolgte etwa 1523 das Verbot des Drucks und der Verbreitung der Schriften Luthers.

6 Ebd., S. 72 f.

7 Csáky, Karl V., Ungarn, die Türkenfrage und das Reich, in: Lutz (Hrsg.), Das römisch-deutsche Reich im politischen System Karls V., S. 223.

8 Jorga, Geschichte des Osmanischen Reiches, Bd. 2, S. 407.

9 Kupelwieser, Die Kämpfe Österreichs mit den Osmanen, S. 11.

10 Jorga, Geschichte des Osmanischen Reiches, Bd. 2, S. 405.

11 Kupelwieser, Die Kämpfe Österreichs mit den Osmanen, S. 13.

12 Ebd., S. 16.

13 Bernhauer (Hrsg.), Suleimans Tagebücher, S. 12.

14 Ebd., S. 20.

15 Kupelwieser, Die Kämpfe Österreichs mit den Osmanen, S. 19.

16 Hummelberger, Wiens erste Belagerung durch die Türken, S. 17.

17 Text zitiert bei Bucholtz, Geschichte der Regierung Ferdinands des Ersten, Bd. III, S. 263 ff.

18 Kupelwieser, Die Kämpfe Österreichs mit den Osmanen, S. 29.

19 Schreiben v. 20. 9. 1529, vollständig bei Bucholtz, Geschichte der Regierung Ferdinands des Ersten, Bd. III, S. 619 ff.

20 Kupelwieser, Die Kämpfe Österreichs mit den Osmanen, S. 13.

21 Ebd., S. 35.

22 Hummelberger, Wiens erste Belagerung durch die Türken, S. 21.

23 Ebd., S. 24. Siehe auch Kupelwieser, Die Kämpfe Österreichs mit den Osmanen, S. 50 f.

24 Hummelberger, Wiens erste Belagerung durch die Türken, S. 26.

25 Bericht »von d[en] kh[öniglicher] M[ajestät] von Ungern und Behaim verordnet krigßcommissary und rett« an den Pfalzgrafen Friedrich in Krems, zitiert bei Newald, Niclas Graf zu Salm, S. 121.

26 Bernhauer (Hrsg.), Suleimans Tagebücher, S. 26.

27 Ebd.

28 Peter Stern von Labach, Belegerung der Statt Wienn, S. 26.
29 Hummelberger, Wiens erste Belagerung durch die Türken, S. 31.

»Mit Freuden getrost dreinschlagen« – Luther und die Türken

1 Luther, Vom Kriege widder die Turcken, Weimarer Ausgabe (WA),
   Bd. 30, II, S. 107.
2 Luther, Heerpredigt wider den Türken, WA 30, II, S. 179 f.
3 Luther, Vom Kriege wider die Türken, WA, 7, S. 140.
4 Luther, Heerpredigt, WA, 30, II, S. 181.
5 Mau, Luthers Stellung zu den Türken, in: Junghans (Hrsg.), Leben und
   Werk Martin Luthers, Bd. 1, S. 655.
6 Luther, Tischreden, WA 1, S, 135.
7 Ebd., S. 160.
8 Mau, Luthers Stellung zu den Türken, in: Junghans (Hrsg.), Leben und
   Werk Martin Luthers, Bd. 1, S. 660.
9 Luther, Weimarer Ausgabe, Bd. 53, S. 388.
10 Lamparter, Luthers Stellung zum Türkenkrieg, S. 85 f.
11 Mau, Luthers Stellung zu den Türken, in: Junghans (Hrsg.), Leben und
   Werk Martin Luthers, Bd. 1, S. 661.

1532! – Das Duell der kaiserlichen Giganten findet nicht statt

1 Allen (Hrsg.), Opus Epistolarum Desiderii Erasmi Roterodami, Bd. XI,
   S. 254.
2 Kupelwieser, Die Kämpfe Österreichs mit den Osmanen, S. 72 f.
3 Steglich, Reichstürkenhilfe, in: Militärgeschichtliche Mitteilungen
   11/1972, S. 12.
4 Ebd., S. 48.
5 Hammer-Purgstall, Geschichte des Osmanischen Reiches, Bd. 2, S. 88.
6 Gesandtschaftsbericht v. 11. 9. 1532, in: Gévay, Akten und Urkundenstücke, S. 27.
7 Sanudo, I Diarii, Bd. 55, Sp. 634 ff. und Bd. 56, Sp. 10 ff.
8 Schreiben v. 12. 7. 1532, in: Gevay, Akten und Urkundenstücke, S. 87.
9 Kupelwieser, Die Kämpfe Österreichs mit den Osmanen, S. 102 f.
10 Tracy, Emperor Charles V., S. 141.
11 Matschke, Das Kreuz und der Halbmond, S. 263.

Triumph in Tunis – Scheitern vor Algier. Kaiser und Kalif kämpfen um das Mittelmeer

1   López de Gómara, Los corsarios Barbarroja, Madrid 1989, S. 51 f.
2   Clot, Suleiman, S. 86.
3   Kohler, Karl V., S. 242.
4   Tracy, Emperor Charles, S. 155 f.
5   Brandi, Kaiser Karl V., Bd. 1, S. 306.
6   Ebd., S. 147.
7   Brief Karls an seine Schwester Maria v. 26. 7. 1535, in: Kohler (Hrsg.), Quellen zur Geschichte Karls V., S. 203 ff.
8   Bericht des Balthasar Sturmer aus Marienburg (1558). Nach der vollständigen Edition von Anne-Barbara Ritter, Ein deutscher Sklave als Augenzeuge bei der Eroberung von Tunis, in: Ernstpeter Ruhe (Hrsg.), Europas islamische Nachbarn, S. 207.
9   Brandi, Karl V., Bd. 1, S. 306.
10   Kohler, Karl V., S. 246.
11   Crowley, Entscheidung ums Mittelmeer, S. 69.
12   Clot, Suleiman, S. 139 f.
13   Tracy, Emperor Charles, S. 164 f.
14   Ebd., S. 172.
15   Brandi, Kaiser Karl V., Bd. 1, S. 379.
16   Schneider-Ferber, Ritter im Exil, S. 142.
17   Brief v. 2. 11. 1541 an Ferdinand, in: Brandi, Karl V., Bd. 2, S. 386.

Der »Skandal von Toulon« – Frankreichs König übergibt den Osmanen eine christliche Stadt

1   Zitiert bei Göllner, Turcica, Bd. III, S. 129.
2   Garnier, L'Alliance impie, S. 224.
3   Ebd., S. 229.
4   Ebd., S. 228.
5   Ebd., S. 230.
6   Göllner, Turcica, Bd. III, S. 128.
7   Schreiben v. 30. 5. 1544, zitiert bei Göllner, Turcica, Bd. III, S. 129.
8   Schreiben v. 8. 4. 1544, in: Otto Vogt (Hrsg.), Dr. Johannes Bugenhagens Briefwechsel, Gotha 1910, S. 283 f.
9   Ebd., S. 233.
10   Tracy, Emperor Charles V, S. 198
11   Crowley, Entscheidung im Mittelmeer, S. 83.
12   Ebd., S. 87.

13 Clot, Suleiman, S. 151.
14 Braudel, Das Mittelmeer, Bd. 3, S. 25 f.
15 Fleet, Ottoman Expansion in the Mediterrean, in: Dies./Faroqhi (Hrsg.),
    Cambrigde History of the Turkey, Bd. 2, S. 161.
16 Braudel, Das Mittelmeer, Bd. 3, S. 38 f.
17 Ebd., S. 56 f.
18 Fleet, Ottoman Expansion in the Mediterrean, in: Dies./Faroqhi (Hrsg.),
    Cambrigde History of Turkey, Bd. 2, S. 163.
19 Clot, Suleiman, S. 161 f.
20 Setton, The Papacy and the Levant, Bd. 4, S. 758.
21 Ebd., S. 761.
22 Ebd.
23 Braudel, Das Mittelmeer, Bd. 3, S. 116 ff.
24 Ebd., S. 123.
25 Von den Steinen (Hrsg.), Busbecq, Vier Briefe aus der Türkei, 4. Brief,
    S. 176.

Todeskampf auf Malta – Die Ritter der Johanniter bremsen den Siegeszug der Osmanen

1   Balbi di Correggio, The Siege of Malta, S. 185 f.
2   Setton, The Papacy and the Levant, Bd. 4, S. 831.
3   Braudel, Das Mittelmeer, Bd. 3, S. 128.
4   Setton, The Papacy and the Levant, Bd. 4, S. 829.
5   Jorga, Geschichte des Osmanischen Reiches, Bd. 3, S. 166.
6   Bradford, The Great Siege
7   Hammer-Purgstall, Geschichte des Osmanischen Reiches, Bd. 2, S. 204.
8   Schneider-Ferber, Ritter im Exil, S. 126.
9   Crowley, Entscheidung im Mittelmeer, S. 110.
10 Balbi di Corregio, The Siege of Malta, S. 29.
11 Crowley, Entscheidung im Mittelmeer, S. 122.
12 Bradford, The Great Siege, S. 146.
13 Ebd., S. 230.
14 Balbi di Correggio, The Siege of Malta, S. 129.
15 Setton, The Papacy and the Levant, Bd. 4, S. 878.
16 Hammer-Purgstall, Geschichte des Osmanischen Reiches, Bd. 2, S. 310 f.
17 Bericht des französischen Gesandten vom 7. 10. 1565, zitiert bei Braudel,
    Das Mittelmeer, Bd. 3, S. 168.

Der Fall von Szigetvár – Süleymans Tod und die militärische Ohnmacht der Habsburger

1 Von den Steinen (Hrsg.), Busbecq, Vier Briefe aus der Türkei, 3. Brief, S. 111.
2 Finkel, Osman's Dream, S. 151.
3 Clot, Suleiman, S. 181.
4 Traut, Kurfürst Joachim II. von Brandenburg und der Türkenfeldzug vom Jahre 1542, S. 104.
5 Kohler, Ferdinand I., S. 224.
6 Traut, Kurfürst Joachim II. von Brandenburg und der Türkenfeldzug vom Jahre 1542, S. 104.
7 Hammer-Purgstall, Geschichte des Osmanischen Reiches, Bd. 2, S. 308.
8 Von Janko, Lazarus von Schwendi, S. 46.
9 Braudel, Das Mittelmeer, Bd. 3, S. 188.
10 Von Janko, Lazarus von Schwendi, S. 71.
11 Jorga, Geschichte des Osmanischen Reiches, Bd. 3, S. 60.
12 Braudel, Das Mittelmeer, Bd. 3, S. 182.
13 Wertheimer, Zur Geschichte des Türkenkriegs Maximilian II., in: Archiv für Österreichische Geschichte (53/2), 1875, S. 77 f.
14 Jorga, Geschichte des Osmanischen Reiches, Bd. 3, S. 58 f.
15 Hammer-Purgstall, Geschichte des Osmanischen Reiches, Bd. 2, S. 317.
16 Ebd., S. 320.
17 Wertheimer, Zur Geschichte des Türkenkriegs Maximilian II., in: Archiv für Österreichische Geschichte (53/2), 1875, S. 84.
18 Jorga, Geschichte des Osmanischen Reiches, Bd. 3, S. 60.
19 Clot, Suleiman, S. 183.
20 Wertheimer, Zur Geschichte des Türkenkriegs Maximilian II., in: Archiv für Österreichische Geschichte (53/2), 1875, S. 87.
21 Finkel, Osman's Dream, S. 152.
22 Koch, Quellen zur Geschichte Maximilians II., S. 86 ff.

Venedig kämpft um sein Überleben – Der lange Weg nach »Lepanto«

1 Schreiben vom 16. 9. 1571, zitiert bei Stirling-Maxwell, Don Juan d'Austria, Bd. 1, S. 385.
2 Jorga, Geschichte des Osmanischen Reiches, Bd. 3, S. 138.
3 Ebd., S. 217.
4 Ranke, Die Osmanen und die Spanische Monarchie, S. 39.
5 Braudel, Das Mittelmeer, Bd. III., S. 238.

6   Crowley, Entscheidung im Mittelmeer, S. 209.
7   Ebd., S. 239.
8   Setton, The Papacy and the Levant, Bd. 4, S. 931.
9   Braudel, Das Mittelmeer, Bd. 3, S. 219 f.
10   Goodwin, Lords of the Horizon, S. 161 f.
11   Crowley, Entscheidung im Mittelmeer, S. 205 f.
12   Setton, The Papacy and the Levant, Bd. 4, S. 931.
13   Ebd., S. 946.
14   Ebd., S. 956.
15   Braudel, Das Mittelmeer, Bd. 3, S. 248.
16   Ebd., S. 249.
17   Capponi, Victory of the West, S. 158 f.
18   Ebd., S. 222.
19   Ebd., S. 225.
20   Ebd., S. 250.
21   Ebd., S. 254.
22   Göllner, Turcica, Bd. III, S. 148.
23   Cervantes, Don Quichotte, 1. Buch, Kap. 39, München 1956, S. 404.
24   Braudel, Das Mittelmeer, Bd. 3, S. 304 f.

Epilog in Algier – Die vergessene Sklavenjagd im Mittelmeer

1   Zitiert bei Bono, Piraten und Korsaren im Mittelmeer, S. 53.
2   Garcés, Cervantes in Algiers. A Captives Tale, S. 28.
3   Dan, Histoire de la Barbarie et de ses Corsairs, S. 317. Siehe auch die Kalkulationen von Davis, Christian Slaves, Muslim Masters, S. 23, der bei einer konstanten Sterbequote von 20 Prozent einen jährlichen Ersatzbedarf von 8500 neuen Sklaven ermittelt.
4   Davis, Christian Slaves, Muslim Masters, S. 6.
5   Ebd.
6   Bono, Piraten und Korsaren im Mittelmeer, S. 55.
7   Ebd., S. 63.
8   Davis, Christian Slaves, Muslim Masters, S. 19.
9   Cervantes, Don Quichotte, 2. Buch, Kapitel 40, München 1956, S. 412.
10   Ressel, Zwischen Sklavenkassen und Türkenpässen, S. 153 f.
11   Bono, Piraten und Korsaren im Mittelmeer, S. 257.
12   Ebd., S. 23.
13   Garcés, Cervantes in Algiers. A Captives Tale, S. 34.
14   Davis, Christian Slaves, Muslim Masters, S. 22.
15   Ebd., S. 111.

16   Ritter, Ein deutscher Sklave als Augenzeuge bei der Eroberung von
     Tunis, in: Ruhe (Hrsg.), Europas islamische Nachbarn. Studien zur Lite-
     ratur und Geschichte des Maghreb, S. 191.
17   Cervantes, Don Quichotte, 1. Buch, Kapitel 22, München 1956, S. 192 ff.
18   Davis, Christian Slaves, Muslim Masters, S. 26.

Der »Lange Türkenkrieg« von 1593 bis 1606 – Verspielte Chancen und ein ernüchterndes Patt

1   Divi Imperatoris Rudolphi Epistolae Ineditae, Wien 1771, S. 145 (Über-
     setzung Prof. Volker Reinhardt, Universität Fribourg).
2   Finkel, Osman's Dream, S. 172.
3   Bericht Zanes v. 24. 7. 1593 (Venezianisches Staatsarchiv), zitiert bei Nie-
     derkorn, »Friedenspolitik« in Istanbul im Vorfeld des Langen Türken-
     krieges, in: Strohmeyer/Spannenberger (Hrsg.), Frieden und Konflikt-
     management in interkulturellen Räumen, S. 101.
4   Niederkorn, Die europäischen Mächte und der lange Türkenkrieg,
     S. 106 f.
5   Niederkorn, »Friedenspolitik« in Istanbul im Vorfeld des Langen
     Türkenkrieges, in: Strohmeyer/Spannenberger (Hrsg.), Frieden und
     Konfliktmanagement in interkulturellen Räumen, S. 97.
6   Setton, Venice, Austria, and the Turks in the Seventeenth Century, S. 9 f.
7   Niederkorn, »Friedenspolitik« in Istanbul im Vorfeld des Langen
     Türkenkrieges, in: Strohmeyer/Spannenberger (Hrsg.), Frieden und
     Konfliktmanagement in interkulturellen Räumen, S. 98.
8   David, Ottoman Armies and Warfare, in: Faroqhi/Fleet (Hrsg.), The
     Cambrigde History of Turkey, Bd. 2, S. 300.
9   Schulze, Reich und Türkenkriege, S. 88 f.
10   Rothenberg, Die Österreichische Militärgrenze, S. 53.
11   Hammer-Purgstall, Geschichte des Osmanischen Reiches, Bd. 4, S. 217.
12   Jorga, Geschichte des Osmanischen Reiches, Bd. 3, S. 293.
13   Hammer-Purgstall, Geschichte des Osmanischen Reiches, Bd. 4, S. 221 f.
14   Jorga, Geschichte des Osmanischen Reiches, Bd. 3, S. 295.
15   Niederkorn, Die europäischen Mächte und der lange Türkenkrieg, S. 44.
16   Hammer-Purgstall, Geschichte des Osmanischen Reiches, Bd. 4, S. 226.
17   Jorga, Geschichte des Osmanischen Reiches, Bd. 3, S. 300.
18   Erklärung Hardeggs und seiner Befehlshaber an den Kaiser in:
     KA Wien, Alte Feldakten 1594, Karton 34.
19   Schreiben Hardeggs v. 27. 9. 1594, in: Reusner, Epistolarum Turcicarum,
     Liber XIII, S. 92.
20   Niederkorn, Die europäischen Mächte und der lange Türkenkrieg, S. 73.

21 Ebd., S. 74.
22 Ebd., S. 307.
23 Zinkeisen, Geschichte des Osmanischen Reiches, Bd. 3, S. 609.
24 Brief v. 16.11.1596, zitiert bei Stauffer, Hermann Christoph Graf von Rusworm, S. 24.
25 Im Jahr darauf war der Kaiser jedenfalls noch in der Lage, dem Woiwoden Michael 4000 schwere Reiter zu senden. Jorga, Geschichte des Osmanischen Reiches, Bd. 3, S. 324.
26 Niederkorn, Die europäischen Mächte und der »Lange Türkenkrieg«, S. 31.
27 Jorga, Geschichte des Osmanischen Reiches, Bd. 3, S. 324.
28 Schels, Die Eroberung von Raab, in: Österreichische Militärische Zeitschrift 1827/4, S. 175.
29 Ebd., S. 181 ff.
30 Constantin v. Wurzbach, Adolf Graf v. Schwarzenberg, in: Biografisches Lexikon des Kaiserthums Oesterreich, 33. Teil, Wien 1887, S. 12.
31 Jorga, Geschichte des Osmanischen Reiches, Bd. 3, S. 330.

Zwischen Türkenfurcht und Obrigkeitskritik – Der »Lange Türkenkrieg« in der öffentlichen Debatte

1 Lukas Osiander, Christlicher, notwendiger Bericht, Welcher Gestalt sich die Christen darein schicken sollen, damit sie dem Türcken ein beharrlichen abbruch tun, und ein heilsamen Sieg erlangen mögen, (1595), S. 26.
2 Göllner, Turcica, Bd. III., S. 173.
3 Schulze, Reich und Türkengefahr, S. 22 f.
4 Lahrkamp, Rückwirkungen der Türkenkriege auf Münster, in: Westfälische Zeitschrift 129 (1979), S. 90.
5 Göllner, Turcica Bd. III, S. 26.
6 Fickler, Ungefehrlich Gutachten über das Kriegswesen in Ungarn, (1598), zitiert nach Matschke, Das Kreuz und der Halbmond, S. 286.
7 Osiander, Christlicher notwendiger Bericht (1595), S. 37.
8 Wolder, News Türckenbüchlein, S.
9 Ebd., S. 168.
10 Fickler, Trewhertzige Warnschrift an die Stände zu Regensburg, (Vorrede), Staatsbibliothek München, o. S.
11 Matschke, Das Kreuz und der Halbmond, S. 302 ff.
12 Ebd., S. 305.
13 Lahrkamp, Rückwirkungen der Türkenkriege auf Münster, in: Westfälische Zeitschrift 129 (1979), S. 92, Anm. 14.
14 Osiander, Christlicher notwendiger Bericht (1595), S. 17 f.

15 Schulze, Reich und Türkengefahr, S. 25.
16 Göllner, Turcica Bd. III, S. 28.
17 Geßner, Funfzehen Predigten vom Türken (1597), S. 90.
18 Göllner, Turcica Bd. III, S. 275.
19 Tagebuch einer Reise nach Konstantinopel (1553/53), hrsg. v. Franz Babinger, S. 161.
20 Schulze, Reich und Türkengefahr, S. 58.
21 Göllner, Turcica Bd. III, S. 316.
22 Scherer, Treuherztige vermahnung, dass die Christen dem Türcken nicht huldigen, S. 312.
23 Schulze, Reich und Türkengefahr, S. 65 f.

Das lange Ende des »Langen Türkenkrieges« – Der »Bocskay-Aufstand« und der Friede von Zsitvatorok

1 Fickler, Trewhertzige Warnschrift an die Stände zu Regensburg, (Vorrede), Staatsbibliothek München, o. S.
2 Jorga, Geschichte des Osmanischen Reiches, Bd. 3, S. 331.
3 Setton, Venice, Austria, and the Turks in the Seventeenth Century, S. 15.
4 Arens, Habsburg und Siebenbürgen, S. 67.
5 Finkel, The Administration of Warfare, S. 107 f.
6 Jorga, Geschichte des Osmanischen Reiches, Bd. 3, S. 334.
7 Setton, Venice, Austria, and the Turks in the Seventeenth Century, S. 16.
8 Finkel, Osman's Dream, S. 187.
9 Jorga, Geschichte des Osmanischen Reiches, Bd. 3, S. 337.
10 Matschke, Das Kreuz und der Halbmond, S. 312 ff.
11 Arens, Habsburg und Siebenbürgen, S. 230.
12 Matschke, Das Kreuz und der Halbmond, S. 317 f.
13 Ebd., S. 318.
14 Niederkorn, Die europäischen Mächte und der »Lange Türkenkrieg«, S. 56.

Ende eines 70-jährigen Waffenstillstandes – Die Osmanen landen auf Kreta

1 Storia della Guerra di Candia, Venedig 1679, S. 3.
2 Matschke, Das Kreuz und der Halbmond, S. 307 f.
3 Finkel, Osman's Dream, S. 199.
4 Matuz, Das Osmanische Reich, S. 173.
5 Finkel Osman's Dream, S. 217.
6 Eickhoff, Venedig, Wien und die Osmanen, S. 21.

7   Ebd., S. 22.
8   Setton, Venice, Austria, and the Turks, S. 110 f.
9   Finkel, Osman's Dream, S. 226.
10 Setton, Venice, Austria, and the Turks, S. 80 f.
11 Ebd., S. 128.
12 Schreiben eines venezianischen Beamten aus Kanea, zitiert bei Setton, Venice, Austria, and the Turks, S. 122, Anm. 28.
13 Eickhoff, Venedig, Wien und die Osmanen, S. 31.
14 Setton, Venice, Austria, and the Turks, S. 128.
15 Ebd., S. 137.
16 Eickhoff, Venedig, Wien und die Osmanen, S. 48 f.
17 Ebd., S. 50.

Prelude zum »Großen Türkenkrieg« – Der lange Weg nach »Mogersdorf«

1   Mommerqué (Hrsg.), Mémoires du Comte de Coligny-Saligny, S. 91 f.
2   Schindling, Leopold I., in: Ders./Ziegler (Hrsg.), Die Kaiser der Neuzeit, S. 169 f.
3   Shaw, History of the Ottoman Empire, Bd. 2, S. 210.
4   Jorga, Geschichte des Osmanischen Reiches, Bd. 4, S. 102 f.
5   Eickhoff, Venedig, Wien und die Osmanen, S. 192 f.
6   Prokosch (Hrsg.), Krieg und Sieg in Ungarn, Die Ungarnfeldzüge des Großwesirs Köprülüzâde Fâzıl Ahmed Pascha 1663 und 1664, S. 28.
7   Ebd., S. 37.
8   Ebd., S. 56.
9   Eickhoff, Venedig, Wien und die Osmanen, S. 196.
10 Redlich, Weltmacht des Barock, S. 181.
11 Eickhoff, Venedig, Wien und die Osmanen, S. 198.
12 Peball, Die Schlacht bei St. Gotthard-Mogersdorf, S. 6 f.
13 Redlich, Weltmacht des Barock, S. 187.
14 Jorga, Geschichte des Osmanischen Reiches, Bd. 4, S. 116.
15 Peball, Die Schlacht bei St. Gotthard-Mogersdorf, S. 9.
16 Schreiben der Stände an Leopold I. vom 1. August, zitiert bei Wagner, Die Steiermark und die Schlacht bei St. Gotthard-Mogersdorf, in: Mitt. d. Steiermärkischen Landesarchivs, Folge 14, (1964) S. 54.
17 Peball, Die Schlacht bei St. Gotthard-Mogersdorf, S. 14.
18 Monmerqué (Hrsg.), Mémoires du Comte de Coligny-Saligny, S. 96.
19 Wagner, Die Steiermark und die Schlacht bei St. Gotthard-Mogersdorf, in: Mitteilungen d. Steiermärkischen Landesarchivs, 14, 1664, S. 60.
20 Eickhoff, Venedig, Wien und die Osmanen, S. 204.

21 Monmerqué (Hrsg.), Mémoires du Comte de Coligny-Saligny, S. 97.
22 Ebd., S. 17.
23 Schreiben Montecuccolis v. 1. 8. 1664, vollständig abgedruckt bei Wagner,
    Die Steiermark und die Schlacht bei St. Gotthard-Mogersdorf, in: Mit-
    teilungen d. Steiermärkischen Landesarchivs, 14, 1664, S. 70/71
24 Prokosch (Hrsg.), Krieg und Sieg in Ungarn. Die Ungarnfeldzüge des
    Großwesirs Köprülüzâade Fâzıl Ahmed Pascha 1663 und 1664, S. 239.
25 Eickhoff, Venedig, Wien und die Osmanen, S. 207.
26 Peball, Die Schlacht bei St. Gotthard-Mogersdorf, S. 21.

Venedigs Illias – Finale um Kandia 1666–1669

1 Zitiert bei Daru, Histoire de Venise, Bd. XVIII, S. 126.
2 Von Pastor, Geschichte der Päpste, Bd. XIV, 1. Abt., S. 530.
3 Setton, Venice, Austria, and the Turks, S. 192.
4 Jorga, Geschichte des Osmanischen Reiches, Bd. 4, S. 126.
5 Setton, Venice, Austria, and the Turks, S. 193.
6 Jorga, Geschichte des Osmanischen Reiches, Bd. 4, S. 126.
7 Eickhoff, Venedig, Wien und die Osmanen, S. 70 f.
8 Setton, Venice, Austria, and the Turks, S. 194.
9 Bigge, Kampf um Candia, S. 124.
10 Eickhoff, Venedig, Wien und die Osmanen, S. 219.
11 Bigge, Kampf um Candia, S. 125.
12 Ebd., S. 126.
13 Ebd., S. 154.
14 Ebd., S. 140.
15 Eickhoff, Venedig, Wien und die Osmanen, S. 226.
16 Bigge, Kampf um Candia, S. 154.
17 Ebd., S. 157.
18 Kohlhaas, Candia, S. 161.
19 Bigge, Kampf um Candia, S. 148.
20 Ebd., S. 164.
21 Kretschmayr, Geschichte von Venedig, Bd. 3, S. 334.
22 Bigge, Kampf um Candia, S. 193 f.
23 Kretschmayr, Geschichte von Venedig, Bd. 3, S. 339.
24 Ebd., S. 339.
25 Von Pastor, Geschichte der Päpste, Bd. XIV, 1. Abt., S. 609.

Wien 1683 – Eine barocke Kapitale im Würgegriff des Großwesirs

1   Zeller (Hrsg.), Jan Sobieski. Briefe an die Königin, S. 34 f.
2   Brief v. 16.1.1717 an Lady Mary, in: Halsband (Hrsg.), The Complette Letters of Lady Mary Wortley Montague, Bd. 1, S. 294.
3   Redlich, Weltmacht des Barock, S. 197.
4   Barker, Doppeladler und Halbmond, S. 40 f.
5   Eickhoff, Venedig, Wien und die Osmanen, S. 303.
6   Ebd., S. 306.
7   Barker, Doppeladler und Halbmond, S. 46.
8   Eickhoff, Venedig, Wien und die Osmanen, S. 324.
9   Finkel, Osman's Dream, S. 283.
10 Jorga, Geschichte des Osmanischen Reiches, Bd. 4, S. 187.
11 Eickhoff, Venedig, Wien und die Osmanen, S. 334.
12 Jorga, Geschichte des Osmanischen Reiches, Bd. 4, S. 188.
13 Barker, Doppeladler und Halbmond, S. 205.
14 Ebd., S. 207.
15 Ebd., S. 162.
16 K. K.-Kriegsarchiv, Das Kriegsjahr 1683, S. 25.
17 Barker, Doppeladler und Halbmond, S. 172 f.
18 Wimmer, Der Entsatz von Wien, S. 104.
19 Finkel, Osman's Dream, S. 284.
20 Aus dem Tagebuch der Belagerung von Wien, in: Schreiner (Hrsg.), Die Osmanen in Europa, S. 202.
21 Ebd., S. 203.
22 Kreutel/Prokosch (Hrsg.), Im Reich des des Goldenen Apfels. Evliya Celibis denkwürdige Reise in das Giaurenland, S. 33.
23 Barker, Doppeladler und Halbmond, S. 238.
24 K. K.-Kriegsarchiv, Das Kriegsjahr 1683, S. 151.
25 Barker, Doppeladler und Halbmond, S. 245.
26 Ebd., S. 258.
27 Eickhoff, Venedig, Wien und die Osmanen, S. 354 f.
28 Barker, Doppeladler und Halbmond, S. 253.
29 Ebd., S. 260.
30 Ebd., S. 262.
31 Eickhoff, Venedig, Wien und die Osmanen, S. 359.
32 Glaubwürdiges Diarium, S.
33 K. K.-Kriegsarchiv, Das Kriegsjahr 1683, S. 105.
34 Zeller (Hrsg.), Jan Sobieski. Briefe an die Königin, S. 27.
35 Barker, Doppeladler und Halbmond, S. 297.

36 Ebd., S. 300.
37 Wimmer, Der Entsatz von Wien, S. 173 f.
38 K. K.-Kriegsarchiv, Das Kriegsjahr 1683, S. 241.
39 Barker, Doppeladler und Halbmond, S. 303.
40 Zeller (Hrsg.), Jan Sobieski. Briefe an die Königin, S. 34.
41 K. K.-Kriegsarchiv, Das Kriegsjahr 1683, S. 246.
42 Ebd., S. 221 f.
43 Aus dem Tagebuch der Belagerung von Wien, in: Schreiner (Hrsg.), Die Osmanen in Europa, S. 221.
44 Zeller (Hrsg.), Jan Sobieski. Briefe an die Königin, S. 34.
45 Aus dem Tagebuch der Belagerung von Wien, in: Schreiner (Hrsg.), Die Osmanen in Europa, S. 221.
46 K. K.-Kriegsarchiv, Das Kriegsjahr 1683, S. 252.
47 Ebd., S. 254.
48 Barker, Doppeladler und Halbmond, S. 310 f.
49 K. K.-Kriegsarchiv, Das Kriegsjahr 1683, S. 258.
50 Barker, Doppeladler und Halbmond, S. 319.
51 Eickhoff, Venedig, Wien und die Osmanen, S. 365.
52 Brief v. 29.9.1683 an den Landgrafen Ernst von Hessen-Rheinfels, in: Leibniz, Sämtliche Schriften und Briefe, Bd. 3, S. 328.
53 Zeller (Hrsg.), Jan Sobieski. Briefe an die Königin, S. 38 f.
54 Kohlhaas, Candia, S. 252.
55 Forst de Battaglia, Jan Sobieski, S. 206 f.
56 Ebd., S. 207.

Siegreicher Ausklang des großen Türkenjahres – »Párkány« und »Gran«

1 Ferenc Tóth (Hrsg.), Journal de campagnes du duc Charles V., S. 224.
2 Barker, Doppeladler und Halbmond, S. 319 f.
3 Böttcher, Türkenkriege im Spiegel sächsischer Biographien, S. 102.
4 Ebd., S. 325.
5 Brief v. 22.9.1683 an den Earl of Clarendon, in: Memoirs of the family of Taaffe (Wien 1856), S. 236.
6 Ebd., S. 330 f.
7 Schreiben vom 8.10.1683, in: Zeller (Hrsg.), Jan Sobieski. Briefe an die Königin, S. 79 f.
8 Barker, Doppeladler und Halbmond, S. 332.
9 Ferenc Tóth (Hrsg.), Journal de campagnes du duc Charles V., S. 223.
10 Ebd., S. 225.
11 Ebd., S. 223.

12 Röder v. Diersburg, Feldzüge des Markgrafen Ludwig Wilhelm von Baden wider die Türken, Bd. 1, S. 69.
13 Schreiben vom 8. 10. 1683, in: Zeller (Hrsg.), Jan Sobieski. Briefe an die Königin, S. 83.
14 Barker, Doppeladler und Halbmond, S. 340.
15 Historische Sammlung der Universitätsbibliothek Mannheim
16 Forst de Battaglia, Jan Sobieski, S. 202.
17 Schreiben vom 27. 11. 1683, in: Zeller (Hrsg.), Jan Sobieski. Briefe an die Königin, S. 130.
18 Barker, Doppeladler und Halbmond, S. 343.

Das Pendel schlägt zurück – Die Osmanen verlieren Ofen und Belgrad

1 Ferenc Tóth (Hrsg.), Journal de campagnes du duc Charles V., S. 400.
2 Schreiben vom 23. 9. 1688, in: Bayerisches Hauptstaatsarchiv, Abt. I, Fürstensachen 683.
3 Barker, Doppeladler und Halbmond, S. 347.
4 Eickhoff, Venedig, Wien und die Osmanen, S. 375.
5 Kretschmayr, Geschichte von Venedig, Bd. 3, S. 342.
6 Röder v. Diersburg, Feldzüge des Markgrafen Ludwig Wilhelm von Baden wider die Türken, Bd. 1, S. 78.
7 Eickhoff, Venedig, Wien und die Osmanen, S. 376.
8 Pastor, Geschichte der Päpste, Bd. 14, 2. Abt., S. 799.
9 Röder v. Diersburg, Feldzüge des Markgrafen Ludwig Wilhelm von Baden wieder die Türken, Bd. 1, S. 121.
10 Setton, Venice, Austria, and the Turks, S. 278.
11 Röder v. Diersburg, Feldzüge des Markgrafen Ludwig Wilhelm von Baden wider die Türken, Bd. 1, S. 155.
12 Hammer-Purgstall, Geschichte des Osmanischen Reiches, Bd. 4, S. 456.
13 Ebd., S. 150 f.
14 Eickhoff, Venedig, Wien und die Osmanen, S. 379 f.
15 Junkelmann, Kurfürst Max Emanuel als Feldherr, S. 56.
16 Erwiderung des Paschas auf ein Schreiben v. 31. 7. 1686, in: Röder v. Diersburg, Feldzüge des Markgrafen Ludwig Wilhelm von Baden wider die Türken, Bd. 1, Anhang, S. 75 f.
17 Theatrum Europaeum, Bd. XII., S. 1003.
18 Setton, Venice, Austria, and the Turks, S. 278.
19 Pastor, Geschichte der Päpste, Bd. 14, 2. Abt., S. 827 f.
20 Eickhoff, Venedig, Wien und die Osmanen, S. 383 f.
21 Finkel, Osman's Dream, S. 291.

22 Junkelmann, Kurfürst Max Emanuel als Feldherr, S. 70.
23 Finkel, Osman's Dream, S. 293 f.
24 Junkelmann, Kurfürst Max Emanuel als Feldherr, S. 62 f.
25 Röder v. Diersburg, Feldzüge des Markgrafen Ludwig Wilhelm von
Baden wider die Türken, Bd. 2, S. 71.
26 Junkelmann, Kurfürst Max Emanuel als Feldherr, S. 79.
27 Röder v. Diersburg, Feldzüge des Markgrafen Ludwig Wilhelm von
Baden wider die Türken, Bd. 2, S. 84.
28 Von Aretin, Das Alte Reich, Bd. 2, S. 28.

Atempause für die »Hohe Pforte« – Der Verlust von Belgrad und ein vergeblicher Sieg des Markgrafen von Baden

1 Siegesbotschaft aus dem Feldlager von Slankamen vom 20. 8. 1691, zitiert
bei: Röder v. Diersburg, Feldzüge des Markgrafen Ludwig Wilhelm von
Baden wider die Türken, Bd. 2, S. 385 f.
2 Finkel, Osman's Dream, S. 302 f.
3 Jorga, Geschichte des Osmanischen Reiches, Bd. 4, S. 242.
4 Finkel, Osman's Dream, S. 305.
5 Ebd., S. 306.
6 Röder v. Diersburg, Feldzüge des Markgrafen Ludwig Wilhelm von
Baden wider die Türken, Bd. 2, S. 136 f.

Zwei Dörfer und ein Frieden – »Senta«, »Karlowitz« und das Ende des »Großen Türkenkrieges«

1 Schreiben vom 15. 9. 1697, in: Heller (Hrsg.), Militärische Korrespondenz
des Prinzen Eugen, Bd. 1, S. 159.
2 Erinnerungen an Ca' fer Pascha den Älteren, in: Schreiner (Hrsg.), Die
Osmanen in Europa, S. 342.
3 Finkel, Osman's Dream, S. 315.
4 Eickhoff, Venedig, Wien und die Osmanen, S. 396.
5 Jorga, Geschichte des Osmanischen Reiches, Bd. 4, S. 260.
6 Von Arneth, Prinz Eugen, Bd. 1, S. 25 ff.
7 Vortrag vor Leopold am 15. 3. 1697, zitiert bei: Von Arneth, Prinz Eugen,
Bd. 1, S. 96.
8 Von Arneth, Prinz Eugen, Bd. 1, S. 100.
9 Erinnerungen an Ca' fer Pascha den Älteren, in: Schreiner (Hrsg.), Die
Osmanen in Europa, S. 342.
10 Gefechtsbericht an den Kaiser vom 15. 9. 1697, in: Heller (Hrsg.), Militärische Korrespondenz des Prinzen Eugen, Bd. 1, S. 160.

11   Ebd., S. 162 (Anmerkung).
12   Halsband (Hrsg.), The Complete Letters of Lady Mary Wortley-Monta-
     gu, Bd. I, S. 305.
13   Von Arneth, Prinz Eugen, Bd. 1, S. 114.
14   Hochedlinger, Austria's Wars of Emergence, S. 165.
15   Eickhoff, Venedig, Wien und die Osmanen, S. 409.

Asow gewonnen und fast ein Heer verloren – Zar Peters I. Türkenkriege zwischen Don und Pruth

1   Zitiert nach Schuyler, Peter the Great, Bd. 2, S. 192.
2   Massie, Peter der Große, S. 116.
3   Fuller, Strategy and Power, S. 1 f.
4   Sumner, Peter the Great and the Ottoman Empire, S. 15, Fn. 2.
5   Ebd., S. 21.
6   Ebd., S. 17 ff.
7   Sumner, Peter the Great and the Ottoman Empire, S. 17.
8   Massie, Peter der Große, S. 127.
9   Ebd., S. 130.
10   Duffy, Russia`s Military Way to the West, S. 11.
11   Zitiert nach Massie, Peter der Große, S. 131.
12   Ebd., S. 137.
13   Sumner, Peter the Great and the Ottoman Empire, S. 22.
14   Finkel, Osman's Dream, S. 335.
15   Schuyler, Peter the Great, Bd. 2, S. 195.

Letzte Triumphe des Savoyer Prinzen – »Peterwardein« und »Belgrad«

1   Aus der Chronik des Reichshistoriographen Mehmed Es'ad Efendi,
     vollständig zitiert bei Schaendlinger, Die Entdeckung des Abendlandes
     als Vorbild, in: Heiss/Klingenstein, Das Osmanische Reich und Europa,
     S. 95 – 112, hier S. 101 f.
2   Finkel, Osman's Dream, S. 329 ff.
3   Hochedlinger, Austria's Wars of Emergence, S. 190.
4   Jorga, Geschichte des Osmanischen Reiches, Bd. 4, S. 325.
5   Redlich, Werden einer Großmacht, S. 218 f.
6   Braubach, Prinz Eugen, Bd. 3, S. 305 f.
7   Kohlhaas, Candia, S. 282.
8   Jorga, Geschichte des Osmanischen Reiches, Bd. 4, S. 334 f.

9 Zitiert nach Kroener, Prinz Eugen und die Türken, in: Kunisch (Hrsg.),
   Prinz Eugen von Savoyen und seine Zeit, S. 121.
10 Schmidt, Karl VI., in: Schindling/Ziegler (Hrsg.), Die Kaiser der Neuzeit 1519 – 1918, S. 204.
11 Siehe auch die Einschätzung bei Kroener, Prinz Eugen und die Türken,
   in: Kunisch (Hrsg.), Prinz Eugen von Savoyen und seine Zeit, S. 120: Ein
   zivilisatorisches Überlegenheitsgefühl hatte inzwischen die Angst vor
   dem fremdartigen Feind ersetzt.
12 Kriegsarchiv, Des Prinzen Eugen Feldzüge, Bd. XVI , S. 191
13 Braubach, Prinz Eugen, Bd. 3, S. 320.
14 Ebd., S. 320.
15 Kriegsarchiv, Des Prinzen Eugen Feldzüge, Bd. XVI , S. 205.
16 Braubach, Prinz Eugen, Bd. 3, S. 322.
17 Brief v. 9. 8. 1716, in: Kriegsarchiv, Des Prinzen Eugen Feldzüge, Bd. XVI ,
   S. 214.
18 Braubach, Prinz Eugen, Bd. 3, S. 325.
19 Redlich, Das Werden einer Großmacht, S. 228.
20 Ebd., S. 224.
21 Braubach, Prinz Eugen, Bd. 3, S. 336.
22 Ebd., S. 336.
23 Redlich, Das Werden einer Großmacht, S. 229.
24 Friedrich der Große, Betrachtungen über Feldzugspläne, in: Werke,
   Bd. VI, S. 210.
25 Redlich, Das Werden einer Großmacht, S. 231.
26 Bericht an Kaiser Karl VI. vom 25. 8. 1717, in: Kriegsarchiv, Des Prinzen
   Eugen Feldzüge, Bd XVII, S. 166.
27 Jorga, Geschichte des Osmanischen Reiches, Bd. 4, S. 351.
28 Redlich, Das Werden einer Großmacht, S. 235.
29 Braubach, Prinz Eugen, Bd. 3, S. 360.
30 Kriegsarchiv, Des Prinzen Eugen Feldzüge, Bd. XVII , S. 267 f.
31 Kretschmeyer, Geschichte Venedigs, Bd. 3, S. 359 ff.
32 Redlich, Das Werden einer Großmacht, S. 238 f.

Belgrad und die Ehre verloren – Der »vergessene Türkenkrieg« von 1737 – 1739

1 Kaiserliches Zirlular-Reskript vollständig bei Moser, Der Belgradische
   Friedensschluss, S. 90.
2 Redlich, Das Werden einer Großmacht, S. 298.
3 Mediger, Moskaus Weg nach Europa, S. 158 f.
4 Ebd., S. 153

5   Duffy, Russia's Military Way to the West, S. 51.

6   Christoph Herman von Manstein, Mémoires historiques, politiques et militaires sur la Russie (1727 – 1744), Leipzig 1771, S. 170.

7   Redlich, Das Werden einer Großmacht, S. 301.

8   Kaiserliches Zirlular-Reskript bei Moser, Der Belgradische Friedensschluss, S. 89.

9   Schreiben v. 28. 7. 1737, zitiert bei Reichl-Ham, Der zweite Türkenkrieg Karls VI., in: Pallasch 2017/59, S. 16.

10   Angeli, Krieg gegen die Pforte, S. 312.

11   Ebd., S. 313.

12   Schreiben v. 29. 8. 1737 (Kriegsarchiv), zitiert bei Reichl-Ham, Der zweite Türkenkrieg Karls VI., in: Pallasch 2017/59, S. 18, Fn. 94.

13   Bericht des britischen Gesandten Thomas Robinson v. in: Österreichisches Staatsarchiv (ÖstA) England, Varia, Faszikel 9, fol. 380.

14   Duffy, Russia's Military Way to the West, S. 53.

15   Friedrich der Große, Geschichte meiner Zeit, in: Werke Friedrichs des Großen hrsg. von Volz, Bd. 2, S. 21.

16   Moser, Der Belgradische Friedensschluss, S. 92.

17   Redlich, Das Werden einer Großmacht, S. 305.

18   Reichl-Ham, Der zweite Türkenkrieg Karls VI., in: Pallasch 2017/59, S. 21.

19   Redlich, Das Werden einer Großmacht, S. 309.

20   Reichl-Ham, Der zweite Türkenkrieg Karls VI., in: Pallasch 2017/59, S. 24.

21   Ebd., S. 26 f.

22   Angeli, Krieg gegen die Pforte, S. 446, bezeichnet Wallis als Person ohne jede geistige Initiative, der in seltener Weise Hochmut und Starrsinn in sich vereinte.

23   Reichl-Ham, Der zweite Türkenkrieg Karls VI., in: Pallasch 2017/59, S. 28.

24   Redlich, Das Werden einer Großmacht, S. 313.

25   Reichl-Ham, Der zweite Türkenkrieg Karls VI., in: Pallasch 2017/59, S. 31.

26   Des türkischen Gesandten Resmi Achmed Effendi gesandtschaftliche Berichte von seinen Gesandtschaften in Wien 1757 und Berlin 1763, S. 41 f.

27   Redlich, Das Werden einer Großmacht, S. 318.

Die Faszination des »Wilden« – Das »aufgeklärte« Europa und die neue Sicht auf die »Türken«

1 Des türkischen Gesandten Resmi Achmed Effendi gesandtschaftliche Berichte von seinen Gesandtschaften in Wien 1757 und Berlin 1763, S. 70.
2 Lepetit, Die Türken vor Wien, in: François/Schulze (Hrsg.), Deutsche Erinnerungsorte, Bd. 1, S. 402.
3 Grothaus, Zum Türkenbild in der Habsburger Monarchie, in: Heiss/Klingenstein (Hrsg.), Das Osmanische Reich und Europa, S. 81.
4 Türckische Prügel-Suppe, dem verlogenen GOTT MAHOMET, in: Buchmann, Türkenlieder, S. 89 f.
5 Ebd., S. 87.
6 Kroener, Prinz Eugen und die Türken, in: Kunisch (Hrsg.), Prinz Eugen von Savoyen und seine Zeit, S. 120.
7 Schlözer, Briefwechsel (1777), zitiert bei Grothaus, Zum Türkenbild in der Habsburger Monarchie, in: Heiss/Klingenstein (Hrsg.), Das Osmanische Reich und Europa, S. 88.
8 Kammel, Gefährliche Heiden und gezähmte Exoten, in: Asch/Voss/Wrede (Hrsg.), Frieden und Krieg in der Frühen Neuzeit, S. 524.
9 Kroener, Prinz Eugen und die Türken, in: Kunisch (Hrsg.), Prinz Eugen von Savoyen und seine Zeit, S. 120.
10 Brief v. 10. 9. 1782 an Kaiser Joseph II., in: Arneth (Hrsg.), Joseph II. und Katharina von Russland. Ihr Briefwechsel, S. 156.
11 Bericht an Kaiser Joseph II. V. 9. 9. 1788, zitiert bei Roider, Kaunitz, Joseph II. and the Turkish War, in: The Slavonic and East European Review, 1976, Bd. 54/4, S. 548.
12 Zedlers Universallexikon von 1732 – 1754, Bd. 4, Sp. 1701.
13 Kohlhaas, Candia, S. 196.
14 Monmerqué (Hrsg.), Mémoires du Comte de Coligny-Saligny, S. 91 f.
15 Lepetit, Die Türken vor Wien, in: François/Schulze (Hrsg.), Deutsche Erinnerungsorte, Bd. 1, S. 404.
16 Petritsch, Türken in der Wiener Vorstadt, in: Zimmermann/Wolf (Hrsg.), Die Türkenkriege des 18. Jahrhunderts, S. 115 f.
17 Grothaus, Zum Türkenbild in der Habsburgermonarchie, in: Heiss/Klingenstein (Hrsg.), Das Osmanische Reich und Europa, S. 85.
18 Jorga, Geschichte des Osmanischen Reiches, Bd. 4, S. 487.
19 Bitterli, Die »Wilden« und die »Zivilisierten«, S. 235 f.
20 Brief an Lady Mary vom 1. 4. 1717, in: Halsband (Hrsg.), Lady Mary Wortley Montague, Letters, Bd. 1, S. 328.
21 Tott, Mémoires, Bd. 1, S. XXXIV.

22 Petritsch, Türken in der Wiener Vorstadt, in: Zimmermann/Wolf (Hrsg.), Die Türkenkriege des 18. Jahrhunderts, S. 122.

23 Brief an Friedrich den Großen aus dem Dezember 1740, in: Koser/Droysen (Hrsg.), Briefwechsel Friedrichs des Großen mit Voltaire, Zweiter Teil, S. 78 ff.

24 Brief v. 23. 4. 1767 an François de Tott, in: Voltaire, Correspondence VIII, 1100.

25 Brief an Friedrich den Großen v. 31. 10. 1769, in: Koser/Droysen (Hrsg.), Briefwechsel Friedrichs des Großen mit Voltaire, Dritter Teil, S. 164.

26 Siehe dazu Helga Fischer, Das Osmanische Reich in Reisebeschreibungen, in: Heiss/Klingenstein (Hrsg.), Das Osmanische Reich in Europa 1683 bis 1789, S. 129.

27 Herder, Ideen zur Philosophie der Geschichte der Menschheit, S. 701.

28 Georg Forster, Göttingische Anzeigen von gelehrten Sachen, 1789, Bd. 2, Nr. 119, St. 1197.

29 Halsband (Hrsg.), Lady Mary Wortley Montague, Letters, Bd. 1, S. 334

30 Brief an den Abbé Conti v. 19. 5. 1718, in: Ebd., S. 415.

31 Kommentar Peyssonnels in der deutschsprachigen Ausgabe von Totts Werk (Göttingen 1787), Bd. 1, S. 30.

32 Volney, Considérations sur la guerre actuelle, S. 18 f.

33 Ebd., S. 122 f.

34 Müchler, Napoleon, S. 128.

Das Ende einer Großmacht – Der Russisch-Osmanische Krieg von 1768–1774

1 Tott, Mémoires, Bd. 3, S. 4.

2 Jorga, Geschichte des Osmanischen Reiches, Bd. 4, S. 464.

3 Finkel, Osman's Dream, S. 374.

4 Uebersberger, Russlands Orientpolitik, S. 272.

5 Ebd., S. 304.

6 Duffy, Russia's Military Way to the West, S. 168 f.

7 Zitiert nach Duffy, Russia's Military Way to the West, S. 169.

8 Ebd., S. 175.

9 Ungermann, Russisch-türkischer Krieg, S. 125 f.

10 Von Arneth, Maria Theresia, Bd. VIII, S. 286 f.

11 Denkschrift vom Winter 1770/71, zitiert bei Uebersberger, Russlands Orientpolitik, S. 318.

12 Ungermann, Russisch-türkischer Krieg, S. 150.

13 Uebersberger, Russlands Orientpolitik, S. 333.

14 Ungermann, Russisch-türkischer Krieg, S. 245.

Katharinas Teilungsfantasien und Habsburgs letzter »Türkenkrieg« 1788 – 1791

1   Goethe, Faust I, Osterspaziergang
2   Arneth, Maria Theresia, Bd. VIII, S. 468.
3   Donnert, Joseph II. und Katharina II., in: Österreich im Europa der Aufklärung, Bd. 1, S. 582 f.
4   Uebersberger, Russlands Orientpolitik, Bd. 1, S. 358.
5   Brief vom 12. 9. 1782, in: Arnedt (Hrsg.), Joseph II. und Katharina von Russland. Ihr Briefwechsel, S. 143 – 157.
6   Uebersberger, Russlands Orientpolitik, Bd. 1, S. 351.
7   Ebd., S. 354.
8   Finkel, Osman's Dream, S. 382.
9   Uebersberger, Russlands Orientpolitik, Bd. 1, S. 379 f.
10   Donnert, Joseph II. und Katharina II, in: Österreich im Europa der Aufklärung, Bd. 1, S. 589.
11   Hochedlinger, Austria's Wars of Emergence, S. 382 f.
12   Ebd., S. 384.
13   Ebd., S. 385.
14   Jorga, Geschichte des Osmanischen Reiches, Bd. 5, S. 78 f.
15   Hoffmann, Suworow, S. 99 f.
16   Janko, Laudons Leben, S. 465.
17   Hochedlinger, Austria's Wars of Emergence, S. 393.
18   Ebd., S. 392.
19   Reichenbacher Konvention vom 25. 7. 1790 in: ÖstA Wien, Staatskanzlei Friedensakten, Karton 70.
20   Uebersberger, Russlands Orientpolitik, Bd. 1, S. 378.
21   Ebd., S. 379.
22   Hoffmann, Suworow, S. 103 f.

Epilog – »Die Türkei ist ein Sterbender«

1   Gespräch mit Robert Peel und George Hamilton-Gordon (Lord Aberdeen), in: Ernst v. Stockmar, Denkwürdigkeiten aus den Papieren des Freiherrn Christian Friedrich v. Stockmar, S. 399.
2   Von Moltke, Reisen in die Türkei. Tagebücher, Eintrag v. 7. 4. 1836.
3   Sedivý, Metternich, the Great Powers and the Eastern Question, S. 41.
4   Ebd., S. 35 f.
5   Shaw, History of the Ottoman Empire, Bd. 1, S. 260 ff.
6   Schuberth, Lord Byrons letzte Reise, S. 163-69.
7   Schuberth, Ebda., S. 181.

8 Jelavich, Russia's Balkan Entanglements, S. 74.

9 Sedivý, Metternich, the Great Powers and the Eastern Question, S. 174.

10 Jelavich, Russia's Balkan Entanglements, S. 84.

11 Sedivý, Metternich, the Great Powers and the Eastern Question, S. 538 f.

12 Figes, Krimkrieg, S. 82.

13 Siehe dazu auch Fuller, Stratgegy and Power in Russia, S. 221.

14 Jelavich, Russia's Balkan Entanglements, S. 95.

15 Figes, Krimkrieg, S. 114.

16 Brief an Premierminister Palmerston v. Febr. 1850, in: Figes, Krimkrieg, S. 109.

17 Shaw, History of the Ottoman Empire, Bd. 2, S. 260 ff.

18 Ebd., S. 172.

19 Jelavich, Russia's Balkan Entanglements, S. 116.

20 Figes, Krimkrieg, S. 543 ff.

Fazit

1 Beitrag in erweiterter Fassung unter dem Titel »Die Selbstzerstörung der EU durch den Beitritt der Türkei« auch in: Wehler, Konflikte zu Beginn des 21. Jahrhunderts, S. 46.

2 Burkhardt, Wie heute mit den Türken umgehen?, in: Zimmermann/Wolf (Hrsg.), Die Türkenkriege des 18. Jahrhunderts, S. 16.

3 Rauscher, Die Erinnerung an den Erbfeind, in: Haug-Moritz/Pelizaeus (Hrsg.), Repräsentationen der islamischen Welt im Europa der Frühen Neuzeit, S. 304: »Die Zweite Wiener Türkenbelagerung gehört heute nicht mehr zu den als besonders wichtig empfundenen Ereignissen der österreichischen Geschichte.«

4 Reichl-Ham, Der vergessene Krieg? Wahrnehmungen zum zweiten Türkenkrieg Karls VI, in: Zimmermann/Wolf (Hrsg.), Die Türkenkriege des 18. Jahrhunderts, S. 73 – 100.

5 Der Sinn der EU wird ja gerade in der Überwindung alter »Gegnerschaften« gesehen. Die Aufnahme der Türkei als angeblicher Erbfeind Europas wäre demnach sogar dringend geboten, so Burkhardt, »Wie heute mit den Türken umgehen?«, in: Zimmermann/Wolf (Hrsg.), Die Türkenkriege des 18. Jahrhunderts, S. 17.

6 İnalcık, The Ottoman Empire and Europe, S. 132. Demnach habe das Osmanische Reich durch Gewährung von Handelsprivilegien an die Venezianer, Genuesen und Florentiner zum ökonomischen Wohlstand des Italiens der Renaissance beigetragen.

7 Salomon Schweigger, Eine neue Reyßbeschreibung, S. 61.

Literaturverzeichnis

Quellen und Quellensammlungen

M. M. Allen (Hrsg.), Opus Epistolarum Desiderii Erasmi Roterodami, Bd. XI, Leiden 1906.

Alfred von Arneth (Hrsg.), Joseph II. und Katharina von Russland. Ihr Briefwechsel, Osnabrück 1973 (= Neudruck der Ausgabe von 1869).

Franz Babinger (Hrsg.), Hans Dernschwamm's Tagebuch einer Reise nach Konstantinopel und Kleinasien (1553/1555), Berlin/München 1986 (Neudruck der Erstauflage von 1923).

Francisco Balbi di Correggio, The Siege of Malta 1565 (aus dem Spanischen übersetzt von Ernle Bradford), London 1965.

W. F. A. Bernauer (Hrsg.), Sulaiman des Gesetzgebers Tagebuch auf seinem Feldzug nach Wien 1529 (türkischer Originaltext mit deutscher Übersetzung), Wien 1858.

Christa Dericum (Hrsg.), Burgund und seine Herzöge in Augenzeugenberichten, München 1977.

Die Korrespondenz Ferdinands I., 3 Bde., hrsg. von Wilhelm Bauer, Robert Lacroix, Wien 1912/1938.

Johann Baptist Fickler, Trewhertzige Warnungsschrift an die Stände zu Regensburg auff dem Reichstrag dasselbst, München 1598.

Die Werke Friedrichs des Großen, hrsg. von Gustav Berthold Volz, 10 Bde., Berlin 1913 f.

Salomon Geßner, Funffzehen Predigten vom Türcken, gehalten in der Schlosskirchen zu Wittenberg, Wittenberg 1597.

Anton Gévay, Urkunden und Aktenstücke zur Geschichte der Verhältnisse zwischen Österreich, Ungarn und der Pforte im XVI. und XVII. Jahrhundert, 3 Bde, Wien 1838 – 42.

Glaubwürdiges Diarium und Beschreibung dessen was Zeit waehrenden Tuerckischen Belagerung der Kayserl. Haupt- und Residentz-Stadt taeglich vorgegangen. Sonderdruck der Wiener Stadt- und Landesbibliothek, Wien 1983.

Reinhold Glei/Markus Köhler (Hrsg.), Pius II. Papa: Epistola ad Mahumetum (übersetzt von R. Glei und M. Köhler), Trier 2001.

Karl Grossmann (Hrsg.), Jacob Unrest, Österreichische Chronik (Monumenta Germaniae Historica. Scriptores gestarum Germanicarum, Nova Series, Tomus XI), Weimar 1957.

Robert Halsband (Hrsg.), The Complete Letters of Lady Mary Wortley Montagu, 3 Bde., Oxford 1965–1967.

Friedrich Heller (Hrsg.), Militärische Korrespondenz des Prinzen Eugen von Savoyen. Aus österreichischen Original-Quellen, 2 Bde., Wien 1848.

Des Allerdurchleuchtigsten und Großmechtigesten Kaysers Karoli des fünfften Kriegszug in Aphricam für Algier, durch den Gestrengen Ritter und Rodiser herrn Nicolaum Villagnon gebornen Frantzosen, gründlich beschriben. Aus dem Latein verdeutscht, durch Martinum Menradum, Neuburg, Donau, 1546.

Reinhard Klockow (Hrsg.), Georgius de Hungaria. Tractatus de moribus, condictionibus et nequicia Turcorum (1481)/Georg von Ungarn. Traktat über die Sitten, die Lebensverhältnisse und die Arglist der Türken (übersetzt von R. Klockow), Köln, Weimar, Wien 1993.

Mattias Koch (Hrsg.), Quellen zur Geschichte des Kaisers Maximilians II., 2 Bde., Leipzig 1857–1861.

Alfred Kohler (Hrsg.), Quellen zur Geschichte Karls V., Darmstadt 1990.

Reinhold Koser/Hans Droysen (Hrsg.), Briefwechsel Friedrichs des Großen mit Voltaire, 4 Bde., Berlin 1911 (Neudruck Osnabrück 1968).

Richard Kreutel/Karl Teply (Hrsg.), Kara Mustafa vor Wien 1683 aus der Sicht türkischer Geschichtsschreiber, Wien, Graz, Köln 1982.

Gottfried Wilhelm Leibnitz, Sämtliche Schriften und Briefe, Bd. 3, hrsg. von der Deutschen Akademie der Wissenschaften, Berlin 1938.

Ders./Erich Prokosch (Hrsg.), Im Reiche des goldenen Apfels. Des türkischen Weltenbummlers Evliya Celebi denkwürdige Reise in das Giaurenland und in die Stadt und Festung Wien anno 1665, Graz 1987.

Louis Jean Nicolas de Mommerqué (Hrsg.), Mémoires du Comte de Coligny-Saligny, Paris 1841.

Lukas Osiander, Christlicher, notwendiger Bericht, Welcher Gestalt sich die Christen darein schicken sollen, damit sie dem Türcken ein beharrlichen abbruch thun, uund ein heilsamen Sieg erlangen mögen, gedruckt von Georg Gruppenbach, Tübingen 1595.

Martin Luther, Vom Kriege wider die Türken, hrsg. v. F. Cohrs/A. Goetze, in: Dr. Martin Luthers Werke, Weimarer Ausgabe, Bd. 30, II., Weimar 1909, S. 107–148.

Ders., Heerpredigt wider den Türken, hrsg. v. F. Cohrs/A. Goetze, in: Dr. Martin Luthers Werke, Weimarer Ausgabe, Bd. 30, II., Weimar 1909, S. 160–197.

Erich Prokosch/Otto Spies (Hrsg.), Der Gefangene der Giauren. Die abenteuerlichen Schicksale des Dolmetschers Osman Aga aus Temeschwar, von ihm selbst erzählt, Graz, Wien, Köln 1962.

Renate Lachmann (Hrsg.) Memoiren eines Janitscharen oder Türkische Chronik, Graz, Wien, Köln 1975.

Karl Friedrich Neumann (Hrsg.), Reisen des Johannes Schiltberger aus München in Europa, Asia und Afrika von 1394 bis 1427, München 1859.

Erich Prokosch (Hrsg.), Krieg und Sieg in Ungarn. Die Ungarnfeldzüge des Großwesirs Köprülüzâde Fâzıl Ahmed Pascha 1663 und 1664, nach den „Kleinodien der Historien" seines Siegelbewahrers Hasan Ağa, Graz, Wien 1976.

Nicolaus Reusner Hrsg.), Epistolarum Turcicarum variorum et diversorum Authorum, Libri XIV, 4 Bde., Frankfurt ad Moenum 1598–1600.

Marino Sanuto, I Diarri, hrsg. von Federino Stefani u. a., 55 Bde, Venedig 1879–1903.

Anton A. Schaendlinger (Hrsg.), Die Feldzugstagebücher des ersten und zweiten ungarischen Feldzuges Suleymans I. (Band 8 der Beihefte zur Wiener Zeitschrift für die Kunde des Morgenlandes), Wien 1978.

Johann Bernhard Scheither, Novissima Praxis Militaris oder Neu-Vermehrte und Verstärkte Vestungs-Bau und Kriegs-Schuel, Braunschweig 1672.

Georg Scherer, Treuhertzige vermahnung, dass die Chritsen dem Türcken nicht huldigen, Wien 1595.

Stefan Schreiner (Hrsg.), Die Osmanen in Europa. Erinnerungen und Berichte türkischer Geschichtsschreiber, Leipzig, Weimar 1985.

Heidi Stein (Hrsg.), Salomon Schweigger, Zum Hofe des türkischen Sultans, Leipzig 1986.

Wolfram von den Steinen (Hrsg.), Ogier Ghiselin von Busbeck, Vier Briefe aus der Türkei, Erlangen 1926.

Peter Stern von Labach, Belagerung der Stadt Wienn im jar als man zallt nach Christi geburt tausend fünffhundert uund im newennd zwainzigsten geschehen kürzlich angezeigt, Wien 12. Novembri 1529.

Walter Sturminger (Hrsg.), Die Türken vor Wien in Augenzeugenberichten, Düsseldorf 1968.

Karl Teply (Hrsg.), Die kaiserliche Grußbotschaft an Sultan Murad IV. im Jahre 1628. Des Freiherrn Hans Ludwig von Kuefsteins Fahrt zur „Hohen Pforte", Wien o. J.

Ferenc Tóth (Hrsg.), Journal des Campagnes du Duc Charles V. de Lorraine, Paris 2017.

François de Tott, Mémoires du Baron de Tott sur les Turcs et les Tatares, 4 Bde., Amsterdam 1784.

Simon Wolders, New Türckenbüchlein dergleich vor dieser Zeit nie gedruckt worden. Rathschlag und christliche bedencken, Wie ohne sonderliche Beschwerde der Obrigkeit auch der Untertanen der Christenheit Erbfeind, der Türck, zu überwinden wäre, Zerbst 1595.

Joachim Zeller (Hrsg.), Jan Sobieski. Briefe an die Königin. Feldzug und Entsatz von Wien 1683, Berlin (Ost) 1981.

Ältere Werke

Moriz von Angeli, Feldzüge gegen die Türken 1697 – 1698 und der Karlowitzer Friede, Wien 1876.

Alfred von Arneth, Geschichte Maria Theresias, 8 Bde, Wien 1875 – 1877.

Ders, Prinz Eugen von Savoyen, 3 Bde., Gera 1888.

Franz Bernhard von Bucholtz, Geschichte der Regierung Ferdinands I. Aus gedruckten und ungedruckten Quellen, 9 Bde., Wien 1831 – 1838.

Wilhelm Bigge, Der Kampf um Candia in den Jahren 1667 – 1669, Berlin 1899.

Pierre Antoine Noel Bruno Daru, Histoire de la République de Venise, Neudruck Paris 2004.

Pierre Dan, Histoire de la Barbarie et des ses Corsaires, Paris 1649.

Philipp Röder von Diersburg, Des Markgrafen Ludwig Wilhelm von Baden Feldzüge wieder die Türken, größtenteils nach bis jetzt unbenutzten Handschriften, 2 Bde., Karlsruhe 1839 – 1842.

Wilhelm Fraknói, Ungarn vor der Schlacht bei Mohács (1524 – 1526), Budapest 1886.

Joseph Freiherr von Hammer-Purgstall, Geschichte des Osmanischen Reiches, 10 Bde., Wien 1827 – 1835 (Fotomechanischer Neudruck Graz 1963).

Karl Haselbach, Die Türkennoth im XV. Jahrhundert unter besonderer Berücksichtigung der Zustände Österreichs, Wien 1864.

Johann Gottfried Herder, Ideen zur Philosophie der Geschichte der Menschheit, Frankfurt 1784.

Wilhelm von Janko, Laudon's Leben. Das Leben des Kaiserlich-Königlichen Feldmarschalls Gideon Ernst Freiherrn von Laudon. Nach Originalacten des k. k. Haus, Hof, Staats- und Kriegs-Archiv, Correspondenzen und Quellen geschrieben, Wien 1869.

Ders., Lazarus Freiherr von Schwendi. Oberster Feldhauptmann und Rath Kaiser Maximilian's II., Wien 1871.

Nicolae Jorga, Geschichte des Osmanischen Reiches, 5 Bde., Gotha 1908 – 1913, Neudruck Darmstadt 1997.

K. K. Kriegs-Archiv, Das Kriegsjahr 1683. Nach Acten und authentischen Quellen dargestellt in der Abtheilung für Kriegsgeschichte des K. K. Kriegs-Archivs, Wien 1883.

K. K. Kriegs-Archiv, Des Prinzen Eugen Feldzüge, 20 Bde, Wien 1876 – 1891.

Leopold Kupelwieser, Die Kämpfe Ungarns mit den Osmanen bis zur Schlacht von Mohács 1526, Wien, Leipzig 1899.

Ders., Die Kämpfe Österreichs mit den Osmanen vom Jahre 1526 bis 1537, Wien, Leipzig 1899.

Francisco López de Gómara, Crónica de los corsarios Barbarroja, Madrid 1989.

Johann Jacob Moser, Der Belgradische Friedensschluß zwischen ihro kayserl. Majestät u. der Ottomanischen Pforte. Mit Beilagen und Anmerkungen, Jena 1740.

Johann Newald, Niclas Graf zu Salm. Eine historische Studie, Wien 1879.

Donald M. Nicol (Hrsg.), Theodore Spandounes. On the Origin of the Ottoman Emporers, Cambridge 2007.

Leopold von Ranke, Die Osmanen und die Spanische Monarchie im 16. und 17. Jahrhundert, Leipzig 1857.

Des türkischen Gesandten Resmi Ahmed Effendi gesandtschaftliche Berichte von seinen Gesandtschaften in Wien 1757 und Berlin 1763, Berlin, Stettin 1809.

Eugene Schuyler, Peter the Great. Emporer of Russia, 2 Bde., New York 1884.

Albrecht Stauffer, Herman Christoph Graf von Rusworm. Kaiserlicher Feldmarschall in den Türkenkämpfen unter Rudolph II., München 1884.

William Stirling-Maxwell, Don Juan d'Austria. Or Passages from the History of the Sixteenth Century 1547 – 1578, 2 Bde., London 1883.

Karl Graf Taaffe, Memoirs of the Family of Taaffe, Wien 1856.

Hermann Heinrich Traut, Kurfürst Joachim II. von Brandenburg und der Türkenfeldzug vom Jahre 1542, Gummersbach 1892.

Richard Ungermann, Der russisch-türkische Krieg 1768 – 1774, Wien, Leipzig 1906.

Constantin-Francois Comte de Chasseboeuf Volmy, Considérations sur la Guerre actuelle de Turcs, London 1788.

Johann Wilhelm Zinkeisen, Geschichte des Osmanischen Reiches in Europa, 7 Bde, Hamburg/Gotha 1840- 1863.

Aufsätze

Franz Babinger, Die älteste türkische Urkunde des deutsch-osmanischen Staatsverkehrs, in: Der Islam, 10 (1920), S. 134 – 146.

Palmira Brummett, Ottoman Expansion in Europe 1453 - 1606, in: Suraiya Faroqhi/Kate Fleet (Hrsg.), The Cambridge History of Turkey, Bd. 2, The Ottoman Empire as a World Power, Cambridge 2013, S. 44 – 73.

Johannes Burkhardt, Wie heute mit den Türkenkriegen umgehen?, in: Wolfgang Zimmermann/Josef Wolf (Hrsg.), Die Türkenkriege des 18. Jahrhunderts. Wahrnehmen – Wissen – Erinnern, Regensburg 2017, S. 15 – 40.

Moritz Csáky, Karl V., Ungarn, die Türkenfrage und das Reich, in: Lutz (Hrsg.), Das römisch-deutsche Reich im politischen System Karls V., München 1982, S. 223 – 237.

Géza David, Ottoman Armies and Warfare , in: Suraiya Faroqhi/Kate Fleet (Hrsg.), The Cambridge History of Turkey, Bd. 2, The Ottoman Empire as a World Power, Cambridge 2013, S. 276 – 319.

Erich Donnert, Joseph II. und Katharina II. Ein Beitrag zu Österreichs Russland- und Orientpolitik 1780 bis 1790, in: Österreich im Europa der Aufklärung. Kontinuität und Zäsur in Europa zur Zeit Maria Theresias und Joseph II., Bd. 1, Wien 1985, S. 575 – 592.

Hans Ehlert, Ursprünge des modernen Militärwesens. Die nassau-oranischen Heeresreformen, in: Militärgeschichtliche Zeitung (MGZ), 38, 2 (1985), S. 27 – 56.

Helga Fischer, Das Osmanische Reich in Reisebeschreibungen und Berichten des 18. Jahrhunderts, in: Gernot Heiss/Grete Klingenstein (Hrsg.), Das Osmanische Reich und Europa 1683 bis 1789. Konflikt, Entspannung und Austausch, München 1983, S. 113 – 142.

Kate Fleet, Ottoman Expansion in the Mediterranean, in: Dies./Suraiya Faroqhi (Hrsg.), The Cambridge History of Turkey, Bd. 2, The Ottoman Empire as a World Power, Cambridge 2013, S. 141 – 172.

Maximilian Grothaus, Zum Türkenbild in der Adels- und Volkskultur der Habsburger Monarchie von 1650 bis 1800, in: Gernot Heiss/Grete Klingenstein (Hrsg.), Das Osmanische Reich und Europa 1683 bis 1789. Konflikt, Entspannung und Austausch, München 1983, S. 63 – 88.

Johannes Helmrath, Pius II. und die Türken, in: Bodo Guthmüller/Wilhelm Kuhlmann (Hrsg.), Europa und die Türken in der Renaissance, Tübingen 2000, S. 79 – 138.

Michael Hochedlinger, Die französisch-osmanische „Freundschaft" 1525 – 1792. Element antihabsburgischer Politik, Gleichgewichtsinstrument, Prestigeunternehmung – Aufriss eines Problems, in: Mitteilungen des Instituts für Österreichische Geschichte (MIÖG), Bd. 102, Ausg. 1 – 2, 1994, S. 108 – 164.

Gyula Káldy-Nagy, Suleimans Angriff auf Europa, in: Acta orientalia Academiae Scientarium Hungaricae, Hft. 28, 1974, S. 163 – 212.

Frank-Matthias Kammel, Gefährliche Heiden und gezähmte Exoten. Bemerkungen zum europäischen Türkenbild im 17. und im frühen 18. Jahrhundert, in: Ronald G. Asch u. a. (Hrsg.), Frieden und Krieg in der Frühen Neuzeit. Die europäische Staatenordnung und die außereuropäische Welt, München 2001, S. 503 – 525.

Anton Adalbert Klein, Zur Geschichte der Türkeneinfälle in Steiermark während der Regierung Friedrichs III., in: Zeitschrift des historischen Vereins für Steiermark, Jg. 19 (1924), S. 103–125.

Péter Kovács, Erzherzog Ferdinand und die Ungarn, in: Martina Fuchs u. a. (Hrsg.), Kaiser Ferdinand I. Ein mitteleuropäischer Herrscher, Münster 2005, S. 57–78.

Bernhard R. Kroener, Prinz Eugen und die Türken, in: Johannes Kunisch (Hrsg.), Prinz Eugen von Savoyen und seine Zeit, Freiburg, Würzburg 1986, S. 113–125.

Helmut Lahrkamp, Rückwirkungen der Türkenkriege auf Münster 1560–1685, in: Westfälische Zeitschrift, Bd. 129, 1979, S. 89–108.

Walter Leitsch, Warum wollte Kara Mustafa Wien erobern?, in: Jahrbücher für Geschichte Osteuropas, Bd. 29, Hft. 4, 1981, S. 494–514.

Mathieu Lepetit, Die Türken vor Wien, in: Etienne François/Hagen Schulze (Hrsg.), Deutsche Erinnerungsorte, München 199, Bd. 1, S. 396–408.

Rudolf Mau, Luthers Stellung zu den Türken, in: Helmar Junghans (Hrsg.), Leben und Werk Martin Luthers, Bd. 1, Göttingen 1983, S. 647–662.

Christian Meier, Wo liegt Europa? Historische Reflexionen aus gegebenen Anlaß, in: Claus Leggewie (Hrsg.), Die Türkei und Europa, Frankfurt 2004, S. 32–38.

Erich Meuthen, Der Fall von Konstantinopel und der lateinische Westen, in: Historische Zeitschrift, Bd. 237, Hft. 1, 1983, S. 1–35.

Jan Paul Niederkorn, „Friedenspolitik" in Istanbul im Vorfeld des Langen Türkenkrieges, in: Arno Strohmeyer/Norbert Spannenberger (Hrsg.), Frieden und Konfliktmanagement in interkulturellen Räumen. Das Osmanische Reich und die Habsburgermonarchie in der Frühen Neuzeit, Stuttgart 2013, S. 95–108.

Gerhard Oestreich, Der römische Stoizismus und die oranische Heeresreform, in: Historische Zeitschrift, Bd. 176, Hft. 1, 1953, S. 17–43.

Ernst D. Petritsch, Türken in der Wiener Vorstadt, in: Wolfgang Zimmermann/Josef Wolf (Hrsg.), Die Türkenkriege des 18. Jahrhunderts. Wahrnehmen – Wissen – Erinnern, Regensburg 2017, S. 101–128.

Peter Rauscher, Die Erinnerung an den Erbfeind, in: Gabriele Haug-Moritz/Ludolf Pelizaeus (Hrsg.), Repräsentationen der islamischen Welt im Europa der Frühen Neuzeit, Münster 2010, S. 278–305.

Claudia Reichl-Ham, Der vergessene Krieg? Wahrnehmungen zum zweiten Türkenkrieg Karls VI, in: Wolfgang Zimmermann/Josef Wolf (Hrsg.), Die Türkenkriege des 18. Jahrhunderts. Wahrnehmen – Wissen – Erinnern, Regensburg 2017, S. 73 – 100.

Claudia Reichl-Ham, Der zweite Türkenkrieg Karls VI. von 1737 bis 1739. Der vergessene Krieg?, in: Pallasch 2017/59, S. 4 – 34.

Anne-Barbara Ritter, Ein deutscher Sklave als Augenzeuge bei der Eroberung von Tunis (1535), in: Ernstpeter Ruhe (Hrsg.), Europas islamische Nachbarn. Studien zur Literatur und Geschichte des Maghrebs, Würzburg 1993, S. 187 – 227.

Karl A. Roider, Jr., Kaunitz, Joseph II. and the Turkish War, in: The Slavonic and East European Review, Bd. 54, Hft. 4, 1976, S. 538 – 556.

Anton Schaendlinger, Die Entdeckung des Abendlandes als Vorbild, in: Heiss/Klingenstein (Hrsg.), Das Osmanische Reich und Europa 1683 bis 1789, München 1983, S. 89 – 112.

Johann Baptist Schels, Die Eroberung von Raab durch den Kaiserlichen Feldmarschall Adolf von Schwarzenberg am 28. März 1598, in: Österreichische Militärische Zeitschrift, 1827/4, S. 170 ff.

Theodor Schieder, Prinz Eugen und Friedrich der Große im gegenseitigen Bilde, in: Historische Zeitschrift, Bd. 156, Hft. 2, 1937, S. 263 – 283.

Hans Schmidt, Karl VI., in: Anton Schindling/Walter Ziegler (Hrsg.), Die Kaiser der Neuzeit 1519 – 1918, München 1990.

Wolfgang Steglich, Die Reichstürkenhilfe in der Zeit Karls V., in: Militärgeschichtliche Mitteilungen (MGM), 11, 1972, S. 7 – 55.

Matthias Thumser, Türkenfrage und öffentliche Meinung. Zeitgenössische Zeugnisse nach dem Fall von Konstantinopel (1453), in: Franz-Reiner Erkens (Hrsg.), Europa und die osmanische Expansion im ausgehenden Mittelalter (Zeitschrift für Historische Forschung, Beiheft 20), 1997, S. 59 – 78.

János J. Varga, Europa und „Die Vormauer des Christentums". Die Entwicklungsgeschichte eines geflügelten Wortes, in: Bodo Guthmüller/Wilhelm Kuhlmann (Hrsg.), Europa und die Türken in der Renaissance, Tübingen 2000, S. 55 – 64.

Thomas Vogtherr, „Wenn weit hinten in der Türkei… ". Die Türken in der spätmittelalterlichen Stadtchronistik Norddeutschlands, in: Franz-Reiner Erkens (Hrsg.), Europa und die osmanische Expansion im ausgehenden

Mittelalter (Zeitschrift für Historische Forschung, Beiheft 20), 1997, S. 103 – 125.

Georg Wagner, Die Steiermark und die Schlacht von St. Gotthard-Mogersdorf, in: Mitteilungen des Steiermärkischen Landesarchivs, Folge 14 (1964), S. 49 – 79.

Hans-Ulrich Wehler, Die Selbstzerstörung der EU durch den Beitritt der Türkei, in: Ders., Konflikte zu Beginn des 21. Jahrhunderts. Essays, München 2003, S. 41 – 52.

Eduard von Wertheimer, Zur Geschichte des Türkenkrieges Maximilians II., in: Archiv für Österreichische Geschichte 53/2, 1875, S. 43 – 98.

Walter Franz Winkelbauer, Kaiser Maximilian I. und St. Georg, in: Mitteilungen des Österreichischen Staatsarchivs 7, 1954, S. 523 – 550.

Monografien

Meinolf Arens, Habsburg und Siebenbürgen 1600 – 1605. Gewaltsame Eingliederungsversuche eines ostmitteleuropäischen Fürstentums in einen früh-absolutistischen Reichsverband, Köln, Weimar, Wien 2001.

Karl Otmar von Aretin, Das Alte Reich, Bd. 2. Kaisertradition und österreichische Großmachtpolitik 1684 – 1745, Stuttgart 1997.

Ronald G. Asch, Vor dem großen Krieg. Europa 1598 – 1618, Darmstadt 2020.

Franz Babinger, Mehmed der Eroberer. Weltenstürmer einer Zeitenwende, München 1987.

Ders., Aufsätze und Abhandlungen zur Geschichte Südosteuropas und der Levante, 2 Bde., München 1962.

Thomas M. Barker, Doppeladler und Halbmond, Entscheidungsjahr 1683, Graz, Wien, Köln 1982.

Otto Forst de Battaglia, Jan Sobieski. Mit Habsburg gegen die Türken, Graz, Wien, Köln 1982.

Jack Beeching, Don Juan d'Austria. Sieger von Lepanto, München 1983.

Urs Bitterli, Die „Wilden" und die „Zivilisierten". Grundzüge einer Geistes- und Kulturgeschichte der europäisch-überseeischen Begegnung, München 1991.

Hans-Joachim Böttcher, Die Türkenkriege im Spiegel sächsischer Biografien, Herne 2019.

Salvatoro Bono, Piraten und Korsaren im Mittelmeer. Seekrieg, Handel und Sklaverei vom 16. bis 19. Jahrhundert, Stuttgart 2009.

Ernle Bradford, The Great Siege. Malta 1565. New York 2014.

Karl Brandi, Kaiser Karl V. Werden und Schicksal einer Persönlichkeit und eines Weltreiches, 2 Bde., Stuttgart 1976.

Max Braubach, Prinz Eugen, 5 Bde., München, Wien 1963 – 1965.

Fernand Braudel, Das Mittelmeer und die mediterrane Welt in der Epoche Philipps II., 3 Bde., Frankfurt 1990.

Otto Brunner, Land und Herrschaft. Grundfragen der territorialen Verfassungsgeschichte Österreichs im Mittelalter, Wien 1965, unveränderter Neudruck Darmstadt 1981.

Bertrand Michael Buchmann, Türkenlieder zu den Türkenkriegen und besonders zur zweiten Wiener Türkenbelagerung, Wien, Graz, Köln 1983.

Marie-Janine Calac, Südosteuropa. Weltgeschichte einer Region, München 2016.

Niccolò Capponi, Victory of the West. The Great Christian-Muslim Clash at the Battle of Lepanto, Cambridge 2006.

Franco Cardini, Europa und der Islam. Geschichte eines Missverständnisses, München 2000.

Bryan Cartledge, The Will to Survive. A History of Hungary, Oxford 2011.

André Clot, Suleiman the Magnificant, London 2012.

Roger Crowley, Entscheidung im Mittelmeer. Europas Seekrieg gegen das Osmanische Reich 1521 – 1580, Stuttgart 2009.

Robert C. Davis, Christian Slaves, Muslim Masters. White Slavery in the Mediterranean, the Barbary Coast and Italy, 1500 – 1800.

Jean Delumeau, Angst im Abendland. Die Geschichte kollektiver Ängste im Europa des 14. und 18. Jahrhunderts, 2 Bde., Reinbeck bei Hamburg, 1985.

Christopher Duffy, Russia's Military Way to the West. Origins and Nature of Russian Military Power 1700 – 1800, London 1981.

Ekkehard Eickhoff, Venedig, Wien und die Osmanen. Umbruch in Südosteuropa 1645 – 1700, Stuttgart 2008.

Carl Göllner, Turcia, III. Band, Die Türkenfrage in der öffentlichen Meinung Europas im 16. Jahrhundert, Baden-Baden 1978.

Daniel Goffmann, The Ottoman Empire and early modern Europe, Cambridge 2007.

Bodo Guthmüller/Wilhelm Kühlmann (Hrsg.), Europa und die Türken in der Renaissance, Tübingen 2000.

Orlando Figes, Krimkrieg. Der letzte Kreuzzug, Berlin 2011.

Caroline Finkel, Osman's Dream. The History of the Ottoman Empire, London 2005.

Dies., The Administration of Warfare. The Ottoman Military Campaigns in Hungary 1593 – 1606 (Beihefte zur Wiener Zeitschrift für die Kunde des Morgenlandes, Bd. 14) , Wien 1988.

William Fuller, Jr., Strategy and Power in Russia 1600 –1914, New York 1992.

Maria Antonia Garcés, Cervantes in Algiers. A Captive's Tale, Nashville 2005.

Édith Garnier, L'Alliance impie. Francois Ier et Soliman le Magnifique contre Charles Quint (1529 – 1547), Paris 2008.

Gertrud Gerhartl, Belagerung und Entsatz von Wien 1683 (Militärhistorische Schriftenreihe Hft. 46), Wien 1982.

Jason Goodwin, Lords of the Horizon. A History of the Ottoman Empire, London 1998.

John Francis Guilmartin, Gunpowder & Galleys. Changing Technologie & Mediterranean Warfare at Sea in the 16th Century, Cambridge 1974.

Michael Hochedlinger, Austria's Wars of Emergence 1683 – 1797, London, New York 2013.

Jörg K. Hoensch, Matthias Corvinus. Diplomat, Feldherr und Mäzen, Graz, Wien, Köln 1998.

Peter Hoffmann, Alexander Suworow. Der unbesiegte Feldherr, Berlin (Ost), 1986.

Douglas E. Howard, Das Osmanische Reich 1300 – 1924, Darmstadt 2018.

Johann Huizinga, Herbst des Mittelalters. Studien über Lebens- und Geistesformen des 14. und 15. Jahrhunderts in Frankreich und in den Niederlanden, Stuttgart 1987.

Walter Hummelberger, Wiens erste Belagerung durch die Türken (Militärhistorische Schriftenreihe Hft. 33), Wien 1999.

Halil İnalcık, The Ottoman Empire and Europe, Istanbul 2017.

Barbara Jelavich, Russia's Balkan Entanglements 1806–1914, Cambridge 1991.

Marcus Junkelmann, Kurfürst Max Emanuel von Bayern als Feldherr, München 2000.

Alfred Kohler, Ferdinand I. 1503–1564. Fürst, König und Kaiser, München 2003.

Ders., Karl V. 1500–1558. Eine Biografie, München 1999.

Wilhelm Kohlhaas, Candia. Die Tragödie einer abendländischen Verteidigung und ihr Nachspiel in Morea 1645–1714, Osnabrück 1978.

Carl Max Kortepeter, Ottoman Imperialism during the Reformation. Europe and the Caucasus, New York, London 1972.

Heinrich Kretschmayr, Geschichte von Venedig, 3 Bde., Gotha/Stuttgart 1905–1934.

Johannes Kunisch (Hrsg.), Prinz Eugen von Savoyen und seine Zeit, Freiburg, Würzburg 1986.

Helmut Lamparter, Luthers Stellung zum Türkenkrieg, (Band IV. der Forschungen zur Geschichte des Protestantismus), München 1940.

Noel Malcolm, Agents of Empire. Knights, Corsairs, Jesuits and Spies in the Sixteenth-Century Medirerranean World, London 2015.

Robert K. Massie, Peter der Große. Sein Leben und seine Zeit, Königstein/Ts. 1982.

Klaus Peter Matschke, Das Kreuz und der Halbmond. Die Geschichte der Türkenkriege, Düsseldorf/Zürich 2004.

Josef Matuz, Das Osmanische Reich. Grundlinien seiner Geschichte, Darmstadt 1985.

Walther Mediger, Moskaus Weg nach Europa. Der Aufstieg Russlands zum europäischen Machtstaat im Zeitalter Friedrichs des Großen, Braunschweig 1952.

Ibrahim Metin-Kunt, Cambridge History of the Turkey, 4 Bde., Cambridge 2006–2013.

Günther Müchler, Napoleon. Revolutionär auf dem Kaiserthron, Darmstadt 2019.

Jan Paul Niederkorn, Die europäischen Mächte und der „Lange Türkenkrieg" Kaiser Rudolfs II. (1593–1606), Archiv für Österreichische Geschichte Bd. 135, Wien 1993.

Walter Öhlinger, Wien zwischen den Türkenkriegen (Bd. III der Geschichte Wiens), Wien 1998.

Géza Pálffy, The Kingdom of Hungary and the Habsburg Monarchy in the Sixteenth Century, New York 2009.

Ludwig von Pastor, Geschichte der Päpste seit dem Ausgang des Mittelalters, 16 Bde., Freiburg 1888–1933.

Kurt Peball, Die Schlacht bei St. Gotthard-Mogersdorf (Militärhistorische Schriftenreihe Hft. 1), Wien 1997.

Volker Reinhardt, Pius II. Piccolomini. Der Papst, mit dem die Renaissance begann, München 2013.

Oswald Redlich, Weltmacht des Barock. Österreich in der Zeit Kaiser Leopolds I., Wien 1961.

Ders., Das Werden einer Großmacht. Österreich von 1700 bis 1740, Wien, München 1942.

Magnus Ressel, Sklavenkassen und Türkenpässe. Nordeuropa und die Barbaresken in der Frühen Neuzeit, München 2012.

Gunther E. Rothenberg, Die österreichische Militärgrenze in Kroatien 1522 bis 1681, Wien, München 1970.

Steven Runciman, Die Eroberung von Konstantinopel 1453, München 1990.

Alfred Sammer, Der Türkenpapst. Innozenz XI. und die Wiener Türkenbelagerung von 1683, Wien, München 1982.

Karin Schneider-Ferber, Ritter im Exil. Die Geschichte der Johanniter, Darmstadt 2016.

Richard Schuberth, Lord Byrons letzte Fahrt. Eine Geschichte des Griechischen Unabhängigkeitskrieges, Göttingen 2021.

Winfried Schulze, Reich und Türkengefahr im späten 16. Jahrhundert. Studien zu den politischen und gesellschaftlichen Auswirkungen einer äußeren Bedrohung, München 1978.

Miroslav Šedivý, Metternich, The Great Powers and the Eastern Question, University of West Bohemia, 2013.

Kenneth M. Setton, The Papacy and the Levant (1204 – 1571), 4 Bde., Philadelphia 1984.

Ders., Venice, Austria, and the Turks in the Seventeenth Century, Philadelphia 1991.

Stanford J. Shaw, History of the Ottoman Empire and Modern Turkey, 2. Bde., Cambridge 1976.

Arno Strohmeyer/Norbert Spannenberger (Hrsg.), Frieden und Konfliktmanagement in interkulturellen Räumen. Das Osmanische Reich und die Habsburgermonarchie in der Frühen Neuzeit, Stuttgart 2013.

Basil H. Sumner, Peter the Great and the Ottoman Empire, Oxford 1949.

Stephan Theilig, Türken, Mohren und Tataren. Muslime (Lebens-)Welten in Brandenburg-Preußen im 18. Jahrhundert, Berlin 2013.

Leopold Toifl/Hildegard Leitgeb, Die Türkeneinfälle in der Steiermark und in Kärnten vom 15. bis zum 17. Jahrhundert (Militärhistorische Schriftenreihe Hft. 64), Wien 2012.

James D. Tracy, Emperor Charles V., Impressario of War. Campaign Strategy, International Finance and Domestics Politics, Cambridge 2002.

Christine Turetschek, Die Türkenpolitik Ferdinands I. von 1529 bis 1532, Wien 1968.

Hans Uebersberger, Russlands Orientpolitik in den letzten zwei Jahrhunderten, Bd. 1, Stuttgart 1913.

Jan Wimmer, Der Entsatz von Wien 1683, Warschau 1983.

Bildnachweis

Karten S. 55, 128, 159, 227, 238, 270, 336, 379: Peter Palm, Berlin
Abbildungen S. 2: akg-images/historic-maps; S. 13, 50, 80, 107, 134, 143, 174, 229, 244, 260, 266, 269, 271, 279, 301, 375: akg-images; S. 66, 311: akg-images/Science Source; S. 160, 292: akg-images/Pictures From History; S. 216/217: akg-images/Cameraphoto; S. 290: akg-images/Erich Lessing; S. 368: akg-images/SNA

Register

G

Ernst Gideon Freiherr von
  Laudon (kaiserlicher Feld-
  marschall)   380 f.
Franz Lefort (russischer Politi-
  ker)   317 f.
Gottfried Wilhelm Leibnitz   273,
  354
Leo X. (Römischer Papst)   52, 83
Leopold I. (Deutscher Kaiser 1657–
  1705)   166, 219–221, 223, 232,
  234 f., 238, 248–250, 254, 260,
  275, 286, 289, 293, 295, 298 f.,
  306 f., 329, 420
Leopold II. (Deutscher Kaiser
  1790–1792)   382
Leopold Wilhelm (Markgraf von
  Baden)   228
Stanislaw Leszczynski (polnischer
  König)   342 f.
György Lippay   248
Wenzel Fürst Lobkowitz   248 f.
Jaromir Lubomirski (polnischer
  General)   262
Nicolò Ludovisi (päpstl. General-
  kapitän)   211
Ludwig (Herzog von Bayern)   72
Ludwig IX. (König von Frankreich
  (gest. 1270)   107
Ludwig XIV. (König von Frank-
  reich (1643–1715)   234, 242, 254,
  285, 287, 289, 295, 297, 335, 403
Ludwig XV. (König von Frank-
  reich 1715/22–1774)   342
Ludwig Wilhelm (Markgraf von
  Baden)   291, 297 f., 300–302,
  305 f., 403
Gabriel de Luetz d'Aramon
  (französischer Diplomat)   116 f.
Martin Luther   16, 82–87, 104,
  187 f., 411

M

Mahmud II. (Osmanischer Sultan
  1808–1839)   387–389
Karl von Mansfeld (kaiserlicher
  Feldhauptmann)   181 f.
Christoph Herman von Manstein
  (russischer Offizier, später preu-
  ßischer General)   344
Maria von Burgund (Tochter Karls
  des Kühnen)   34
Maria von Habsburg (Ungarische
  Königin 1516–1526)   59, 62, 70,
  106
Maria Josepha (Gattin Friedrich
  Augusts II./III.)   357
Maria Theresia   341, 358, 360, 363,
  368, 370, 404
Georg II. Martinuzzi (Bischof von
  Großvardein)   138
Klaus Peter Matschke (Histo-
  riker)   13
Matthias (Deutscher Kaiser
  1609–1619)   175, 178–180, 200 f.
Alexandros Mavrokordatos
  (Pfortendolmetscher)   286, 299,
  388
Max II. Emanuel (Kurfürst von
  Bayern)   264, 276, 285, 288, 291,
  294–297
Maximilian I. (Deutscher Kaiser
  1493–1519)   33 f., 50, 54, 70, 89
Maximilian (Erzherzog und
  kaiserlicher Befehlshaber in
  Ungarn)   182–184
Maximilian (Herzog von
  Bayern)   183
Jules Mazarin (französischer Kardi-
  nal und leitender Minister)   219
Giovanni de Medici (Siehe Papst
  Leo X)   52

Über den Autor

© Privat

Das Spezialgebiet des Historikers und Publizisten Klaus-Jürgen Bremm ist die Technik- und Militärgeschichte. Von ihm stammt die erste Darstellung zum Deutsch-Österreichischen Krieg »1866. Bismarcks Krieg gegen Habsburg«. Daneben veröffentlichte Bremm zahlreiche sehr erfolgreiche Sachbücher wie »70/71. Preußens Triumph über Frankreich« oder »Normandie 1944. Die Entscheidungsschlacht um Europa«. Sein jüngstes Werk ist »Amerikas unwahrscheinlicher Sieg. Der Unabhängigkeitskrieg 1775 bis 1783«.